노자老子,
최상의 덕은
물과 같다

노자老子, 최상의 덕은 물과 같다

1쇄 인쇄 2018년 3월 30일 **1쇄 발행** 2018년 4월 5일

지은이 차경남
펴낸곳 글라이더
펴낸이 박정화

등록 2012년 3월 28일 (제2012-000066호)
주소 경기도 고양시 덕양구 화중로130번길 14 (아성프라자 6층 601호)
전화 070)4685-5799 **팩스** 0303)0949-5799
전자우편 gliderbooks@hanmail.net
블로그 http://gliderbook.blog.me/
ISBN 979-11-86510-55-1 03150

책값은 뒤표지에 있습니다.
잘못된 책은 바꾸어 드립니다.

이 도서의 국립중앙도서관 출판예정도서목록(CIP)은 서지정보유통지원시스템 홈페이
지(http://seoji.nl.go.kr)와 국가자료공동목록시스템(http://www.nl.go.kr/kolisnet)에서
이용하실 수 있습니다.(CIP제어번호: CIP2018008983)

노자 / 老子
최 상 의 / 덕 은
물 과 같 다

차경남

글라이더

태초에 도가 있었다!

권광식(조선대학교 석좌교수, 방통대학교 명예교수)

사람과 사람, 사람과 자연에 공생적 연대가 유지되는 마을 재건에 목표를 둔 하남평생교육원 특강에서 차경남 변호사의《장자》강론을 듣고 법률 전문인 그 너머 지식인의 모습에 우리는 존경과 우정을 품게 되었지요. 장자 강론에 함께했던 모든 이들은 바쁜 중에서도 시간의 부족을 아쉬워했답니다.

일찍이 사르트르는 "지식인"을 비유적 표현으로 "자신의 일이 아닌 것에 참여하는 존재"라 했습니다. 아무리 많은 지식이 머릿속에 담겨 있어도 "참견하지 않는 자는 지식기술자일 뿐"이라 했지요. 권력을 거부하는 자존심, 자신의 분과적 전문성에 함몰되지 않으려는 보편지향성, 그리고 무엇보다 대중에게 다가와 말을 거는 실천적 존재를 시대가 바라는 지성인이라고 사르트르는 강조한 것입니다.

그동안 우리는 착시현상에 빠져 사람 사는 도리를 내팽개쳐왔습니다. 착시현상의 축심은 "개발 성장이 되어야 잘사는 것"이라는 사회주류의 논리입니다. 이것이 우리 사회를 지배해왔으며, 지독한 모순이 합리화로 둔갑하여 소란을 피운 것입니다.

모순은 극복되어야 하겠는데, 사람 사는 세상사 부딪힐 때마다 두렵고 심란하지만, 노자의 담론에 귀 기울여보면 우리 안에도 도道와 자연이 귀퉁이 한곳에 오롯이 자리 펴고 있음을 우연찮게 알게 됩니다.

"바쁠수록 돌아가라" 했는데, 사실 우리가 갈 곳이 없는 것이 걱정이지 돌아갈 먼 길이 걱정이 아니지요.

노자사상의 핵심은 유가사상의 인간중심주의적 진보 같은 것과는 달리 자연과 도 즉, 근본으로 돌아가는 것입니다. 그 근본은 자연에 잇대어진 천지인天地人의 근원적 질서를 품어내고 있습니다.

노자의 담론 체계에 있어서는 자연의 생성 변화(물이 그런 것처럼)가 곧 도의 내용입니다.

그러니까, '하늘은 땅을 물들이고, 땅의 마음은 사람을 물들이고, 사람의 마음은 땅을 물들인다'는 연대의 자연체계입니다.

우리가 노자의 담론에 안겨 볼 때, 지금 우리 사회 자본주의 문화의 총체적 낭비 체제와 성장, 출세주의의 허구성, 그 인위적 작품을 청산할 때, 역사의 노자랑 현재의 우리가 함께 부활할 것입니다.

노자의 말소리가 아닌 가슴이 토해내는 그 담론《노자, 최상의 덕은 물과 같다》를 읽다 보면, 잠시 먼 산을 바라보며 자기를 챙겨보게 됩니다. 우리들이 늘 추구하는 가치와 살아가는 방식에 대한 반성을 말입니다. 그러면서 '낮은 곳을 지향하는 연대 같은 노자 닮은 것 하나'라도 건져낼 때 무위無爲 행복도 걸려들 것입니다. 늘 주눅들어온 내 안의 지성도 눈 비비며 깨어나겠지요. 아! 여기에 기술적 진보, 자연정복, 경제성장을 신봉하는 현대적 신화에서 해방될 수 있는 시작이 있겠지요.

노자 – '오늘'을 비추다

김학천(전 EBS사장, 문학박사)

사람들은 노자와 그의《도덕경》제목만 보고도 그 가늠할 수 없는 깊이와 상징의 본 모습을 찾기 어려울 것으로 판단하기 일쑤다. 더구나 2,500년 전 인간의 사려思慮에 대해서는 접근 자체를 포기하곤 했다. 그런 점에서 쉬운 필체로 노자라는 거울로 오늘을 비춰보려 한 저자의 용기와 끈기는 가히 놀랄 만한 것이다.

저자는 오늘날도 여전히 유효한 인간 욕망의 처절한 한계치인 '가랑이 밑으로 긴 한신韓信'과 권력과 욕망의 일그러진 만남인 '토사구팽兎死狗烹'의 예를 원용하기도 하고 철학의 빈 곳을 메우고 완성하기 위하여 서양철학(스피노자와 에크하르트)을 인용하기도 하며, 어려서 배운 인간의 소통과 이해의 철학(Understand)을 활용하기도 한다. '이해한다'라는 이 단어에서는 '무엇 무엇의 아래에 선다'라는 뜻을 강조했다. 막연한 도道의 개념을 찾기 위해 쉬운 예를 들춘 것이다.

요컨대 저자는, '지식과 지혜와는 거리가 멀고 그 자리를 도가 채운다'는, 생각하기 따라서는 어렵고 막연한 명제들을 '오늘' 현대인의 보편적 정서와 연결시키면서 명료한 서술에 성공한 것이다.

저자가 온통 상징성으로 뒤덮인 철학인 장자와 노자를 대중들에

노자老子

게 그토록 가깝게 접근시킨 원동력은 무엇이었을까. 그 원동력은 각각 장자와 노자를 서술한 방법론, 즉 자유롭게 접근하고(장자), 쉽고 간명하게 표현하는(노자) 원리인 듯하다. 여기에 작가 자신의 '오늘'에 관한 정확하고, 비판적이고, 연민이 가득한 이해가 뒷바침 되었으리라 생각된다.

차경남 저자의 《노자, 최상의 덕은 물과 같다》는 참 쉽고, 그리고 치열하다. 여기서 쉽다는 것은 많은 고전해설가들이 저지르는 고답적이거나 원본보다 더 어렵게 섭렵하는 관행이 아니라는 뜻이고, 치열하다는 것은 고전이 지니고 있는 인간에 관한 근원적 고찰 내용을 오늘, 이 시대의 거울을 통해, 재조명한 자세가 명료하고 진지했다는 뜻이다.

저자가 지적했듯 노자는 2,500년 전 불과 5천여 자로 표현된 81편의 시적 기술을 통해, 시대가 아무리 변해도 퇴색하거나 왜곡되지 않는 인간의 심성과 자세가 궁극적으로 지향하는 종착점을 도道라고 했다. 그것이 바로 《도덕경》이다.

그러나 그의 관찰과 서술의 무게와 깊이는 날이 갈수록 사람들이 쉽게 접근하는 데는 부담이 되었다. 뛰어난 주석가註釋家들이 원본을 능가하는 현학적인 토를 달아 설명했지만 각각 자기 시대의 안목에 국한했다.

저자의 고전 해설서 《장자, 쓸모 없는 나무도 쓸모가 있다》와 《노자, 최상의 덕은 물과 같다》까지 접하면서 나는 새삼스럽게 '구슬이 서말이라도 꿰어야 보물이라'는 우리 속담이 생각났다.

역사 속 노자와 장자는 언제나 빛나는 구슬임이 분명하지만 때로는 역사라는 안개가 그 상징과 은유의 빛을 가리고 있어서 누군가 이를 닦아내고 서로 흩어진 부분을 채워 넣지 않으면(실에 꿰지 않으면) 보물로서의 가치가 선명하지 못할 수도 있기 때문이다.

저자는 그 작업을 위해서 칸트에서 비롯하는 서구의 철학과 불교, 기독교 등 종교철학의 골격을 더듬는 일까지 병행해주었다. 이들 철학의 비교 설명은 어느 한쪽 철학의 독보적 설명보다 훨씬 이해가 쉬운 결과를 얻기도 했다. 그러나 이해가 쉬울수록 그 노력은 오히려 엄청난 것임을 느끼게 한다.

저자가 이미 고전 해설의 흥미 단계를 넘어 전문 영역을 확보한 것을 책을 통하여 확인하면서, 읽는 이들은 그의 고전의 숲 활보가 어디까지 이를 것인지 기대하게 된다. 더구나 그의 저서가 겨냥하는 소통의 목표가 오히려 젊은 층을 향한다는 점도 기대감을 더 높힌다.

법조인으로, 교육과 시민의 복지를 염려하는 시민운동의 활동가를 겸하면서 펴낸 장자와 노자는, 현대인에게 흥미있고 앞서가는 자산임이 분명하다. 박수를 보낼 뿐이다.

노자老子

　노자는 동아시아의 척박한 땅에 핀 고대의 꽃이다. 2,500년이 지났 건만, 그의 말은 여전히 오묘한 향기를 풍기며, 그의 사상은 심오한 울 림을 지니고 있다. 그가 내뱉는 한 마디 한 마디가 그대로 시詩이며 철 학哲學이다. 노자는 때로는 평이한 말로, 때로는 기이한 역설로 우리 정신을 일깨워 주기도 하고 우리 삶을 다독거리기도 하면서 긴 세월 동안 우리 동아시아인의 삶 속에서 같이 호흡하며 살았다.

　노자는 동양 정신의 원류다. 그에게서 서양철학과는 다른 심원한 형태의 동양철학이 나왔고, 그에게서 서양문명과는 다른 비움과 여백 을 중시하는 동양미학이 나왔으며, 그에게서 늘 막힘을 멀리하고 열 린 마음으로 천지 만물과 교류하는 동양적 심성이 나왔다.

　이러한 노자가 우리에게 전하려 했던 것이 바로 '무위無爲'다. 노자 의 사상의 핵심은 '무위' 두 글자에 있다. 《도덕경》 5천 자를 용광로에 넣고 끓이면 결국 저 '무위'라는 두 글자가 남게 될 것이다. 노자의 모 든 말은 무위에서 시작해서 무위로 끝난다. 무위가 아닌 것은 노자의 말이 아니다. 우리가 노자에게서 무위 두 글자를 배우면 《도덕경》 전 부를 다 배운 것이요, 무위를 못 배우면 《도덕경》 5천 자를 다 외운다 해도 아무것도 못 배운 것이다.

그렇다면 '무위'란 무엇인가? 무위란 '행위行爲' 없음을 말하는 것이 아니다. 행위는 분명히 있다. 그러면 무엇이 없는가? '행위자行爲者'가 없다. '행위자 없는 행위(doing without do-er)', 그것이 무위다. 그러므로 무위는 무아無我이며, 에고(ego) 없음이고, 존재의 텅 빔이다. 그 텅 빈 존재의 중심으로부터 써도 써도 다하지 않는 무궁무진한 묘용(妙用)이 나온다. 이 상태가 되면 우리는 인생에서 어떤 것도 하지 못할 것이 없다. 이것이 바로 노자가 말하는 '무위이 무불위'(無爲而 無不爲, 함이 없으나 하지 못함이 없다)다.

우주 천지 만물은 이 자체로 완전하다. 그리고 우리 자신 모두도 이 자체로 완전하다. 무언가를 더하거나 보태려 하지 마라. 그런 것은 다 작위作爲이며 인위人爲다. 그런 것 때문에 그대 본질의 완전성이 오히려 가려지고 왜곡된다. 보물은 그대 안에 있다. 지혜도 그대 안에 있으며, 진리도 그대 안에 있다. 바깥 세상에 너무 눈을 돌리거나 외부 현상세계의 사물을 너무 좇다 보면 사람이 공허해지고 깊이가 없어진다. 그렇게 해서는 이런저런 잡다한 지식은 모을 수 있을지 모르지만, 진리로부터 점점 멀어져갈 뿐이다. 노자는 '문 밖에 나가지 않고도 천하를 안다'고 말한다. 왜 그러한가? 우주의 참된 진리는 바깥에 있는 것이 아니라 그대 마음속에 있기 때문이다. 노자는 말한다. 도는 밖에 있는 것이 아니다. 도는 안에 있다.

2018년 2월
경기도 청평에서

10 노자老子

노자老子

제1장 ;
절대불변의 도

도라고 할 수 있는 도는 참다운 도가 아니고
이름 부를 수 있는 이름은 참다운 이름이 아니다.

이름 없는 것, 그것이 천지의 근원이고
이름 붙인 것, 거기서 만물이 생겨난다.

그러므로 영원한 무로써 그 근원을 볼 수 있는 것이며
영원한 유로써 그 현상을 볼 수 있는 것이다.

이 양자는 한 곳에서 나와 이름만 달리할 뿐
둘 다 동일한 것을 가리키나니,

어둡고 또 어두운 가운데
모든 신비의 문이 있도다.

노자老子

道可道非常道 名可名非常名 도가도비상도 명가명비상명

無名天地之始 有名萬物之母 무명천지지시 유명만물지모

故常無欲以觀其妙 고상무욕이관기묘

常有欲以觀其徼 상유욕이관기요

此兩者 同出而異名 同謂之玄 차양자 동출이이명 동위지현

玄之又玄 衆妙之門 현지우현 중묘지문

붓다·노자·예수

붓다가 우주의 대도大道를 깨우친 이후 설법을 시작하자 인도 각처에서 제자들이 구름처럼 몰려들었다. 제자들은 붓다 앞에 무릎을 꿇고 법을 청했으며, 이에 붓다는 기꺼이 법을 베풀었다. 그렇게 행하기를 수년 째, 붓다는 자신이 아무리 친절하게 진리를 이야기해주어도 제자들은 진리에 대한 언어적 설명에만 매달릴 뿐, 진리 자체에 대해서는 말귀를 못 알아먹는다는 중대한 문제점을 발견했다.

붓다는 중생들에 대한 자비심 때문에 진리에 대해 어느 날은 이렇게도 설명하고, 또 어느 날은 저렇게도 설명해주었다. 제자들은 자기가 들은 것이 남들이 들은 것과 다르다는 이유로 서로 갑론을박 다투기도 하고 티격태격 싸우기도 했다. 그래도 답이 안 나오면 재차 붓다를 찾아와 머리를 조아리며 어느 것이 옳은 것인지 판단을 구하기도 하면서 세월을 보내고 있었다. 요컨대 붓다는 달을 지칭하기 위해 손가락을 어느 날은 이 방향에서 가리키기도 하고, 또 어느 날은 저 방향에서 가리키기도 한 것인데 제자들이 달은 보려하지 않고 손가락만 붙들고 거기에 매달려 있었던 것이다.

붓다는 그날 영취산에 있었다. 그날도 평소와 마찬가지로 붓다의 설법이 예정되어 있었다. 많은 제자들이 붓다의 발아래 모여들었다. 모두 숨을 죽이고 스승이 설법하기만을 기다리고 있는데, 그날따라 이상하게도 스승은 말문을 열지 않았다. 한참 동안 침묵이 흘렀다. 그러자 제자 중에 누군가가 나서며 이렇게 말했다. "세존이시여. 진리란 무엇입니까?" 그러나 붓다는 그 말을 듣고도 말문을 열지 않았다. 다시 한참 동안 침묵이 흘렀다. 붓다의 회상會上에서 이런 일은 처음이었다. 무언가 예사롭지 않은 기운이 회중에 감지되었다. 한참 후에 누군가가 침묵을 깨며 재차 간절히 외쳤다.

"세존이시여, 진리란 무엇입니까?"

그러자 붓다는 말없이 고요히 앉은 채로 좌중에게 꽃을 한 송이 들어 보였다. 이것이 그날 설법의 전부였다. 붓다는 일체의 언설言說을 생략한 채, 다만 꽃을 한 송이 들어올렸던 것이다!

그러자 좌중에서 웅얼웅얼 약간의 동요가 일었다가 그것도 잠시, 다시금 깊은 침묵이 찾아왔다. 그 침묵 안에 긴장이 흘렀다. 아무도 지금 붓다가 한 행위(염화시중, 拈華示衆)의 의미를 아는 사람이 없었다. 제자들은 어안이 벙벙하여 서로 얼굴만 빤히 쳐다볼 뿐이었다. 그때 좌중에서 마하가섭이 조용히 일어나며 붓다에게 미소를 지으며 합장하였다. 오직 마하가섭만이 붓다가 꽃을 들어 보인 뜻을 알아차렸던 것이다.

이것이 그날(신화적이든 역사적이든) 영취산에서 있었던 일의 전모

노자老子

다. 붓다는 대체 한 송이 꽃으로써 제자들에게 무엇을 보여주려 한 것일까? 붓다가 전하려던 메시지는 단 하나다. 그것은 '참다운 도道는 언어를 넘어서 있다'는 것이다. 그리고 그것을 마하가섭이 알아차렸고, 그리하여 붓다는 자신의 법을 가섭에게 전했던 것이다.

노자는 붓다만큼 운이 좋지는 못했다. 깨달음을 얻고 난 사람의 인생행로는 크게 두 가지이다. 하나는 자신의 교단을 열어 세상의 한복판에서 진리를 설파하며 살아가는 것이고, 다른 하나는 자신의 존재를 완전히 감춰 진리가 오염되는 일이 없도록 세상으로부터 멀리 은둔하여 살아가는 것이다. 붓다가 전자의 경우이고, 노자가 후자의 경우이다.

노자는 심오하기 이를 데 없는 도를 깨우쳤으나 불행히도 그것을 알아들을 만한 제자를 만나지 못했다. 그의 내면은 찬란한 광휘에 휩싸여 있었지만, 외양은 외롭고 쓸쓸했다. 그러나 우리는 그 외로움과 쓸쓸함에 경의를 표해야 할 것이다. 만약 그가 사이비 구루(Guru)들처럼 세상에 나가 떠벌리기 좋아하는 사람이었다면《도덕경》이라는 책은 존재하지 않았을 것이기 때문이다. 노자는 시끌벅적한 성공보다 순수한 고독을 사랑했던 인물이고, 그 고독의 덕택에 우리는《도덕경》이라는 저 위대한 책을 만나볼 수 있게 된 것이다.

제자들을 받아들이고 교단을 이끌어가는 스승의 삶은 일면 보람차지만, 일면 고달프다. 무엇보다 제자들을 받아들이기 시작하면 어쩔 수 없이 제자들과 '타협'을 해야 하는 문제가 발생한다. 스승은 히말라야 상상봉에 서 있는데 제자는 이제 그 산을 막 오르기 시작한다.

스승과 제자 사이에 가로 놓인 그 현격한 높이를 제자가 만약 안다면 제자는 바로 수행을 포기하고 말 것이다.

　이러한 상황에서 어떻게 자비심 넘치는 스승이 방편을 베풀어 제자를 격려하고 용기를 북돋아 주지 않겠는가! 당연히 스승은 여러 말과 언설로 제자들을 도와준다. 이것이 이른바 '타협'이다. 위대한 붓다조차도 제자들과 여러 차례 타협했다. 방편설법이 바로 그것이다. 좋게 말하면 눈높이 교육이고 나쁘게 말하면 고귀한 거짓말인데, 이 점을 의식했기 때문에 붓다는 종종 어제 했던 설법을 다음 날 부정하는 네거티브(negative) 전략을 구사하면서 교단을 이끌어갔다. 붓다는 제자들을 인도해가면서도 자신의 업業을 쌓지 않는 고도의 방법론을 안출해냈던 것이다.

　제자를 받지 않는 스승은 '타협'할 필요가 없다. 다시 말해 제자를 받지 않는 스승만이 모든 타협으로부터 자유롭다. 그는 제자들 귀에 달콤한 말을 해줄 필요도 없고, 세상의 평판 따위를 염두에 둘 필요도 없으며, 오로지 있는 그대로의 진리를 말하면 된다. 이러한 자유로운 위치에 놓여 있는 사람이 바로 노자老子다. 이러한 노자가 자신의 책 제1장에서 다름 아닌 도와 언어에 대해서 말하고 있다. 그는 이렇게 말한다.

道可道非常道 名可名非常名 도가도비상도 명가명비상명
도라고 할 수 있는 도는 참다운 도가 아니고
이름 부를 수 있는 이름은 참다운 이름이 아니다.

　　　　　　　　　　　　　　　　　　　　　　　　노자老子

참 도는 언어를 넘어서 있다. 우리 인간은 언어를 통하지 않고서는 사물에 대한 인식을 얻을 수 없기 때문에 일상생활에서는 물론 진리 탐구에서도 언어에 의존하여 살아간다. 그러나 실재는 언어가 아니며, 달은 손가락이 아니고, 영토는 지도가 아니다. 아무리 아름답게 이름을 붙여도 이름은 결코 사물이 아니다. 언어는 하나의 관념이며 상징이다. 그것은 실재가 아니라 실재에 대한 조잡한 근사치일 뿐이다.

그렇기 때문에 사물에 대한 인식에 있어서 어느 지점까지는 언어가 도움이 되고 유익하지만, 어느 지점을 벗어나면 그때부터는 언어가 오히려 심각한 장해물이 된다. 그 언어로써 지칭하는 바의 사물이 무엇인지 알았으면 그때부터는 언어를 내려놓고 직접 실재를 대면하려는 노력을 해야 하는데, 사람들은 언어를 내려놓지 못하고 오히려 그 언어에 집착하고 그 언어를 신성시하여 그 언어 주변을 온갖 꽃과 향으로 장식하려 한다.

무언가를 찾아 처음 길을 떠날 때는 무턱대고 가려고 하는 것보다 지도 한 장을 손에 들고 가는 것은 좋은 일이다. 그러나 정작 목적지 부근에 도달했는데도 지도에 집착하여 지도만 붙들고 있을 뿐 막상 목적지를 향한 마지막 탐험을 나서지 않는다면 저 동굴 속 보물은 어찌될 것인가? 세상에는 이런 사람들이 의외로 많다. 그들은 동굴 속 보물이 다 도굴되어 없어져 가는 것도 모르고 그저 알량한 지도를 금과옥조인양 떠받들고 있다. 이렇게 되면 처음에는 약이 되었던 지도가 나중에는 독이 되고 만다. 지도를 버려라. 뭘 그리 시시하게 지도 한 장에 머리를 조아리고 있는가!

그대가 지도를 끝까지 붙들고 있는 것은 불안과 공포 때문이다. 이

험한 세상에서 그래도 지도라도 한 장 붙들고 있어야 무언가 안심이 된다고 그대는 생각하고 있다. 그러나 그것은 착각이다. 지도는 종이 쪼가리일 뿐 결코 실물이 아니다.

지도는 영토가 아니다. 손가락은 달이 아니며, 언어는 실재가 아니다. 그러므로 손가락에 집착하면 달을 못보고, 언어에 집착하면 실재를 놓친다. 그러나 이 말을 아무리 되풀이해도 우리 중생들은 말귀를 알아듣지 못한다. 왜 그럴까? 우리 중생들에게는 '근원적인 체험'이 없기 때문이다.

우리 인간의 의식은 크게 두 가지다. 표층의식과 심층의식이 그것이다. 우리 일반 중생들은 표층의식에서 살아간다. 이에 반해 성인聖人들은 심층의식에서 살아간다. 표층의식은 각개의 개체가 지니고 있는 개별적 의식이고, 분리된 의식으로서, 외롭고 고독하며, 동요하기 쉽고 충동적이며, 어둡고 불안한 의식이다.

반면 심층의식은 우주만물을 연결하는 전체의식이고, 분리를 모르는 통합된 의식이며, 투명하고 순수하며, 바위처럼 견고하고 깊은 바닷속처럼 고요하며, 스스로 빛을 머금고 있는 광대무변한 의식이다.

표층의식은 언어로 이루어져 있지만, 심층의식에는 언어가 없다. 표층에서 심층으로 내려가면 점점 언어가 소멸한다. 비유적으로 말하자면 심층의식에는 '언어'가 없고 '달月'만 있다.

위대한 깨달음을 얻은 자란 다름 아닌 이 심층의식에 들어갔다 온 자를 말한다. 그는 그곳에 가서 '달'을 보았다. 말하자면 존재의 내면에 깃든 '불가사의'를 본 것이다. 그는 그것을 보고 와서 제자들에게

노자老子

'달'이 있다고 모든 언어와 문자를 동원하여 친절하게 설명해주었다. 그러나 제자들은 '달'이 어떻게 생겼는지 한 번도 본적이 없는 사람들이다. 그들에게는 근원적인 체험이 없다. 그래서 그들은 언어와 문자에 매달리게 되는 것이다.

'달'을 보고 온 사람은 '달'이 있다는 것을 전해줄 의무가 있다. 이것이야말로 인류에 대한 진정한 의미의 복음福音(나는 지금 기독교식의 복음을 말하고 있는 것이 아니다)을 전파할 의무라 할 것인데, 그러나 이 의무를 행함에 있어서는 완급조절이 필요하다. 왜냐하면 너무 힘주어 말하면 제자들이 그 단어와 문장에다 밑줄을 긋기 때문이다. 그래서 위대한 스승들은 제자들이 밑줄을 긋지 못하도록 자기의 가르침을 한 번씩 뒤집어엎는다. 앞서 우리가 살펴본 붓다의 '염화시중'이 바로 그런 것이다. 왜 밑줄을 그으면 안 되는가? 밑줄을 그으면 진리는 사라지고 대신 교리가 생겨나기 때문이다. 교리, 이것이 문제이다.

오늘날 종교(religion)란 인류의 가장 커다란 골칫거리다. 체육인, 음악인은 물론 예술가와 문학인 심지어는 그 까다로운 철학자들까지도 오늘날의 세계에서는 서로 만나 즐겁게 사귀고 화합할 줄 아는데, 유독 종교인들만은 그게 안 된다. 종교인들은 다른 종교인과 만나면 서로 욕하고, 싸우며, 총을 쏘고, 폭탄을 던진다. 원래는 인간과 우주를 다시(再, re) 연결시킨다(legare)는 의미였던 종교(religion)가 오늘날은 인간과 인간 사이를 단절시키며, 세계와 지구를 파멸로 몰아넣고 있다. 왜 이런 일이 생기고 있는가? 그것은 한 마디로 사람들이 노자와 같은 인류의 참 스승들의 말을 귀담아 듣지 않고, 시끌벅적한 사이비 선지자 따위의 말에 현혹되어 살아가기 때문이다.

노자와 같은 참된 현인들과 거짓된 선지자들과의 차이점은 무엇인가? 노자와 같은 이들은 우주 앞에 홀로 서 있다. 그는 어떤 종파, 어떤 집단과도 무관하다. 그는 그들과 아무런 이해관계가 없다. 반면 사이비 예언자란 자들은 항상 어떤 집단과 한패가 되어 무리지어 서 있다. 그는 결코 홀로 서 있는 법이 없다. 그는 언제나 어떤 패거리들의 이익을 대변하는 자이다. 그에게는 진리를 볼 수 있는 자유로운 시야가 확보되어 있지 않다.

따라서 그가 진리라고 말하는 것은 필경 진리일 수가 없으며 다만 그 집단을 위한 진리, 즉 집단이기주의의 합리화에 불과한 것이다. 대중들이 원하는 것은 사실 이것이다. 그들은 사이비 선지자들이 자신들의 귀에 대고 속삭이는 달콤한 소리를 원하는 것이지 결코 진리를 원하는 것이 아니다.

그들은 말로는 항상 진리를 원한다고 하지만 만일 그들이 진실로 진리를 알게 된다면 사실 그것보다 더 위험한 일이 없다. 왜냐하면 진리란 본질상 집단에 속하는 것이 아니며, 더구나 집단이기주의 따위를 묵인하고 넘어가는 진리는 세상에 존재하지 않기 때문이다.

이에 반해 노자와 같은 이들은 사람들 귀에 쓰디쓴 이야기를 거침없이 내뱉는다. 그는 누가 좋아하든 말든 그런 것에는 조금도 개의치 않고 다만 절대적 차원에서 진리를 말한다. 노자는《도덕경》에서 자신의 그러한 면모를 유감없이 드러낸다.《도덕경》첫 페이지는 이 세상 모든 종교인들의 편협한 믿음을 뿌리에서부터 뒤흔드는 위대한 선언으로 시작한다.

노자老子

도라고 할 수 있는 도는 참다운 도가 아니다.

이름 부를 수 있는 이름은 참다운 이름이 아니다.

노자는 은둔 속에서 살았지만, 자기의 도道를 잘 보전했고 궁극의 진리를 설파하고 갔다. 그는 적게 말했지만 가장 높은 차원의 것을 말하고 갔다. 그러므로 그는 자신의 인생에 별 후회는 없을 것이다.

그런데 예수는 노자보다도 운이 좋지 못했다. 그는 분명 붓다나 노자처럼 우주의 위대한 진리를 깨우쳤지만, 그 시대의 청중들은 그의 말을 알아들을 만한 수준이 되지 못하였다. 이때 그는 세상에 나갈 수도 있었고 안 나갈 수도 있었지만 그는 노자와 달리 세상에 나가기를 선택했다. 여기에 예수의 비극이 있는 것이다.

그는 그 척박하고 험한 팔레스타인의 정신풍토에는 어울리지 않는 사람이었다. 이곳 동아시아에는 이미 인도의 붓다를 비롯하여, 중국의 노자·장자와 같은 선배들이 있어 그들이 수백 년 전에 길을 닦아놓았다. 그런데 팔레스타인에는 그런 궁극의 차원을 말해주는 위대한 도인들이 존재하지 않았다. 팔레스타인의 풍토는 예나 지금이나 너무 정치적이다!

예수의 진리는 결코 이스라엘의 진리도, 유대의 진리도 아니다. 그가 말하는 진리는 온 세상, 온 우주의 진리이다. 예수처럼 위대한 인물이 어떻게 시시하게 한 고을, 한 나라에만 통용되는 반쪽자리 진리를 이야기하고 다니겠는가. 그러나 그럼에도 불구하고 예수는 팔레스타인 지역에 깊이 뿌리 박혀 있는 정신적·문화적 한계를 넘어서서 완전히 자유롭게 이야기할 수는 없었다.

그리하여 그는 '새 술은 새 부대에' 담아야 한다고 말했으면서도, 스스로는 진리를 전달함에 있어 팔레스타인 지역에서 오래전부터 통용되어오던 낡은 용어를 사용할 수밖에 없었다. 그렇지 않으면 우매한 청중들은 그의 말을 듣지 않을 것이기 때문이다. 이것이 예수가 처한 모순적인 상황이었다.

여기서 예수는 가혹한 생존의 늪에서 허덕이는, 못 배우고 못사는, 불쌍한 유대사람들을 위해 누가 들어도 감동적일 수밖에 없는 인류역사상 가장 '뜨거운 설교'를 시작했던 것이다.

그러나 그는 자신의 청중들에게 언어를 넘어선 궁극의 경지에 대해서는 아무 말도 하지 못했다. 이것이 인간 예수의 위대함과 한계점이다. 지구의 전 역사를 통해 아무도 예수처럼 '뜨겁게' 설법한 사람이 없다. (예수에 비하면 붓다나 노자의 말은 얼마나 차갑고 냉랭한 것인가!) 예수는 결코 어려운 용어를 쓰는 사람이 아니다. 그는 피가 통하고 살 냄새가 나는 쉬운 용어로, 거기에 온 마음을 담아 뜨겁게 말한다. 화염을 내뿜는듯한 그의 '뜨거운 혀'가 청중들 한가운데 떨어지고, 거기에서 불길이 타올라 사방팔방으로 번져간다. 그리하여 마침내 하나의 기적이 일어나고, 하나의 종교가 생겨났다.

그러나 '뜨거움'과 '심오함'은 본질적으로 다른 것이다. 뜨거움 속에서는 그 열기 때문에 무언가 심오한 것을 전달하기가 어렵다. 심오한 것을 이야기하기 위해서는 열기가 좀 가셔야 하며 냉정을 다소 되찾아야 한다. 그렇지 않으면 깊이 있는 것을 이야기할 수가 없다.

침착함과 고요함이 깃들지 않은 곳에서 진리를 전달한다는 것은 위험한 일이다. 그러나 예수는 청중들에게 침착과 평정을 요구할 수 없었다. 어떻게 자기를 보고 열광하는 오갈 데 없는 사람들에게 예수처럼 선량한 사람이 그런 주문을 할 수 있겠는가. 그런 요구는 그 시대의 청중들에게는 과분하고 불가능한 것이었다. 그리하여 예수는 형이상학을 버리고 민중을 선택하였던 것이다.

문제는, 그러고 보니 짧은 생애동안 예수가 남기고 간 설법들 어디에도 뜨거운 말의 강물이 흘러넘칠 뿐, 궁극의 경지는 언어를 넘어서 있다는 중대한 언급이 단 한 줄도 없다는 사실이다. 이것이 문제이다.

'참다운 도는 언어를 넘어서 있다.' 예수도 이 말을 수없이 하고자 했고, 실제로 수차례 했을 수도 있지만, 어찌됐건 현재의 기독교《성경》에는 이러한 궁극의 진리에 관한 근원적 통찰이 결여되어 있다. 예수가 저 중대한 한마디를 남기지 않은 바람에 지금 21세기의 우리 인류는 심각한 위기에 봉착해 있다.

지금 우리 시대의 20억 기독교 인구는 '태초에 말씀이 있었다'는 구절만 접해보았지, 《성경》 어디에서도 '참다운 진리는 언어를 넘어서 있다'는 구절을 접해본 적이 없기 때문에 오늘날 타 종교를 받아들이지 못하고, 우물 안 개구리 식으로 자신만의 편협한 세계에 갇혀 이 지구의 정신적 성숙을 가로막고 있다.

만약 예수가 극비리에 제자들을 모아놓고 '도라고 말할 수 있는 도는 참다운 도가 아니고', '신神이라고 부를 수 있는 신은 참다운 신이 아니다'라는 한 마디만 남겼더라면 인류 역사는 분명 달라졌을 것이다. 종교 상호간의 불필요한 대립과 충돌, 그것은 모두 자기가 믿는 신만이 참다운 신이라고 생각하는 저 한량없이 유치하고도 어린애 같은 아집 때문에 발생하고 있지 않은가!

비트겐슈타인과 아슈바고사

진리와 언어의 문제를 이야기하면서 언어철학의 대가인 비트겐슈타인(Wittgenstein)을 빼놓고 갈 수는 없다. 그가 내세운 이른바 분석철학分析哲學이란 서구철학사에서 언어의 문제를 정면으로 거론한 최초의 철학이기 때문이다(물론, 어디까지나 서구적 관점에서 볼 때 최초라는 의미다).

비트겐슈타인은 여러 면에서 흥미로운 이력의 소유자이지만, 철학의 방법론을 비판함에 있어서도 매우 흥미로운 견해를 보여주었다. 그는 그동안 2,500년 이상 진행되어온 서구철학의 전 역사가 지나치게 '언어'에 의존되어 왔음을 비판한 최초의 인물이었다.

칸트(Kant)가 철학의 전 영역에서 무엇보다 '이성理性'에 주목하여, 이성의 무절제한 사용을 비판함으로써 철학의 면모를 일신하려 하였지만, 생각해보면 우리 인간이 이성을 사용한다는 것은 논리적論理的 사고를 행한다는 것이며, 논리적 사고를 행한다는 것은 결국 언어를 사용하지 않고는 불가능한 일이기 때문에 결국 철학의 문제는 언어의 문제라는 결론에 도달하게 되는 것이다.

요컨대 언어의 한계가 곧 철학의 한계인 것이다. 이러한 관념을 비트겐슈타인은 그의 《논리철학논고》에서 이렇게 말했다.

모든 철학은 언어비판이다.

말하자면 비트겐슈타인은 철학이라는 고상한 정신적 작업의 이면에 숨어 있는 '언어의 함정'을 간파했던 것이고, 그동안 서구 철학 상의 모든 오해와 소란은 철학자란 사람들이 괜히 '말할 수 없는 것', 즉 '말로는 불가능한 것(신이니 진리니 궁극의 실재니 하는 것들)'을 말하려 하는 데서 생겨났다고 날카롭게 비판했던 것이다.

요컨대 언어는 한계가 있는 것이다. 앞에서 누차 언급한대로 지도는 영토가 아니며, 손가락은 달이 아니며, 언어는 실재가 아니다. 실재는 언어 너머에 있다.

오직 사실들(facts)만이 의미를 표현할 수 있으며
이름들(names)의 집합은 의미를 표현할 수 없다.

– 《논리철학논고》

그는 서구철학자 중에서는 드물게 말로 표현될 수 없는 것이 있다는 것을 알아차린 몇 안 되는 사람 중 하나다. 그는 이렇게도 말한다.

실로 언표言表 될 수 없는 것이 있다.
그것은 스스로 제 자신을 드러낸다.

비트겐슈타인의 말은 종래 서구철학자들의 말과는 점점 달라진다. 그의 말은 점점 불교 선사禪師들의 말과 비슷해진다.

말할 수 없는 것에 대해서는 침묵해야 한다.

그는 이런 말도 했다.

나를 이해한 사람은 그가 그것들을 통하여, 그것들을 딛고, 그것들을 넘어서서 올라갔을 때, 종국에 가서는 그것들이 별 의미가 없는 것임을 알게 될 것이다. 말하자면 그는 사다리를 딛고 올라간 후에는 그 사다리를 내던져버려야 한다.

이 마지막 말은 장자莊子가 했던 말과 매우 흡사하다. 비트겐슈타인이 장자를 읽었던 것일까? 장자는 이렇게 말했다.

통발이란 고기를 잡기 위한 기구,
고기를 잡았으면 그것을 잊어야 한다.
올가미란 토끼를 잡기 위한 기구,
토끼를 잡았으면 그것을 잊어야 한다.
말이란 뜻을 전달하기 위한 기구,
뜻을 얻었으면 그것을 잊어야 한다.

– 《장자》〈외물편〉

종래 우리는 서양철학과 동양철학은 시작부터 영 다른 것인 줄 알았다. 그런데 이제 보니 꼭 그런 것만도 아닌 것 같다. 비트겐슈타인이 말을 다소 어렵게 한다는 것뿐이지, 그 근본 뜻은 장자와 거의 같지 않은가. 그렇다면 서양철학자들도 이제 열린 세상에서 우리 동양 철학자들과 통성명할 수 있지 않을까?

노자老子

물론 그러기 위해서는 서양철학자 제씨들이 그동안 행해왔던 헛된 언어유희나 신조어 발명, 또 말로써 말을 쌓아가는 공허한 관념의 구축 따위를 비트겐슈타인이 말하는 '사다리'처럼 내던져버릴 수 있어야 한다. 그래야만이 철학이 단순한 말장난이나 괴이한 관념의 성채가 아니라 참된 진리로 통하는 문이 될 수 있을 것이기 때문이다.

서양에서 언어철학은 20세기 초엽에 생겨난 학문(비트겐슈타인의 《논리철학논고》는 1922년 출판되었음)이지만, 우리 동양에서는 사실상 수천 년 전부터 이 문제를 지적해왔다. 노자와 장자도 이미 이 문제를 수차례 거론했으며, 불교 쪽에서도 지속적으로 이 문제를 다루어 왔다. 그리고 우리 한국인들도 원효를 통하여 이미 7세기경에 언어철학의 핵심 문제를 벌써 한 번 심도 있게 접한 바가 있다. 원효가 번역한 책 중 가장 유명한 책이 《대승기신론大乘起信論》이란 책인데, 바로 이 책이 언어철학의 핵심 문제를 다루고 있다.

그런데도 학자란 사람들이 호들갑을 떨면서 마치 언어철학이 20세기 서구에서 태어난 학문인 것처럼 떠들고 다니는 모습을 보면 다소 어이가 없다고나 할까.

《대승기신론》의 저자는 인도의 아슈바고사(Ashvagosa)인데, 우리는 이 사람을 마명馬鳴이라 부른다. 그가 태어날 때 천하의 말들이 함께 울어 마명이라 했다고 한다. 이 마명의 책이 유명한 책이다. AD 5세기의 책으로, 당대의 베스트셀러이고 지금도 읽히는 스테디셀러다.

그런데 이 책은 두껍지는 않으나 불교철학의 정수를 담고 있어서 상당히 어렵다. 이 마명의 《대승기신론》을 중국에서 한문으로 번역을 했는데 이 번역본도 어려워 사람들이 쉽게 이해를 하지 못했다. 그래서 거기에 다시 해동海東의 원효가 주석을 달았던 것인데, 이 주석서 가 바로《대승기신론소》다(원효의 이《대승기신론소》가 얼마나 잘 쓰였 던지 원본인《대승기신론》에 버금가는 인기를 누렸다고 한다).

그러면, 아슈바고사의 저 뛰어난 책《대승기신론》의 핵심은 무엇 인가? 그것은 한마디로 '진리는 결코 언어로 설명할 수 없다'는 것을 깨우쳐준다는 점이다. 그는 마치 노자가《도덕경》첫머리에서 말했던 것과 유사하게 언어의 한계를 예리하게 지적한다.

一切言說 假名無實 일체언설 가명무실
일체의 언설은 거짓이름일 뿐 실체가 없다.

그러므로 아무리 스승이 진여(眞如, 진리 또는 도)에 대해 설명해주어도 그 언어적 설명을 따라가서는 진여를 얻을 수 없다. 원래 궁극의 실재 (ultimate reality)는 이름을 떠나 있는 것이다.

離言說相 이언설상 말을 떠나 있고
離名字相 이명자상 이름을 떠나 있다

그러면 여기서 우리에게는 한 가지 의문이 떠오른다. 그렇다면, 처 음부터 '진리'나 '도'라는 것이 언어를 떠나 있는 것이라면 어찌하여 그것을 굳이 이름 지어 '진리'나 '도'라고 부르게 되었는가? 마명은 이렇게 대답한다.

言眞如者 언진여자	진여眞如라고 말한다 해서
亦無有相 역무유상	또한 어떤 형상이 있는 것은 아니다
謂言說之極 위언설지극	그것은 이른바 언어의 극한이며
因言遣言 인언견언	말로써 말을 돌려보내는 것이다

말로써 말을 돌려보내면 그 말은 어디로 갈 것인가? 말은 처음부터 실체가 없는 것이니까 결국 허공에 흩어져 사라질 것이다. 그러나 이와는 달리 진리의 본체는 영원히 거기 남을 것이다. 그것은 우리가 어디로 돌려보낼 수 있는 것이 아니다.

此眞如体 無有可遣 차진여체 무유가견
이 진여의 본체는 가히 돌려보낼 수 있는 것이 아니다.

도(진여)는 언어 이전에 존재한다. 언어는 언어 자체의 필요에 의해서 도에 이름을 붙이지만, 허나 도는 영원히 언어에 의해 규정되기를 거부한다. 이른바 진여는 '불가설 불가념'이다.

不可說 불가설	말할 수 없고
不可念 불가념	생각할 수 없다

우상숭배의 문제

노자의 시대나 지금의 시대나 사람들의 행동에 아무 차이가 없다.

그때나 지금이나 사람들은 여전히 자신의 도만이 진정한 도이며, 자신의 신만이 진정한 신이며, 자신의 진리만이 진정한 진리라고 외치고 있다. 그러나 노자는 말한다.

"남들의 도는 참다운 도가 아니고 자신의 도만이 참다운 도라고 말하는 자들 때문에 세상은 이토록 추한 것이다. 그런 자들을 경계하라. 그리고 그들이 말하는 도에도 경계하라. 그들은 종교의 허울을 뒤집어쓰고 어리석은 짓을 행하는 자들이다."

궁극의 실재를 가리키는 이름은 나라마다 민족마다 다르다. 어디서는 도라고 하고, 어디서는 진여眞如라고 하고, 어디서는 하느님이라 하고, 어디서는 한울님이라고 한다. 그러나 그 모든 것은 이름일 뿐이며 거기에는 어떤 실체도 없다. 그것들은 다만 보다 고차원의 궁극적 실재를 가리키기 위한 방편일 뿐이다.

그러므로 이름을 걷어내고 나면 남는 것은 동일한 궁극적 실재이다. 이 우주의 궁극적 실재는 하나다. 그 하나인 그것, 그것은 이름을 떠나 있다. 그것은 무한자無限者이며, 무규정자無規定者이며, 유일무이唯一無二한 자이다. 이 동일하며 하나인 궁극적 실재가 수백 · 수천의 이름으로 불리고 있는 것이다.

그러나 우리가 수백 · 수천의 이름으로 부르는 우주의 저 근원적 일자一者는 본디 무어라 이름 붙일 수 없는 것이다. 노자가 하는 말이 그것이다.

이름 없는 것, 그것이 천지의 근원이요,
이름 붙인 것, 거기서 만물이 생겨난다.

노자老子

無名天地之始 有名萬物之母 무명천지지시 유명만물지모

　우리는 결코 우주의 근원적 일자를 어떤 특정한 이름으로 한정할
수 없다. 왜냐하면 그것은 무한자無限者인데, 거기에 어떤 이름을 지
어 붙인다고 하는 것은 실은 무한자를 유한자有限者로 격하시키는 일
이기 때문이다.

　오늘날 종교인들 사이에서 심심찮게 우상논쟁이 일어나는 것을 볼
수 있다. 일단의 종교인들은 타 종교인들의 신행信行 행위에 대하여
그 행위들이 우상을 숭배하는 것이라며 목에 핏대를 세우고 비판한
다. 우상숭배란 무엇인가? 사람이 나무나 돌·쇠붙이 따위로 신의 형
상을 세워놓고 비는 것은 분명 우상숭배다. 그러나 우상숭배란 그보
다 훨씬 깊고 광범위한 문제를 내포하고 있다.

　우상에는 크게 두 가지가 있다. 하나는 형상形像의 우상이고, 다른
하나는 관념觀念의 우상이다. 형상의 우상은 눈에 보이는 우상이다.
앞서 말한 돌이나 쇠붙이 따위로 만들어놓은 사람 혹은 신의 모습을
말한다. 이것은 쉽게 눈에 띄므로 파악이 어렵지 않다.

　종교 중에서 우상에 가장 엄격한 종교는 이슬람교다. 이슬람교에
서는 어떤 경우에도 신의 형상을 표시하지 않는다. 조각은 물론 그림
도 안 된다. 그래서 이슬람교에서 발달한 것이 바로 문양文樣이다. 아
라베스크니 인동당초문이니 하는 것들이 모두 이슬람 문화권에서 온
것들이다. 이슬람교가 신의 형상을 표시하지 않는 것은 실로 귀감이
될 만한 일이다.

　그러나 정말로 문제가 되는 것은 관념의 우상이다. 이것은 눈에 보

이지 않기 때문에 파악하기도 어렵다. 자기 스스로는 순수한 종교행위를 행한다고 굳게 믿고 있는 사람들 중에도 많은 사람이 관념의 우상을 숭배하고 있다. 여기서 다시 한 번 우상숭배의 의미를 정의해보자. 우상숭배의 정확한 의미는 무엇인가? 그것은 행위의 형식 여하를 막론하고 '절대絶對'를 '상대相對'화시키는 일체의 언어와 행동을 말하는 것이다.

절대가 상대화되면 그다음 생기는 일은 절대와 상대의 혼동이다. 그렇게 되면 사람들은 자기가 이름붙인 상대相對를 절대絶對로 착각한다. 그런 사람들은 자신이 믿는 종교만이 절대적으로 옳고, 자신이 믿는 신만이 절대적으로 위대하다는 심대한 착오에 빠진다. 절대자를 상대자로 격하시키는 일, 혹은 절대를 상대로 혼동하는 일은 어디서 나타나는가? 그것은 바로 '관념의 우상'을 통해 나타난다.

잘못된 언어와 이름을 동원하여 무한자를 유한자로 한정시켜버리는 행위, 그것이 바로 우상숭배의 결정적 의미다. 우주의 '근본신根本神'에는 이름이 없다. 그것은 이름을 떠나 있다. 그것은 결코 이름 아래 한정시킬 수 없다. 그 이름이 뭐가 됐든 이름 아래 놓인 것은 '근본신'이 아니다. 그것은 플라톤이 말한 데미우르고스(demiurgos), 즉 '반쪽짜리 신'이며 '열악한 신'이다.

'반쪽짜리 신'을 '근본신'으로 착각하는 것, 그것이야말로 가장 근원적 의미에서의 우상숭배인 것이다. 이 관념의 우상에 한번 붙들리면 사람은 그때부터 마음의 문이 닫힌다. 그는 자기가 보고 싶은 것만 보고 우주의 참모습을 보려하지 않는다. 이 관념의 우상에 비하면 형상의 우상 따위는 별것이 아니다.

이 관념의 우상으로부터 이 세상 모든 종교적 광신과 착란이 생겨나는 것이다. 지금 세상의 많은 종교들이 이 관념의 우상에 매몰되어 있다. 그들은 타 종교에 대하여 우상에 빠져 있다고 비난하지만, 정작 자신들은 그보다 더한 우상에 깊이 빠져 있다. 이른바 '남의 눈의 티끌은 보면서도 내 눈의 들보는 보지 못하는' 상황이다. 특히 유대교, 기독교, 이슬람교 등 유일신을 믿는 종교는 다소 정도의 차이는 있지만 근원적으로 모두 이 '관념의 우상'에 깊이 사로잡혀 있다.

그러나 이 우주의 '근본신'은 어떤 이름으로도 불릴 수 없다. 이 사실을 알 때, 그리고 이 사실이 의미하는 바를 받아들일 때 비로소 지구에 평화가 온다.

이름을 갖다 붙이는 순간 신은 왜곡되어 사라지고, 반쪽짜리 신이 그 자리에 들어와 진정한 신인 것처럼 행세하게 되는 것이다. 나라와 민족마다 반쪽짜리 신을 붙들고 '근본신'을 대신하려 하면 어이없게도 이 지구상에 '근본신'이 수십·수백이 되어 '근본신'끼리 서로 항쟁하게 된다. 그리되면 지구에 평화가 올 수가 없다.

고대 유대 땅에 이른바 선지자들은 많지만, 노자와 같은 심오한 통찰을 지닌 대현인은 안 보인다. 고대 유대 땅에는 문화의 발생 초기에 누군가가 나타나 '도道라고 할 수 있는 도는 진정한 도가 아니다', '신神이라고 할 수 있는 신은 진정한 신이 아니다'라는 위대한 한 마디를 해준 사람이 없었다. 그것이 인류 역사의 커다란 비극이다.

신은 인간이 아니다. 신에 이름을 붙이지 마라. 누가 붙인 이름이든 그 이름을 넘어서라. 이름에 머리를 조아리지 마라. 이름을 꽃이나 향으로 장식하지 마라. 그것이 어떤 이름일지언정 부디 이름에 절하지 말고, 이름에 예배하지 마라. 그것이야말로 가장 깊은 의미의 우상숭배이다.

본체계와 현상계

천지의 근원天地之始, 즉 우주의 근원적 일자에 대해서는 무어라 이름 붙일 수 없다. 이것이 본체계의 소식이다. 그러나 눈앞의 현상세계는 이름이 없으면 굴러갈 수가 없다. 이것이 현실계의 방식이다. 우리 인간은 무언가 이름이 있어야 만물을 정의할 수 있으며 인식할 수 있기 때문이다.

즉, 우리 인간 세계의 관점에서 보면 이름이 있어야 사물이 생겨나는 것이며, 이름이 사라지면 이름과 함께 사물도 사라지고 만다. 노자는 이것을, '유명만물지모'라고 말하고 있다.

무언가 이름이 시작되면 그로써 만물이 생겨난다.
有名萬物之母 유명만물지모

이것이 본체계(道)와 현상계(萬物)의 대립이다. 본체계를 참답게 인식하기 위해서는 언어와 이름을 떠나야 하는데, 이와 반대로 현상세계 안에서 사물을 서로 원활히 인지하기 위해서는 언어와 이름에 의존해야 한다.

그럼 이 상황에서 우리는 어떻게 한 세상을 살아가야할 것인가? 노자는 지금 드러나지는 않았지만 행간 깊숙이 이 질문을 깔아놓고 있

노자老子

다. 이것은 노자의《도덕경》전체를 관통하는 중대한 질문이다. 본체계를 추구하며 살 것인가, 현상계를 추구하며 살 것인가? 본체의 세계만이 의미 있는 것이고 현상세계는 무의미한 것인가? 또는 본체의 세계와 현상세계를 조화시키고자 하는 사람은 어떤 방식의 삶을 살아가야 하는가?

아마도 이 질문은 대현인 노자가 평생 동안 가슴에 품었던 질문이었을 것이다. 노자의《도덕경》전체는 사실 이 질문에 대한 그 자신의 답변이라고 할 수 있다.

노자는 현상세계를 결코 부인하지 않는다. 붓다에게는 이 우주의 모든 사물이 근원적으로는 모두 공空이었지만, 노자에게는 우주의 모든 사물이 다름 아닌 도道로부터 흘러나오는 것이어서 결코 그것들은 어느 것 하나 무의미하거나 허망한 것들이 아니다. 노자는 '도'라는 위대한 한마디로 이 우주와 이 우주가 낳은 천지만물 모두를 긍정한다. 그는 어떤 것도 부인하지 않는다. '도'라는 말은 우리 우주가 결코 우연의 소산이 아니며, 그 자체 영원한 섭리가 지배하는 곳이며, 또한 그렇다고 그것이 타율적이 아니라 자율적으로 작동하고 있는 곳임을 웅변해준다.

그리하여 노자는 초월적 세계를 이야기하다가도 현실세계를 이야기하며, 도를 이야기하다가도 물질적 세계를 이야기하는 것이다. 왜냐하면 그에게는 초월적 세계와 현실세계가 똑같이 중요하기 때문이다. 그에게는 초월적 세계도 현실세계도 모두 도에서 나온 것이다. 따라서 그는 현상세계라고 하여 그 존재가치를 부인하지 않는다. 이 점이 노자가 특히 붓다와 대비되는 점이다.

노자는 이 우주의 근원적 모습을 '공空'이 아니라 '도道'로 파악한다. 그러므로 노자에게는 이 세상 천지만물 중 한 물건도 도에서 벗어난 것이 없으며, 한 물건도 허망한 것이 없다.

그에게는 본체계(영원한 무無의 세계)와 현상계(영원한 유有의 세계)가 모두 의미 있고 모두 나름의 가치가 있다. 우리는 영원한 무를 통해 근원적 신비를 파악할 수 있지만, 또한 우리는 영원한 유를 통해 우리가 사는 현실세계의 여러 모습도 파악하지 않으면 안 된다. 현실세계를 무시하지 마라. 현실세계와 초월적 세계를 너무 지나치게 분리시키지 마라. 그것들은 둘 다 근원이 같은 것이다. 노자는 이러한 관점을 압축적으로 이렇게 말한다.

> 그러므로 영원한 무無로써 그 근원을 볼 수 있는 것이며
> 영원한 유有로써 그 현상을 볼 수 있는 것이다.
> 이 양자는 한 곳에서 나왔으되 이름을 달리할 뿐
> 둘 다 동일한 것을 가리키나니.

이 양자는 한 곳에서 나왔다는데, 그 한 곳은 어디인가? 바로 도道이다. 이 양자는 이름이 다를 뿐 둘 다 동일한 것을 가리킨다는데, 그 동일한 것은 무엇인가? 역시 '도'이다.

도는 드러나지 않은 무의 세계로부터, 드러난 유의 세계에 이르기까지 모든 곳에 퍼져 있으며, 모든 곳을 관통해 있다. 도는 없는 곳이 없다. 도는 이른바 무소부재無所不在이다. 풀 한포기, 돌멩이 하나에서

노자老子

도 도를 보지 못하면 그대의 도는 진정한 도가 아니다.

모든 신비의 문

《도덕경》 제1장의 마지막 구절은 신비로움이 가득한 글귀로 끝을 맺고 있다.

玄之又玄 衆妙之門 현지우현 중묘지문
어둡고 또 어두운 가운데 모든 신비의 문이 있도다.

이 구절은 동양의 모든 신비주의의 진정한 연원이다. 이 구절에서 '현묘지도玄妙之道'란 말이 나왔고, 이 구절을 통해 도의 신비로움이 동양인들의 뇌리에 깊이 각인되었다. 이 구절은 시詩 중의 시요, 철학 중의 철학이요, 수수께끼 중의 수수께끼다.

노자는 이 구절을 통해 동양 신비주의의 태두로서의 면모를 유감없이 만천하에 드러냈다. 여기서 노자의 표현 중 주의할 것은 노자가 '어둡다(玄)'라는 용어를 사용하고 있다는 점이다. 그것도 강조형으로 거듭 사용하고 있다. 노자가 말하는 '어둡고 또 어둡다玄之又玄'라는 것은 대체 무엇인가? 노자는 왜 '밝음'을 말하지 않고 '어둠'을 말하는 것일까? '현지우현 중묘지문'이란 대체 무슨 뜻일까?

대체로 심오한 것은 평범한 사물과 존재 양식이 다르다. 심오한 것은 번쩍거리지 않는다. 그것은 어딘지 그윽하다. 심오한 것은 요란스럽거나 시끄럽지가 않다. 그것은 어딘지 담담하다. 심오한 것은 깊숙하다. 그것은 어딘지 숨기를 좋아한다. 전체적으로 볼 때 심오한 것은 자기를 잘 드러내지 않는 특징을 지니고 있다.

신비는 대낮에 거리를 활보하는 것이 아니라, 깊은 어둠 속에 고요히 숨어 있다. 그것은 한번 보자고 한다고 해서 쉽게 모습을 보여주지 않는다. 신비는 미인과 같고 보물과 같다. 인간의 보물도 쉽게 보여주지 않고 장롱 속에 깊이 감추어 두는데, 자연의 가장 귀한 보물을 조물주가 쉽게 보여주겠는가?

요컨대, 궁극의 신비는 어둡고 어두운 가운데 깊숙이 숨어 있다. 이것이 바로 노자가 말하는, '현지우현 중묘지문玄之又玄 衆妙之門'의 의미다.

그러므로 중묘지문衆妙之門, 즉 궁극의 신비를 접하기 위해서는 존재의 표층에서 어정쩡하게 서 있어서는 안 되고, 존재의 심층으로 깊숙이 들어가야 한다. 그리하여 현상세계에서 경험할 수 없는 심오한 어둠을 관통해야 한다. '현지우현玄之又玄'이라는 노자의 말은 다른 뜻이 아니라 바로 존재의 내면으로 들어가라는 의미이다.

그대가 그대의 내면으로 들어가면 한 번도 보고 들은 적이 없는 생소한 어둠에 직면하게 될 것이다. 점점 더 들어가려 할수록 그대는 점점 더 어두워짐을 느끼게 될 것이다. 그리하여 그대는 그 어둠에 저항하고 항거할 것이다. 왜냐하면 어둠이 그대의 존재를 감싸면서 그대를 녹여 없애려 하기 때문이다.

그것은 그대에게 공포와 불안을 준다. '이러다가 내가 없어져 버리는 것은 아닌가?' 그대의 저항은 일면 정당하다. 그러나 그대의 저항은 일면 바보스럽다. 왜 그대는 한번 저 심오한 어둠에 자신을 맡겨보지 않는가? 왜 그대는 한번 저 거대한 무無의 심연 속으로 뛰어들지 못하는가? 생명에 대한 애착 때문인가? 그것은 누구의 생명인가? 그대의 생명인가? 아니다. 거기서 죽은 사람은 아무도 없다. 그것은 그대의 생명이 아니라 에고(ego)의 생명이다.

에고는 녹아 없어지기를 거부한다. 에고는 원래 그런 것이다. 그러나 에고가 그 자리에 버티고 서 있는 한 그대는 존재의 심층으로 들어갈 수가 없다. 그대는 에고를 데리고, 에고와 함께 존재의 심층으로 들어가고 싶은데, 어찌된 영문인지 존재의 심층에는 에고가 같이 들어갈 수가 없다. 아, 천국의 문은 왜 이다지도 좁은 것일까? 그대는 에고를 데리고 예전처럼 살던가 아니면 에고와 이별하고 존재의 심층으로 뛰어들던가 해야만 한다. 다른 방법은 없다.

'현지우현'의 심오한 어둠 속에서 무슨 일이 일어나는가? '현지우현'하면 어떤 일이 생기기에 모든 신비의 문(衆妙之門)이 열리는가? 노자의 표현들은 너무 시적이고 함축적이어서 그 의미를 명확히 알기는 어렵다.

노자는 '현지우현'하면 우리에게 무슨 변화가 생기는지 그 중간 단계를 설명하지 않은 채 곧바로 '중묘지문'이라는 결론을 말하고 있다. 그러므로 '현지우현 중묘지문'은 노자의 말 중에서 가장 심오한 표현인 동시에 가장 애매한 표현이기도 하다.

여기에는 뭔가 의미를 명확히 할 사자성어 하나가 모자란다. 많은 사람들이 많은 어휘를 생각할 수 있겠지만, 무슨 단어가 됐던 그 내용은 '존재의 경계가 소멸한다'는 내용이라야 할 것이다. 왜냐하면 우주의 궁극적 신비(衆妙之門)는 사물과 사물 간의 모든 경계가 소멸할 때

드러나는 것이기 때문이다. 요컨대, '현지우현'의 세계란 경계가 없는 세계, 이름이 소멸된 세계이다.

밝은 대낮에는 사물들이 각기 개체로 존재하며 상호 구별되고 분리되어 있다. 산과 강, 나무와 돌 다들 저마다의 이름과 형상 속에서 개체로 고립되어 저마다 삶을 살아간다. 우리 인간도 마찬가지다.

낮에 우리는 개별체로 타인과 분리되어 살아간다. 그러다 하루해가 지고 밤이 찾아들면 짙은 어둠이 깔려 사물과 사물 사이의 경계가 사라진다. 어둠 속에서 산도 사라지고 강도 사라지고, 나무도 돌도 사라진다. 그 모든 것들은 개체의 경계를 잃어버리고 거대한 어둠 속에서 모두 하나로 연결된다. 빛의 마술이 사라지자 모든 것이 개체로서의 형상을 잃고 구분할 수 없는 근원으로 되돌아간 것이다.

우리 인간도 이러한 어둠 속에서는 활동을 멈추고 잠을 잔다. 잠을 잘 때 우리 역시 근원의 세계로 되돌아간다. 그 세계에는 이름이 없다. 잠을 잘 때 나는 내가 누구인지 모른다. 나의 이름과 형상, 나의 개체성은 사라지고 없다. 그런 분리와 구별이 없기 때문에 잠은 우리에게 커다란 휴식을 주는 것이다.

우리가 잠에서까지 우리 자신으로 남으려 한다면 우리는 깊은 잠을 못 자고 꿈꾸다 벌떡벌떡 일어날 것이다. 잠도 그런 의미에서 '심오한 어둠(玄)' 중의 하나이다.

나무에 매달려 있는 나뭇잎들을 보라. 나뭇잎들은 낮 동안에 각자 제 자신들이 개체라는 착각 속에서 살아간다. 머리에 먹물이 많이 든 나뭇잎일수록 자신이 독립된 개체, 하나의 특별한 나뭇잎이라고 생각한다. 그들의 소위 지성知性이라는 것은 관념적이고 논리적인 것밖에 알지 못해 직관적인 것에는 미치지를 못한다. 그래서 그들은 자신이 뿌리와 연결되어 있다는 것을 알지 못한다.

그들은 뿌리가 있어 자신들을 먹여도 주고 살려도 주지만, 그런 것은 까맣게 잊고 자신이 자기 힘으로 홀로 살아가고 있다고 생각한다. 그러고는 바람이라도 몰아치는 날이면 갖은 슬픈 표정을 지으며 온갖 어린애 같은 엄살과 투정을 부린다.

그들은 시와 수필도 쓰고, 철학자 노릇도 한다. 그들이 쓴 글들의 제목은 대체로 '하나의 나뭇잎이 슬퍼할 때' 또는 '하나의 나뭇잎이 고독할 때' 이런 것들이고, 그들이 한다는 철학이란 것은 대체로 '허무철학'이니 '실존철학'이니 하는 것들이다.

하루해가 지면 나뭇잎들도 휴식에 잠긴다. 깊은 어둠이 나뭇잎을 감싸고 나뭇잎과 나뭇잎 사이의 경계를 지워 없앤다. 나뭇잎들은 이제 자신이 누구라는 생각에 더는 매달리지 않으며, 자신으로부터 벗어나 뿌리로 돌아간다.

나뭇잎은 본시 혼자가 아니었다. 그것은 처음부터 뿌리와 하나였다. 다만 그것을 나뭇잎 자신만 몰랐다. 나뭇잎이 자기는 뿌리와 아무런 연결도 없다고 생각할 때조차도 뿌리는 그 나뭇잎을 위하여 물을 빨아올리고 영양분을 가지 끝까지 보내주었다.

나뭇잎은 한 번도 뿌리와 분리된 적이 없다. 나뭇잎이 자기는 독립적인 자아요, 분리된 개체로써 존재의 불안과 고통을 느낀다고 말할 때도 실은 그 나뭇잎은 뿌리와 분리되지 않았다. 다만 나뭇잎 자신만 그것을 몰랐다. 그리고 지금 나뭇잎은 밤이 되어 어둠 속에서 비로소 에고(ego)를 내려놓고 자신의 뿌리로 돌아가 그 근원의 세계와 하나가 되어있다. 나뭇잎이 겪는 이러한 상황도 노자가 말하는 '심오한 어둠 (玄)' 중의 하나이다.

요컨대 '어둡고 또 어두운 가운데(玄之又玄)' 모든 사물과 사물 사이, 존재와 존재 사이의 경계가 소멸한다. 경계의 소멸, 이것이 핵심이다. 경계가 사라짐으로써 우리는 비로소 우주의 근원적 신비(衆妙之門)를 접하게 되는 것이다.

이제 '도가도비상도'로부터 시작했던 노자의 이야기는 한 바퀴를 빙 돌아 원점으로 다시 왔다. '도가도비상도'이고 '명가명비상명'이니 우리가 참다운 도, 참다운 실재를 만나기는 무척 어렵다. 왜냐하면 우리가 사는 이 현실세계는 모두 '이름'으로 이루어져 있기 때문이다.

사람들은 '이름'에 현혹되어 이름에 숭배하고 이름에 절을 하지만, 이름은 실재가 아니며, 손가락은 달이 아니다. 달(月), 즉 참다운 도道는 어디에 있는가? 참다운 도는 '총명과 분별'을 넘어선 의식의 심층세계, 즉 '현지우현'의 세계 속에 있다. 이것이 바로 '현지우현 중묘지문'의 뜻이다.

이로써 노자《도덕경》제1장이 끝났다. 이상의 논의를 통해 우리는 이제 첫 문장 '도가도비상도'로부터 마지막 문장 '현지우현 중묘지문'까지가 한 호흡 안에 있는 문장임을 확인할 수 있게 되었다.

노자老子

제2장

세계는 상대적이다

천하가 모두 미를 미로 알지만
이는 추함이 있기 때문이요,
선을 선으로 알지만
이는 선하지 않음이 있기 때문이다.

그러므로 유와 무는 서로를 낳고
어려움과 쉬움은 서로를 이루며
길고 짧음은 서로 비교되고
높고 낮음은 서로 기울고
악기소리와 목소리는 서로 조화를 이루고
앞과 뒤는 서로 따른다.

따라서 성인은 무위의 일에 몸을 두고
불언지교를 행한다.
만사가 생겨나도 개의치 아니하고

만물이 생겨나도 소유하려 하지 않으며

어떤 일을 행해도 거기 기대려 하지 않고

공을 이루어도 거기 머물려 하지 않는다.

오직 머물지 않기 때문에 그 공이 사라지지 않는다.

天下皆知美之爲美 斯惡已 천하개지미지위미 사오이

皆知善之爲善 斯不善已 개지선지위선 사불선이

故有無相生 難易相成 長短相較 고유무상생 난이상성 장단상교

高下相傾 音聲相和 前後相隨 고하상경 음성상화 전후상수

是以聖人處無爲之事 行不言之敎 시이성인처무위지사 행불언지교

萬物作焉而不辭 生而不有 爲而不恃 만물작언이불사 생이불유 위이불시

功成而弗居 夫唯弗居 是以不去 공성이불거 부유불거 시이불거

아름다움과 추함

노자는 제1장에서 우주의 절대적 진리, 즉 도道에 대하여 이야기했다. 그리고 이제 여기 제2장에서 노자는 상대적 세계에 대해 논한다. 그대가 아무리 근원적 도의 체득자라 할지라도, 그대는 삶을 영위하는 한 이 현실세계를 떠나서 존재할 수는 없다. 그러나 이 현실세계를 지배하는 가치 체계는 상대적이다. 이 세상의 모든 존재와 사물은 다 우리 인간이, 우리 인간의 관점에서, 우리 인간을 위해 이름 지어 놓은 것뿐이다. 그러니 어떤 것이 절대적이라고 착각하지 마라. 요컨

노자老子

대 세계는 상대적이다.

어떤 것도 절대적인 것은 없다. 미추도, 선악도, 장단도, 고저도 모두 상대적인 것에 불과하다. 아름다움과 추함이 이 우주에 처음부터 정해져 있었던 것은 결코 아니다. 하늘이 낳은 물건 중에 어디 추한 물건이 하나라도 있겠는가! 천지만물은 이 우주에 처음 나왔을 때 다만 아름답고 아름다울 뿐이었다. 잘생긴 것은 잘생긴 대로 아름답고, 못생긴 것은 못생긴 대로 아름답다. 태초의 사물에 추함은 없다. 어린 아이를 보라. 잘생긴 아이는 물론 아름답지만 못생긴 아이는 더 귀엽고 예쁘지 않은가!

아름다움과 추함이 처음부터 있었던 것은 아니다. 아름다움과 추함은 이 우주에 인간이 생긴 다음에 생겨난 것이다. 세상 사람들이 어떤 사물에 대하여 아름답다고 평가할 때 비로소 어떤 다른 사물 하나가 추해지는 것이다. 미추美醜라는 이름, 선악善惡이라는 이름, 그런 이름을 붙인 것은 우리 인간이다. 사물에 처음부터 미추와 선악이라는 이름표가 붙어 있었던 것이 아니다. 우리 인간이 미美를 만들어낼 때 비로소 추함에 대한 인식이 생겨나는 것이고, 선善을 만들어낼 때 비로소 악에 대한 인식이 생겨나는 것이다.

천하가 모두 미를 미로 알지만
이는 추함이 있기 때문이요,
선을 선으로 알지만
이는 선하지 않음이 있기 때문이다.

요컨대, 미추, 선악, 장단, 고저 이 모든 것들은 인간이 갖다 붙인 '이름(名)'이며, 이른바《도덕경》제1장에서 말하는 영원하지 않은 이름, 즉 '비상명非常名'인 것이다. 그러므로 사람들이 어떤 사물에 대하여 아름답다(美)·선하다(善)·길다(長)·높다(高)라고 말하더라도 그것은 어디까지나 사람들이 만들어낸 가치평가이지, 결코 절대적인 것은 아니다.

미의 기준은 시대에 따라 변하고, 선악의 판단도 상황에 따라 다를 수 있다. 가령, 양귀비楊貴妃는 천하절색의 대명사로 통하지만 그것은 당나라 말기의 느끼한 취향이 반영된 것이지 지금의 취향과는 다르다. 양귀비의 별명이 '비비肥妃', 즉 뚱뚱보였는데 그렇다면 그런 몸매로 요즘 미스 차이나(Miss China)에 출전이나 할 수 있겠는가?

살인을 하면 살인죄로 처형되는데, 전쟁에서 적을 죽이면 훈장을 받는다. 어느 게 옳은 것인가? 행위의 윤리규범을 정한 자들은 누구인가? 그들은 자신들이 내린 가치평가의 정당성을 누구로부터 위임받아 어떤 때는 사람들을 처형하기도 하고, 어떤 때는 훈장을 수여하기도 하는 것인가? 정말로 사람을 죽이는 일이 훈장을 받아야 할 일인가?

노자는 여기서 우리 인간세계의 여러 영역에서 별 생각 없이 행해지고 있는 가치평가의 여러 문제들에 대해 간략하게 지적하며 주의를 환기시키고 있다.

유무有無는 서로를 낳고
난이難易는 서로를 이루며
장단長短은 서로 비교되고
고저高下는 서로 기운다.

모든 것은 상대적이고, 상대적인 가치 개념 속에서 모든 것은 존재한다. 있다는 것(有)은 없다는 것(無)를 전제했을 때 생겨나는 개념이고, 어렵다는 것은 쉬운 것에 비교했을 때 느끼게 되는 것이며, 길다는 것은 짧은 것에 비교해봤을 때 정할 수 있는 개념이며, 높다는 것은 낮은 것에 대비했을 때 생겨나는 것이다. 어떤 것도 그 자체로 처음부터 어렵다거나 길다거나 높다거나 한 것은 없다.

우리 속담에 '길고 짧은 것은 대 봐야 안다'는 말이 있는데 노자의 말이 바로 이것이다. 아무리 긴 것도 자기보다 더 긴 것을 만나면 짧다. 아무리 짧아도 자기보다 더 짧은 것을 만나면 길다. 어느 것도 그 자체로 긴 것도 없고, 그 자체로 짧은 것도 없다.

상대성의 철학

음성音聲은 서로 조화를 이루고
전후前後는 서로 따른다.

이것은 우리가 한 곡의 음악을 들을 때도 마찬가지이다. 악기 소리(音)는 사람 목소리(聲)와의 관계에서 제 소리를 찾아가는 것이며, 그렇게 했을 때 조화로운 소리가 나는 것이다. 악기 소리 따로 사람 목소리 따로 나면 조화는 깨진다. 양자가 서로의 존재를 인정하는 넓고 유연한 자세, 즉 자신의 절대성을 버리고 상대성을 받아들일 때 아름다운 화음이 탄생하는 것이다.

또 전후前後 관계도 마찬가지이다. 사람들은 서로 잘났다고 싸우며

전이니 후니 하며 다투지만, 전이라는 것은 후가 있으니까 생겨나는 것이지 저 혼자 존재한다면 거기에 무슨 전과 후 따위가 존재하겠는 가. 그리고 전이니 후니 하는 게 인생의 좁은 영역에 한정했을 때 통하는 말이지 우리가 시각을 인생의 넓은 영역으로 돌리면 전이 후가 되기도 하고 후가 전이 되기도 하는 것이다. 먼저 된 자가 나중 되고 나중 된 자가 먼저 된다는 이야기도 노자의 말과 다른 것이 아니다. 세상은 직선이 아니라 커다란 원과 같은 것이다.

짧은 소견으로는 세상이 직선인 것처럼 보이지만 그것은 시야가 편벽되어 전체를 보지 못하기 때문에 생기는 착오이다. 세상을 직선이라고 보면 만사가 분명하고 선후가 뚜렷하여 무언가 인생이 명확해지는 것 같은 느낌이 드는 건 사실이다. 그래서 사람들은 문명이 발생한 이래 사물에 대해 정의내리고, 개념을 정하고, 기준을 잡고, 옳고 그름을 따지고, 시비분별하여 왔다. 이 모든 것이 노자 식으로 말하자면 인간이 갖다 붙인 '영원하지 않은 이름(非常名)'들인 것이다.

그것들은 '참다운 이름'이 아니다. 그것들은 표면적으로는 잠시 우리 인생살이를 명확히 해주는 것 같은 착각을 불러일으키지만, 실은 근본적인 점에서 심각한 오류를 내포하고 있어서 그러한 분류법을 별 생각 없이 계속 따르다보면 점점 이름과 실재를 혼동하게 되어 나중에는 사물의 참모습을 보지 못하게 되는 어이없는 실수를 저지르게 된다.

열 명의 사람을 일렬로 세워놓으면 선후가 뚜렷하여 편하고 좋다. 여기에는 1등부터 10등까지 등수가 정해져 있어서 식별도 용이하고, 위계질서 면에서도 명확하여 먼저 된 자가 나중 된다거나 나중 된 자가 먼저 된다는 등의 불상사가 일어날 일이 없어 더욱 좋다. 이들의

노자老子

관점에서는 결코 '전후는 서로 따르지(相隨) 않는다.' 서로 따르지 않을 뿐만 아니라 결코 서로 따라서는 안 된다. 그렇게 되면 세상이 시끄러워진다. 이들에 의하면 '전후는 고착固着되어 있다.'

그런데 이제 열 명이 아니라 백 명의 사람을 모아놓고 이들을 둥글게 원의 형태로 배열해놓았다고 하면 갑자기 그 뚜렷했던 전후가 사라지고, 등수가 사라지고, 위계질서가 사라진다. 도대체 등수를 매길 수가 없으며, 서열을 매길 수가 없다. 이 둥그런 원에서는 누가 서열 1위이고 누가 꼴찌인지를 알 수가 없다. 자세히 들여다보면 서열 2위 앞에는 서열 1위가 있는데, 또 서열 1위 앞에 서열 꼴찌가 서 있다!

여기에서는 수시로 먼저 된 자가 나중 되고, 나중 된 자가 먼저 된다. 여기에서는 고정된 것은 아무것도 없다. 여기서는 모든 것이 서로 따른다. 이른바 노자가 말하는 '전후는 서로 따른다'가 이것이다.

그러면 우주의 참모습은 어떤 것인가? 전후고착前後固着인가 전후상수前後相隨인가? 당연히 전후상수이다. 인간의 세계만이 전후고착을 기도하는 것이고, 인간을 벗어난 참된 우주의 모습은 언제나 전후상수의 흐름을 보여준다.

세계는 상대적이다. 이 우주만물 중에 절대적인 것은 하나도 없다. 도道 외에 이 우주 안에 있는 일체의 모든 만물은 상대적인 것이다. 그러니 그 만물에 붙어 있는 여러 이름 따위(그대가 그 이름을 아무리 사랑하고 애지중지한다 하더라도)가 어찌 절대적일 수 있겠는가?

우리는 노자의 글을 깊이 음미하다 보면 노자에게서 심오한 '상대성의 개념'을 발견하게 된다. 아마도 인류역사상 최초로 상대성의 문을 연 사람은 노자일 것이다. 노자는 그 시대 제자백가들의 아전인수

격인 여러 주장들, 즉 서로 앞을 다퉈가며 자기가 주장하는 도, 자기가 주장하는 미, 자기가 주장하는 선만이 절대적인 것이라는 견강부회에 맞서 모든 것은 상대적인 것에 불과하다는 주장을 펼쳤다. 이것은 인류 전체 정신사의 입장에서 볼 때 매우 중대한 일이다.

노자는 남들이 말하는 도는 상대적인 것이고, 자기가 말하는 도는 절대적인 것이라는 의미로 이 말을 한 것이 아니다. 노자의 말은, 우주의 참다운 도는 이름을 떠난 것이며, 어떤 이름이 됐던 이름(도라는 이름, 미라는 이름, 선이라는 이름 등등)을 동반하는 모든 관념은 그 제한적 속성 때문에 상대적일 수밖에 없음을 말하는 것이다. 이것은 플라톤의 미의 이데아 혹은 선의 이데아 등 절대적 관념을 추구하는 철학과는 유를 달리하는, 심오한 상대성의 철학이다.

고대 동양사회는 노자의 《도덕경》에 나타난 실로 위대한 관념, 즉 일체의 절대주의 철학 내지는 근본주의 철학을 뿌리에서부터 뒤흔들어준 저 광대한 상대성의 철학으로부터 커다란 정신상의 혜택을 입었다. 어떤 사람들은 노자를 이해하지 못했지만, 어떤 사람들은 노자의 책에서 심원한 뜻을 이해했다. 그리하여 노자의 사상이 고대 동아시아 사람들의 정신 속에 녹아들게 되자 동양사회에서는 그때부터 불필요한 종교·철학상의 투쟁이 사라졌다.

즉, 동양에서는 노자의 위대한 가르침 덕분에 BC 5세기경의 춘추전국시대로부터 서양문물이 들어오는 AD 20세기까지 무려 2,500년 가까이 한 번도 근본주의 종교철학의 준동으로 인한 폐해가 없었던 것이다. 말하자면 노자는 아인슈타인도 알지 못했던 또 다른 상대성의 원리를 사람들에게 깨우쳐주었던 것이다.

무위(無爲)

세계가 이렇게 속속들이 상대적임을 안 사람은 남들에게 무언가를 핏대 높여 주장하거나 가르치지 않는다. 진실로 도를 체득한 참된 성인聖人은 인위人爲를 앞세워 무언가 부자연스런 일을 꾸미기보다는 무위無爲로써 일을 처리하고, 또 무언가를 소리 높여 주장하기보다는 문자文字와 말(言)을 쓰지 않는 무언의 가르침을 행한다. 그는 점점 천지 자연을 닮아가려 한다. 노자는 이것을 이렇게 표현한다.

성인聖人은
무위의 일無爲之事에 몸을 두고
불언지교不言之敎를 행한다

'무위'라는 말이 여기서 처음 나왔다. 무위라는 말은 노자의 사상 중에서 가장 중요한 사상이고, 핵심 개념이다. 무위야말로 노자를 가장 노자이게끔 해주는 개념이다. 무위를 알면 노자를 알고, 무위를 모르면 노자를 모른다.

그렇다면 무위란 무엇인가? 무위란 '행위行爲' 없음을 말하는 것이 아니다. 그것은 '인위人爲' 없음을 말한다. 무위에는 행위가 없는 것이 아니라, 오히려 많은 창조적 행위가 들어 있다. 사실 창조적이고 생산적인 행위들은 거의가 다 무위에서 나온 행위들이라고 할 수 있다.

무위는 순수하다. 무위는 투명하다. 무위는 사심私心이 없다. 무위에는 행위자가 없다. 무위란 행위자 없는 행위이다. 요컨대 무위란 무아無我다. 무위란 무아의 경지를 체득한 사람의 행동양식이다. 뛰어난 예술의 경지에 도달한 사람들은 모두 다 용어는 다를지언정 이 복된 무위의 근처에 당도한 사람들이다.

무위는 인간의 행위가 도달할 수 있는 가장 위대한 경지이며 가장 축복받은 경지이다. 무위는 행위의 완성이며 동시에 존재의 완성이다. 이 무위를 우리 인류에게 말해준 사람이 바로 노자다.

만약 노자의 '무위'가 없었다면 동양철학은 지금 같은 확고한 위상을 결코 갖지 못했을 것이다. 동양철학 전체는 노자의 '무위'라는 두 글자 위에 서 있다. 우리가 노자를 공부하는 것도 바로 저 '무위'라는 두 글자를 배우기 위한 것이다.

성인은 이러한 무위를 몸에 익힌 사람이다. 그는 무위의 참뜻을 체득하였기 때문에 무엇이 진리라고 소리 높여 주장하지 않는다. 그는 큰소리로 말하지도 않고, 힘주어 말하지도 않는다. 그는 특별히 무엇을 가르치지도 않는다. 그런데도 많은 사람들이 그에게 감화를 입는다. 이른바 무언의 가르침이요 불언지교不言之敎이다. 그는 심오한 것을 간직하고 있고, 말없는 말로써 그것을 슬쩍 보여줄 뿐이다.

그는 우주의 근본적 진리에 깊이 뿌리 내린 까닭에 크거나 작은 세상일들에 별 동요를 보이지 않는다.

> 만사가 생겨나도 개의치 아니하고
> 만물이 일어나도 소유하려 하지 않으며
> 어떤 일을 행해도 거기 기대려 하지 않고
> 공을 이루어도 거기 머물려 하지 않는다.

노자老子

그는 미추와 선악과 장단과 고저가 모두 상대적임을 잘 알고 있기 때문에 만사가 발흥해도 별로 개의치 아니하며, 만물이 일시에 일어나 자기를 에워싸도 그것을 소유하려 하지 않는다. 그는 오늘의 미가 내일의 추가 될 수 있고, 한번 선했던 것이 한번 악해질 수 있음을 안다.

그는 한번 길었던 것이 한번 짧아질 수 있고, 한번 높이 솟아 위세를 떨쳤던 것이 한번 굴러 떨어져 나락에 처박힐 수 있음을 알기 때문에 세상 일에 연연해하지 않는다. 어떤 일을 행해서 완성하는 것은 좋은 일이지만, 거기에 기대어 득보려 하는 것은 치사한 일이다. 그렇게 되면 애초의 좋았던 의도마저 퇴색되고 만다.

이것이 우리 범인凡人과 성인聖人의 차이이다. 범인은 공을 이루어 놓고도 입으로 그 공을 다 깬다. 매사에 말이 앞선다. 이른바 다언지교多言之敎다. 이것이 우리 범인의 행동양식이다. 허나, 성인은 다르게 행동한다.

공을 이루어도 거기 머물려 하지 않는다.
오직 머물지 않기 때문에 그 공이 사라지지 않는다.

이것이 진정한 무위의 체득자인 성인의 행동양식이다. 그는 자기의 공에 대해 말하지 않는다. 그는 함구한다. 이른바 불언지교不言之敎이다. 그 불언의 덕에 그는 영원히 위대한 존재가 될 수 있는 것이다.

제3장 ;
현명함을 숭상하지 마라

현명함을 숭상하지 않음으로써

백성들이 다투지 않게 하라.

얻기 어려운 재화를 귀하게 여기지 않음으로써

백성들이 도둑질하지 않게 하라.

욕심낼만한 것을 보이지 않음으로써

백성들 마음이 어지럽지 않도록 하라.

그러므로 성인의 다스림은

그 마음을 비우고 그 배를 채우며,

그 욕망을 약하게 하고 그 뼈를 강하게 한다.

항상 백성들로 하여금 무지무욕하게 하고

저 안다고 하는 자들이 감히 작위하지 못하게 한다.

무위로 행하면

다스려지지 않는 것이 하나도 없다.

노자老子

不尙賢 使民不爭 불상현 사민부쟁

不貴難得之貨 使民不爲盜 불귀난득지화 사민불위도

不見可欲 使民心不亂 불견가욕 사민심불난

是以聖人之治 시이성인지치

虛其心 實其腹 허기심 실기복

弱其志 强其骨 약기지, 강기골

常使民無知無欲 상사민무지무욕

使夫智者不敢爲也 사부지자불감위야

爲無爲 則無不治 위무위 즉무불치

쟁(爭)·도(盜)·난(亂)

노자는 제1장에서 하늘(天)의 도, 즉 절대적 진리에 대해 이야기했다. 그리고 제2장에서 땅(地)의 도, 즉 상대적 가치 규범에 대해 이야기했다. 그러면 이제 제3장에서 무엇을 이야기할 것인가?

그는 이제 '사람(人)'에 대해서 말한다. 사람이 사는 인간세가 분란 없이 행복하게 사는 장소가 되기 위해서는 어찌해야 할 것인가? 성인聖人은 사람들을 어떻게 다스려야 하는가? 노자는 제3장에서 성인의 통치술, 즉 정치에 대해 이야기하려 한다.

노자는 우선 위정자들이 통치를 함에 있어 주의할 점 세 가지를 말한다.

현명함을 숭상하지 않음으로써

백성들이 다투지(爭) 않게 하라.

얻기 어려운 재화를 귀하게 여기지 않음으로써

백성들이 도둑질(盜)하지 않게 하라.

욕심낼 만한 것을 보이지 않음으로써

백성들 마음이 어지럽지(亂) 않도록 하라.

　노자가 성인의 통치술에 대해 이야기하면서 가장 먼저 거론하는 것이 바로 '지식'의 문제였다는 점에 주목하라. 여기서 말하는 '현명함(賢)'이란 바로 지식과 지혜, 능력과 꾀 따위를 말하는 것이다. 노자는 확실히 그런 것들을 싫어했다. 철학을 인간을 현명하게 만드는 학문 정도로 생각해온 사람이 있었다면 이러한 노자의 말에 아마 충격을 받으리라.

　노자는 철학에 대한 그리스적 정의, 즉 철학이란 지혜(sophia)를 사랑하는(philo) 것이라는 관념을 훨씬 초월한다. 사실 '철학哲學'이란 근대적인 용어 자체도 노자에게는 적합하지 않지만, 언어의 용례상 우리가 쓰고 있는 철학이란 관점에서 말한다 하더라도 그의 철학은 지식 혹은 지혜와는 거리가 멀다. 그의 철학은 지식이나 지혜가 아니라 도道를 지향한다.

　노자에 의하면 지식이나 지혜 따위는 인간이 만든 것이며, 따라서 거기에는 인간적 가치평가가 수반되며, 부지불식간에 인위와 조작이 가해질 수밖에 없다. 반면에 도는 하늘이 만든 것이며 거기에 어떤 인간적 의도나 불순한 것도 섞여 있지 않다. 이것이 지식과 지혜에 대한

　　　　　　　　　　　　　　　　　　　　　노자老子

노자의 기본 관점이다.

이 관점을 이해하지 못하고 단지 문자적으로 노자가 '현명함을 숭상하지 말라'고 말한 것으로 이해하면 안 된다. 노자의 말은 은밀하기 때문에 문자적으로만 해석하면 안 된다. 그의 말은 항상 앞뒤의 맥락 속에서 주의 깊게 해석되어야 한다. 노자는 제2장에서 이런 말을 했다.

> 천하가 모두 미를 미로 알지만
> 이는 추함이 있기 때문이요,
> 선을 선으로 알지만
> 이는 선하지 않음이 있기 때문이다.

《도덕경》 제3장 첫머리의 '현명함(賢)'이란 바로 이것을 부연해서 설명하고 있는 것이다. '미를 미로 아는 것', '선을 선으로 아는 것', 이것이 노자가 말하는 '현명함', 즉 지혜이고 지식인 것이다. 미를 미라고 인식하고 판정하는 행위 때문에 인간 세상에 추함이 생겨난다.

즉, 사물을 분별하는 분별지分別智 때문에 세상은 미추로 양분되는 것이다. 또 선을 선이라고 인식하고 판정하는 어떤 누군가의 지적 행위 때문에 인간 세상에 악함이 생겨나는 것이다. 즉, 무언가에 대해 정의하고, 개념을 정하고, 선악의 가치평가를 내리는 차별지差別知 때문에 세상은 선과 악으로 양분되는 것이다.

그런 구분을 내세우는 지식체계, 이른바 '현명함'이 없었다면 세상은 미추·선악 등으로 갈라지지 않았을 것이다. 세상이 미추·선악

등으로 양분되지 않았다면, 그리하여 세상이 원초적 단일성을 유지하고 있다면 백성 간에 서로 옳으니 그르니 하며 다툴 일이 무엇이 있겠는가? 그러므로 백성 간의 '다툼(爭)'을 없애려면 사물을 자꾸 구분하려드는 분별지를 멀리하라. 그리고 그 분별지를 자꾸 만들어내는 소위 '현명한 자들'을 떠받들지 마라. 어찌 보면 그들이 세상을 더 시끄럽게 만들고 있는지도 모른다.

그리고 이러한 점은 재물에 있어서도 마찬가지이다. 세상에 도둑이 성하는 것은 얻기 어려운 재물, 즉 난득지화難得之貨를 사람들이 귀하게 여기기 때문이다. 그러므로 백성들이 '도둑질(盜)'하는 것을 막으려면 어떤 물건을 애당초 귀하게 여기지 말아야 한다. 또, 세상 사람들의 마음이 산란해지는 것은 욕심낼 만한 것을 자꾸 내보이며 자랑하기 때문이다. 그러므로 백성들 마음이 '어지러워지지(亂)' 않게 하려면 탐낼 만한 물건을 여기저기 내보이며 설치지 마라.

여기서 노자가 하는 말의 전체적인 취지는 사물에 인간의 가치평가 외의 독립된 고유 가치라는 것은 존재하지 않는다는 것이다. 미추도 그렇고, 선악도 그렇고, 난득지화도 그렇고, 금은보화도 그렇다. 반드시 미라는 가치평가가 생긴 후에 추라는 사물이 생겼고, 반드시 선이라는 가치평가가 생긴 후에 악이라는 관념이 생겼다.

또한 금과 돌의 차이는 무엇인가? 그 자체 아무런 본질적인 차이가 없다. 둘 다 광물일 뿐이다. 호랑이나 사슴은 기댈 수 있는 큰 바위나 돌을 금보다 훨씬 귀하게 여길 것이다. 그러나 우리 인간의 눈에는 번쩍거리는 그 모습이 좋아보여서 돌보다 금을 더 귀한 것이라 가치를 매긴 것뿐이다.

내일이라도 당장 지구상에 금이 돌보다 많아진다면 금은 아무도 거들떠보지 않을 것이다. 또, 내일이라도 당장 버려져 있던 어떤 돌이 희토류라고 판정을 받을라치면 그것은 금보다 수백 배의 비싼 값으로 거래될 것이다. 요컨대, 인간세계의 모든 행위와 사물은 인간의 가치평가의 산물이지 그 자체 불변의 고유 가치라는 것은 존재하지 않는다는 사실이다. 노자는 지금 제1장에서부터 제3장에 이르기까지 계속해서 다른 예를 들어가면서 이 이야기를 지속적으로 반복하고 있다.

허기심(虛其心)·실기복(実其腹)

노자는 이렇게 말한다.

> 그러므로 성인의 다스림은
> 그 마음을 비우고 (虛其心, 허기심)
> 그 배를 채우며 (實其腹, 실기복)
> 그 욕망을 약하게 하고 (弱其志, 약기지)
> 그 뼈를 강하게 한다 (強其骨, 강기골)

노자철학의 핵심은 '허심虛心'에 있다. 모든 일에 마음을 비우고, 만사를 억지로 행하려 하지마라. 춘추전국시대의 모든 제자백가들이 지식과 지혜, 학문과 현명함으로 마음을 가득 채워야 한다고 주장했을 때 노자는 그 반대를 주장했다. '아니다. 채울 것은 배고, 마음은 비워야한다.'

우리 동양에서 '비움의 철학'은 노자에게서 시작된 것이다. 노자의 이 비움의 철학은 우리 동양적 사유의 중요한 한 특질이다. 이것은 탁월한 현자의 삶의 방식이다. 이것은 어떤 '채움의 철학'으로도 대신할 수 없는 위대한 관점을 지니고 있다. 노자는 이 관점에 서서 《도덕경》 전체를 끌고 간다.

무위 무불치(無爲 無不治)

인간사회의 모든 문제점의 발단은 사리사욕私利私慾에 있다. 사리사욕을 가진 자, 결코 무위를 행할 수 없다. 왜냐하면 무위란 존재론적으로 에고(ego)의 소멸을 뜻하는 것이기 때문이다. 그러므로 사리사욕과 무위는 서로를 배척하고, 용납하지 못한다. 사리사욕은 유위이며, 작위이고, 의도이며, 목적이다.

그러나 사리사욕은 자신의 모습을 깊이 감추고, 행동할 때는 마치 자신이 무위의 대변자인 것처럼 행동한다. 그러나 세상은 바보가 아니다. 세상은 유위와 작위를 행하는 자를 좋아하지 않는다. 세상을 참답게 다스리는 것은 무위이다.

> 무위로 행하면 다스려지지 않는 것이 하나도 없다.
>
> 爲無爲, 則無不治 위무위 즉무불치

그런데 왜 교육이 실패하고, 정책이 실패하며, 금융사고가 터지고, 인사가 엉망이 되며, 통치가 안 먹히는가? 거기에 사리사욕 외에 무슨

노자老子

이유가 있겠는가? 거기에 숨겨진 유위와 작위, 감추어진 의도와 목적 외에 무슨 다른 원인이 있겠는가? 무위가 아닌 것을 마치 무위인 것처럼 꾸며 행동한다고 하여 백성들이 그것을 모르겠는가?

정치는 백성의 복지를 위해 열려 있는 공변된 장이다. 그러나 이것은 이론일 뿐이고, 현실적으로 정치라 함은 개인의 사리사욕을 합리화하기 위한 최적의 지름길을 뜻할 뿐이다. 노자는 바로 사리사욕이 횡행하는 저 정치의 영역에 대고 여러 차례 무위를 말했다. 왜냐하면 이 영역은 무위가 가장 행해지지 않는 영역이기 때문이다.

위정자들 중에 과연 노자가 말한 '위무위 즉무불치 爲無爲 則無不治'란 말의 참뜻을 아는 자가 몇이나 있는지 모르지만, 노자의 이 말은 어찌 보면 위정자들을 간접적으로 협박하는 말 같기도 하고 또 어찌 보면 그들을 살살 구슬리는 말 같기도 하다. 어찌됐건 노자는 정치의 영역에 자신의 철학적 개념을 들어 하나의 쐐기를 박았다. '무위로써 행하는 자만이 정치의 장에서 참답게 성공할 것이다.'

무위는 심오한 존재의 예술이며, 위대한 행위의 완성이다. 그러나 그것은 언제나 미완의 형태로 남을 수밖에 없다. 거기에 무위의 역설이 있다. 아무도 자신의 행위가 진정한 '무위'였다고 자부할 수 없다. 왜냐하면 우리 인간은 욕망의 동물인 까닭이다. 평가는 남이 하는 것이지 자기가 하는 것이 아니다.

제4장 ;
도는 텅 비어 있도다

도는 그릇처럼 텅 비어
아무리 써도 다 차는 일이 없나니
깊고 깊어서
만물의 근원인 것 같구나.

날카로움을 꺾고
얽힌 것을 풀며
광채를 부드럽게 하고
티끌과도 하나가 되나니
고요하고 고요하여
마치 있는 듯 없는 듯하구나.

나는 도가 누구의 아들인지 알지 못하나
하느님 보다 먼저 있었음이 틀림없도다.

노자老子

道沖而用之 或不盈 도충이용지 혹불영

淵兮 似萬物之宗 연혜 사만물지종

挫其銳 解其紛 좌기예 해기분

和其光 同其塵 화기광 동기진

湛兮 似或存 담혜 사혹존

吾不知誰之子 象帝之先 오부지수지자 상제지선

도는 만물의 어버이

노자는 제1장, 제2장, 제3장을 통하여 각기 천天, 지地, 인人에 대한 개략적인 설명을 마쳤다. 말하자면 전체적인 논의의 틀을 보여준 것이다. 이제 제4장에서부터 노자는 본격적으로 도道에 대해 설명하기 시작한다. 그러므로 제4장은 위치상으로나 내용상으로 《도덕경》 안에서 비중이 큰 장이다. 노자는 여기에서 도의 근본 성격에 대해 말한다.

도는 그릇처럼 텅 비어 (道沖, 도충)

노자는 도가 꽉 차 있는 것이 아니라 텅 비어 있다고 말한다. 이것부터가 예사롭지 않은 설명 방식이다! 노자는 지금 도라는 것이 꽉 차 있는 완벽한 실체, 즉 유有가 아니라 아무것도 없이 텅 비어 있는 것, 즉 무無라는 것이다. 그런데 이 무는 단순히 유와 대립되는 상대적 무가 아니라 모든 유를 자기 안에 품고 있는 절대적 무絶對的 無인 것이다.

도는 눈에 보이지는 않지만, 눈에 보이는 모든 천지만물이 그로부터 흘러나온다. 그리고 흘러나왔던 천지만물이 다시금 그리로 돌아간다. 요컨대, 도는 모든 천지만물의 어버이다.

도는 그릇처럼 텅 비어
아무리 써도 다 차는 일이 없나니
道沖而用之 或不盈 도충이용지, 혹불영

도는 마치 텅 빈 그릇과 같다. 충沖이란 원래 '빈 그릇'이란 뜻이다. 다만 보통의 그릇들은 아무리 크더라도 일정량의 물건을 거기 다 채우면 가득차서 넘치고 마는데, 도는 그렇지 않다.

도는 얼마나 크고 깊은지 이 세상 모든 만물을 거기에 갖다 채워도 결코 다 차는 일이 없다. 또 천지만물을 거기서 다 빼내더라도 고갈되는 일이 없다. 도는 영원히 살아 움직이는 생성의 힘으로 끝없이 만물을 산출해낸다. 도의 작용은 한마디로 무궁무진無窮無盡하다. 그러므로 노자는 말한다.

깊고 깊어서
만물의 근원인 것 같구나.

화광동진(和光同塵)

도는 이처럼 무궁무진하고 광대무변하다. 거기에는 시작도 끝도 없으며, 전도 후도 없고, 좌도 우도 없다. 그것은 참으로 깊고 깊어서 일체만물이 거기로부터 나오고 다시 그리로 돌아간다. 도는 만물의 근원이다.

모든 것은 도 안에서 개체의 경계를 잃고 하나로 녹아든다. 그 안에는 어떠한 차별도 대립도 없으며, 어떠한 갈등도 장애도 없다. 만물은 도의 품 안에서 편히 쉰다. 온갖 날카로운 것(銳), 얽힌 것(紛), 번쩍거리는 것(光), 티끌 같은 것(塵)들이 차별과 갈등을 뒤로하고 도 안에서 하나가 된다.

(도는 만물의)
날카로움을 꺾고 (挫其銳, 좌기예)
얽힌 것을 풀며 (解其紛, 해기분)
광채를 부드럽게 하고 (和其光, 화기광)
티끌과도 하나가 되나니 (同其塵, 동기진)

그런데 잠깐! 이러한 노자의 말은 우리의 기대와는 어쩐지 다른 것 같다. 저 위대한 도에 한 발자국이라도 가까이 가면, 정신이 남보다 더 예리해지고(銳), 남보다 더 광채 나게(光) 될 줄로 믿고 도니 뭐니 하는 지루한 말을 참고 들었는데, 이제 노자의 말을 듣고 보니 그게 아니지 않은가! 노자는 지금 완전히 거꾸로 이야기하고 있다. 그는 우리의 날카로움(銳)이 꺾여 둔해지고, 우리의 광(光)이 죽어 부드럽게 된다고 말하고 있지 않은가! (그렇다. 이것이 노자의 도이다.)

노자의 도는 온갖 날카로운 것(銳)을 꺾어 사람을 온화하게 하고, 온갖 얽힌 것(紛)을 풀어 세상을 평화롭게 하며, 온갖 번쩍거림(光)을 죽여 부드럽게 하고, 그리하여 온갖 티끌들(塵)과도 구별 없이 하나가 되는 것이다. 특히, 여기에서 '화광동진(和光同塵, 화기광 동기진의 줄임말)'은 노자《도덕경》중에서 명언으로 손꼽히는 것 가운데 하나이다.

이 '화광동진'이란 말 속에는 노자 사상의 근본 특색이 드러나 있다. 노자는 지나치게 번쩍거리는 것(光)을 좋아하지 않는 사람이다. 광채는 은은하게 빛날 때 고귀함을 더 하는 법이다. 진광불휘眞光不輝, 즉 진정한 광채는 번쩍거리지 않는다. 번쩍거리는 것은 어딘가 천박함을 닮아 있다.

너무 번쩍거리려 하지 마라. 번쩍거리려 하는 것, 그것은 유위다. 그것은 작위이며 조작이다. 그것은 위태롭다. 그것은 오래가지 못한다. 그대의 광채를 부드럽게 하라. 그대의 재능을 과시하지 마라. 공을 이루었다고 거기에 머물려 하지 마라. 그리고 저 티끌 같은 세상과도 구별 없이 하나가 되라.

막힌 것은 도가 아니다. 도는 텅 비어 있는 것이다. 도가 만약 꽉 차 있다면 그것은 무궁무진하지 못할 것이다. 왜냐하면 꽉 차 있는 것은 소통이 안 되기 때문이다. 텅 빈 상태로 있을 때 우리는 남과 소통할 수 있다. 그 때 우리는 다름 아닌 티끌과도 하나가 될 수 있다.

이 세상에는 두 가지 뿐이다. 빛이거나 티끌이거나. 노자는 이 두 가지를 대비시킨다. 이 세상에서 빛으로 살 것인가 티끌과 섞여 살 것인가? 세상의 빛이 되는 것은 물론 좋은 일이다. 그러나 여기서 노자가 하는 말은 그 뜻이 아니다. 노자는 그 이면을 꿰뚫어 보고 있다.

그대가 세상의 빛이 되고 안 되고는 그대가 결정할 문제가 아니라 남들이 결정할 문제라는 뜻이다. 그대는 당연히 세상의 빛이 되고자 하겠지만, 그것은 그대 생각일 뿐이고 남들이 보기에는 그저 번쩍거리는 것뿐이라면 어찌할 것인가? 노자의 말은 이 점을 잘 유의하라는 것이다. 빛이 되는 건 좋지만 번쩍거리려 하지 마라. 선을 행하는 건 좋지만 독선적이 되지는 마라. 공을 이룬 건 좋지만 거기에 머물려 하지 마라.

티끌과 하나가 되라 (同其塵, 동기진)

노자는 빛이 되려 하지 말고 빛을 오히려 부드럽게 하라고 말한다. 티끌과 하나가 되라고 말한다. 확실히 광채와 티끌은 같이 갈 수 없다. 광채를 부드럽게 하지 않는 자는 결코 티끌과 하나가 될 수 없다.

동기진同其塵! 이 말은 노자사상의 핵심을 드러낸 말이다. '티끌과 하나 된다'는 것은 무슨 뜻인가? 그것은 만물 중 가장 보잘 것 없는 것과 내가 하나가 된다는 뜻이요, 가장 미천한 사물과 내가 소통한다는 뜻이다.

요컨대, '동기진'이란 한 인간이 행할 수 있는 최고도의 소통인 것이다. 이 소통이 이루어지지 않고서는 세상의 빛은 존재하지 않는다. 이 소통이 이루어져야만 빛이 생겨난다. 반대로 광내는 것, 번쩍거리는 것은 소통을 막을 뿐이다.

도와 상제(上帝)

도는 자신을 내세우거나 주장하지 않는다. 고요하고 고요하여 마치 있는 듯 없는 듯한 것, 그것이 바로 도이다. 도는 눈에 안 보인다. 눈에 보이고, 귀에 들리는 것, 그것은 도가 아니다.

도는 형상이 없고, 색깔이 없으며, 냄새가 없으며, 이름도 없다. 우리가 도라고 부르는 이것은 가짜 이름일 뿐이다. 이것이 도를 논함에 있어서의 문제점이다. 사람들은 편한 것을 찾지 참된 것을 찾지 않는다. 사람들은 손에 잡히는 것을 원하지 손에 잡히지 않는 것을 원하지 않는다. 사람들은 눈에 보이고 귀에 들리는 것을 구하지, 보이지 않고 들리지 않는 것을 구하려 하지 않는다.

이것이 우리 인류라는 종이 지닌 인간성의 한계이다. 요컨대, 사람들은 진통제를 구하는 것이지, 도를 구하는 것이 아니다. 노자가 살던 2,500년 전에도 그랬고 지금도 그렇다. 눈에 보이고, 귀에 들리는 것은 결코 도가 아니라고 아무리 설명을 다 동원해봤자 돌아서면 그걸로 끝이다. 사람들은 어느 틈에 다시 눈에 보이고 귀에 들리는 것을 찾아내어 그 우상 앞에 코가 땅에 닿도록 절하고 기도한다.

노자의 시대에 사람들이 찾아냈던 그 우상의 이름은 바로 '상제上帝'였다. 어떤 자들은 자기가 상제를 '보았다'는 자들도 있었고, 그 음성을 '들었다'는 자들도 있었다. 노자가 살았던 춘추전국시대에는 상제신앙이 만연해 있었다.

물론 노자는 자비심 깊고 도량이 큰 인물이라 백성들의 상제신앙에 대해 대놓고 비판을 가하지는 않았다. 그러나 그는 근본에 있어서 인격신人格神의 관념을 배격했다. 노자는 틈나는 대로 백성들에게 '도' 이야기를 해주었다. 노자가 말한 우주의 도는 무엇보다 비인격적(impersonal)인 것이다.

도는 형상이 없고, 이름이 없으며, 눈에 보이지 않고, 귀에 들리지 않는다. 도는 어떤 인격신의 관념으로도 설명할 수 없다. 도는 어떤 인격신보다 근원적인 것이다. 노자는 말한다.

나는 도道가 누구의 아들인지 알지 못하나
하느님(帝)보다 먼저 있었음에 틀림없도다.

제5장 ;
천지불인(天地不仁)

천지는 편애하지 않나니
만물을 짚으로 엮은 개처럼 여기고,
성인도 편애하지 않나니
백성을 짚으로 엮은 개처럼 여긴다.

하늘과 땅 사이가 마치 풀무와 같지 않은가
텅 비어 있으되 다함이 없고
움직일수록 더욱 나온다.

말이 많으면 반드시 막히니
중을 지키는 것만 못하다.

天地不仁 以萬物爲芻狗 천지불인 이만물위추구
聖人不仁 以百姓爲芻狗 성인불인 이백성위추구
天地之間 其猶橐籥乎 천지지간 기유탁약호

虛而不屈 動而愈出 허이불굴 동이유출

多言數窮 不如守中 다언삭궁 불여수중

노자·스피노자·에크하르트

제5장에서 노자는 '천지불인天地不仁'의 사상을 담담히 이야기하고
있다.

천지는 편애(仁)하지 않나니
만물을 추구처럼 여긴다.

추구란 무엇인가? 추구란 옛날 중국에서 신에게 제사지낼 때 쓰던
물건으로 짚으로 엮어 만든 강아지를 말한다. 이 추구는 제사를 지낼
때는 정중하게 다루지만 제사가 끝나면 길가에 내다 버리거나 가져
다 불에 태워버린다. 그러므로 '추구처럼 여긴다'는 것은 전혀 소중하
게 여기지 않는다는 의미이다.

하늘은 어떤 것도 특별히 사랑하지 않으며 총애하지 않는다.《도덕
경》제5장의 핵심은 이 '천지불인' 사상이다. 이것을 현대적으로 풀어
말하자면, 신이 인간적 정서를 소유할 수는 없다는 뜻이다. 요컨대, 신
은 인간이 아니다. 어떻게 신이 인간처럼 생각하고 사고하겠는가! 그
것은 우리 인간의 어리석은 망상일 뿐이다.

이 문제는 우리가 신을 정의할 때 매우 중대한 의미를 지닌 문제이

고, 따라서 수천 년 전부터 인류의 현자들이 여러 차례 거론해왔던 문제이다. 서양철학자 중에 신과 우주에 대해 가장 심오한 사유를 전개했던 스피노자(Spinoza)는 이렇게 말했다.

> 신은 본래적 의미에서 아무도 사랑하지 않으며 아무도 미워하지 않는다. 왜냐하면 신은 기쁨 또는 슬픔의 정서 어느 것에 의해서도 작용 받지 않기 때문이다.
>
> －《에티카》

스피노자는 지금 노자와 동일한 것을 말하고 있다. 신은 사랑이니 미움이니 하는 인간적 정서와는 무관하니 결코 신을 인격적 존재로 생각하지 말라는 것이다. 사실 신을 인간이라고 생각하는 것만큼 어리석은 것은 없다. 그런데도 많은 사람들, 특히 신학자란 사람들이나 신앙심 깊다는 사람들이 이 우를 범하고 있다. 그런 사람들은 신이 베풀어주는 은총의 관념에 도취되어 어떻게 하면 좀 더 신으로부터 많은 사랑을 받을까 하고 노심초사한다. 스피노자의 시대에도 그런 사람들이 있었다. 그런 이들에게 스피노자는 놀랍게도 이렇게 말한다.

> 신을 사랑하는 사람은
> 반대로 신이 그를 사랑하게끔 노력할 수 없다.
>
> －《에티카》

스피노자의 말에는 심오한 진실이 들어 있다. 어떻게 종교적이라는

노자老子

사람이 신이 하시는 일에 콩 놔라 팥 놔라 할 수 있겠는가? 신을 인간인 것처럼 착각하지 마라. 스피노자는 안이하고 피상적인 사고에 안주해 있던 당대 유럽 사람들의 정신을 사정없이 후려쳤다. 그 스스로 위의 문장에 대해 이렇게 설명한다.

> 만일 인간이, 신이 인간을 사랑하도록 노력한다면,
> 그는 자신이 사랑하는 신이 신 아니기를 바라는 게 된다.
>
> — 《에티카》

신은 인간이 아니다. 인간적인 감정과 정서를 신에게 투사投射하지 마라. 요컨대, 신을 인간의 차원으로 끌어내리려 하지 마라. 스피노자의 이러한 말들은 노자의 '천지불인'과 다른 말이 아니다. 그러나 당시의 유럽 사회는 스피노자의 이런 이야기를 받아들일 만큼 성숙하지 못했다. 오히려 그 시대 사람들은 스피노자를 배척했다. 그리하여 스피노자는 24세의 나이로 교회로부터 파문당하여 세상의 변방에서 안경렌즈를 깎으며 살다 죽었다.

그러나 다시 생각해보면 스피노자는 어떤 의미에서 일의 시작을 잘 못했다고도 볼 수 있다. 그는 이미 인간의 정서가 어찌 해볼 수 없을 정도로 깊이 투영된 '신(神, God)'이라는 용어를 그대로 사용하면서 그 신에게서 인간적 정서를 제거해 보려고 노력한 것인데, 이 시도는 당시의 사람들에게 이해받지 못했다.

여기 이와는 전혀 다른 시도가 있다. 노자가 행했던 방식이 바로 그 것이다. 신(중국식으로는 상제)이라는 용어에는 어쩔 수 없는 한계가 있으니까 인격신을 표시할 때는 여전히 신(상제)이라고 부르지만, 인격을 초월한 우주의 궁극적 실재를 표시할 때는 다른 이름, 가령 도道라고 부르는 것이다.《도덕경》제4장에서 노자가 했던 말이 바로 그것이다.

나는 도道가 누구의 아들인지 알지 못하나
하느님(帝)보다 먼저 있었음이 틀림없도다.

노자가 우리 동양인들에게 베풀어주었던 가장 큰 정신적 혜택 중의 하나는 바로 인격신의 개념을 초월한 우주의 근원적 실재를 가르쳐 주었다는 점일 것이다. 노자는 인격신을 넘어선 우주의 근본신根本神의 관념을 우리들에게 알려주었으며, 더욱이 그것을 전혀 비인격적인 용어로 지칭했던 것이다. 이것이 얼마나 정신적으로 위대한 작업인지를 그때 사람들은 잘 몰랐지만, 우리 동양인들은 노자의 이 심원하기 이를 데 없는 혜안으로 인해 정신의 영역에서 엄청난 덕을 보게 되었다.

노자는 이것을 도라고 불렀는데, 우주의 궁극실재를 가리킬 때 이렇게 중립적이며 비인격적인 용어를 구사했던 인물은 인류 역사상 그 유례가 없다. 짜라투스트라는 물론이고, 예수나 마호메트에게서도 찾아볼 수 없는 개념이며, 마하비라나 샹카라, 심지어는 우파니샤드의 현자들에게서조차 찾아볼 수 없는 개념이다. 다만, 붓다 한 사람만이 인격신의 개념을 해체시키려 다방면으로 고심했던 인물인데, 그는 신을 해체시키고 대신 그것을 공空이라 불렀다. 그런 점에서 볼 때 노자의 도와 붓다의 공, 이 두 가지는 인류의 정신사에서 매우 특별하면서

노자老子

도 중대한 의미를 지니는 개념들인 것이다.

노자의 도의 개념, 이것은 동양사회에 커다란 평화를 가져왔다. 노자가 말한 도의 개념이 고대동양 지식인들의 뇌리에 깊이 각인되는 한 시기를 지나자 그 후부터 동양사회는 정신적으로 매우 성숙한 사회로 진입하여 어리석은 신학논쟁 따위에 빠지는 일이 한 번도 발생하지 않았다. 고대 동양의 서책들을 보면 사람들은 노자로부터 지적 감화를 받은 이후 신이라는 용어를 매우 비인격적으로 해석하는 경향을 보임을 알 수 있다. 가령,《주역》에 나타나있는 '신무방역무체(神無方易無体, 신에게는 방위가 없으며 역에는 본체가 없다)'의 개념이나 '음양불측지위신(陰陽不測之謂神, 음양을 측량할 수 없는 것을 일러 신이라 한다)'의 개념 등을 보면 신이라는 용어를 쓰고는 있지만 그것이 비인격적인 의미로 쓰이고 있음을 알 수 있다.

이에 반해 서양사회에서는 인격신의 개념에 집착하여 이것을 모든 사람들에게 강제하는 정신적 폭력을 2천 년 가까이 행사하는 바람에 사회에 불만과 갈등이 끊이질 않았다. 오늘날 서구사회에 그토록 많은 '무신론자無神論者'들이 존재하는 이유는 무엇인가? 그것은 쓸데없이 신을 인간이라고 생각하는 어리석음 때문에 빚어진 결과이다. 괜히 주류사회가 신을 인격신에 한정시켜놓고서 이것을 따르지 않는 사람들을 무신론자라고 딱지를 붙인 까닭에 그토록 많은 무신론자가 양산된 것이다. 얼마나 터무니없는 일인가?

이런 우스꽝스럽고 불합리한 일은 우리 동양에서는 한 번도 발생한 적이 없다. 우리 동양에서는 인격신人格神을 믿는 사람도 종교적인 사람이지만, 비인격신非人格神을 믿는 사람 또한 종교적인 사람이다. 요컨대, 우리 동양에서는 인격신의 존재를 믿지 않는다고 해서 그 사람을 무신론자라고 매도하지 않을 뿐만 아니라, 설령 인격신의 존재를 열심히 믿는다고 해서 그 사람을 특별히 신심 깊은 사람이라고 칭송하지도 않는다. 이것이 동양의 현자들이 인격신의 관념에 대해 취하는 기본적인 태도이다. 왜냐하면 그들은 우주의 궁극적 실재는 비인격적 존재임을 알고 있기 때문이다.

스피노자 이전에 서양에서도 인격신의 개념에 많은 문제가 있음을 감지하고 신을 인격신과 비인격신으로 따로 구분하려 노력했던 비상한 인물이 있었다. 그가 바로 마이스터 에크하르트(Meister Eckhart)이다. 그는 대담하게도 '신(God)'과 '신성(神性, Godhead)'을 구분했다. 그는 말했다.

신과 신성은

하늘과 땅 만큼이나 다르다.

에크하르트가 신과 신성을 구분한 것은 다른 기독교 신학자들이 쓴 100권의 신학서적을 모두 합한 것보다 위대한 일을 한 것이다. 그는 당시의 유럽인들이 터무니없는 자기들의 생각과 상상, 희망과 요구사항을 신에게 투사(projection)하는 것을 보고 기독교 사상을 좀 더 높은 차원으로 끌어 올려야 할 소명의식을 느꼈다. 그는 우주의 절대적 존재인 신이 인간들에 의해 상대화·우상화되는 것을 보고 깊이 개탄하지 않을 수 없었다.

신에 대해 쓸데없는 소리를 하지 말고 침묵하라. 그대가 신에 대해 이런 저런 말을 하게 되면 그대는 거짓말을 하게 되고 죄를 짓게 되는 것이기 때문이다. 그대는 신에 대해 아무것도 이해할 수 없다. 그분은 모든 이해를 초월해 계시기 때문이다.

－《에크하르트 선집》

그는 지적·영적으로 매우 뛰어난 인물이었다. 그는 독일인이었지만 마이스터(대가)의 자격으로 불란서 파리의 소르본 대학에서 학생들을 가르쳤다. 독일에서는 그때부터 그를 '마이스터 에크하르트(Meister Eckhart)'라고 불렀다. 그는 훌륭한 설교가로서 유럽 전역에서 명성을 떨쳤고, 철학과 신학에도 조예가 깊었지만, 그의 참다운 면모는 신비주의자라는 점에 있었다.

그는 유럽에서는 유례를 찾아보기 힘든 위대한 신비주의자였다.

그는 고요한 묵상 등의 자신만의 영적수련을 통하여 인격신을 넘어선 우주의 비인격적 근본신과의 합일을 체험했다. 그래서 그는 '신'과 '신성'을 구분하지 않을 수 없었다.

신은 이름이 있다. 그러나 신성에는 이름이 없다. 신은 인격을 지녔고, 지성으로 파악할 수 있지만, 신성에는 인격이 없으며 지적인 이해를 초월해 있다. 신은 우리가 말로 할 수 있고 상상해볼 수 있지만, 신성은 모든 언설을 떠나있고 상상을 떠나 있다.

그는 종교를 보다 높은 차원으로 이끌어가고 싶었지만 사람들은 하늘에 대고 자기 필요한 것만을 요구하고 있었다. 그는 당시 유럽의 기독교가 신을 너무 피상적·세속적으로 이해하는 것에 깊은 실망감을 느꼈다. 그는 분노에 찬 목소리로 말한다.

> 사람들은 곧잘 내게 이렇게 말하곤 한다. '저를 위해 기도해주십시
> 오!' 그런 말을 들을 때면 나는 생각한다. 왜 그대는 밖으로 향하려
> 하는가? 왜 그대 자신의 내면에 머무르면서 그대가 가지고 있는 고
> 유한 보물을 손에 움켜쥐려고 하지 않는가? 근본적으로 그대는 그
> 대의 내면에 모든 진리를 품고 있다.
>
> – 《에크하르트 선집》

그는 이렇게도 말했다.

> 하느님은 우리에게 가까이 계시는데,
> 우리는 그분에게 멀리 떨어져 있다.
> 하느님은 안에 계시는데,
> 우리는 밖에 있다.
> 하느님은 집안에 계시는데,
> 우리는 이방인들이다.
>
> – 《에크하르트 선집》

그러나 이렇게 참다운 종교를 이야기하고 깊이 있는 가르침을 펼
쳤던 에크하르트는 이단 심문의 희생자가 되었다. 그에게 이단 혐의
가 적용되었고 종교재판이 열렸다. 그는 재판 도중에 죽었지만, 사후
내려진 최후판결에서 이단으로 언도되었다. 에크하르트가 제시했던

노자老子

28개의 명제들 가운데 17개 항목은 명백한 이단이고, 나머지 11개 항목 역시 상서롭지 못한 것이라는 게 판결의 요지였다.

마이스터 에크하르트로부터 루터의 종교개혁까지가 200년이고, 루터로부터 스피노자까지가 다시 150년이다. 역사적 사건만을 놓고 본다면 그 사이 유럽세계는 엄청나게 변화했다. 루터의 종교개혁이 얼마나 커다란 사회변화를 일으켰는지는 굳이 설명할 필요가 없을 것이다.

그러나 그것은 사회의 외적 변화일 뿐이지, 결코 내적으로 변화된 것은 아무것도 없다. 마이스터 에크하르트가 이단으로 몰리고 200년 후 저 위대한 종교개혁이 있었지만, 그로부터 다시 150년 후 똑같이 이번에는 스피노자가 이단으로 파문되었던 것이다. 종교개혁은 대체 무엇을 개혁한 것인가? 그리고 스피노자가 파문되고부터 지금에 이르기까지에는 또 얼마나 사회는 개혁된 것일까? 많은 것이 개혁되었겠지만, 가장 중요한 것은 여전히 개혁되지 않고 남아있다.

이런 열악한 유럽적 상황을 벗어나 이제 인도로 눈을 돌려 보자. 인도 고대의 지혜를 담고 있는 《바가바드 기타(Bhagavad gita)》를 보면 크리슈나(Krishna)신이 아르주나(Arjuna)에게 신의 본질에 대해 말하는 장면이 나오는데, 거기에서 크리슈나 신은 놀랍게도 이렇게 말한다.

나는 모든 존재들에 대하여 평등하다.
나에게는 미운 자도 사랑하는 자도 없다.
그러나 헌신으로써 나를 공경하는 사람들,
그들은 내 안에 있으며 나 또한 그들 안에 있다.

– 《바가바드 기타》 제9장

이것은 노자가 말하는 '천지불인'과 같은 관념의 표현이다. 어떻게 인격신의 모습을 지닌 크리슈나가 이렇게 근본신의 차원으로까지 올라가서 '절대평등'을 설說할 수 있는지 나는 고대 인도 현인들의 지혜에 경의를 표하고 싶다.

물론, 크리슈나는 마지막까지 인격신의 모습을 유지하기 때문에 사람들이 얼마나 크리슈나가 한 저 말의 참뜻을 이해하는지는 알 수 없지만, 그럼에도 불구하고 '나에게는 미운 자도 사랑하는 자도 없다'는 크리슈나의 저 언명은 세계 종교의 전 역사를 놓고 볼 때 매우 중대한 선언이 아닐 수 없다. 이것은 노자의 '천지불인' 사상과 더불어 인류 역사상 가장 높은 종교성을 지닌 위대한 선언이다.

하나의 종교가 진실로 이런 신관과 세계관을 가지고 움직이면 사람들과 사람들 사이에 무슨 불화가 있을 것인가. 세상에는 이런 절대적 차원의 관념들이 널리 퍼져야 한다. 그래야 신이 어느 민족은 사랑하여 바다를 건너게 해주고, 또 어느 민족은 미워하여 물에 빠뜨려 모두 죽인다는 식의 어리석고도 천박하며 무지몽매하고도 사악한 관념들로부터 인류가 벗어날 수 있다. 기독교의 《성경》 안에 《바가바드기타》의 저 한 구절만 들어 있었어도 스피노자나 에크하르트가 이단자로 몰려 파문당하지는 않았을 것이다.

성인불인(聖人不仁)

공자로 대표되는 유가儒家의 핵심사상은 '인仁'이다. 공자의 어록인 《논어論語》를 압축기에 넣어 에센스 한 방울을 추출해낸다면 그 이름은 다름 아닌 '인'일 것이다. 공자는 백성을 '인'으로 다스리는 것이 가장 좋은 정치라고 역설했다. 그러나 지금 노자는 다름 아닌 공자의 저 '인'을 비판하고 있다.

성인도 편애(仁)하지 않나니
백성을 짚으로 엮은 개처럼 여긴다.

성인은 천지자연의 도를 체득한 이다. 천지자연의 도는 인과는 거리가 있다. 인 안에는 조작과 작위가 끼어들 수 있다. 성인은 천지자연이 만물을 제사 때 한번 쓰고 버리는 '추구'처럼 대하는 것을 보고 무위無爲의 참뜻을 깨달은 사람이다.

그러므로 그 역시 백성을 대할 때 어떤 유위有爲나 조작, 사사로움 따위를 버리고 공명정대하게 대한다. 그는 어떤 개인, 어떤 집단도 편애하지 않는다. 요컨대, 그는 어떤 대학을 나왔다고 혹은 어떤 지역 출신이라고 혹은 심지어 어떤 교회를 다닌다고 누구를 장관에 앉히거나 하지는 않는다는 것이다. 이것이 노자가 말하는 성인불인聖人不仁이다.

풀무처럼 텅 비어

노자는 편애하지 말라는 이야기를 하다가 대뜸 '풀무' 이야기를 꺼내 놓는다. 대체 편애와 풀무는 어떤 관계인가?

하늘과 땅 사이가 마치 풀무와 같지 않은가

텅 비어 있으되 다함이 없고

움직일수록 더욱 나온다.

풀무의 특징은 무엇인가? 그것은 속이 텅 비어 있다는 것이다. 노자는 무언가 가득 차 있는 것을 꺼리는 사람이다. 그는 비어 있는 것을 사랑한다. 그리고 단순히 심정적으로 사랑하는 것에서 그치는 것이 아니라, 텅 비어 있음 안에서 천지를 이끌어가는 도의 모습과 숨결을 느낀다. 천지자연은 그 안에 무언가 인위적인 의도와 계획을 가지고 행하는 법이 없지 않은가! 천지자연은 누가 예쁘다고 비를 뿌려주고 누가 밉다고 비를 안 뿌려주고 하는 법이 없지 않은가!

요컨대 천지자연은 우리 인간처럼 사사로운 생각을 뱃속에 품는 일이 없이 언제나 텅 비어 어디 쪽에도 치우침이 없이 공명정대하지 않은가! 노자는 제4장에서는 도가 '그릇처럼' 텅 비어 있다고 하더니, 제5장에서는 '풀무처럼' 텅 비어 있다고 말하고 있다. 즉, 제4장의 '충(沖, 빈 그릇)', 제5장의 '탁약(橐籥, 풀무)', 모두 허虛를 가리키는 비유적인 사물들이다.

그런데 이 허는 죽어 있는 허가 아니다. 이 허는 살아 있다. 그 안에서 온갖 만물이 끝없이 나온다. 이 허는 겉보기에는 텅 비어 있는 것처럼 보이지만 그 안에서 나오는 것을 보면 무궁무진하여 다함이 없다.

그리고 보통의 사물들은 움직여 사용하면 닳아 없어지는데, 이 허는 그와는 반대로 움직일수록 더욱 나온다. 이것이 마치 풀무 같아 보이지 않은가! 풀무란 속이 텅 비어 아무것도 없어 보이지만 움직일수록 그 안에서 바람이 더욱 더 나온다. 풀무와 천지의 차이점은 풀무는

노자老子

바람을 생성해내지만, 천지는 만물을 생성해낸다는 점이다.

모든 생명은 큰 눈으로 보면 '천지 사이에서 물이 솟듯이 나타났다가 얼마 안 가서 천지 속으로 빨려 들어가듯 사라진다.' 그리고 이 과정이 다함 없이 계속된다. 아무것도 없는 저 텅 빈 하늘과 땅 사이에서 생명이 끝없이 솟아나고 솟아난다. 노자는 영원히 살아 움직이는 이 우주적 허를 지금 풀무에 비유하고 있는 것이다.

그러면 편애와 풀무는 어떤 관계인가? 편애하는 것은 텅 빈 것이 아니라 마음이 무언가로 차 있는 것이다. 그것은 마음이 이미 어떤 의도를 갖고 움직이는 것이다. 그러므로 그 움직임에는 다함이 있다. 요컨대, 편애하는 것은 다함이 있는 것이고, 움직일수록 더 내놓지 못하는 것이며, 종국에는 막히는 것이다.

노자는 풀무에서 바람이 쉼 없이 나오는 상황을 이야기하면서 그 무궁무진함을 찬미하는 것처럼 말했지만, 이와는 반대로 쉼 없이 나와서는 안 되는 것 한 가지를 지적하고 있다. 그것은 바로 말이다.

말이 많으면 반드시 막히니
중中을 지키는 것만 못하다.

말이 많은 것, 그것은 유위有爲의 시작이고 작위作爲의 시작이다. 유위를 행하는 자는 오래가지 못한다. 말이 많은 자도 오래가지 못한다. 말이 많으면 반드시 막히게 된다. 그러니 빈 그릇(沖)처럼 마음을 비우고, 중中을 지켜라.

제6장 ;
곡신불사(谷神不死)

골짜기의 신은 죽지 않나니

이를 일러 현빈이라 한다.

현빈의 문

이것이 천지의 근원이다.

끊임없이 이어져

있는 듯 없는 듯하면서도

써도 써도 다할 줄을 모른다.

谷神不死 是謂玄牝 곡신불사 시위현빈

玄牝之門 是謂天地根 현빈지문 시위천지근

綿綿若存 用之不勤 면면약존 용지불근

노자老子

영원히 여성적인 것

여기 오백 년 된 집을 무너뜨린다. 집이 무너지면 허는 오백 년 동안의 긴 공백을 비웃으며 그 즉시로 모습을 드러낸다. 그 모습은 오백 년 전이나 오백 년 후나 한 치의 손상도 없다. 허에게는 시간이라는 것이 아무런 의미가 없다. 천 년이든 만 년이든 사물이 사라지면 허는 즉시 본연의 모습을 그대로 드러낸다. 우리는 허를 눈곱만큼도 움켜 쥘 수도, 밀어낼 수도, 할퀼 수도 없다. 어떤 총과 칼, 어떤 강력한 폭탄도 허를 상처내지 못한다. 이 세상 어느 누구, 어떤 무엇도 허를 손상시킬 수는 없다. 요컨대, 허는 '파괴'될 수 없다. 왜냐하면 허는 '창조'된 것이 아니기 때문이다.

창조와 파괴는 같이 간다. 창조된 것은 파괴할 수 있다. 그러나 창조되지 않은 것은 파괴할 수 없다. 이른바 불가괴성不可壞性이다. 어떻게 처음부터 '창조'되지 않은 것을 후일에 이르러 '파괴'할 수 있겠는가! 이 우주만물은 모두 창조(생성)된 것이지만, 허虛는 그렇지 않다. 허는 창조 이전부터 존재했다. 오히려 모든 창조와 생성 행위가 허 속에서, 허를 통해, 허로 인하여 이루어졌다. 지구와 해와 달, 별과 태양계 전체, 태양계 저 너머의 우주의 모든 천체들도 허 안에서 태어나고 허로 되돌아간다.

허는 물질이 아니다. 허는 물질이 아니면서 모든 물질을 제 품 안에서 기른다. 허는 존재가 아니다. 허는 존재가 아니면서 모든 존재들을 제 품 안에서 기른다. 허는 있다는 측면에서 보면 없고, 없다는 측면에서 보면 있다. 허는 있는 것 같지만 없고, 없는 것 같지만 있다. 허는 존재가 아니다. 허는 비존재(非存在, non-being)이다. 허는 창조된 것이 아니다. 진실을 말하자면 반대로 허에서 모든 천지만물이 창조된다. 허가 모든 우주만물을 낳고 기른다. 요컨대, 허가 천지의 근원인 것이다.

노자는 허의 철학을 가르친다. 그는 모든 사물의 배후에서 허를 발견한다. 허는 불생불멸이며 불가파괴不可破壞이다. 노자는 여러 가지 허의 상징물들을 우리에게 이야기해준다. 제4장에서는 '그릇'이 그것이고, 제5장에서는 '풀무'가 그것이고, 지금 제6장에서는 '골짜기(谷)'가 그것이다. 골짜기는 텅 비어 있다. 거기에 신이 산다. 이른바 '골짜기의 신(谷神)'다. 이 골짜기의 신은 결코 죽지 않는다! 곡신불사谷神不死이다. 이 '곡신불사'의 관념으로 노자가 말하려고 했던 것은 무엇일까?

구릉은 양이고, 계곡은 음이다. 구릉은 능동이고 계곡은 수동이다. 구릉은 자신을 드러내고 계곡은 자신을 감춘다. 구릉은 수컷이고 계곡은 암컷이다. 구릉은 높이 솟아 홀로 빛나려 하지만 계곡은 낮게 가라앉아 뭇 생명들을 품에 안는다. 구릉은 에너지를 헛되이 소모하지만 계곡은 에너지를 안으로 저장하고 응축시킨다. 구릉은 폭우와 벼락에 맞아 무너지지만, 계곡은 그럴수록 점점 넓어진다. 요컨대, 구릉은 다함이 있지만 계곡은 다함이 없다.

계곡은 불생불멸이며 무궁무진이다. 거기에는 모든 생명을 낳아 기르는 위대한 수동성이 있다. 이리 뛰고 저리 뛰는 백 개의 능동성이 이 거대한 하나의 수동성 안으로 들어가면 모두 소리 없이 무無가 되고 만다. 이 커다란 수동성, 이것이 모성母性의 다른 이름이다.

이 모성 안에서 천지만물이 태어난다. 이렇게 위대한 일을 행하면서 정작 저 골짜기의 신, 즉 허는 있는 듯 없는 듯 보이지 않는다. 그러면서도 아무리 써도 다할 줄을 모른다. 이렇게 골짜기의 신은 영원히 죽지 않는 것이다.

'골짜기의 신'이라 해서 어떤 신이 골짜기에 산다는 뜻이 아니다. 골짜기, 즉 허의 수동성이 지닌 신적인 기운을 다만 그렇게 부른 것이다. 그러므로 골짜기의 신은 남을 공격하거나 내치는 신이 아니라 쓰다듬어주고 감싸안아주는 신이다. 그 신은 남성이 아니라 여성이다. 그 신은 양이 아니라 음이다. 음 중에서도 오묘하며 현묘한 음, 그것을 노자는 '현빈(玄牝, 현묘한 암컷)'이라 부르고 있다. 현빈이란 요즘 말로 한다면 위대한 모성을 뜻하는 것이다.

노자는 2,500년 전에 이미 여성적 원리, 모성적 원리의 중요성을 우리에게 가르쳤다.

현빈의 문
이것이 천지의 근원이다.

괴테는《파우스트》에서 이렇게 말했다.

영원히 여성적인 것,
그것이 우리를 구원한다.

괴테가 노자에게서 한 수 배운 것일까? 괴테는 종교와 철학 등 유럽문명의 전반에서 과도한 남성적·공격적 원리를 발견하고 그 균형을 잡으려 했던 것일까?

제7장 ;
하늘과 땅은 영원하나니

하늘과 땅은 영원하나니
하늘과 땅이 영원한 까닭은
자기가 만물을 낳았음을 의식하지 않기 때문
그러기에 진실로 영원할 수 있는 것이다.
이런 까닭에 성인은
자신을 나중에 두지만 오히려 먼저가 되고
자기를 버리지만 오히려 보존이 되나니

자기를 비우는 것이
진정으로 자기를 완성하는 것이 아니겠는가!

天長地久 천장지구
天地所以能長且久者 천지소이능장차구자
以其不自生 이기불자생
故能長生 고능장생

노자老子

是以聖人後其身而身先 시이성인후기신이신선

外其身而身存 외기신이신존

非以其無私邪 비이기무사야

故能成其私 고능성기사

두 가지

학문적으로 노자에 접근하는 것은 별 의미가 없다. 그것은 그대에게 약간의 교양과 지적 우아함을 줄 수 있겠지만, 그뿐이다. 그것은 노자와 대화를 한 것도 아니고, 노자와 만난 것도 아니다. 그저 오래전에 죽은 중국의 한 철학자의 말을 그대는 귀동냥한 것뿐이다. 총명한 사람 같으면 5,000여 자에 불과한 《도덕경》을 통째로 외울 수도 있을 것이다. 그러나 그 역시 의미 있는 것은 아니다. 그 사람은 노자의 말을 줄줄 외울 뿐이지, 노자를 알지 못한다.

그렇다면 노자를 아는 사람이란 어떤 사람인가? 그것은, 노자를 통해 '인식의 변화'를 겪은 사람이다. 노자를 읽고 더 유식해진 사람은 노자를 잘못 읽은 것이다. 노자를 읽었으면 오히려 먹물이 빠져야 한다. 또 노자를 읽고 더 똑똑해진 사람도 노자를 잘못 읽은 것이다. 노자를 읽었으면 당연히 더 어눌해져야 한다. 노자를 읽고 더 근엄해진 사람도 노자를 잘못 읽은 사람이다. 노자를 읽었으면 당연히 더 자유로워져야 된다. 노자를 읽고 더 논리적이 된 사람은 정말로 노자를 잘못 읽은 것이다. 노자를 읽었으면 직관적으로 변모되어야 한다.

노자는 우리의 인식을 변모시킨다. 노자는 우리를 발가벗긴다. 노자는 우리를 적나라하게 만든다. 노자는 우리를 태초의 순수로 이끈다. 요컨대, 노자는 우리에게서 불순물을 빼내준다. 이것이 학문과 도의 차이점이다. 동서양 제자백가의 모든 학문이 우리의 머릿속을 먹물로 가득 채우려 하는 것이지만, 오직 노자의 도만은 우리를 비우게 해준다. 비움, 그것이야말로 노자가 여타의 제자백가들과 다른 점이다.

천장지구

제7장 첫머리에 나오는 '천장지구天長地久'라는 말도 유명한 말이다. 이런 말들은 그 자체로 의미가 깊숙하고 울림이 그윽해서 머릿속에 쏙 들어오는 맛이 있다. 한문은 원래 시적 함축이 큰 언어라서 무언가를 구체적·분석적으로 표현하는 일에는 서투르지만, 이렇게 어딘지 상징적이고 비유적으로 표현하는 것에는 능하다. 제5장의 천지불인天地不仁이라던가, 제6장의 곡신불사谷神不死, 그리고 이 장의 천장지구天長地久, 모두 표현이 심오하고도 멋있어서 한 번 들으면 잊어버리기 어려운 글귀들이다.

중요한 내용을 단 네 개의 글자로 압축하는 이 사자성어四字成語의 운치는 어떤 다른 문자에서도 느낄 수 없는 상형문자만의 멋이다. 영어, 불어는 말할 것도 없고 라틴어, 그리스어도 못 따라가고 내가 사랑하는 우리 모국어 한글도 이 점은 못 따라간다.

'천장지구'라는 말이 멋이 있었던지 당 현종이 이를 차용해서 자기 생일을 '천장절天長節'이라 칭해 기념했다고 한다.

완성과 비움

일체만물을 낳아 기르는 천지자연은 영원하고도 장구하다. 그런데 어떻게 천지자연은 그토록 영원하고도 장구할 수 있는가? 그것은 자기가 만물을 낳고 기르는 이 우주의 주인임을 전혀 의식하지 않기 때문이다. 그렇기 때문에 진실로 영원할 수 있는 것이다.

이 장은 제6장의 곡신불사의 의미를 이어받아 불사, 즉 영원불멸의 문제에 대해 노자식의 독특한 관점에서 이야기를 전개하고 있다. 제4장에서 도는 '그릇(沖, 충)'과 같았고, 제5장에서 도는 '풀무(橐籥, 탁약)'과 같았고, 제6장에서 도는 '골짜기(谷, 곡)'와 같았다. 이 세 가지 모두 하나의 공통점이 있다. 무엇인가? 모두 다 텅 비어 있다는 것이다. '빈 그릇(沖)'은 얼마나 크고 깊은지 물건을 아무리 갖다 채워도 다 차는 법이 없다. 노자는 이것을 '불영(不盈, 다 차지 않음)'이라 불렀다.

또, '풀무'는 속이 텅 비어 있지만 바람을 생성해냄에 결코 다함이 없다. 노자는 이것을 '불굴(不屈, 다함이 없음)'이라 불렀다. 또, '골짜기'는 낮은 자세로 임해 자신을 텅 비우고 있지만 면면히 이어져 결코 죽는 법이 없다. 노자는 이것을 '불사(不死, 죽지 않음)'라 불렀다. 불영, 불굴, 불사, 이른바 삼불三不이다.

이것들이 다 도의 영원무궁함을 가리키는 것이다. 그러므로 불영·불굴·불사 이 세 가지는 다 표현만 다를 뿐 속뜻은 같은 것들이다. 모두 도의 비유이고 천지자연의 비유이다. 그리고 이제 노자는 이 장에서 바로 천지자연에 대해 직접 말한다.

하늘과 땅은 영원하나니
하늘과 땅이 영원한 까닭은
자기가 만물을 낳았음을 의식하지 않기 때문
그러기에 진실로 영원할 수 있는 것이다.

성인은 천지자연의 바로 이러한 점을 배워 체득한다. 천지자연은 삼라만상을 낳아 기르면서도 그것을 의식하지도 내세우지도 않는다. 그렇기 때문에 천지자연은 저토록 무궁무진하며 다함이 없는 존재, 불사의 존재가 되는 것이다.

사람은 무언가를 의식하고 내세우는 순간 말과 행동이 부자연스러워지고 경직된다. 그렇게 되면 도처에서 막히게 되고 꼬이게 된다. 그렇게 되면 무궁무진은 고사하고, 자기 한 몸도 건사하지 못한다. 그런 사람들의 특징은 노자가 말하는 성인과 정반대가 된다. 그들은 자신을 남보다 앞에 세우지만 결국은 나중이 되며, 자신을 존귀하게 보존하려 하지만 결국은 버림받는다.

자신을 다 채우려 하지 말고 '빈 그릇'처럼 좀 남겨두어라. 자신을 너무 주장하지 말고 '풀무'처럼 좀 비워두어라. 자신을 봉우리처럼 내세우지 말고 '골짜기'처럼 좀 겸허해져라. 자기를 완성시킨다는 미명하에 자기를 가득 채우려만 하는 어리석은 사람들이 있다. 우리 대부분이 그렇다. 우리 교육이 그렇고, 우리 사회가 그렇고, 우리 정신 풍토가 그렇다. 그러나 노자는 그렇게 말하지 않는다.

자기를 비우는 것이 진정으로 자기를 완성하는 것이 아니겠는가!

노자老子

제8장 ;
최상의 덕은 물과 같나니

최상의 덕은 물과 같나니,
물은 만물을 이롭게 하면서도 다투지 않고
뭇 사람들이 싫어하는 곳에 머문다.
그러므로 도에 가깝다.

몸은 땅처럼 낮은 곳에 거하고
마음은 연못처럼 고요하며
행동에는 인자함이 있고
말에는 믿음직스러움이 있으며
다스리는 것은 정의로우며
일처리는 능숙하며
움직이는 것은 때에 맞는다.

저 오직 다투지 않으니
그러므로 허물이 없다.

上善若水 상선약수

水善利萬物而不爭 수선리만물이부쟁

處衆人之所惡 故幾於道 처중인지소오 고기어도

居善地 心善淵 거선지 심선연

與善仁 言善信 여선인 언선신

正善治 事善能 動善時 정선치 사선능 동선시

夫唯不爭 故無尤 부유부쟁 고무우

물에서 배워라

중국은 전쟁이 많은 나라이다. 특히, 노자가 살았던 춘추전국시대에는 수십 개의 나라가 수백 년에 걸쳐 전쟁을 했던 시기이다. 전쟁이란 화火이다. 이런 화의 시대에는 그 화의 기운을 가라앉혀줄 수水가 필요하다. 미처 날뛰는 세상의 불기운을 물로 다스려야 하며, 사람들 가슴속의 화기를 물로 촉촉이 적셔주어야 한다. 지금 노자가 하려 하는 일이 바로 그것이다. 노자는 모든 사람을 물로 적신다. 그리고 그 물의 덕을 찬양한다.

"최상의 덕은 물과 같은 것이다(上善若水). 그러니 너희도 물처럼 되라. 물에서 배워라. 물은 만물을 이롭게 하면서도 다투지를 않지 않느냐!"

우리는 도덕경 제8장에 이르러 노자가 한없이 그 덕을 칭송했던 사물, 물(水)과 마주하게 된다. 물이란 무엇인가? 물이란 일정한 형태가

노자老子

없이 유연하게 상황에 따라 모습을 바꿀 수 있으며, 자기를 비우고 고집을 내세우지 않으며, 높은 곳을 싫어하고 낮은 곳으로 흐르려 한다. 노자는 물의 이러한 모습에서 도를 보았다. 그래서 노자는 물에 대해 '도에 가깝다'고 하는 것이다.

제8장 첫머리에 나오는 저 유명한 '상선약수上善若水'라는 표현은 노자 사상의 핵심을 보여주는 글귀이다. 노자는 침이 마르도록 물의 덕을 칭송한다. 남들은 강한 것을 사랑하지만, 노자는 유연한 것을 사랑한다. 남들은 단단한 것을 사랑하지만, 노자는 부드러운 것을 사랑한다. 남들은 번쩍거리는 것을 사랑하지만, 노자는 담담한 것을 사랑한다. 남들은 높은 구릉을 사랑하지만, 노자는 골짜기를 사랑한다. 남들은 가득 찬 것을 사랑하지만, 노자는 텅 빈 것을 사랑한다. 요컨대, 남들은 모두 굳세고 강한 것을 사랑하지만, 노자는 세상에서 가장 부드럽고 약한 물을 사랑한다.

귀가 큰 노자

들리는 말에 노자는 귀가 유난히 컸다고 한다. 귀가 크다는 것은 남의 말을 잘 듣는다는 뜻이다. 인간의 신체는 그 사람의 성격의 특질을 보여준다. 그러므로 귀가 크고 잘 발달되어 있는 사람은 물론 남의 말을 잘 듣지만, 또한 남의 말을 경청하려고 애쓰면 차차 귀가 도톰하니 예뻐진다.

타고날 때는 귀가 예쁘게 생겼던 사람도 심보를 못되게 써서 남의 말을 듣기 싫어하면 시간이 갈수록 귀 신경부분에 기혈의 공급이 줄어 귀가 퇴화하면서 작고 미워진다.

반대로 태어날 때는 귀가 작고 못 생긴 사람도 자꾸 남의 말을 귀담아 들으려고 귀를 쫑긋거리며 애쓰다 보면 귀 전체에 기혈 공급이 증가하여 귀가 크고 예뻐진다. 귀가 크고 잘 생겼다는 것은 그가 남의 말을 잘 경청해주는 도량이 넓은 사람임을 시사한다.

이 점은 절의 부처님도 마찬가지이다. 부처님들은 모두 다 귀가 크다. 그것은 부처님이 중생들의 어려운 사정을 귀찮아하지 않고 잘 경청해주신다는 자비심의 상징과 같은 것이다. 노자도 태어났을 때 유난히 귀가 컸다고 한다. 성인의 자질을 가지고 태어났다는 이야기이다.

우연의 일치인지는 몰라도 노자老子의 이름이 이이(李耳, 성이 이씨이고 이름이 귀 이耳자 이)인 것을 보면 단순한 전설만은 아닌 듯하다. 또 노자의 자字가 담聃인데, 이 역시 귀가 매우 큰 것을 뜻한다. 우리나라의 율곡 이이李珥는 귀고리 이珥자를 써서 노자와의 이름의 중첩을 피한 듯하다.

'성인聖人'이 된다는 것은 인간의 신체 중에서 귀와 가장 관련이 깊다. 성인이란 어원적으로 귀(耳) 옆에 입(口)과 사람(壬은 人의 변형임)이 있는 형태인데, 이는 다른 사람이 말하는 것을 귀담아 잘 듣는다는 의미이다.

이것이 성聖자에 대한 전통적인 해석인데, 또 다른 해석을 하나 소개하면 구口가 타인의 입이 아니라 신에 대한 축도를 담는 그릇이라는 설이 있다. 이 설에 따르면 성이란 귀를 열어 신의 응답과 계시를 잘 듣는 능력이란 의미가 된다. 어느 쪽 설을 따르더라도 성인이란 귀로 듣는 능력과 관련됐음을 알 수 있다.

노자老子

노자는《도덕경》제2장에서부터 '성인'이란 말을 쓰기 시작해서 도합 약 30회 정도 이 용어를 구사하는데, 노자가 이 말을 쓸 때 당시의 의미는 윤리 · 도덕적으로 성인군자라는 의미즉, 오늘날 쓰이고 있는 의미가 아니라 귀가 밝아 온 세상의 소리를 다 들을 수 있는 탁월한 사람이라는 의미로 쓰고 있다는 점에 유의할 필요가 있다.(노자는 원래 윤리 · 도덕적인 것을 별로 진실한 것으로 보지 않는다.)

불교의 관세음보살觀世音菩薩은 듣는 능력과 관련하여 특별한 존재이다. 관세음보살은 말 그대로 세상의 모든 소리(世音)를 듣는 단계를 지나 눈으로 보는(觀) 능력을 지닌 천상적 존재이다. 요즘 말로 하면 소위 '공감각적共感覺的' 인지능력자라고나 할까. 관세음보살은 이 세상 모든 중생들의 고통과 슬픔의 소리를 다 시각화 시켜서 생생하게 눈으로 보는 분이기 때문에 불교도들은 이 보살의 이름을 부르는 것만으로 큰 위안을 얻는다. 리스닝(listening)의 세계와 비쥬얼(visual)의 세계가 결합된 관세음보살은 커다란 자비의 상징이다.

영어에 '언더스탠드(understand)'란 단어가 있다. 이해하다, 알아듣다라는 뜻이다. 내가 대학에 다닐 때 교수님 한 분이 이 'understand'를 해석하신 것을 보고 무릎을 친 적이 있다. 그분 말씀이 'understand'란 다른 것이 아니라 말 그대로 아래로 내려가서(under) 서 있음(stand)을 뜻한다는 것이다. 우리가 남을 이해하지 못하는 것은 우리가 남보다 높은 데 서 있기 때문이다. 어떻게 한 치의 양보도 없이 남보다 위에, 높은 데 서 있는 채로 우리가 남을 이해할 수 있겠는가!

확실히 영어의 'understand'란 말 안에는 동양적인 비움의 철학이

들어 있다. 만약 노자가 저 영어 단어를 접했더라면 무척 반가워하지 않았을까? 아래로 내려가기를 싫어한다. 그러면서도 우리는 입으로는 이 세상 모든 만물을 이해하고 싶다고 말한다. 말하자면 몸은 understand(아래로 낮춤)하기 싫어하면서도 머리로만 understand(이해)하기를 바라는 자가당착에 빠져 살고 있는 것이다.

종래 서양철학자들은 자신들이 사물 위에 올라섰을 때 사물을 충분히 장악하여 사물에 대한 이해력을 확고히 갖추는 것으로 생각해 왔다. 그러나 노자는 그런 것을 사물에 대한 참다운 이해라고 생각하지 않는다. 서양철학은 이 부분, 즉 존재의 근원적 모습에 관한 이해력이 부족하다.

그들은 사물을 '분석적'으로 보는 능력은 뛰어나나 '전체적'으로 보는 능력은 매우 떨어진다. 그들은 자기의 필요에 의해서 사물을 명명하고 정의내리면서도 그것이 사물의 참모습이라고 생각하는, 크고 광범위한 정신적 착오 속에 살고 있다. 말하자면 그들은 사물 위에 올라서서 사물에 지적·정신적 조작을 가하여 사물의 본 모습을 변형시켜 놓고서 자기가 무슨 행위를 했는지를 전혀 알지 못하는 사람과 같다.

그렇기 때문에 서양철학에서는 온 우주만물을 관통하는 위대한 통찰이 나오기가 어려운 것이다. 왜냐하면 궁극의 통찰이란 자연스러운 데서 나오는 것인데, 서양철학이 다루는 사물에 대한 개념들은 이미 너무 오랫동안 형이상학적 언어의 조작에 의해 오염되어버렸기 때문이다.

물의 7가지 덕

노자는 물의 철학자이다. 노자는 물을 사랑한다. 그러나 이것은, 그리스의 철학자들이 물이나 불, 공기 등 무슨 자연의 원소를 사랑하는 것과는 다른 것이다. 노자는 자연의 한 원소로서 물을 철학적 탐구의 대상으로 삼은 것이 아니다. 노자는 그런 것이 아니라 그냥 물을 사랑하는 것이며, 물의 덕을 칭송하는 것이며, 물에서 어떤 도의 흐름을 느껴보는 것이다. 노자는 물을 평하기를 '그러므로 도에 가깝다(幾於道)'라고 말하며, 물의 일곱 가지 덕을 이야기한다.

> 몸은 땅처럼 낮은 곳에 거하고 (居善地, 거선지)
>
> 마음은 연못처럼 고요하며 (心善淵, 심선연)
>
> 행동에는 인자함이 있고 (與善仁, 여선인)
>
> 말에는 믿음직스러움이 있고 (言善信, 언선신)
>
> 다스리는 것은 정의로우며 (正善治, 정선치)
>
> 일처리는 능숙하며 (事善能, 사선능)
>
> 움직이는 것은 때에 맞는다 (動善時, 동선시)
>
> 저 오직 다투지 않으니
>
> 그러므로 허물이 없다.

물 하나로 망라하는 것이 무려 6~7가지이다. 몸과 마음, 행동과 말, 다스림과 움직임 등이 그것이다. 자세히 보면 이 6~7가지란 인생의 전체 국면을 거의 다 포괄하는 것이다. 다시 말하자면 이것은 유가儒家의 수신·제가·치국·평천하에다가 성의·정심(격물, 치지는 빼더라도)까지를 아우르는 것이라 할 수 있다. 실제로 내용상으로도 별 차이가 없다.

물론 노자는 사물의 핵심을 중시하는 사람이라서 일부러 안출해 낸 듯한 개념이나 이론 따위를 좋아하지 않기 때문에 특별히 어떤 용어를 만들어내지는 않는다. 그는 그냥 물 흐르듯이 자신의 생각을 자연스럽게 펼쳐보일 뿐이다. 실은, 이런 것이 교훈을 전달하는 가장 고차적인 방법이다. 그러나 사람들은 이런 고차원의 예술적인 방식을 알아듣지 못한다.

그들은 무언가 구획이 정리되고 자를 대서 줄을 그은 듯한 것, 즉 개념과 용어를 원한다. 그래야 그들은 그 안에 무언가 있다고 생각하고 비로소 안심한다. 바로 이 빈틈에서 이른바 학자라는 무리들이 기생한다.

사실 자세히 살펴보면 노자가 말한 6~7가지와 유가에서 말하는 6~7가지가 대동소이하다. 사실 우리 인간이 수신·제가·치국·평천하 한다는 것이 다 무엇인가? 그것은 결국 우리 '몸'에서 시작해서 '마음'으로 끝나는 것들이다. 그 '몸과 마음'이 '행동과 말'로 드러나고, '다스리는 것과 움직이는 것'으로 나타나는 것이 아니겠는가?

그러므로 용어와 이름은 다르지만, 노자가 말하는 '몸과 마음'이 유가에서 말하는 '성의誠意·정심正心'이고, '행동과 말'이 '수신修身·제가齊家'이며, '다스리는 것과 움직이는 것'이 '치국治國·평천하平天下'이지 달리 무엇이 더 있겠는가. (거기에다 '일처리'까지 능숙하다면 뭘 더 바라겠는가.)

더군다나 《대학大學》을 보면 격물 · 치지 · 성의 · 정심에서부터 수신 · 제가 · 치국 · 평천하까지 보기 좋게 일렬로 열거만 해놓았다 뿐이지, 이 팔조목八條目을 관통하는 근원적인 어떤 원리에 대해서는 아무런 설명이 없다. 그냥 여덟 가지가 쭉 나열만 되어 있는 것이다.

그러나 노자의 말은 그것이 아니다. 노자는 지금 뚜렷하게 그 전체를 관통하는 근원적인 하나의 원리를 제시하고 있지 않은가! 그것이 바로 물이다. 물처럼 되라. 물에서 배워라. 몸과 마음, 행동과 말, 다스림과 움직임, 그 모든 인간의 행위 영역에서 물처럼 되고 물처럼 행하라.

'만물을 이롭게 하면서도 다투지 않는 것(利萬物而不爭, 이만물이부쟁)', 이것이 노자가 말하는 물의 덕이다. 그렇다면, 수신 · 제가 · 치국 · 평천하야말로 이 물의 덕이 적용되어야 하지 않겠는가. 노자의 말에는 통치의 궁극적 이상과 목표가 들어 있다. 양립이 불가능해 보이는 두 개의 목표를 동시에 완성시키는 것, 노자는 그 불가능한 일이 가능해지는 것을 물에서 발견했다.

만물을 이롭게 하는 것(利萬物)과 다투지 않는 것(不爭), 이 둘은 양립이 불가능하다. 이것을 이롭게 하면 저것이 울고, 저것을 이롭게 하면 이것이 대든다. 서로 자기를 이롭게 해달라며 아우성을 치다가 결국에는 치고받으며 싸우는 것, 이것이 인간사회의 모습 아닌가.

그러므로 이 물의 원리를 깨우치고 물의 덕성을 배우기를 가장 앞서서 해야 할 자들이 선비이고 정치가들인데, 오늘날 한국의 상황을 유심히 살펴보면 선비란 자들은 제사에는 관심이 없고 젯밥에만 눈이 가 있으며, 정치가란 자들은 노자가 말한 물의 원리와는 정반대의 행위를 일삼고 있다. 그들은 '만물을 이롭게 하면서도 다투지 않는 것'이 아니라, 오로지 '자신들을 이롭게 하면서 남과 다투고' 있다.

오늘날의 민주주의 정치체제는 선거를 통해 정치인을 뽑는데, 이때 말에 현혹되는 심각한 문제점이 있다. 말 잘하는 자를 뽑는 것, 이것은 노자가 생각하는 정치의 이상과는 영 안 맞다. 논리적으로 변론을 잘 하는 것, 그것은 그리스의 소피스트적 이상이지 우리 동양적 현자들의 이상은 아니다.

말을 잘하는 자들은 기가 입으로 모여 자꾸 떠들 줄만 알지 남의 말을 귀담아 들을 줄을 모른다. 큰 인물이 되려면 말을 좀 못해야 한다. 노자는 이것을 '대변약눌(大辯若訥, 위대한 말은 눌변처럼 보인다)'이라고 했다. 그러므로 우리는 앞으로 정치의 장에서 기회만 있으면 떠들어대는 달변가達辯家가 아니라, 항상 머뭇거리며 어눌한 듯 말하는 눌변가訥辯家에게 주목해보는 것도 좋지 않을까?

노자老子

제9장 ;
차 있는데도 더욱 채우려

차 있는데도 더욱 채우려는 것은
그만 두느니만 못하고,
날카로운 것을 더욱 날카롭게 벼리는 것은
오래 보전하기가 어렵다.

금과 옥이 방 안에 가득하면
이를 능히 지킬 수가 없고,
부귀하여 교만하면
스스로 허물을 남기게 되나니,

공 이루었으면 몸 물러가는 것,
그것이 하늘의 도이다.

持而盈之 不如其已 지이영지 불여기이
揣而銳之 不可長保 췌이예지 불가장보

金玉滿堂 莫之能守 금옥만당 막지능수

富貴而驕 自遺其咎 부귀이교 자유기구

功遂身退 天之道 공수신퇴 천지도

금옥만당

《도덕경》의 유명한 말 중의 하나가 금옥만당金玉滿堂이다. 금옥만당! 얼마나 호감이 가는 말이냐! 우리 모두는 요즘 이것을 위해 살고 있다. 그런데 대체 노자는 어떻게 해서 2,500년 전에 우리 자본주의의 핵심 용어를 이미 알고 있었던 것일까? 또 이어 그가 이를 능히 지키느니 못 지키느니를 논하는 것을 보면 그때 이미 세콤(secom)의 도래도 알고 있었던 것일까? 세계의 자본주의 체제는 약 200여 년 전 그 시작과 동시에 이미 궁극의 슬로건으로 '금옥만당'을 내걸었다.

그리고 '금옥만당'의 깃발과 더불어 성업 중에 있는 것이 바로 '세콤' 업종이다. 이 둘은 사이가 좋고, 서로 없으면 못산다. 긴밀히 연결되어 있고 철저히 의존한다. 이런 관계를 적대적 동반관계라고 부르는데, 이것은 우정을 가장한 적대관계이거나 아니면 적을 가장한 친구관계이다. 그 둘은 한덩어리이다. 이런 사람들은 친구 없이는 살 수 있지만, 서로 상대방이 없으면 못산다. 그만큼 이들은 서로를 알아보고 서로를 필요로 한다.

　금과 옥이 방 안에 가득하면

　　　　　　　　　　　　　　　　　　　　노자老子

이를 능히 지킬 수가 없고,

부귀하여 교만하면

스스로 허물을 남기게 되나니.

우리는 종래 '다다익선多多益善'을 좋은 것으로만 생각해왔는데, 노자를 말을 들어보니 그렇지만도 않은 것 같다. 다다익선이란 인생을 직선으로 생각할 때 나오는 섣부른 결론이다. 그러나 인생은 직선이 아니다. 인생을 직선으로 생각하는 자는 아직 인생의 여러 오묘함을 감지하지 못한 자이다. 인생은 곡선이다. 한번 솟구쳤으면 한번 가라앉고, 한번 펼쳐졌으면 한번 오므라든다. 직선에서는 생각할 수 없는 여러 변수가 잠복해 있다.

인생의 쌍곡선에는 묘하게도 변곡점變曲點이란 것이 있어서 어느 순간에 산술적 누적의 원리가 와르르 무너지는 지점이 온다. 이때는 상황이 돌변한다. 이때는 '다다익선'이라고만 생각하고 차곡차곡 쌓아올려 놓은 달걀 광주리가 한순간 돌변하여 '누란지험(累卵之險, 쌓아올린 달걀처럼 몹시 위험스런 상황)'으로 다가오는 것이다. 인생을 큰 눈으로 바라보면 다다익선이 결코 다다익선이 아니다.

과중한 것은 무엇이든 짐이 될 수 있다. 금과 옥이 방 안에 한두 개 있으면 좋다. 재물이란 것이 너무 없어도 인생은 쓸쓸한 것이니까. 그러나 적당한 한도를 넘어 금과 옥이 방 안에 가득하면 그때부터는 이것이 짐이 된다. 낮에 외출할 때도 이중 삼중으로 문을 잠가야하고, 밤에 잠잘 때도 도둑이 들까 노심초사한다.

깨끗한 금과 옥이면 그나마 나은데(그러나 깨끗한 금과 옥이 어떻게 방 안에 가득할 수 있겠는가!), 더러운 금과 옥이면 이것을 감추고 숨겨야 하는 문제로 전전긍긍한다. 그것도 잘 숨겨야지 허술하게 어디 '마늘밭' 같은 데다 숨겨놨다가는 들통나기 십상이다. 그러면 패가망신한다. 일전에 대통령 아들인가 누가 집에 돈을 얼마나 숨겨놨던지 누군가 그걸 보고 방 안에서 돈 냄새가 진동해 머리가 다 아팠다고 한 적이 있다. 꼭꼭 숨겨야지 그렇게 허술하게 숨겨서야 되겠는가! 그러면 감옥 간다. 그 아들도 아마 감옥 갔을 것이다.

차에 기름 넣을 때 만당인 것까지는 괜찮지만, 금과 옥이 집안에 만당인 것은 이렇게 여러 가지 문제를 일으킨다. 오늘날 남미의 브라질 같은 나라는 빈부격차가 너무 심해서 국민들 간의 갈등이 위험 수위에까지 도달해 있는 것처럼 보인다. 이 나라는 말하자면 방 안에 금옥이 '만당'인 극소수의 부유층과 방안에 가진 것이 아무것도 없어 '허당'인 절대 다수의 빈곤층으로 형성되어 있다.

이런 나라에서는 정말로 노자의 말대로 집 안의 금은보화를 어떻게 능히 지킬지가 부유층들의 중대한 고민으로 떠오른다. 그래서 종래 이 나라 부자들이 해결책으로 선호했던 것이 방탄차와 경호원, 즉 방대한 세콤 체계였다.

그들은 금과 옥 때문에 생명에 위협을 느껴 요새화된 주택에 머무르며 방탄차에 의지해 살아가고 있는 것이다. 그런데 여기에 더해 방탄차만으로는 강도떼와 납치범들로부터 안전을 담보할 수 없어 이제는 비행기를 사들인다고 한다. 하늘 길에서는 강도떼를 안 만날 걸로 생각한 모양이다. 이것이 해결책일까? 그렇게 한다고 지켜질까?

반면, 이와 반대의 경향을 보이고 있는 것이 미국의 부자들이다. 미

노자老子

국의 부자들, 그러니까 마이크로소프트 사의 빌 게이츠나 워렌 버핏, 스티브 잡스 등은 이 문제에 관한한 생각을 조금 하고 사는 것 같다. 아마 노자《도덕경》의 글을 한두 줄은 읽은 모양이다. 그들은 아낌없이 희사하고 기부한다. 노자는 '부귀하여 교만하면 스스로 허물을 남기게 된다'고 말하고 있는데, 즉, 이들은 '부귀하면서도 교만하지 않는 모습'을 보이려고 노력하고 있는 것이다.

인생은 쭉 뻗은 직선이 아니고, 그 안에 변곡점을 머금은 곡선이며 원이다. 체제라고 하는 것도 영원히 직선처럼 계속되는 것이 아니다. 체제의 구성원들이 과도한 불평불만을 품게 되면 체제도 어느 순간에 휘청이게 되고 사회도 어느 순간에 뒤집어진다. 브라질에서 부유층들이 비행기를 사들이고 있다는 것은 무슨 의미인가? 그만큼 위협과 공포가 눈앞에 와 있다는 것이다.

한국 사회는 그 정도는 아니지만, 심각한 장면들이 사회 여기저기서 연출되고 있다. 부유한 자들이 앞서서 기부하고 재산을 사회에 환원하며 봉사하고 섬겨야 한다. 요컨대, 부유한 자들이 머리를 써야한다. 그렇지 않으면 가난한 자들이 몸을 쓰려한다.

토사구팽

이 장의 마지막 구절에서 노자는 이렇게 말한다.

공 이루었으면 몸 물러가는 것,
그것이 하늘의 도이다.

이것은 우리가 인생을 살아가면서 늘 염두에 두어야할 교훈이 아닌가 한다. 특히, 무언가를 이루었다고 스스로 자부하는 체질들은 이 구절을 마음속 깊이 새겨야한다. 그렇지 않고 경거망동하다가는 저 옛날의 한신韓信과 같은 꼴이 될 수도 있다.

사마천의 《사기열전》을 보면 '회음후淮陰候 열전'이란 제목으로 한신에 관한 이야기가 나온다. 중국 최초의 통일제국 진秦나라가 허망하게 망하자 천하는 다시 혼란 속으로 빠져들었다. 무주공산이 되어버린 중원 너른 땅, 자욱한 먼지 속에서 군웅들이 일어나 할거하다가 제풀에 다 쓰러지고 마지막 두 인물이 남아 천하의 패권을 놓고 격돌하고 있었다.

한 사내의 이름은 유방劉邦이요, 다른 사내의 이름은 항우項羽였다. 이 싸움은 중국 역사상 큰 싸움판이었고 나름대로 이야기 거리도 많았기 때문에 후일 재담가들 사이에 여러모로 인기가 있었던 모양이다. 그래서 이 전쟁, 즉 한초전漢楚戰은 소설로도 남고 (이른바 《초한지》 따위), 장기판으로도 남아 있다.

한신은 해하의 전투에서 유방이 악전고투하고 있을 때 달려와 전세를 뒤집어엎어 유방에게 대승을 안겨주었다. 이 전쟁의 승리로 유방은 천하의 주인이 된 것이다. 그러므로 한 제국의 창건에 끼친 한신의 공로는 막대한 것이었다. 말하자면, 노자의 말대로 그는 지금 '공을 이룬(功遂)' 것이다.

한신은 이렇게 공을 이룬 다음 자신의 몸을 어찌 하였던가? '몸이 물러갔는가(身退)' 아니다. 그는 물러가지 못했다. 물러가기는 고사하고, 반대로 그는 저 높은 곳을 향해 점점 더 나아갔다.

'내가 왜 물러가야 하는가! 나는 창업의 일등공신이 아닌가. 그것을 누구보다도 황제(유방)가 잘 알지 않은가!' 그리하여 그는 과욕을 부렸다. 한신은 한고조 4년, 자꾸 말썽을 일으키던 제나라를 평정한 뒤 한고조에게 은밀히 편지를 보냈다.

제나라는 거짓말을 잘하고 쉽게 변절하여 번복하기를 일삼는 나라입니다. 게다가 남쪽으로는 초나라와 맞닿아있어 임시로 왕을 세워 진정시키지 않으면 형세가 안정되지 못할 것입니다. 원하건데 신을 임시로 왕으로 책봉해주시옵소서.

– 《사기》

한고조 유방은 이 편지를 받고 크게 노하였다. 그러나 그때 유방의 뛰어난 모사인 장량張良이 귓속에 대고 이렇게 속삭였다.

"지금은 한나라가 한창 불리할 때입니다. 그러니 한신이 왕이 되려는 것을 어찌 말릴 수 있겠습니까? 차라리 한신을 왕으로 세우시고 잘 대해 주면서 제나라 땅을 지키게 하는 것이 나을 것입니다."

한고조는 이 말을 듣고 깨달은 바 있어 한신을 제나라 왕으로 세웠다. 그러나 이때 이미 한신의 몰락은 예견돼 있었던 것이다. 그렇지 않아도 유방은 한신을 속으로 두려워하고 있었는데, 한신은 어리석게도 그런 유방을 협박해서 왕 자리를 억지로 얻어냈으니 그것이 얼마나 가겠는가. 아니나 다를까 얼마 지나지 않아 한신이 모반에 가

담했다고 밀고한 자가 있었다. 결국 한신은 여후의 계략에 빠져 궁궐에 입조했다가 결박당한 후 종루에서 참수되었다. 그때 한신은 이렇게 말했다고 한다.

> 과연 사람들의 말과 같도다. 교활한 토끼가 죽고 나면 훌륭한 사냥개도 잡혀 삶아지며(兎死狗烹), 높이 나는 새가 다 잡히고 나면 좋은 활도 광에 들어가며, 적국이 타파되면 머리 좋은 신하도 죽는다. 천하가 이미 평정되었으니 나도 팽(烹)당함이 당연하구나.

이제 한신 이야기를 했으니 장량 이야기를 해야 한다. 한신 이야기 끝에 장량 이야기를 안 하면 균형에 안 맞다. 그는 진퇴의 때를 알았다. 원래, 장량은 소하·한신과 더불어 한나라 건국의 3걸로 불린다. 장량은 유방으로부터 "장막 안에서도 천리 밖을 볼 줄 아는 자"라는 극찬을 받은 인물이다. 한 제국 건설에 그 역시 막대한 공을 세웠다. 그러나 그는 유방에게 자신의 지분을 요구하지 않았다. 일개 떠돌이이던 한신을 유방에게 천거한 이도 그이고, 앞서 보았듯 한신을 제나라 왕으로 책봉하라고 조언한 인물도 그이다.

그는 원래 전국시대 한韓나라 재상집 아들로 태어나 한나라가 진나라에 멸망당한 후 복수를 하기 위해 진시황을 박랑사에서 암살하려 하였으나 실패하고 산중에 숨어 병법을 연마하였다. 그 후 유방이 군사를 일으키자 1백여 명의 종을 데리고 유방의 휘하로 들어가 그의 핵심 참모가 되어 유방이 한 제국을 세우고 천하를 통일하는데 많은 힘을 보탰다. 그는 전략적인 지혜를 잘 구사했고, 모사謀士로서 책략

노자老子

에 뛰어났다. 또 그는 장량이라는 이름보다는 장자방이라는 이름으로 더 널리 불리는 데, 어쩐지 장자방(子房은 그의 자)이란 이름에는 경멸의 뜻이 들어있는 것 같다.

다른 모든 것은 다 차치해두고, 그에게는 세상을 보는 선견지명이 있었다. 그는 한 제국이 건립된 후 유방에게서 발을 뺐다. 그는 정치에 일체 관여하지 않았던 것이다. 그가 노자의 《도덕경》을 읽었는지는 모르지만, 그는 '공수신퇴 천지도功遂身退 天之道'의 깊은 뜻을 알고 재빨리 몸을 빼 어디론가 달아났다. 그가 달아난 곳이 어디인가? 그곳이 바로 관광지로 유명한 저 '장가계(張家界, 장씨 일가의 땅이란 뜻)'이다.

앞서 한신을 계략에 빠뜨려 죽게 한 여후가 장량도 없애야겠다고 마음먹고 유방에게 장량이 반역을 꾀하고 있다고 모함하여 정벌하도록 꾀었다. 그러자 유방은 장량을 체포하기 위해 이곳까지 침공하였으나 산세가 험하여 결국 유방도 장량을 어쩌지 못하고 퇴각하면서 체면상 이곳이 '장씨 일가의 땅(張家界)'임을 인정하고 물러갔다고 한다.

결국, 천하는 이미 유가의 손에 들어가 이른바 '유가천하劉家天下'가 되었지만, 특별히 이곳만큼은 '장가의 땅'으로 허락한다는 일종의 정치적 제스처라고나 할까. 어찌됐건 그 후 장량은 황제로부터 형식적으로 유후留侯에 봉해졌고, 저 신선들이 사는 무릉도원과도 같은 장가계에서 편안한 여생을 즐기다 그곳에서 조용히 생을 하직했다. 장량의 묘는 장가계 초입 어디에 있다고 한다.

한신과 장량의 인생이 이처럼 다르게 끝났다.

제10장 ;
도 하나를 꼭 껴안아

정신이 육체라는 수레를 타고
절대적인 도 하나를 꼭 껴안아
진실로 떨어지지 않을 수 있겠는가.
기를 다스려 더 없이 부드럽게 하여
진실로 어린아이와 같이 될 수 있겠는가.
마음의 거울을 깨끗이 닦아내어
한 점 티 없이 할 수 있겠는가.

백성을 사랑하고 나라를 다스리는 데에
진실로 무위를 실천할 수 있겠는가.
천문을 열고 닫음에
진실로 큰 수동성을 발휘할 수 있겠는가.
명백히 알아 사방에 두루 통하면서도
진실로 지혜로써 하지 않을 수 있겠는가.
만물을 낳아주고 길러주되,

낳으면서도 소유하려 하지 말라.

행하면서도 자랑하려 하지 말라.

길러주면서도 장악하려 하지 말라.

이것이 현묘한 덕이니라.

載營魄抱一 能無離乎 재영백포일 능무리호

專氣致柔 能嬰兒乎 전기치유 능영아호

滌除玄覽 能無疵乎 척제현람 능무자호

愛民治國 能無爲乎 애민치국 능무위호

天門開闔 能爲雌乎 천문개합 능위자호

明白四達 能無知乎 명백사달 능무지호

生之 畜之 生而不有 생지 축지 생이불유

爲而不恃 長而不宰 위이불시 장이부재

是謂玄德 시위현덕

포일(抱一)

그동안 왜 우리는 노자·장자를 잊고 살았을까? 먹고 살기 바쁘니까 그랬겠지. 그럼, 왜 지금 노자·장자가 각광받고 있는 것일까? 일하다 지쳐서 그런 것일 테지. 그리고 이제 좀 쉬는 법을 배우고 싶어 그런 것일 테지. 그런데, 문제는 줄곧 일만 하던 사람들은 쉬라고 일러주어도 쉬지를 못한다는 점이다.

그들에게는 쉰다는 것은 종래 한 번도 경험해본 적이 없는 생소한 행위이다. 그래서 그들은 '쉼'을 '행위'로 바꾸어 버린다. 온전한 쉼(이 것은 무위이다)이 안 되니까 이것을 어떤 행위(이것은 유위이다)로 만 들어서 그 행위 속에서 쉼을 찾으려 한다. 즉, 쉬어야 하는데 또 다시 행위가 반복되는 것이다.

잘못하면 명상도 그렇게 되어버린다. 명상이란 무엇인가? 많은 사 람들이 명상을 복잡하게 정의하지만, 그런 것은 다 잘못된 것이다. 명 상이란 한마디로 쉬는 것이다. 성인휴휴(聖人休休, 성인은 쉬고 또 쉰다)요, 불조무사인(佛祖無事人, 부처와 조사는 일 없는 사람)이다.

세상을 잊어버리고 온전히 쉬는 것, 이것이 명상의 핵심이다. 그런 데 명상을 지도해보면 사람들은 아무도 온전히 쉬지 못한다. 부처를 흉내 내어 가부좌를 틀고 앉아만 있지, 마음은 한 마리 원숭이처럼 부 산하게 이리 저리 뛰어다닌다. 사람들에게 명상의 본질을 이야기해줘 도 그들은 이를 행위의 한 형태로 재해석해 버린다.

제자들은 묻는다. "명상은 어떻게 하는 겁니까?"

스승은 대답한다. "명상은 행위가 아니다. 명상은 쉬는 것이다. 행위 하려는 그 사람이 사라진 것, 그것이 명상이다." 그래도 제자들은 또 묻는다. "호흡은 어떻게 해야 하며, 기氣는 어떻게 다스려야 하며, 마 음은 어떻게 집중해야하며, 선정禪定에는 어떻게 들어가야 합니까?" 스승은 또 다시 대답한다. "그런 모든 것은 잘못된 생각이다. 모든 '어 떻게'를 잊어버려라. 그러면 그것이 바로 선정이다."

무언가를 '어떻게' 해보려고 하는 것, 그것이 우리 인간의 마음이 다. 인간의 마음은 '어떻게'와 더불어 살고 죽는다. '어떻게'가 사라지

노자老子

지 않는 한 우리는 온전히 휴식할 수 없다. '어떻게'를 묻는 그 사람이 사라진 것, 그것이 참다운 명상이다.

그러나 명상이란 단순한 철학이나 이론이 아니고 존재의 차원에 깊이 결부되어있는 것이어서 그 경지에 도달한 사람이 아니고서는 그 경지에서 나온 말을 알아들을 수가 없다. 말하자면 귀 있는 자만이 듣는 것이다. 이것이 문제다. 그런 까닭에 명상의 세계에서는 스승과 제자 사이에 전형적인 우문현답愚問賢答이 계속 이어진다.

제자는 어리석은 질문을 하고 스승은 탁월한 답을 준다. 그러나 그 답이 너무 탁월하여 그 뜻이 제자에게 전달되지 못한다. 그리하여 제자는 다시 어리석은 질문을 또 던지고 스승은 또 답변하고. 아마 노자도 분명히 제자들과의 사이에서 이런 경우를 여러 번 겪었을 것이다. 이런 상황을 염두에 두고 노자의 다음 말들을 들어보라.

정신이 육체라는 수레를 타고
절대적인 도 하나(一)를 꼭 껴안아
진실로 떨어지지 않을 수 있겠는가.
載營魄抱一 能無離乎 재영백포일 능무리호

노자는 지금 고도로 정선된 언어로 명상의 핵심을 말하고 있다. 이 몇 개의 글자 안에 명상의 진수가 녹아들어 있다. 만약 어느 누가 있어 이 말의 전체적인 뜻을 알아듣고, 나아가 이 말이 의미하는 바를 지금 행할 수 있는 사람이 있다면 그 사람은 이미 진인眞人이고 초인超人이다.

그 사람은 여기서 이 책을 보고 있을 필요도 없다. 우주의 절대적 도와 한 몸이 되어 영원히 떨어질 줄 모르는 경지에 도달했다면 무슨 말이 더 필요하겠는가. 그것은 궁극의 경지이다. 그 이상의 경지는 없다. 그는 하산하여, 도탄에 빠진 세상을 구하여야 한다.

여기에서 노자가 요구하는 것은 단 한가지다. 그것은 '포일抱一', 즉 절대적인 도 하나를 꼭 껴안는 일이다. 우주의 일자(一者, Oneness), 즉 도를 꼭 껴안아 여하한 일이 있더라도 거기서 결코 분리되거나 떨어지지 않는 것이다. 노자는 명상의 핵심을 글자 단 두 자로 표현하고 있다. 실로 그 정신의 원숙함이 드러나는 대목이다.

그 복잡하고 난해한 명상의 전체 메커니즘을 이렇게 간단하게 단 두 글자로 압축할 수 있는 사람은 노자 말고는 없다. 표현의 간결함에 있어서 노자와 견줄 수 있는 사람은 인류역사상 아무도 없다. 《도덕경》은 실로 간결함의 승리이다. 노자에 비하면 붓다와 예수, 크리슈나와 짜라투스트라도 군더더기가 많은 셈이다. 노자에 비하면 소크라테스와 플라톤은 거의 수다스러운 편에 속하며, 칸트와 헤겔은 거의 말잔치를 늘어놓는 편에 속한다. 제발 철학자들이 노자에게서 그 열의 하나만 배웠어도 좋으련만!

노자 포일사상抱一思想의 중요성은 《도덕경》 전체에 배경처럼 깔려 있다. 노자의 모든 말은 '포일'을 위한 것이다. 어떻게 '나'라는 사사로움을 버리고 '포일', 즉 궁극의 도를 껴안을 것인가? 포일은 노자의 핵심사상이다.

허나, 그럼에도 불구하고 '포일(道)'은 어렵다. 말이 어려운 것이 아니라 뜻이 어렵고, 뜻이 어려운 것이 아니라 체득하기가 어렵다. 노자도 이점을 안다. 그리하여 다음 단계로 이제 기氣 이야기가 있게 된다.

> 기를 다스려 더없이 부드럽게 하여
> 진실로 어린아이와 같이 될 수 있겠는가.
> 專氣致柔 能嬰兒乎 전기치유 능영아호

도를 말하면 너무 추상적이어서 사람들이 관심이 없지만, 기를 말하면 무언가 효용을 예감하고서 사람들이 즉각 관심을 보인다. 아마 현실적이고 실제적인 중국인들 사이에 살아야했던 노자도 비슷한 상황을 겪었을 것이다. 그러나 노자의 말은 기를 수련하여 바위를 깨트리고 하늘을 날아다니며 땅속으로 꺼지는 등 '슈퍼맨'이 된다는 것 따위와는 전혀 다른 이야기이다.

노자의 말은 슈퍼맨이 아니라 정반대로 순진무구한 '어린아이'와 같이 된다는 것이다. 기를 수련하여 단단하고 강해지는 것이 아니라 한없이 부드럽고 유연해진다는 것, 이것이 노자가 기를 말하는 관점이다.

노자의 시대에 중국에서 기의 관념이 이미 확립되어 있었음은 명확하다. 기는 만물이 생성되는 근원이고, 무엇보다 우리 인체에 기의 흐름이 중요하다는 것은 이미 노자가 살던 BC 5~6세기경에는 중국에 널리 퍼져 있던 개념이었다.

그러나 기는 너무도 효용이 무궁무진한 것이어서 예나 지금이나 기공氣功·기수련氣修練 등 넓은 의미의 기 관련 종사자들 안에는 항상 돌팔이들과 사기꾼들이 뒤섞여 있다. 노자는 그 중요성 때문에 기를 이야기하지 않을 수 없지만, 또 그 위험성 때문에 기 이야기를 하기가 자못 조심스럽다. 그래서 그는 기 이야기를 하되, 그것이 장생술이나 양생론이 아님을 명확히 하고 있는 것이다.

어린아이의 이미지는 노자철학에서 매우 중요하다. 그것은 부드러움의 극치이고, 도의 지극한 경지이다. 거기에는 어떤 인위도 없으며 어떤 억지나 조작도 없다. 우리는 모두 도를 잃어버렸으나 우리도 도와 가까이 살 때가 있었다. 바로 우리의 유년시절이다. 우리가 어린아이였을 때 우리는 도를 알지 못했지만 도와 더불어 살았고, 성인이 되었을 때 우리는 도를 알고는 있지만 도와 분리되어 살고 있다. 이것이 우리의 현 주소다.

우리는 한 시간만 소리를 질러도 목이 쉬지만, 어린아이는 하루 종일 울어도 목이 쉬는 법이 없다. 우리는 한 군데를 오래 쳐다보고 있으면 금세 눈을 깜빡거리지만, 어린아이는 하루 종일 눈을 뜬 채로 있어도 눈을 깜빡거리지 않는다. 우리는 그 전날 집에서 화가 나면 그 다음 날 회사에 가서 인상을 찌푸리고 있지만, 어린아이는 2분 전에 소리 지르며 화내다가도 2분 후면 언제 그랬냐는 듯이 해맑게 웃는다. 어린아이의 마음은 한 곳에 사로잡혀 있지 않고, 무엇을 하겠다는 생각도 없이, 모든 것을 자연의 흐름에 맡긴 채 살고 있기 때문이다.

우리는 이 세계로 돌아가고 싶지만 그것이 잘 되지 않는다. 어떻게 하면 기를 다스려 어린아이와 같이 부드러운 상태로 돌아갈 수 있을까? 그것은 어떤 형태로 존재하는 것일까? 대체 어떻게 해야 남들이 말하는 기라는 것을 느껴볼 수 있을까? 요컨대, '기'를 다스린다는 것도 어려운 일이다. 그리하여 이제는 다음 단계로 '마음' 이야기가 나

노자老子

와야 한다.

> 마음의 거울을 깨끗이 닦아내어
> 한 점 티 없이 할 수 있겠는가.

노자는 이 글 첫째 단락에서 '도'를 이야기하고, 둘째 단락에서 '기'를 이야기하고, 셋째 단락에서 '마음(心)'을 이야기하고 있다. 도는 너무 심원하여 아는 사람이 천에 하나 만에 둘이고, 기 또한 너무 미묘하여 아는 사람이 열에 하나나 둘인데 반해, 마음은 모두 가지고 있으니 모르는 사람이 없다. 그러니 마음을 이야기해보자. 인간은 어떤 마음을 지니고 살아야 하는가?

이것을 표현하는 《도덕경》 원문은 소위 '척제현람滌除玄覽'이다. 노자는 제10장에서 유난히 신비주의적 경향이 물씬 풍기는 용어들, 가령 포일이니 전기專氣니 영아嬰兒니 하는 개념들을 구사하고 있는데, 여기의 척제현람은 그중에서도 특히 유명한 구절이다. 통상, 척제滌除란 더러운 것을 씻어내고 제거하여 깨끗하게 하는 것을 의미하고, 현람玄覽이란 현묘한 거울 즉 사람의 마음을 의미하는 것으로 해석하고 있다. 그래서 척제현람 한다는 것은 마음의 때를 깨끗이 씻어내는 것으로 새긴다.

거울은 원래 텅 빈 것이다. 텅 비어 사물의 있는 그대로의 모습을 비춰준다. 산이 오면 산을 비추고, 물이 오면 물을 비춘다. 그런데 어느 때부터인지 우리의 마음은 때가 끼기 시작하여 사물의 모습을 왜곡시키고 변형시켜 이상하게 비춘다. 산이 와도 물을 비추고, 물이 와도 산을 비추는 식이다. 산이 갔으면 다시 텅 비어야 하고, 물이 갔으면 다시 텅 비어야 하는데 텅 비는 힘을 상실하여 사물의 상이 뒤엉킨다.

그리하여 산이 물이 되고, 물이 산이 되는 등 사물의 상 전체가 혼미해진다. 거울에 때가 덕지덕지 앉은 것이다. 이것을 깨끗이 씻어내야 한다. 마음의 거울이 한 점 티 없이 깨끗해져야 기를 다스리는 일(專氣)도 올바르게 진행되고, 도를 체득하는 일(抱一)도 비로소 진척이 있게 된다. 아마도 노자는 전체적으로 볼 때 도道와 기氣와 심心, 이 세가지를 일원적으로 파악하였던 것 같다.

모든 유위는 가짜다

요즘 시중에 돌아다니고 있는 명상관련 서적들을 훑어보면 그 내용의 얄팍함과 사상의 빈곤함에 이맛살이 찌푸려지곤 한다. 그자들은 대체 명상을 통해 무엇을 생각하고 무엇을 바랬던 것일까? 대체로 명상관련 서적들은 두 부류로 구분된다.

첫째는 명상의 테크닉을 좀 아는 자들이 쓴 책인데, 이런 책들은 착하기는 한데 대체로 시야가 좁아 사상성이 떨어지고, 둘째는 이론 공부가 좀 되어있는 자들이 쓴 책인데, 이런 책들은 말은 그럴듯한데 실제로는 명상의 체험이 없기 때문에 중요한 지점에 가서 아무런 힘을 못 쓴다. 요컨대, 제대로 된 명상서적이라 함은 인류의 정신사 전체를 내다보는 사상성과 명상의 핵심을 짚을 수 있는 통찰력이 있어야 하는 것인데, 이런 내용을 두루 갖춘 책들은 거의 보이지 않는다.

노자의 《도덕경》은 그런 의미에서 볼 때 오늘날의 명상서적 따위와는 차원을 달리한다. 더군다나 노자는 궁극의 도를 이야기하면서도 정작 이 궁극의 도에 '어떻게' 도달할지에 대해서는 일언반구 말이 없다. 노자는 'how'를 전면 부인하는 사람이다.

제자들은 묻는다. "How?" 노자는 대답한다. "No, how!" 하우(how)를 찾지 마라. '하우'를 찾으면 명상이 멀어진다. '하우'를 찾는 그 사람이 사라져야 한다. 그것이 참된 명상의 시작이다.

무수지수(無修之修)

그러므로 노자에게는 어떤 명상비법도 있을 수 없다. 노자를 다 읽고도 명상비법 운운하는 사람은 노자를 완전히 헛읽은 것이다. 인도·티베트를 돌며 비밀리에 전수되는 명상비법 100가지를 그대가 수집해온다 하더라도 그 모든 것은 노자 앞에서 한 다발의 장난감에 불과하다. 왜냐하면 일체의 명상비법은 유위有爲이기 때문이다. 명상비법이 고난도이면 고난도일수록, 비밀스러우면 비밀스러울수록 사람들은 거기에 무엇이 있는 줄 알고 더 열광하지만, 사실은 그런 것일수록 더욱 유위이고 작위作爲이다.

사람들은 도와 명상에 대해 처음부터 큰 착각을 하고 대하기 때문에 본말이 전도된 상황을 이해하지 못하고서 지엽말단에 현혹된 채 명상을 한다고 가부좌를 틀고 앉아 있다. 그러나 천지자연의 도는 전혀 비밀스럽지도 않고, 전혀 교묘한 것도 아니며, 전혀 어디에 숨겨져 있는 것도 아니다.

천지자연의 도는 결코 멀리 있지 않다. 그것은 이 우주공간 어디에

도 존재한다. 이른바 무소부재無所不在이다. 그것은 이 우주공간 이 쪽에도 있으며 저 쪽에도 있고, 앞에도 있으며 뒤에도 있고, 아래에도 있으며 위에도 있다. 그것은 바로 우리 곁에 있다. 그런데 우리 눈이 멀고 우리 마음이 닫혀서 그 존재를 못 알아채는 것이다.

천지자연의 도가 멀리 있는 것이 아니다. 우리가 멀리 있다. 천지자연의 도가 닫혀 있는 것이 아니다. 우리가 닫혀 있다. 사태의 본말이 이와 같음에도 우리는 터무니없이 명상법을 탓하며, 마치 병이 중한 환자가 값비싼 영약靈藥을 찾듯이 신비롭다는 명상법이 어디 없나 하고 헛되이 찾고 있는 것이다.

모든 명상비법은 유위이다. 노자는 유위를 가르치지 않는다. 노자는 무위를 가르친다. 노자가 말하는 무위의 의미를 그대가 완전하게 이해한다면, 그대는 비로소 모든 명상과 수행에 있어서의 일체의 비법 따위로부터 자유롭게 될 수 있다. 노자의《도덕경》5,000여 자 어디를 읽어봐도 그대는 결코 노자의 입에서 명상비법 따위를 말한 흔적을 찾아볼 수 없을 것이다.

천지자연의 영원한 도를 이야기하면서 이 도에 어떻게 이르러야 할지 아무런 말이 없는 노자, 그는 심지어 가부좌를 틀라는 말도 없고, 호흡법을 어떻게 하라는 말도 없으며, 정신집중을 어떻게 이루라는 말조차도 없다! 노자의 이러한 태도는 요즘의 명상관련 서적들이 온갖 잡다한 명상의 테크닉을 조금이라도 알면 가르치려고 법석을 떠는 것과 좋은 대조를 이룬다. 그들은 그 얄팍한 지식으로 마치 이 세상을 구원하려는 기세이다. 그들은 모르면서도 말하는데, 노자는 알면서도 말하지 않는다.《도덕경》의 명언 그대로 '지자불언 언자부지知

노자老子

者不言 言者不知'이다.

요컨대, 노자에게서 명상비법을 찾지 마라.(명상비법은 나중에 세월이 좀 더 흐른 뒤《장자》에게서 나온다.) 명상비법 100개가 노자의 무위 하나만 못하다. 실로 무위야말로 모든 명상비법 중의 비법이다. 그 이상의 차원은 없다. 수행하는 이는 무언가를 얻고자 열심히 수행하지만, 그러나 무엇을 얻고자 하는 것이 수행이 아니라 비우려고 하는 것이 수행임을 알라. 비우고 비워서 더 이상 비울 것이 없을 때 비로소 그 텅 빈 허虛 속으로 도道가 들어오게 됨을 알라. 돈오돈수든 장좌불와든 뭐든지 인위적으로 하는 것은 올바른 수행이 아님을 알라. 우주와 합일된 존재의 궁극적 경지 안에는 어떤 억지나 작위도 없다. 이것이 바로 무위이다.

모든 수행과 명상이 무위의 축복된 자장磁場속으로 빨려 들어가면 그러한 수행에는 아무런 인위적인 노력이나 조작이 없어진다. 그렇게 되면 명상 중에 명상하는 사람은 사라지고 명상만 남게 된다. 이러한 수행을 일러 '무수지수(無修之修, 수행 없는 수행)'라 한다. '무수지수', 이것만이 진정한 수행법이다.

참다운 덕

이제 다시 맨 처음으로 돌아가 보자.

정신이 육체라는 수레를 타고
절대적인 도 하나를 꼭 껴안아

진실로 떨어지지 않을 수 있겠는가.

기를 다스려 더 없이 부드럽게 하여

진실로 어린아이와 같이 될 수 있겠는가.

마음의 거울을 깨끗이 닦아내어

한 점 티 없이 할 수 있겠는가.

그대는 노자의 이 말을 가슴에 새기고 명상을 할 수는 있을 것이다. 그러나 이 말과 용어들 자체를 무슨 명상비법이라고 할 수는 없을 것이다. 이것이 노자가 그대에게 베풀어주는 친절과 자비의 최상한선이다. 노자는 이 이하로는 더 내려올 수 없다. 왜냐하면 이 이하로 더 구체화시키려 하면 유위가 되어버리기 때문이다. 그러므로 노자의 위 구절들을 가리켜 무슨 특별한 수행법이니 장생술이니 부르지 말라. 노자는 그런 것에는 관심이 없다. 대신 이것들은 노자식의 '무수지수' 가 무엇인지를 우리에게 보여주는,《도덕경》전체를 통틀어 몇 안 되는 중요한 구절들이다.

덕과 흠

이 어렵고도 어려운 모든 과정을 거쳐 도를 체득하고, 기를 다스리고, 마음을 깨끗하게 정화한 그 사람은 무엇을 해야 하는가? 그 사람은 산 속으로 들어가면 안 된다. 산 속에 들어가 있다가도 오히려 세상으로 나와야 한다. 고독한 산정山頂에서 도를 깨우친 후 세상으로 내려와 짜라투스트라의 위대한 몰락이 시작되는 것처럼, 그 또한 세

노자老子

상으로 내려와 화광동진和光同塵을 닮은 장엄한 몰락을 스스로 시작해야한다. 그것을 노자는 짤막하게 묻는다.

백성을 사랑하고 나라를 다스리는 데에
진실로 무위를 실천할 수 있겠는가

노자는 항상 '빛'을 이야기하지만 그 끝은 '티끌과 하나 됨'에 모아진다. 또, 그는 하늘의 운행을 읽고 그 흐름에 따르며, 커다란 수동성속에서 유유자적하며 지혜롭게 살아간다.

천문天門을 열고 닫음에
진실로 큰 수동성을 발휘할 수 있겠는가

노자의 말을 제대로 이해하기 위해서는 '잘못된 능동성'의 관념을 버려야 한다. 노자는 능동성을 칭찬하지 않는다. 이른바 능동성이란 것은 겉보기에는 다소 활기차 보이지만 내면에는 깊은 한계가 있기 때문이다. 모든 위대한 발견들은 자신을 넘어선 곳에서 이루어진다. 우주의 소리에 귀를 기울여라. 큰 수동성을 발휘해보라. 그리고 또한 깊이 알되 경거망동하지 마라.

명백히 알아 사방에 두루 통하면서도
진실로 지혜로써 하지 않을 수 있겠는가.

이것은 실로 어려운 주문이다. 이것은 큰 지혜를 지니고도 그 사용을 자제하라는 것이다. 왜 큰 지혜를 지니고도 자제해야 하는가? 그것은 지혜가 커지면 커질수록 우리의 교만도 따라서 커지기 때문이다. 인류역사에는 비범한 지혜를 내뿜다가 돌연 비명에 간 사람들이 적지 않다.

그러니 만사에 채우려 하지 말고 비울일이며, 멋대로 나서지 말고 무위를 행할 일이다. 너의 덕을 드러내지 말고, 감춰라.

> 만물을 낳아주고 길러주되,
> 낳으면서도 소유하려 하지 말라.
> 행하면서도 자랑하려 하지 말라.
> 길러주면서도 장악하려 하지 말라.
> 이것이 현묘한 덕이니라.

요컨대, 우리는 우리의 덕 때문에 망가진다. 왜냐하면 우리가 우리의 덕을 의식하기 때문이다. 덕을 의식하기 시작하면 덕은 그때부터 흠이 되는 것이다.

노자老子

제11장

서른 개의 바퀴살이 한 바퀴통에

서른 개의 바퀴살이 한 바퀴통에 꽂혀있는데
그 바퀴통의 빈 공간 때문에 수레로서의 쓸모가 있는 것이다.

흙을 빚어 그릇을 만드는데
그 가운데의 빈 공간 때문에
그릇으로서의 쓸모가 있는 것이다.
문과 창을 뚫어 방을 만드는데
그 가운데의 빈 공간 때문에 방으로서의 쓸모가 있는 것이다.
그러므로 유로써 이롭게 하는 것은
무에서 쓸모가 생겨나기 때문이다.

三十輻共一轂 當其無 有車之用 삼십폭공일곡 당기무 유차지용
埏埴以爲器 當其無 有器之用 선식이위기 당기무 유기지용
鑿戶牖以爲室 當其無 有室之用 착호유이위실 당기무 유실지용
故有之以爲利 無之以爲用 고유지이위리 무지이위용

간결체와 만연체

과거 2,500년 전 중국에 노자라는 사람이 있었다. 살아생전에는 별이름 없는 미미한 인물이었는데, 그가 죽으면서 많지도 않은 81편의 시를 남기고 떠났다. 그것이 전부다. 그는 떠났고, 얇은 시집 한 권이 남았을 뿐이다. 그런데 그의 시들을 읽어본 사람들은 마치 전기에 감전된 듯 거기에 매료되었다. 그의 시집의 특징은 딱 두 가지, 표현은 간결했고 사상은 심원했다.

그 후 이 시집은 한국·일본 등 동아시아 일대에 퍼졌고, 그 후 2,500년간 한결같이 베스트셀러 자리를 지키며 동아시아인들의 정신세계를 형성하는 데 중요한 역할을 해왔다. 심오한 철학이 담담한 운율 속에 담겨 있는 이 시집의 이름은 다름 아닌 《도덕경》이다.

그렇다. 노자는 결코 많이 쓴 것이 아니다. 그는 적게 썼고, 간결하게 썼다. 그의 글들은 간결체 문장의 위대한 전범典範이다. 무언가를 간결하게 썼다는 것은 그가 그것을 완벽하게 알고 있었음을 의미한다. 사람은 무엇인가를 깊이 알게 되면 점점 설명이 간결해진다. 대신 무엇을 모르면 점점 말이 많아지고 복잡해진다. 만연체 문장으로 써진 책들은 그래서 아무 깊이가 없다. 자신도 모르니까 중언부언하며 어렵고 복잡한 말들을 사방팔방에 늘어놓는다.

자신이 모른다는 것을 들키지 않기 위해서 연막전술을 펴는 교활한 장치, 그것이 바로 만연체 문장이다. 심리적으로 말하면 위선적인 문장이고, 생리적으로 말하면 변비가 심한 문장이다.

정치, 경제, 종교, 문화 어떤 영역이던 만연체 문장이 파고들면 그 사회는 이미 위선의 길로 진입하고, 소통에 문제가 발생한다. 특히, 철학의 영역에 만연체가 등장하는 것은 좋지 않은 현상이다.

고대의 철학자들은 만연체 따위를 즐기지 않았는데 유럽의 근대 철학이 발전하면서 만연체의 역사가 시작되었다. 독일을 필두로 유럽 전역에서 광범위하게 만연체가 행해졌고, 위선이 행해졌으며, 질병이 퍼져갔다. 노자는 심오할수록 간결해지고 투명해졌는데, 반대로 이 자들은 조금이라도 심오할라치면 한없이 애매모호해지고 불투명해진다.

유럽의 근대 철학은 모처럼의 좋은 의도에도 불구하고 몇몇 선구자를 자처하는 자들이 교활하기 짝이 없는 형이상학적 궤변으로 철학을 더럽히는 바람에 처음부터 그 순수성이 상실되어 버렸다. 그리고 이 좋지 않은 정신의 협잡은 지적 모험이라는 거짓이름 아래 지금까지도 유럽의 철학무대에서 사라지지 않고 있다.

더욱이 우스운 것은 요즘은 우리 한국인들조차 서양에 유학 가서 잘못된 병을 옮아와서인지 이 허황된 언어의 유희를 행하는 자들이 있다는 사실이다. 그러나 이러한 모든 것들은 '철학(philosophy)'이라는 학문의 본분을 망각하는 것이다. 철학, 즉 지혜를 사랑한다는 것은 명료함과 간결함을 추구한다는 의미이지 결코 애매모호한 것이나 어지러운 것들을 추구한다는 뜻은 아니다. 요컨대, 유럽 철학은 아직까지 '간결체의 세례'를 받지 못했다.

빈 공간의 존재

노자 제11장은 유난히 '무'에 관한 언급이 많은 장이다. 한 장 전체가 '무'에 할애되어 있다. 노자는 어떤 '유'도 '유' 자체로 홀로 존재하지 않는다는 것을 보여준다.

> 서른 개의 바퀴살이 한 바퀴통에 꽂혀있는데
> 그 바퀴통의 빈 공간 때문에
> 수레로서의 쓸모가 있는 것이다.

서른 개의 바퀴살이 한 바퀴통에 꽂혀있다. 그런데 자세히 보면 그 바퀴통의 중심에 빈 구멍이 있어서 30개의 살이 하나의 수레바퀴통에 집중될 수 있게 되어있다. 따라서 얼핏 보면 바퀴살이나 바퀴통이 수레를 움직이는데 중요한 것처럼 보이지만, 사실은 (수레바퀴통 중심에 있는)수레 축을 끼울 수 있는 빈 구멍이 가장 중요한 것이다. 온갖 힘들의 연결점인 이 빈 구멍 없이는 수레가 움직일 수 없기 때문이다. 이 빈 공간 때문에 비로소 수레가 수레로서의 쓸모가 있는 것이다.

> 흙을 빚어 그릇을 만드는데
> 그 가운데의 빈 공간 때문에
> 그릇으로서의 쓸모가 있는 것이다.

노자가 지금 특별한 이야기를 하고 있는가? 아니다. 노자는 지금 당연한 사리를 이야기하고 있다. 노자는 너무도 당연하여 남들이 아무 생각 없이 그냥 간과해버리는 지점에 서서 우리의 의표를 지른다. 우리는 말하자면 모르지도 않았지만, 알지도 못했다. 노자는 바로 이

노자老子

점에서 특별하다.

노자는 모든 사람이 놓치는 것을 찾아낸다. 그는 새롭게 무슨 이론이나 논리를 공들여 개발해서 우리에게 보여주는 것이 아니라, 뻔히 우리 눈앞에 있으면서도 우리 눈이 보지 못하는 것을 보여준다. 그는 발명하지 않고 발견한다. 위대한 현자들은 모두 이렇다. 발명하지 않고 발견한다. 발견하기 때문에 그것이 진리이고 도 일 수 있는 것이다. 발명하면 그것은 이론이 되고 가설이 되며 사이비가 된다. 모든 위대한 것은 발견의 산물이다.

우리 인간은 긴요한 것일수록 잊어먹고 산다. 삶에 본질적인 것일수록 별 관심이 없다. 오늘 저녁은 어디에서 어떤 식사를 할까 궁리하지만, 결코 어디 좋은데 가서 어떤 '공기'를 마실까 궁리하지 않는다. 일생을 통틀어 그런 생각은 한 번도 하지 않는다. 우리는 공기는 당연한 것으로 여기기 때문이다. 그러나 정말 공기는 당연한가? 밥은 한 달을 먹지 않아도 살 수 있지만, 공기는 5분만 마시지 않아도 죽게 된다. 그런데도 공기가 당연한가? 당연하다. 왜냐? 무료니까!

그렇다. 우리는 공기가 '무료'니까 당연하다고 생각하는 것이다. 요컨대, 우리의 사고를 지배하는 것은 사물의 본질적 관점이 아니라 경제적 관점인 것이다. 과거에는 그런 이유에서 물도 당연한 것이었다. 그때는 우리가 돈 내고 물을 사먹지 않았으니까.

그러나 오염의 문제가 지구를 파고들자 물도 돈 내고 사먹는 재화로 둔갑하여버렸다. 이제는 아무도 물이 당연하다고 생각지 않는다. 그러나 물만이 아니라 그 어떤 것도 당연한 것은 없다. 공기나 물 외에도 우리의 삶에 본질적인 것들, 가령 만물을 생육시키는 따사로운 햇살이나 시의 적절하게 불어오는 바람, 우리가 걷고 다니는 견고한 땅과 대지, 그것들이 없으면 우리가 어찌 살겠는가. 그러니 지·수·화·풍 사대(四大)에 감사하라. 이 우주에 감사하라.

눈을 돈에도 돌리지만, 때로 근원적인 것에도 돌려보라. 눈을 효용에도 돌리지만, 때로 본질적인 것에도 돌려보라. 노자가 지금 하는 말은 그것이다. 우리가 찰흙을 이겨 찻잔이나 밥그릇 따위를 만들어 놓고 그것을 감상할 때 우리는 그것이 분청이니 사기니하면서 눈앞에 보이는 유有만을 중시하지만, 실은 그 안에 깃든 중심의 무無야말로 그 모든 유들을 유로서 존립할 수 있도록 해준다는 사실이다.

> 문과 창을 뚫어 방을 만드는데
> 그 가운데의 빈 공간 때문에
> 방으로서의 쓸모가 있는 것이다.

집이 집으로서의 구실을 하고, 방이 방으로서의 구실을 하는 것은 무엇 때문인가? 물론 그것을 한국인들한테 물어본다면 아마도 '부동산 재테크' 때문이 아니겠냐고 반문하겠지만, 인간들 사이에서 아무리 그러한 부동산 재테크가 이루어지고 또 이루어져도 그 가운데의 빈 공간을 사고 팔 수는 없는 노릇이다. 또한 방이 방으로서의 쓸모가 있는 것은 그것이 비싼 벽지로 도배되어 있어서도 아니고, 대리석이 깔려 있어서도 아니며, 값비싼 가구들이 진열돼 있어서도 아니다. 그것은 그 가운데 아무것도 없는 빈 공간 때문이다.

노자老子

제12장 ;
오색은 사람의 눈을 멀게 한다

오색은 사람의 눈을 멀게 하고

오음은 사람의 귀를 멀게 하고

오미는 사람의 입맛을 상하게 한다.

말을 타고 달리며 사냥하는 것은

사람의 마음을 발광케 하고,

얻기 어려운 재물은

사람의 행동을 그르치게 한다.

그러므로 성인은

배를 위하지 눈을 위하지 않는다.

그리하여 저것을 버리고 이것을 취한다.

五色令人目盲 오색영인목맹

五音令人耳聾 오음영인이농

五味令人口爽 오미영인구상

馳騁畋獵令人心發狂 치빙전렵영인심발광

難得之貨令人行妨 난득지화령인행방

是以聖人爲腹不爲目 시이성인위복불위목

故去彼取此 고거피취차

감각과 지혜

노자는 감각의 세계에 속한 사람이 아니다. 노자는 감각 저 너머에 존재하는 근원적 실재의 세계에 속해 있는 사람이다. 그는 그 초월의 세계에 굳건히 자기존재의 뿌리를 내린 채 이곳 현상세계에 사는 우리들에게 툭툭 말을 던진다. '그쪽으로 가지 마라. 그쪽은 위험하다. 이쪽으로 와라. 생명의 길은 이쪽에 있다.'

그러나 우리는 이러한 노자의 충고를 별로 받아들이지 않는다. 그러다가 인생의 어느 한 순간에서 예기치 못한 커다란 재앙을 경험하게 되면 그제야 문득 노자의 말을 실감하는 것이다. 그러나 그때는 이미 늦은 이후이다.

우리가 노자를 읽는 이유는 바로 이것이다. 노자가 우리에게 한두 마디씩 던지는 말속에 인생의 심오한 지혜가 들어 있다. 그는 평범한 것들을 예로 들며 평범한 말투로 말하지만, 그 안에는 비범한 것들이 들어 있는 것이다. 모든 현자들과 마찬가지로, 노자는 우리에게 인생의 해답을 말해주지는 않는다. 대신, 그는 인생의 도상에서 부산하게

노자老子

길을 가는 우리들에게 길 어디쯤에 '위험'이 도사리고 있는지를 가리켜준다. 노자를 잘 읽다보면 그러한 위험표지판 같은 것들을 여기저기서 보게 될 것이다.

이 장에서 노자가 하는 말은 어려운 말이 하나도 없다. 우리가 생활 속에서 늘 경험하는 것들이고, 그러면서도 계속 실수하는 것들이다. 매번 현자들로부터 충고를 듣는 것들이고, 그러면서도 매번 그 실수가 반복되고 있는 것들이다.

청·황·적·백·흑 오방색은 보기에 아름다우나, 색채의 현란함에 마음을 뺏기면 결국 그것이 사람의 눈을 혼란시키게 되며, 궁·상·각·치·우 오음은 듣기에 아름다우나, 교묘한 소리에 마음을 뺏기면 결국 그것이 사람의 귀를 마비시키게 되며, 산·함·신·감·고 오미가 먹기에 맛이 좋지만, 미각에 과도하게 집착하면 결국 그것이 사람의 입맛을 망치게 된다.

그런가하면 말 타고 너른 들녘을 다니며 사냥하는 것은 호쾌한 취미이지만, 너무 거기 열중하면 사람의 마음을 발광케 한다. 또한 얻기 어려운 재물(難得之貨)이란 것도 보기에는 좋지만 그것에 미쳐 손에 넣으려 하다보면, 나중에는 자기가 무슨 행동을 하고 있는지조차 잊어버리게 된다. 요컨대, 노자는 지금 감각을 경계하라고 말하고 있는 것이다.

배와 눈

노자는 《도덕경》 여기 저기에서 자꾸 '배腹' 이야기를 한다. 그는 눈보다 배를 중시한다.

그러므로 성인은
배를 위하지 눈을 위하지 않는다.
그리하여 저것을 버리고 이것을 취한다.

배란 무엇인가? 노자가 말한 배란 존재의 중심을 말하는 것이다. 이에 반해 눈이란 존재의 외곽이다. 그러므로 배를 위한다(爲腹)는 것은 존재의 중심을 두텁게 하여 심신을 안정시킨다는 의미이다. 그것은 우주의 기를 머금어 생명을 기르는 것이며, 밖으로 향하는 감각들을 안으로 향하게 하는 것이며, 내면에 침잠하여 고요함을 지키는 것이다. 그러므로 '배를 위하지 눈을 위하지 않는다'는 것은 헛된 외물外物을 찾아 밖으로 나돌아 다니지 않는다는 의미이며, 들뜬 인생을 버리고 내실 있는 인생을 추구한다는 의미이며, 비쥬얼(visual)에 속거나 눈의 노예가 되어 허영·경박한 삶을 살아서는 안 된다는 의미이다.

지금까지 인생을 살아오면서 단 한 번만이라도 인체의 모든 스위치를 꺼본 적이 있는가? 눈도, 귀도, 혀도, 코도, 몸도, 모두 그 스위치 전부를 내려놓아본 적이 있는가? 전오식(前五識, 안·의·비·설·신의 다섯 가지 감각)이 쉬어야 제6식(第六識, 통상적인 의식, 즉 마음)이 쉴 수 있다. 전오식이 쉬지 못하면 마음은 항상 바쁘고 분주하여 안정을 얻지 못한다.

제6식(마음)이 안정을 얻지 못하면 제7식(第七識, 이른바 마나식, 즉 자아)이 탁해진다. 제7식(자아)이 탁해지면 제8식(第八識, 이른바 알라야식, 즉 무의식)에 업장이 두텁게 깔린다. 제8식(무의식)에 업장이 두터워지면 진

노자老子

리의 빛이 안으로 들어올 수가 없다.

인체의 모든 스위치를 하루 한 번씩 꺼라. 그것이 명상이며 무위이다. 그것이 배를 위하는 일이다. 그것이 참된 휴식이며, 존재의 중심을 두텁게 기르는 일이다.

열하일기

감각이 사람에게 미치는 영향을 논하면서 아무래도 연암 박지원의 《열하일기》의 한 장면을 말하지 않고 그냥 넘어가기는 섭섭하다. 《열하일기》에 보면 연암이 요동벌판을 지나면서 '하룻밤에 강을 아홉 번이나 건너는' 장면이 나온다. 유명한 〈일야구도하기一夜九渡河記〉이다. 여기에 보면 덩치는 커도 겁 많은 사람 연암이 덜덜 떨며 강을 건너면서 나름 도에 접근해 가는 과정이 생생히 기록되어 있다.

지금 나는 깊은 밤에 강 하나를 아홉 번이나 건넜다. (…) 이토록 위험한데도 사람들은 모두 하나같이 이렇게 말한다. "요동벌판은 평평하고 넓기 때문에 강물이 절대 성난 소리로 울지 않아." 하지만 이것은 강을 몰라서 하는 말이다. 요하遼河는 결코 울지 않은 적이 없었다. 단지 사람들이 밤에 건너지 않았을 뿐이다. 낮에는 강물을 볼 수 있으니까 위험을 직접 보며 벌벌 떠느라 그 눈이 근심을 불러온다. 그러니 어찌 귀에 들리는 게 있겠는가. 지금 나는 한밤중에 강을 건너느라 눈으로는 위험한 것을 볼 수 없다. 그러니 위험은 오로지 듣는 것에만 쏠리고, 그 바람에 귀가 두려워 떨며 근심을 이기지 못한다.

나는 이제야 도를 알았다. 고요한 마음을 지닌 사람은 눈과 귀가 마음에 누累가 되지 않지만, 눈과 귀만을 믿는 자는 보고 듣는 것이 더욱 예민해져서 갈수록 병이 된다. (…) (나는 말 뒤에 발을 옹송그리고 앉아 있는데), 한번 떨어지면 강물이다. 그땐 물을 땅이라 생각하고, 물을 옷이라 생각하고, 물을 내 몸이라 생각하고, 물을 내 마음이라 생각하리라. 그렇게 한번 떨어질 각오를 하자 마침내 내 귀에는 강물소리가 들리지 않았다. 무릇 아홉 번이나 강을 건넜지만 아무 근심 없이 자리에서 앉았다 누웠다 그야말로 자유자재한 경지였다. (…) 소리와 빛은 외물外物이다. 외물은 언제나 눈과 귀에 누가 되어 사람들이 보고 듣는 바른 길을 잃어버리도록 한다.

- 《열하일기》 중에서

이 글은 늦은 밤에 연암이 강을 건너면서 쓴 글이다. 연암은 깊은 밤 말안장 위에 위태롭게 무릎을 꼬고 앉아 성난 소리로 우는 강을 건너면서 이 문장을 얻었다.

노자老子

제13장 ;
총애나 욕됨에 모두 놀라는 듯이 하라

총애나 욕됨에 모두 놀라는 듯이 하고
큰 재앙이 몸에 닥칠까 조심하라.

무엇을 총애나 욕됨에 모두 놀라는 듯이 한다고 하는가.
총애는 하찮은 것이니
얻을 때도 놀라는 듯이 하고
잃을 때도 놀라는 듯이 한다.
이것을 총애나 욕됨에 모두 놀라는 듯이 한다고 한다.

무엇을 큰 재앙이 몸에 닥칠까 조심한다고 하는가.
내게 큰 재앙이 있는 것은
내게 몸이 있기 때문이니
몸이 없다면 무슨 재앙이 있겠는가.

그러므로 제 몸을 천하와 같이 귀하게 여기는 사람에게

천하를 맡길 수 있고,

제 몸을 천하와 같이 아끼는 사람에게

천하를 의탁할 수 있다.

寵辱若驚 貴大患若身 총욕약경 귀대환약신

何謂寵辱若驚 寵爲下 하위총욕약경 총위하

得之若驚 失之若驚 是謂寵辱若驚 득지약경 실지약경 시위총욕약경

何謂貴大患若身 吾所以有大患者 하위귀대환약신 오소이유대환자

爲吾有身 及吾無身 吾有何患 위오유신 급오무신 오유하환

故貴以身爲天下 若可寄天下 고귀이신위천하 약가기천하

愛以身爲天下 若可託天下 애이신위천하 약가탁천하

총욕약경(寵辱若驚)

　노자의 위대한 점은 인생을 전체적으로 본다는 점이다. 노자는 어떤 이념에 봉사하는 사람이 아니다. 노자는 삶을 있는 그대로 본다. 그는 무엇에 도취하지도 열광하지도 않는다. 그에게는 어떤 숨겨진 의도나 목적이 없기 때문에 삶이 왜곡된 모습으로 나타나지 않는다.

　그러나 우리 범부들에게는 삶이 항상 왜곡된 모습으로 나타난다. 왜냐하면 우리들은 우리가 보고 싶은 것만을 보기 때문이다. 다시 말해 우리는 인생을 전체적으로 보지 못하고 일부분만을 본다. 이른바, 존재의 '착시현상'이다. 이 착시현상 때문에 우리는 인생에서 중요

한 순간에 오판을 하고, 재앙에 부딪히고, 파멸의 구렁텅이로 빠진다.

노자는 이 장에서 존재의 '착시현상'을 다루고 있다. 그런 점에서 제 12장과 크게 다르지 않지만, 12장에서는 오색, 오음, 오미 등 주로 감각이 일으킬 수 있는 위험요소들을 지적했다면, 이 장에서는 그보다 미묘한 관념적인 문제들 즉 명예와 불명예, 총애와 욕됨 등에 관해 이야기한다. 노자는 여기서 이른바 '총욕약경'이란 심오한 경구를 발한다.

> 총애나 욕됨에 모두 놀라는 듯이 하고 (寵辱若驚, 총욕약경)
> 큰 재앙이 몸에 닥칠까 조심하라 (貴大患若身, 귀대환약신)

노자와 우리의 차이점은 무엇인가? 그것은, 우리는 '욕됨'에만 놀라는데 노자는 이상하게도 '총애'에도 놀란다는 점이다. 이점이 바로 인생에 있어서 하수와 고수의 차이점이기도 하다. 하수들은 총애와 욕됨이 이렇게 연결되는지 모르니까 서로 별개라고 생각한다. 그래서 총애가 오면 희색이 만면하다가 욕됨이 오면 그때서야 깜짝 놀란다.

허나, 인생의 고수들은 총애와 욕됨을 같은 걸로 본다. 따라서 그들은 총애에 대해서도 욕됨에 대해 놀라는 것과 똑같이 놀란다. 이것이 '총욕약경'이다. 그들은 총애가 욕됨에 앞서 찾아온다는 것을 잘 알고 있기 때문에 그들은 총애가 오면 큰 재앙이 몸에 닥칠까 조심했던 것이다.

총애는 하찮은 것이다

사물에는 양면성이 있다. 좋기만 하고 나쁜 데 없는 것은 없으며, 나쁘기만 하고 좋은 데 없는 것 또한 없다. 이것이 인생의 전체성이다. 이 둘은 항상 붙어 다닌다. 그러나 우리는 눈의 '착시현상' 때문에 이것을 보지 못하고 그 중에서 좋은 부분만 보고 그것만을 취하려 한다. 하지만 인생은 결코 그렇게 되지 않는다. 나머지 부분이 어느 시점에선가 반드시 고개를 들고 제 지분을 요구한다.

사랑의 본질은 무엇인가? 온 인류가 침이 마르게 칭찬하는 남녀의 사랑, 그것은 정말 숭고한 감성일까? 사랑이 깊어지면 자기 자신을 희생해서라도 그 대상에게 아낌없이 무언가를 해주고 싶다는 생각이 들기 때문에 일면 이타적 감정이 발동하므로 이를 숭고한 것으로 간주하는 경향도 있다.

그러나 사랑의 감정이 숭고한 것은 어디까지나 상대방이 내 말을 따라줄 때까지이다. 어느 날 내가 온몸으로 사랑을 바친 그 대상이 나를 배신했다는 것을 알았다고 치자. 그러면 그 순간 그토록 숭고하던 감정은 어디로 갔는지 온데간데 없고, 대신 마음은 증오와 질투에 가득차서 발광 직전 상태까지 가지 않는가. 그리고 그 중 누구는 이미 말릴 새도 없이 발광하여 베르테르처럼 총으로 자기의 생을 마감하지 않는가.

스탕달은 말했다. '사랑은 달콤한 것이라고 말한 세상의 거짓말쟁이들은 누구인가?' 사랑은 달콤하지 않다. 사랑은 쓰디쓰다. 노자의 말이 또한 이와 다른 것이 아니다. 인생에 좋기만 한 것은 없다. 그것은 반드시 나쁜 것과 같이 온다. 사랑은 증오와 같이 오고, 숭고는 광기와 같이 온다. 이것이 삶의 전체성이다. 그러니 사랑이 왔다고 너무 기뻐하지 말고, 총애가 왔다고 너무 반색하지 마라. 그러다 인생이 흔

노자老子

들린다. 이것이 노자가 우리에게 주는 충고이다.

> 무엇을 총애나 욕됨에 모두 놀라는 듯이 한다고 하는가.
> 총애는 하찮은 것이니. (寵爲下, 총위하)
> 얻을 때도 놀라는 듯이 하고. (得之若驚, 득지약경)
> 잃을 때도 놀라는 듯이 한다. (失之若驚, 실지약경)
> 이것을 총애나 욕됨에 모두 놀라는 듯이 한다고 한다.

노자는 '총애는 하찮은 것'이라고 말한다. 이런 말은 특히 정치하는 사람들이 귀담아 들어야 한다. 왜냐하면 그들은 총애를 무슨 굉장한 것으로 여기는 사람들이기 때문이다. 총애를 얻게 될 때 깜짝 놀랄 줄 아는 사람은 인생의 오욕으로부터 자신을 지킬 수 있는 사람이다. 허나, 총애를 얻었다고 소리 내어 희희낙락하는 사람은 인생의 위기에서 자신을 지키지 못한다. 그는 쉽게 무너진다.

> 무엇을 큰 재앙이 몸에 닥칠까 조심한다고 하는가.
> 내게 큰 재앙이 있는 것은
> 내게 몸이 있기 때문이니
> 몸이 없다면 무슨 재앙이 있겠는가.

실로, 우리 몸이야말로 환란의 근원이다. 우리는 명예를 원하고 불명예를 싫어한다. 우리는 칭찬받기를 좋아하고 비난받는 것을 싫어한다. 우리는 누가 나를 부러워해주기를 바라지 동정해주기를 바라지 않는다. 그러나 여기에 함정이 있다.

명예를 껴안는 순간 그대는 불명예도 함께 껴안는 것이다. 그대는 명예로우면 자연히 불명예는 사라질 것으로 생각하지만, 그것이 바로 이백이 범한 실수이다. 그대가 명예로우려고 하면 할수록 불명예는 점점 그대 가까이 다가온다. 그대가 칭찬 받으려고 하면 할수록 비난이 그대 주변을 감싼다.

남이 부러워해주기를 바라는 인생은 별 볼일 없는 인생이다. 왜 남의 시선으로 내 인생을 살려 하는가. 그런 모든 것들은 남들에게 맡겨두고 그대는 그대 자신의 삶을 살아라. 그대 자신이 좋아하는 일을 하라. 남이 부러워하기만 하지 실속 없는 인생이 많다. 타인의 시선에 내 평가를 의존하고 사는 삶, 그것은 가련한 삶이고 위태로운 삶이다. 왜 세상의 '총애'에 목을 매는가? 총애란 하찮은 것이다. 남의 눈으로 세상을 살지 마라. 거기에 휘말리면 인생이 위태로워진다.

노자가 '재앙'을 말하는 것은 바로 이 관점이다.

"내게 큰 재앙이 있는 것은 내게 몸이 있기(有身) 때문이다. 몸이 없다면(無身) 무슨 재앙이 있겠는가." 노자는 여기서 유신(有身, 몸이 있는 상태)과 무신(無身, 몸이 없는 경지)을 대비시키고 있다. 유신이란 무엇인가? 그것은 명예를 바라는 나, 칭찬받기를 바라는 나, 총애받기를 바라는 나를 말한다. 요컨대, 자아로 가득 찬 자신이다.

그렇다면 무신의 경지란 무엇인가? 그것은, 자아를 비워버린 상태를 가리키는 것이다. 무신의 경지에 도달한 사람, 자아를 비워버린 사람에게 무슨 재앙이 있겠는가.

노자老子

보아도 보이지 않나니, 이름 하여 이라 한다.
들어도 들리지 않나니, 이름 하여 희라 한다.
잡아도 잡히지 않나니, 이름 하여 미라 한다.

이 세 가지는 더 이상 규명할 수 없는 것,
셋이 하나로 혼연일체가 되어있도다.
그 위라고 해서 더 밝지 않고
그 아래라고 해서 더 어둡지 않으며,
끝없이 이어지니 이름 붙일 수 없으며
무물의 상태로 복귀하도다.
이를 일러 형상 없는 형상이라 하고,
무물의 상이라 하며,
또한 황홀이라 하느니라.

앞에서 맞이해도 그 머리를 볼 수 없고

뒤에서 따라가도 그 꼬리를 볼 수 없다.

태고의 도를 가지고 오늘의 일을 다스려라.

그러면 능히 태고의 시원을 알 수 있을 것이니,

이를 일러 도의 큰 줄기라 한다.

視之不見 名曰夷 시지불견 명왈이

聽之不聞 名曰希 청지불문 명왈희

搏之不得 名曰微 박지부득 명왈미

此三者 不可致詰 故混而爲一 차삼자 불가치힐 고혼이위일

其上不皦 其下不昧 繩繩不可名 기상불교 기하불매 승승불가명

復歸於無物 是謂無狀之狀 복귀어무물 시위무상지상

無物之象 是謂惚恍 무물지상 시위홀황

迎之不見其首 隨之不見其後 영지불견기수 수지불견기후

執古之道 以御今之有 집고지도 이어금지유

能知古始 是謂道紀 능지고시 시위도기

감각계와 진리계

싯다르타가 6년 고행 끝에 무상정등각(無上正等覺, 궁극의 깨달음)을 얻었다는 소문이 인도 전역으로 퍼져나가자 도처에서 사람들이 싯다르타를 보러 몰려들었다. 그들 중에는 신기한 것을 찾아다니는 구경꾼부터 진지한 구도자에 이르기까지 다양한 층의 사람들이 섞여 있었

다. 구경꾼들은 먼발치에서 싯다르타를 힐끗 한번 보고서는 자기네들끼리 손뼉을 치며 깔깔대고 웃다가 돌아갔고, 진지한 구도자들은 그의 곁에 남았다. 그리고 그 중 일부가 제자가 되었다.

왜 그들은 붓다의 제자가 되었을까? 그것은, 자기들이 보지 못한 무엇을 붓다가 보았을 것이라고 그들이 믿었기 때문에 제자가 되어 붓다 곁에 몇 년이고 머무르면 언젠가는 붓다가 제자인 자신들에게만은 그 비밀을 보여줄 것이라고 은연중 그들은 생각했던 것이다.

그런데 제자가 되어 몇 년이 지났는데도 붓다는 우주의 비밀에 관해 자신들만을 불러 따로 알려주지 않았다. 그래서 어느 날 더는 참을 수 없어 제자들이 스승에게 이 문제를 넌지시 문의하였다.

"여래如來시여, 여래의 진여법신(眞如法身, 부처의 참 모습 혹은 우주의 궁극 실재)은 대체 어떤 모습입니까? 저희들은 그것이 어떤 형상인지 너무 궁금합니다." 그러자 붓다는 이렇게 말했다.

> 만약 형상으로써 나의 참 모습을 보려 하거나
> 음성으로써 나의 참 모습을 구하려 한다면
> 이 사람은 곧 삿된 도를 행하는 것이니
> 여래를 결코 보지 못하리라.
> 若以色見我 以音聲求我 약이색견아 이음성구아
> 是人行邪道 不能見如來 시인행사도 불능견여래
>
> -《금강경》

우주의 근원적 실재는 형상과 소리를 초월해 있다. 신의 형상을 보았다느니, 신의 음성을 들었다느니 하는 자들은 어느 문화권에나 많이 있지만 그들 말의 진실성은 수사학에 파묻혀 잘 구분되지 않는다. 붓다가 살던 인도에도 신의 형상을 보고, 신의 음성을 들었다는 자들이 적지 않았다. 그러나 붓다는 이 점에 대해 태도를 분명히 했다. '우주의 궁극적 실재는 우리의 감각과 지각을 넘어서 있다. 형상과 소리에 현혹되지 마라. 거기에 현혹되면 삿된 도에 빠져 결국 헛것을 보게 된다.'

그런데 붓다의 이러한 관점은 고대 인도의 철학서인《우파니샤드(Upanishad)》에서도 발견된다. 케나 우파니샤드(Kena Upanishad)는 우주의 영원한 실재인 브라흐만(Brahman)에 대해 이렇게 말하고 있다.

마음으로 생각할 수 없으나
그로 인해 마음속의 생각이 이루어질 수 있으니
그대여, 바로 그가 브라흐만인 것을 알라.
눈으로 볼 수 없으나
그로 인해 눈이 사물을 볼 수 있으니
그대여, 바로 그가 브라흐만인 것을 알라.
귀로 들을 수 없으나
그로 인해 귀가 소리를 들을 수 있으니
그대여, 바로 그가 브라흐만인 것을 알라.
눈으로도, 말로도, 마음으로도 다가갈 수 없다.
우리는 알 수 없으며 이해할 수 없다.
어떻게 우리가 그것을 설명할 수 있는가?
그것은 우리가 알고 있는 그 어떤 것과도 같지 않도.

노자老子

브라흐만, 즉 우주의 참 실재는 인간의 감각 저 너머에 존재한다. 그것은 감각의 대상이 될 수 없는 초월성을 지니고 있다. 보통의 사물은 마음으로 생각하고, 눈으로 보고, 귀로 들을 수 있지만, 모든 사물의 근원인 저 브라흐만은 그런 감각의 대상이 될 수 없다.

그런데 놀라운 것은 기독교 영지주의 복음서로 알려진 《도마복음》에서 예수가 이와 똑같은 이야기를 하고 있다는 사실이다.

> 예수께서 이르시되,
> "나는 너희에게
> 눈으로 보지도 못했고,
> 귀로 들어보지도 못했고,
> 손으로 만져보지도 못했고,
> 마음으로 생각하지도 못했던 것을 주겠노라."
>
> ―《도마복음》제17절

비록 외경外經으로 취급받고 있는 복음서이기는 하나, 기독교의 성경 중에 이런 구절이 들어 있다는 것이 참으로 신선하고 놀랍다! 예수는 원래 무지몽매한 민중을 상대로 진리를 설파하는 과정에서 방편상 하느님나라(Kingdom of God)니, 천국(Kingdom of Heaven)이니 하는 신비로운 용어들을 자주 구사했었다.

그런데 어리석은 제자들은 스승이 전달하려고 하는 말 너머의 뜻은 잊어버린 채, 이 말들을 문자 그대로 받아들여 정말로 그런 나라가 어디에 있으며 어떻게 생겼는지 자꾸 물어보는 곤란한 상황이 발생하곤 했다.《성경》을 유심히 살펴보면 여기저기에 그런 상황을 암시하는 구절들이 산재해 있음을 볼 수 있다.

《도마복음》에 나타난 예수의 저 말들은 이런 상황을 염두에 두고 읽어야 제대로 이해될 수 있는 말들이다. 예수의 저 말들은 이른바 '하느님나라'의 본질에 관한 언급이다. 요컨대, 예수는 지금 초월적이며 영원한 궁극의 세계는 인간의 감각이나 지각을 통해서는 결코 인식될 수 없다는 점을 말하고 있는 것이다.

이제 노자에게로 돌아가 보자. 노자는《도덕경》제14장에서 붓다가《금강경》에서 말했던 것, 힌두교의 현자가《우파니샤드》에서 말했던 것, 예수가《도마복음》에서 말했던 것을 고스란히 재현하다시피 하고 있다.

보아도 보이지 않나니 (視之不見, 시지불견),
이름 하여 이夷라 한다.
들어도 들리지 않나니 (聽之不聞, 청지불문),
이름 하여 희希라 한다.
잡아도 잡히지 않나니 (搏之不得, 박지부득),
이름 하여 미微라 한다.

(이夷란 너무 작아서 아직 형체가 없는 것을 말하고,
희希란 소리가 너무 작아 알아들을 수 없는 것을 말하고,
미微란 공기의 미립자처럼 너무 작아 붙잡을 수 없는 것을 말한다.)

인류 역사상 가장 높은 깨달음에 도달했던 위대한 스승들 세 사람의 이야기가 동일한 어떤 무엇을 가리키고 있다. 몸담았던 민족도 다르고, 사용하는 용어나 개념도 다르지만 이들 위대한 인물들의 이야기에는 근본적으로 상통하는 무엇인가가 존재한다. 그것은 궁극의 도는 결코 정의할 수 없으며, 모양도 없고, 소리도 없고, 실체도 없다는 사실이다. 우주의 도는 우리 인간의 감각 저 너머에 있기 때문에 우리가 아무리 보려 해도 보이지 않고, 아무리 들으려 해도 들리지 않으며, 아무리 잡으려 해도 잡히지 않는다.

깨달음을 얻은 큰 스승들이란 단적으로 인간의 감각과 지각 저 너머에 존재하는 영원불멸의 초월적 세계를 보고 온 사람들이다. 그러나 그들이 그 궁극의 세계로부터 다시 현실세계로 돌아왔을 때 그들 손에 남아 있는 것은 아무 쓸모도 없는 인간의 언어뿐이다. 이 인간의 불완전한 언어를 가지고는 도대체 저 근원적 세계를 표현할 길이 없다. 그래서 선불교에서 이점을 타개하기 위해 불립문자不立文字 · 교외별전敎外別傳 · 언어도단言語道斷을 이야기했던 것이다.

근원의 도를 볼 수 있다고 생각하거나, 들을 수 있다고 생각하거나 잡을 수 있다고 생각하지 마라! 그런 잘못된 생각을 품는 순간 도는 왜곡되고 변질되어 삿된 도가 횡행하게 되는 것이다. 신이라는 용어를 들어 다시 설명하자면, 가령 신의 모습을 보았다거나 신의 음성을 들었다거나 신의 옷자락 한 끝을 붙들었다고 하는 자들이 있는데 그런 자들은 엄밀히 말해 철학적 소양이 부족한 자들이며, '절대'와 '상대'를 구분하지 못하는 자들이며, 이른바 우상숭배자들이다. 그들은 아무거나 주워섬기면서 편리한 대로 거기다가 신의 이름을 갖다 붙인다. 그러나 그들이 말하는 신은 참다운 신이 아니다. 이미 그것은 감각의 세계로 굴러 떨어진 잡신雜神에 불과하다.

유형의 세계와 무형의 세계

노자는 부연해서 말하기를, 이 세 가지 즉 이夷, 희希, 미微는 더 파고들거나 규명할 수 없다고 말한다. 왜 그런가? 그것은 사물의 극한이고 인간 감각의 극한이기 때문이다. 모양 없고(夷), 소리 없고(希), 실체 없는(微) 것, 그것은 인간의 감각에 의하면 무無인 것이다.

그리고 노자는 또 이 세 가지가 하나로 혼연일체를 이루고 있다고 말한다. 이것은 이 세 가지가 따로 구분될 수 없다는 뜻이며, 처음부터 서로 통하여 하나가 되어있다는 뜻이다. 눈으로 볼 수 없고, 귀로 들을 수 없고, 손으로 잡을 수 없는 것, 즉 모든 인간의 감각을 다 동원하더라도 결코 포착할 수 없는 저 근원적인 하나, 그것이 바로 도이다.

그 위라고 해서 더 밝지 않고
그 아래라고 해서 더 어둡지 않으며

보통의 사물은 위에 있으면 더 밝고, 아래에 있으면 더 어두운 법인데 왜 도는 그렇지 아니한가? 그것은 도에는 상하가 없기 때문이다. 도에는 상하가 없을 뿐만 아니라 좌우도 없고 전후도 없다. 도에는 어떤 구분이나 경계도 없다. 어떤 구분이나 경계가 있는 것, 그것은 도가 아니다.

노자老子

도는 모든 것과 통하여 하나이고, 모든 것과 어우러져 혼연일체이다. 도의 세계로 나아가려면 구분 짓거나 분별하지 마라. 오히려 일체를 통합시키고 연결시키며 경계를 건너뛰어라.

끝없이 이어지니 이름 붙일 수 없으며
무물無物의 상태로 복귀하도다.
繩繩不可名　復歸於無物 승승불가명 복귀어무물
(繩繩, 승승 : 끈처럼 끝없이 이어지는 모양)

사물(物)은 뚜렷하다. 반면에 도는 희미希微하다. 사물이 뚜렷한 이유는 물物과 물 사이에 경계선이 그어져 있기 때문이다. 그러나 천지가 사물을 처음 낼 때에는 거기에 어떤 경계선도 없었다. 그때 사물은 서로 자유롭게 넘나들었다. 그런데 거기에 어떤 누군가가 경계선을 긋기 시작했다.

한번 그어진 경계선은 인식상의 편리함을 제공한다는 이유로 사방팔방으로 그어지고 뻗어나가 마침내 사물은 본래의 모습을 상실해버리고 인간이 그은 경계와 구획 속에서 핏기 잃은 박제처럼 변하고 말았다. 경계와 구획, 이것이 다름 아닌 노자가 말하는 '이름(名)'이다. 노자는 제1장에서 이름이 지닌 허상을 지적하며 그 위험을 경고했다. '도가도비상도, 명가명비상명'이 그것이다. 지금 보고 있는 제14장은 제1장과 내용적으로 긴밀히 연결되어 있다.

이름은 사물의 한 모습을 드러내지만, 동시에 사물의 다른 모습을 감추어버린다. 사물은 이름을 달고 인간의 세계로 편입되지만 그럼으로써 본래의 모습을 상실한다. 이름 짓는 행위(정의내리고, 개념을 정하고, 이론을 수립하는 일체의 인간의 지적활동)가 위험한 것은 그것이 사물을 인위적으로 재단하여 경계선을 긋기 때문이다.

여기서 도라는 것은 그 구획과 경계선을 지워 '희미'하게 하는 것이며, 사물에 덧씌워진 이름을 지워 없애는 것이며, 그리하여 물과 물 사이의 구분이 없는 '무물無物'의 상태로 돌아가게 하는 것이다. 구분하면 막히고 단절되며, 구분을 넘어서면 연결되고 이어진다. 끝없이 이어지면 혼연일체가 되고, 혼연일체가 되면 이름 붙일 수 없다.

지금 노자가 하는 말이 그것이다.

"끝없이 이어지니 이름 붙일 수 없으며(不可名), 이름 붙일 수 없으니 무물의 상태로 복귀하도다."

이름(名)이 없어져야 한다. 아무도 이름을 지닌 채로 무물의 상태로 돌아갈 수는 없다. 유명有名 즉 유물有物이기 때문이다. 제1장에서 노자가 말하지 않았던가. '이름 붙인 것, 거기서 만물이 생겨난다(有名萬物之母)'고.

무물(無物)의 경지

'희미'해져야 한다. 명상하고 수행한다는 것은 '희미'해지는 연습이다. 뚜렷해지면 단절되고 고립된다. 희미해지면 연결되고 하나가 된다. 대낮의 밝은 태양 아래서는 모든 것이 뚜렷이 구분되고 단절된다. 너는 너고 나는 나다. 사물과 사물이 서로 대립되고, 존재와 존재가 서로 부닥친다.

그러나 해가 지고 저녁이 찾아오면 모든 사물은 어둠 속에서 희미해지며 하나로 연결된다. 어둠 속에서 사물과 사물 사이의 경계가 녹아내리고, 서로가 서로 속으로 침투하며, 서로가 서로를 받아들인다. 그 안에는 나도 없고 너도 없다. 모든 개별자들은 저 심오한 어둠 속에서 잠시 하나가 되는 것이다. 노자는 제1장에서 이렇게 말했다.

玄之又玄 衆妙之門 현지우현 중묘지문
어둡고 어두운 가운데 우주의 근원적 신비가 있도다

저 '현지우현'이 바로 여기 제14장에서 말하는 '희미'를 가리키는 것이다. '희미'해져야 '현지우현'의 경지에 들어갈 수 있다. 감각과 지각을 담당하는 내 몸의 모든 스위치를 끄고 현지우현의 저 심오한 어둠 속으로 들어가라. 그러면 '이름(名)'이 사라진다. 그 안에는 나라는 사물도, 너라는 사물도 없다. 이른바 '무물'의 상태이다.

復歸於無物 복귀어무물
무물의 상태로 복귀 하도다

노자는 '무아'라고 말하지 않고, '무물'이라고 말한다. 노자는 '무아의 경지'라고 말하면 남들이 쉽게 알아들을 수 있을 텐데, 그렇게 말하지 않고 굳이 '무물의 경지'라고 말한다. 이것을 우리 현대인들은 얼른 이해할 수 없을 테지만, 노자의 이러한 표현법은 노자가 세상을 얼마나 총체적으로 파악하는지를 보여주는 것이다.

노자·장자 철학의 핵심은 모든 만물이 근원적으로 하나라는 것이다. 도 안에는 어떤 구분이나 구별이 없다. 도에는 색깔도, 소리도, 형체도 없다. 요컨대, 도에는 어떤 이름도 없는 것이다. 그것은 이름이 녹아내린 세계이다. 그것은 물아일체物我一体이며 혼연일체渾然一体이고, 물物의 소멸이며 아我의 소멸이다. 그것은 한없이 어두운 현지우현玄之又玄이며, 언어로 설명할 수 없는 불가사의이고, 우주의 궁극적 신비이다. 이 상황을 노자는 이렇게 말한다.

이를 일러 형상 없는 형상(無狀之狀)이라 하고,

무물의 상(無物之象)이라 하며,

또한 황홀恍惚이라 하느니라.

제15장 ;
도를 얻은 옛 선비는

도를 얻은 옛날의 선비는

미묘현통하여

그 깊이를 알 수 없었다.

알 수 없지만 억지로 표현해 보자면

마치 겨울에 언 강을 건너듯 머뭇거리고

사방의 이웃 두려워하듯 주춤거리며

마치 손님처럼 어색해하며

얼음 녹듯이 풀어지고

다듬지 않은 통나무처럼 질박하며

계곡처럼 텅 비어 있고

혼탁한 듯 세속에 섞여 있다.

누가 능히 탁한 것을 가라앉혀

서서히 맑게 할 수 있으며,

누가 능히 가라앉아 있던 것을 동하게 하여

서서히 살아나게 할 수 있겠는가.

도를 체득한 사람은

가득 채우기를 원하지 않나니,

가득 채우기를 원하지 않는 까닭에

멸망하지 않고 영원히 새로울 수 있는 것이다.

古之善爲士者 微妙玄通 深不可識 고지선위사자 미묘현통 심불가식

夫唯不可識 故强爲之容 부유불가식 고강위지용

與兮 若冬涉川 여혜 약동섭천

猶兮 若畏四隣 유혜 약외사린

儼兮 其若客 엄혜 기약객

渙兮 若氷之將釋 환혜 약빙지장석

敦兮 其若樸 돈혜 기약박

曠兮 其若谷 광혜 기약곡

混兮 其若濁 혼혜 기약탁

孰能濁以靜之徐淸 숙능탁이정지서청

孰能安以久動之徐生 숙능안이구동지서생

保此道者不欲盈 夫唯不盈 보차도자불욕영 부유불영

故能蔽而新成 고능폐이신성

역사철학과 보편철학

노자는 제14장에서 도의 본질에 대해 철학적 설명을 한데 이어서

　　　　　　　　　　　　　　　　　노자老子

이 장에서는 그처럼 현묘한 도를 체득한 선비의 풍모는 어떤 것인지를 구체적으로 설명하고 있다.

> 도를 얻은 옛날의 선비는
> 미묘현통微妙玄通하여
> 그 깊이를 알 수 없었다.

먼저, 도를 체득한 이는 그 정신 안에 심오한 무엇을 지니고 있어서 통상인으로서는 그 깊이를 알 수 없다. 그는 자신을 드러내지 않으며 말을 아낀다.

> 알 수 없지만 억지로 표현해 보자면
> 마치 겨울에 언 강을 건너듯 머뭇거리고
> 사방의 이웃 두려워하듯 주춤거리며
> 與兮若冬涉川 猶兮若畏四隣 여혜약동섭천 유혜약외사린

'여與'는 머뭇거리며 망설이는 상태를 말한다. '유猶'는 주춤거리며 주저하는 상태를 가리킨다. 그러므로 '여유與猶'란 전체적으로 망설이며 주저하고 있는 것을 말하는 것이다. 도를 체득한 이는 백마를 타고 도포를 휘날리며 의기양양하게 나서는 것이 아니라, 이상하게도 도처에서 머뭇거리고 주춤거린다.

이것은 무엇을 말하는 걸까? 노자는 왜 도인의 풍모를 잘난 영웅의 모습으로 그리지 않고 찌질한 바보의 모습으로 그리는 것일까? 천지자연의 대도를 깨우쳤으면 이까짓 세상일들을 손가락 하나로 툭 쳐서 일거에 해결해 버려야지 시시하게 또 다시 머뭇거리고 주춤거린단 말인가! 노자는 왜 바보와 못난이 전략을 구사하면서 논의의 초점을 흐리려 하는 것일까? 노자가 말한 도는 대체 어떤 도일까?

노자가 말하는 도는 우주만물 모두를 살리는 도이다. 노자의 도는 부분을 위한 도가 아니고 전체를 위한 도이다. 노자의 도는 흑백논리로 편을 갈라놓고 우리 편이 살기 위해서 상대편을 죽여야 하는, 가짜로 만들어낸 편파적이며 이기적인 도가 아니다. 노자의 도는 어느 편도 아니다. 천지불인, 즉 천지는 편애하지 않는다.

그런데 세상에는 이 도를 왜곡하는 자들이 많다. 그들은 도가 자기 편이라고 말한다. 실로 뻔뻔하고 어이없는 소리를 늘어놓으면서 그들은 도를 자꾸만 자기네 편으로 끌어들인다. 그러나 우주의 도는 결코 누구의 편일 수 없다. 하늘이 너에게 도를 내려줄 때 그 도의 이름으로 내 편과 남의 편을 가르고, 남의 편을 무차별 공격하고 학살해도 좋다고 허락해줄 수 있겠는가?

인생의 어떤 한 순간 절박한 필요에 의해 잠시 눈을 가리고 그것을 도라고 부를 수 있겠지만, 그것은 결코 참다운 도가 아니다. 노자가 제1장에서 말하는 것이 바로 이것이다.

노자의 도를 제대로 이해하려면 국가와 민족, 이념 따위를 모두 초월하지 않으면 안 된다. 노자는 어느 나라를 위한 도, 어느 민족을 위한 도 따위를 말하고 있는 것이 아니다. 노자의 도는 모든 나라와 민족을 초월한 보편적이며 영원한 도이다. 어느 특정 집단이나 나라를 위한 자기 최면적 교리나 강령 따위는 도가 아니라 술術이다. 오늘날 지구상의 많은 종교들이 참다운 도에 이르지 못하고 술에 빠져 있다.

도와 술의 차이는 무엇인가? 도는 모든 것과 다 통해 있는 것인데 반해, 술은 반드시 어느 것과는 막혀 있다. 도는 주인과 하인에게 공통된 것이지만, 주인의 술과 하인의 술은 따로 있다. 두 개는 통하지 못하고 막혀있다. 도는 큰 나라와 작은 나라에 공통된 것이지만, 술은 대국의 술과 소국의 술이 서로 다르다. 둘은 서로 통하지 못한다.

도는 모든 나라와 민족을 초월한 보편적이며 절대적인 것이지만, 술은 어느 특정 나라와 민족에 한정된 상대적이며 국지적인 것이다. 요컨대 도는 편애하지 않는 것인데 반해, 술은 편애하는 것이다. 그러므로 생래적으로 이기적 본성을 지닌 우리 인간에게는 도는 어려운 것이며 술은 달콤한 것이다.

저 머나먼 초월적인 도에 대해서 우리가 신경 쓸 게 무엇 있는가? 술은 우리 가까이 있고 시시때때로 우리에게 다정하게 굴면서 여러 가지 복을 약속하는데, 그렇다면 이 술을 행하면 됐지 저 무심한 도 따위를 우리가 행할 필요가 무엇 있겠는가? 허약한 우리 인간은 천지가 우리에게 무심하다는 소리가 서운하고, 천지가 우리를 사랑해준다는 소리 따위가 듣고 싶은 것이다. 현재 지구에 존재하는 종교들 중 95퍼센트가 이러한 술의 차원에서 종교행위를 행하고 있다.

종교의 지도자급에 있는 사람들 중의 일부는 자신들이 저급한 술의 영역에 머물러 있음을 스스로 알고 있다. 그러나 그렇기 때문에 더 그들은 자신들 종교의 신도들이 도의 차원으로 다가가지 못하도록 그들의 눈과 귀를 가리고 세뇌시킨다. 왜냐하면 참다운 도야말로 세상에서 가장 무서운 것이기 때문이다.

만약 우리 인류가 어떤 계기로 갑자기 영적인 눈을 떠서 도를 알게 된다면 지금 세상에 있는 기성종교들 중에 어떤 종교가 살아남을 수 있겠는가? 그러나 안심해도 된다. 우리 영악한 인류가 저 머나먼 도에 대해 알게 되는 날은 결코 오지 않을 것이기 때문이다.

여기서 노자의《도덕경》이 지닌 한 가지 특징을 살펴보기로 하자. 그것은,《도덕경》5,000자를 아무리 뜯어봐도 단 한 개의 '고유명사'도 나타나지 않는다는 점이다. 이것은 인류의 종교철학사 전체를 통틀어 유일무이한 일이다!《도덕경》에는 다른 종교의 경전을 펼치면 어디에서나 쉽게 볼 수 있는 그 흔한 사람 이름 하나(人間), 나라나 도시 이름 하나(空間), 어떤 시간과 때에 관한 언급(時間) 따위가 전무하다.

《도덕경》을 해설했던 여러 주석가들이 이점을 지적했다시피 [특히, 노태준의 지적이 예리함], 하나의 철학서적 안에 어떤 고유명사도 들어있지 않다는 사실은 우선 그 자체로 놀라울 뿐만 아니라 거기에는 매우 중대한 의미가 들어 있는 것이다. 노자는 우연히 고유명사를 뺀 것이 아니다. 그는 깊은 숙고 끝에 의도적으로 고유명사 일체를 자신의 책에서 배제시킨 것이다.

고유명사란 무엇인가? "고유명사란 시간(역사)과 공간(풍토)에 제약된 개별적이고 구체적인 존재를 나타내는 말이라고 한다면, 어떤 책에 고유명사가 전혀 나타나 있지 않다는 사실은, 그것이 시간과 공간을 초월한 영원하고도 보편적인 진리를 지향하는 저작"(이상, 노태준) 이라고 이해해야 할 것이다.

고유명사란 결국 '이름(名)'이다. 노자는 제1장에서 '명가명비상명 (名可名 非常名, 이름 부를 수 있는 이름은 참된 이름이 아니다)'을 천명하여 자신의 철학적 입장을 명확히 했었는데, 그는 단지 이론적으로만 그렇게 말한 것이 아니고 자신의 저작물을 통하여 실제로 '이름'의 세계를 떠나 어떤 이름으로도 부를 수 없는 보편적이고 절대적인 도를 추구하였음을 몸소 보여주었던 것이다.

노자는 심사숙고 끝에 자신의 저작에서 특정 시간과 공간을 제거하였다. 그럼으로써 그는 나라와 민족, 역사와 풍토 따위를 초월한 보편적 도를 수립할 수 있었다. 이점이 노자가 다른 제자백가들과 다른 점이며(이점에서만은 장자조차도 노자와 확연히 구별된다), 나아가 이 지구상 어떤 철학자와도 다른 점이다.

고유명사가 빈발하면, 설說해지는 진리가 그만큼 특정시간과 공간의 지배를 더 많이 받을 수 밖에 없다는 우려는 붓다에게서도 찾아볼 수 있다. 그래서 《불경》을 보면 고유명사는 경經의 도입부에서만 일종의 무대장치처럼 나타나고 본문으로 들어가면 고유명사가 사라지고 보편적이고 추상적인 언어로 구성되어 있음을 알 수 있다. 이렇게 하여 붓다는 보편적 진리가 개별 역사에 의해 오염되는 일을 최소화 했던 것이다.

그런데 기독교의 《성경》, 그 중에서도 특히 《구약》은 이에 대한 이해가 전무해보인다. 《구약》은 상당수가 거의 역사책이다. 역사라는 것은 주체가 하나의 국가나 민족일 수밖에 없다. 국가와 민족이 진리를 기술하기 시작하면 위험해진다. 역사성 내지는 역사철학이 강조되면 그것은 필연적으로 보편성 내지는 보편철학의 왜곡을 가져온다.

역사는 본질적으로 정치투쟁적인 것이며 흑백논리적인 것이다. 내편과 남의 편, 승자와 패자가 엄연한 현실역사에서 선과 악은 처음부터 정해져 있을 수밖에 없다. 어떻게 남의 편이 선일 수 있겠는가? 어떻게 내 편이 악일 수 있겠는가? 그러므로 역사 혹은 역사철학은 시간과 공간을 초월한 보편적이며 절대적인 진리를 결코 자신 안에 담을 수가 없는 것이다. 요컨대, 역사공부를 하면서 진리 운운 하는 것은 실로 위험천만한 일이다.

만약 도를 나라와 민족의 관점에서 기술하기 시작하면, 그 도는 당장에 왜곡되며 변질되고 만다. 시공을 초월해 있는 영원한 도를 특정 시공이라는 유한성 안에 억지로 집어넣으려면 방법은 한 가지뿐이다. 그것은 도를 현저히 훼손시켜 강제로 어떤 이론의 틀 안에 구겨넣는 것이다. 누가 이런 행위를 했단 말인가? 많은 사람들이 했다. 많은 사람들이 나라와 민족의 이름으로 도를 왜곡시켜 국가 내적 존재로 변질·격하 시켰다. 그것은 고대에도 그러했고, 중세에도 그러했으며, 근대와 현대에도 역시 그러했다. 지금도 많은 사람들이 종교의 탈을 쓰고 알게 모르게 이러한 행위를 행하고 있다.

이러한 행위의 이점은 무엇인가? 그것은, 이러한 행위를 통해서 무엇보다 쉽게 '내 편'을 규합할 수 있다는 사실이다. '내 편'은 이윽고 '내 집단의 편'이 되고 '내 종교의 편'이 되며, 어느 순간에는 급기야 '내 민족의 편'이 되어버린다. 일단 '내 편'과 '남의 편'이 정해져 있으면 우리의 행동양식은 얼마나 간편해지고 확연해지는가! 편을 가르는 것보다 인생을 쉽게 살 수 있는 방법은 없다. 편만 가르면 만사를 일사천리로 해치울 수 있다. 편만 가르면 무엇을 주저하고, 무엇을 망설이겠는가!

그렇게 되면 우리는 큰 칼을 빼들고 백마를 타고 도포를 휘날리며

노자老子

의기양양하게 적진으로 돌진할 수 있다. 이렇게 되면 우리 진영에 쏟아지는 이득은 이루 말할 수가 없을 것이다! 그런데 우리의 노자 선생은 이 수지 맞는 사업을 모르고 남들이 알아주지도 않는 저 초월적인 도에만 관심을 갖고 있다!

마치 겨울에 언 강을 건너듯 머뭇거리고(與)
사방의 이웃 두려워하듯 주춤거리며(猶)

여기서 노자는 그저 서 있다. 그는 도통 앞으로 나아가지를 못한다. 그 이유는 무엇인가? 그 이유는 간단하다. 노자는 결코 '편을 가르지 않기' 때문이다. 노자에게는 편이 없다. 노자는 결코 어느 누구의 편도 아니다. 어느 누구의 편도 아니기 때문에 칼을 뽑아들고 백마를 타고 돌진할 수 없는 것이다. 그래서 그는 재차 머뭇거리며 주춤거리는 것이다.

여유당(與猶堂)

정약용은 다산茶山이란 호로 유명하지만, 그 외에도 여러 개의 호를 가지고 있었다. 대체로 인생의 흥망성쇠가 빈번했던 사람들이 호를 여러 개 가지고 있는 경우가 많은데, 다산이 그러하다. 그의 여러 호 중의 하나가 알다시피 '여유당與猶堂'이다. 그는 나중에 자신의 문집 전체를 '여유당전서與猶堂全書'라는 이름으로 불렀다. '여유당'이란 무슨 뜻일까? 여유만만하다는 뜻인가? 아니다. 정반대의 뜻이다. 이것은 어디서 가져온 호인가? 이것은 《노자》에게서 가져온 것이다.

여유당이란 '머뭇거리며(與)' 또한 '주춤거린다(猶)'는 뜻이다. 정약용은 성리학의 나라 조선에서 왕(정조)의 신임을 한 몸에 받아 높은 벼슬(요즘으로 치면 국방부차관)을 한 사람인데, 그런 인물이 경솔하게도 노자《도덕경》에서 자신의 호를 취하다니! 정약용이 '여유당'이란 호를 쓰기 시작한 것은 정조 사망 직후였다. 정조는 의문사 했고, 정약용은 갑자기 온 세상이 두려워졌다.

그는 자신을 총애하던 왕이 급서하자 그 이후에 자신에게 닥쳐올 일들이 어떠할지를 충분히 예상했다. 그 이후의 일들은 역사책에서 우리가 익히 배웠던 바대로이다. 둘째형 정약종은 사형 당했으며, 셋째형 정약전은 흑산도로 유배 갔다가 거기서 죽었으며, 그의 매부 이승훈(한국 최초의 천주교 세례자) 역시 사형당했다.

다산은 《노자》에서 무엇을 읽어냈던 것일까? 요한(정약용의 카톨릭교 본명)은 왜 나이 40세에 유교의 성인인 공자의 책에서 자신의 호를 취하지 않고 이단의 서인 《노자》에서 취했을까? 남자 나이 마흔을 공자는 '불혹不惑'이라 했는데, 왜 다산은 그 40(여유당이란 호를 쓴 게 이 나이였음)이란 나이에 불혹과는 정반대의 뜻을 지닌 '여유당'이란 호를 택했을까? 그는 '여유당'이란 호를 자신을 향해 쓴 것일까 아니면 세상을 향해 쓴 것일까?

채움과 비움

노자의 도를 체득한 이의 모습은 확실히 유교에서 말하는 군자의 모습과는 여러모로 달라 보인다. 유교의 군자는 어딘지 잘나 보이고, 씩씩해 보이며, 아는 것도 많고, 앞에 나서기를 좋아하는데 반해, 도가의 인물은 어딘지 못나 보이고, 우물쭈물해 보이며, 아는 것도 별로 없고, 앞에 나서기를 별로 안 좋아한다. 요컨대, 유교의 군자는 대체로 활개 치며 대로大路를 걷기 좋아하는 타입이며, 도교의 도인은 대체로 조용한 숲속의 소로小路를 좋아하는 타입이다.

노자는 어딘지 찌질해 보이는 도인의 특징을 5가지나 더 열거하고 있다.

> 마치 손님처럼 어색해하며
> 얼음 녹듯이 풀어지고
> 다듬지 않은 통나무처럼 질박하며
> 계곡처럼 텅 비어 있고
> 혼탁한 듯 세속에 섞여있다.

이것을 가령 뒤집어서 말한다면 다음과 같을 것이다.

> 주인처럼 의젓한 맛이 없으며
> 얼음 얼듯이 강렬한 맛도 없고
> 잘 손질된 목재들처럼 반질반질하지도 못하며
> 봉우리처럼 도드라지지도 못하고
> 홀로 고고한 자태를 내뿜지도 못한다.

제16장 ;
근원으로 되돌아가는 것을 고요(靜)라 하나니

허의 극치에 도달하여

깊은 고요를 지켜라

그러면 만물이 어지러이 일어나는 가운데도

그것들의 되돌아감을 볼 수 있도다.

저 만물들 무성히 자라고 있지만

결국은 모두 그 근원으로 되돌아간다.

근원으로 되돌아가는 것을 고요라 하나니

이것을 일러 생명에로의 회귀라 한다.

생명에로의 회귀, 그것이 영원에 이르는 길이며

영원을 인식하는 것, 그것이 참된 지혜이다.

영원한 것을 알지 못하면

망령되이 화를 자초하나,

영원한 것을 알면

너그러워지는 법.

너그러워지면 공정해지고

노자老子

공정해지면 왕같이 되며

왕같이 되면 하늘같이 되고

하늘같이 되면 도에 이르게 되며

도에 이르게 되면 불멸이 되나니,

비록 몸이 녹아 없어지더라도 멸하지 않는다.

致虛極 守靜篤 萬物竝作 치허극 수정독 만물병작

吾以觀其復 夫物芸芸 各復歸其根 오이관기복 부물운운 각복귀기근

歸根曰靜 是謂復命 復命曰常 귀근왈정 시위복명 복명왈상

知常曰明 不知常 妄作凶 知常容 容乃公

지상왈명 부지상 망작흉 지상용 용내공

公乃王 王乃天 天乃道 道乃久 沒身不殆

공내왕 왕내천 천내도 도내구 몰신불태

플라톤·칸트·헤겔

세상의 작은 지혜를 얻기 위해서는 그대가 마음을 텅 비워 허虛에 이를 필요도 없고, 또 내면에 고요함(靜)을 지녀 그것을 두터이 지킬 필요도 없다. 오히려 그런 것들을 위해서라면 생각을 요리조리 굴리면서 마음을 기민하게 움직여야 할 것이며, 내면의 고요함보다는 재빠른 비교분석이 필요할 것이다. 세상의 학문이란 것들이 대개 이런 차원의 것들이다. 그런 학문을 하는 사람들이 추구하는 것은 조그마

한 지혜, 즉 상대지相對知이다.

그러나 그렇게 해서는 이른바 절대지絶對知는 결코 얻을 수 없다. 노자가 지금《도덕경》에서 말하려는 것이 바로 절대지이다. 노자가 시시하게 세상을 살아가는 처세훈處世訓이나 말하고, 여기 저기 써먹을 수 있는 실용적 지혜를 가르치며, 사람들을 앉혀놓고 도덕설道德說이나 늘어놓는다고 생각하지 마라. 그대가 어디서 무슨 이야기를 들었는지는 몰라도 그런 모든 것들은 노자와 무관하다. 노자는 그런 것들에 관심 없다. 노자가 관심을 갖고 있는 것은 인생과 우주를 관통하는 깊고 심원한 지혜, 즉 절대지이다. 노자는 이 궁극적이며 위대한 지혜를 말하기 위해《도덕경》을 쓴 것이지, 무슨 시시한 이야기를 하려고 그런 것이 아니다.

그리고 이 점은 나 또한 마찬가지이다. 나 역시 저술 작업을 통해 전달하려고 하는 것이 바로 절대지이지 다른 것이 아니다. 만약 노자의《도덕경》이 제목에서 풍기는 뉘앙스처럼 시시콜콜한 윤리도덕에 관한 설이었다면 나는 이 책을 해설하지 않았을 것이다. 그러나 그것이 아니고,《도덕경》이 천지만물을 관통하는 영원하고 절대적인 도에 관한 언설이었기 때문에 나는 이 책을 해설한 것이다.

나는 도가적 경향을 지니긴 했지만, 그렇다고 노자 연구자도 아니고 장자 연구자도 아니다. 사람들은 나에게 "선생은 노자 · 장자를 몇 년이나 연구하셨나요?"라고 묻는다. 이에 대해 나는 참 대답하기 난감하다. 왜냐하면 나는 노자 · 장자를 연구한 적이 전혀 없기 때문이다. 물론, 나는 노자 · 장자의 책들을 좋아하고 깊이 사랑하지만 연구하지는 않는다. 나는 그저《노자》와《장자》를 훑어보고 확인할 뿐이다. 무엇을 확인하는가? 그 책 전체를 통하여 그 안에 궁극의 경지에 도달한 자만이 말할 수 있는 절대적 지혜가 과연 들어 있는지를 확인한다. 그런데 노자·장자에는 분명 그것이 들어 있다. 이것이 내가 그들과 '동업자'가 되어 이 작업을 하고 있는 유일한 이유이다.

나는 중국의 다른 제자백가들도 모두 다 검토해보았지만, 노자와 장자 두 사람 외에는 확정적으로 그 경지에 도달했다고 할 만한 인물이 보이지 않았다. 특히, 유가 쪽에 그럴만한 인물이 있지 않을까 기대가 컸었는데 미안한 말이긴 하나 가문의 명성에 비해 그렇게 인물난이 심할 줄은 미처 몰랐다. 어찌됐건 나로서는 유가 등 다른 제자백가 등을 통해 동업자로 초빙할만한 인물을 영 발굴할 수가 없어 매우 유감스러웠다.

그러나 시선을 서양으로 옮기면 상황은 더 나쁘다. 우선 문제가 되는 것은 서양에는 큰 도를 깨우쳤던 직관의 천재들이 존재하지 않았기 때문에 궁극의 진리는 이성적 인식으로는 파악될 수 없다는 사실에 대한 이해가 전무했다는 점이다. 그들은 감각에 대해서는 옳게 보고 진리의 길에서 그것을 제거 하였지만, 이성에 대해서는 이를 잘못 보고 진리의 파악은 오히려 이성에 의해서만 가능하다는 '이성 과잉적' 사유에 머물고 만 것이다. 그들은 이성 너머의 것을 알지 못한다. 그러다보니 그들은 상대지와는 차원을 달리하는 절대지라는 것이 존재한다는 사실을 알지 못했다. 이것이 서양정신계가 지니고 있는 근원적 딜레마이다.

관자나 열자는 노자·장자와 같은 궁극의 경지에는 도달하지 못했지만, 그래도 그들의 언사를 살펴보면 최소한 절대지와 상대지에 대한 구분은 명확하다는 점을 알 수 있는데, 그리스 고대 철학체계에는 불행하게도 이것이 뒤엉켜 전혀 구분이 안 된다. 이성적 사유思惟 아래 놓여 있는 것이 상대지이고 이성적 사유를 초월한 것이 절대지인데, 한번도 '이성 너머의 것'을 생각해본 적이 없다 보니 저 논리적인 그리스인들이 어찌 '절대지'를 알 것인가? 그리스인들은 이 지상에서 너무도 큰 성공을 거둔 자신들의 이성과 그 이성의 산출물 가령 수학, 논리학, 기하학, 변론술 등들에 도취된 나머지 '이성 저 너머의 것'에 대해 아무 관심이 없었던 것이다.

그러나 철학은 상대지의 늪에 빠져 있으면 안 된다. 그리스에서 소피스트(Sophist)들이 여기저기를 활보하기 시작할 무렵, 상대지의 과도한 범람을 염려했던 철학자가 한 사람 있었다. 그가 바로 헤라클레이토스(Heracleitos)이다. 그는 고대 그리스의 철학계에서 유일하게 절대지와 유사한 어떤 것을 말했던 사람이다.

그는 동시대의 그리스인들에게 '보편적이며 신적인 로고스(Logos)'에 귀기울이라고 말했다. 그리스 철학의 전체 흐름 중에서 노자·장자의 '도'에 견줄 수 있는 광대하고도 심오한 개념은 물론 없지만, 그래도 가장 비슷한 개념을 하나 고른다면 그것은 '로고스'이다. 로고스는 소피아(Sophia, 지식)와는 다른 차원에 속한다. 헤라클레이토스는 소피아를 중시하지 않았다. 그가 중시하는 것은 로고스이다. 그가 말하는 '로고스'는 노자·장자의 도와 가장 흡사하다.

그러나 헤라클레이토스의 로고스는 웬일인지 고대 그리스 철학계에서 그리 대접받지 못했다. 이것은 노자·장자의 도가 고대 중국철학계에서 폭넓게 인정받으며 우뚝 올라선 것과는 큰 대조를 보인다. 이리하여 헤라클레이토스의 로고스가 퇴조를 보이면서 고대 그리스 사회에서는 절대지의 개념이 문화의 중심 안에서 확립되지 못하고 말았다. 로고스를 가지고도 절대지의 개념이 확립되지 못했으니 그 무엇으로 사람들에게 절대지를 설명할 수 있겠는가!

그 이후 그리스 철학에서 로고스는 점점 뜻이 약화되어 누스(Nous, 정신 혹은 사고)와 동의어 정도로 격하되었고, 그때 이후로 그리스 철학계에서는 로고스처럼 천지만물을 관통하는 크고 심원한 개념은 다시 등장하지 못했다.

헤라클레이토스 이후 그리스철학에 한 위대한 인물이 등장하는데, 그가 바로 서양철학의 창시자 플라톤(Platon)이다. 플라톤은 선대의 모든 철학을 섭렵한 끝에 자기 철학의 핵심 개념으로 '선의 이데아'를 제시하였다. 그러나 플라톤의 '선의 이데아'는 궁극의 개념으로 제시된 것이긴 하지만, 처음부터 절대지와는 유를 달리 하는 것이었다. 절대지는 그 언어의 본래적 의미에서 볼 때 선악을 초월하는 무엇이다. 그리고 우리 인간이 사용하는 선악이란 개념은 원래가 상대적인 개념인 것이다.

이에 반해 절대지는 모든 지적 경계가 사라지는 경지에서 체험되는 것이다. 인간이 설정한 모든 이원론, 즉 구분과 구별, 범주와 경계가 소멸되는 경지에서 절대지는 나온다. 그러므로 거기에는 선악善惡이니, 미추美醜이니, 고저高低니, 장단長短이니 하는 따위가 의미가 없다. 이 모든 것은 노자가 말한 이른바 '이름(名), '명가명 비상명'에서의 명名'이며, 인간이 만든 것이지 하늘이 만든 것이 아니다.

플라톤이 마지막까지 견지했던 '선'의 범주는 인간이 생각할 수 있는 가장 고상한 것임은 사실이나, 또한 그럼에도 불구하고 여전히 하나의 경계(boundary)이고 범주(category)인 것이다. 아무리 아름답고 우아하게 채색된 것이라 하더라도 범주 아래 놓여 있는 것은 결코 절대지가 아니다. 플라톤의 선의 이데아는 초감각적인 이데아의 세계를 지향했다는 점에서 일면 상대지에서는 벗어났다고 할 수 있으나 여전히 이성적 인식을 초월하는 영역을 알지 못하고 있다는 점에서 일면 절대지에는 진입하지 못한 것이다. 요컨대, '선의 이데아'는 반토막짜리 절대지이다.

이것을 가지고는 우주의 궁극적 진리에 관한 소식을 전달할 수가 없다. 이것은 엄밀하게 말할 때 헤라클레이토스의 '영원하며 신적인 로고스'보다 그 보편성과 절대성에서 한 단계 떨어진다. 그렇기 때문에 이러한 불철저성이 빌미를 남겨 플라톤은 제자 아리스토텔레스로부터 '스승도 중요하지만, 스승보다 중요한 것은 진리이다'라는 말을 들었던 것이다.

그 후 서양 철학이 여기저기를 거치다가 약 2천 년의 세월이 흐른 뒤에 독일에 당도하여 두 명의 철학자를 배출해냈다. 첫째가 칸트(Kant)이고 둘째가 헤겔(Hegel)이다. 칸트 철학의 핵심은 '물자체(Ding an sich)'이다. 그러나 그동안 인류의 철학사에 등장했던 모든 개념들 중, 칸트의 '물자체'라는 개념처럼 '천지자연의 도'로부터 멀리 떨어진 개념은 없다. 도라는 것은 모든 물과 물의 경계가 녹아 없어져 근원적으

노자老子

로 하나가 되는 것을 말하기 때문이다.

도의 흐름 안에서는 물과 물이 서로 통하며 교류하고 서로 넘나든다. 그런데 칸트가 말하는 '물자체物自体'라는 것은 이러한 우주적인 도의 흐름으로부터 멀리 벗어나 있는 것으로 보인다. 칸트에 의하면 이 우주에는 생성과 변화로부터 멀리 떨어진 항구적인 독립적 실체 즉 '물자체'가 존재한다는 것인데, 이렇게 되면 우주 안에 영원히 고립적인 수많은 실체들이 존재하게 되어 이 우주는 근원적으로 물과 물 사이의 소통이 불가능한 '폐쇄적 우주'가 되고 말 것이다.

이것은 노자와 장자가 보여주는 이른바 물과 물이 서로 넘나드는 '열린 우주'와는 완전히 다른 세계이다. 이러한 칸트의 세계에서는 물과 물이 서로에 대해 영원이 낯선 얼굴이며, 타자他者일 수밖에 없다. 이런 것은 절대지의 세계가 아니다. 절대지는 만물을 통합·연결시키는 것이지 분리·고립시키는 것이 아니다. 요컨대 칸트는 절대지를 알지 못했던 것이다.

두 번째 인물이 헤겔인데, 헤겔 철학의 핵심은 '절대이성'에 있다. 헤겔의 '절대이성'이란 용어는 사실 헤라클레이토스의 '영원하며 신적인 로고스'로부터 그렇게 멀리 있는 개념이 아니다. 그 둘은 태생적으로 어딘가 닮아있다. 그러나 헤겔의 절대이성은 지나치게 인간의 관점에서 해석된 개념이다. 이 점은 헤라클레이토스가 로고스를 말할 때 의도적으로 인간중심주의를 탈피해서 이야기하는 것과 많은 대조를 보인다. 헤겔철학이란 말하자면 '독일적 절대이념의 완전한 걸작'이지만, 또한 이를 한 껍질 벗기고 보면 '한 편의 그럴듯한 형이상학적 소설'인 것이다.

헤겔은 절대이성을 이해하는 방식이 지나치게 자의적이고 편의적이며, 종족 중심적이며 인간중심적이다. 우리는 그가 '절대정신'을 사랑했다는 것은 알지만, 그가 사랑한 절대정신이라고 하는 것이 과연 정말로 절대정신 자신인지, 아니면 헤겔의 정신 속에 반영된 어떤 절대에 관한 관념인지 알지 못한다. 이것이 헤겔의 문제점이다. 그는 절대를 이야기하면서 그 절대를 지속적으로 상대화시키는 우를 범하고 있다. 그는 마치 말로써 우리가 절대정신을 다 포착할 수 있는 것처럼 설명한다. 그러나 과연 언어로써 설명된 그것이 절대정신일까?

인간의 관점에서 사물을 보면 우리는 사물의 참 모습을 보지 못한다. 사물의 참모습은 우리 인간의 언어로 번역될 수가 없는 것이다. 여기서 참된 철학자의 역할은 사물의 참모습과 인간의 생각 사이에 놓인 거대한 괴리를 가감 없이 보여주고, 인간의 생각으로 사물의 참모습을 대신해서는 안 된다는 점을 명확히 지적해주는 것이라야 하는데, 철학자란 무리들은 대체로 자신의 생각과 관념에 도취되는 경향이 강하기 때문에 이것이 잘 안 된다.

헤겔은 그의 저서중 하나인 《정신현상학精神現象學》을 통하여 절대정신을 보여주고자 하였으나, 정작 그가 보여준 것은 절대정신의 그림자에 불과했다. 그는 많은 것을 알고 있지만 궁극의 것에 대해서는 알지 못했다. 요컨대, 그에게는 '정신본체학精神本体學'이라고 할 만한 것이 결여된 것이다.

그림자를 통해서 실물에 이를 수 없듯이 '정신현상'을 통해서는 '정신본체'에 이를 수 없다. '정신현상'을 넘어서야 우리는 비로소 '정신본체'에 가까이 다가갈 수 있다. 정신본체에 도달하기 위해서는 인간

노자老子

의 이성적 인식을 초월해야 한다. 서양철학은 이점에 대한 이해가 부족하다. 헤겔도 마찬가지이다.

그는 보기 드문 재능으로 방대한 철학체계를 수립하였고, 온갖 심오한 논의를 쏟아냈지만 그의 철학체계 어디를 찾아보아도 '절대지'에 관한 참된 이해는 보이지 않는다. '정신현상' 속에는 다방면의 지식이 망라되어 있다. 그러나 그 모든 것들은 '상대지'의 수준을 벗어나지 못한다. 그는 차라리 《정신현상학》에서 '절대지'라는 항목을 삭제했어야 했다.

허(虛)와 정(靜)

궁극의 진리를 깨우친 노자는 서양철학자들과 달리 행동한다. 그는 말로써 헛된 관념의 성채를 쌓아가는 것이 아니라 오히려 말로써 관념을 지워나간다. 실재는 관념이 아니라는 것을 잘 알기 때문이며, 관념을 가지고는 실재에 도달할 수 없다는 것 또한 잘 알기 때문이다. 그러나 우리 인간이란 이 우주와 세계에 대해 누구나 좀 인식하고 싶어 하며, 그 과정에서 참된 인식이 주어지지 않으면 그 인식의 대용물이나마 붙들려고 한다. 그래야 존재의 불안과 지적 허기를 면할 수 있을 테니까 말이다. 그들은 말한다. "꿩 대신 닭이라도 있어야 하지 않겠는가!"

그러나 이것이 문제이다. 이것은 '꿩 대신 닭'으로 해결할 수 있는 문제가 아닌데도 인간의 마음은 무언가를 하나 붙들려 한다. 여기에서 실로 인간사회의 모든 재앙의 근원인 '인식의 오류'가 발생하게 된다. 그리고 이 틈새에서 모든 정신세계의 사이비들과 야바위꾼들이 활개를 친다. 그들은 때를 놓치지 않고 인간의 지적 허영심에 만족을 주는 온갖 이론과 가설을 교묘하게 지어내어 인식의 공백 속으로 파고든다. 이것이 바로 '관념'이다.

이러한 '관념'은 처음부터 인간의 논리적 마음에 맞도록 제작되었기 때문에 '실재'보다도 더 실재 같아서 도처에서 환영받고 아무런 의심 없이 받아들여지며 부지불식간에 사람들 속에 파고들게 되는 것이다. 이른바 정신의 오염이다. 이렇게 한번 잘못 세뇌되어 정신의 경향이 굳어지면 진리가 다가와도 코웃음을 치고 진실이 모습을 드러내도 못 본 체한다. 말하자면 '관념'이 '실재'를 밀어내는 현상이 생기는 것이다.

우리는 아니라고 생각하지만, 이런 일은 우리 인간의 마음속에서 매일매일 일어나고 있다. 그러므로 '진리'에 이르기 위해서는 먼저 잘못된 '관념'을 머리에서 지워나가야 한다. 이것이 행해지지 않고서는 여타의 다른 모든 것이 무의미하다. 노자가 여기서 말하는 것이 바로 이것이다.

허의 극치에 도달하여 (致虛極, 치허극)

깊은 고요를 지켜라 (守靜篤, 수정독)

노자가 지금 우리에게 많은 것을 요구하는가? 아니다. 노자는 다만 우리에게 두 글자만을 요구하고 있다. 허虛와 정靜, 이것이 노자가 우리에게 요구하는 전부이다. 그러나 우리는 이 간단한 요구사항을 행하

노자老子

지 못한다. 우리는 다른 모든 것은 다 행할 수 있지만, 웬일인지 허와 정 이 두 가지만은 행할 수 없다. 차라리 채우라면 가득 채울 수 있고, 움직이라면 하루 종일 움직일 수 있는데 도무지 비움(虛)과 고요(靜) 만큼은 내 마음대로 되지 않는다.

생각해보면 노자는 지금 우리를 시험하고 있는지도 모른다. 노자는 가장 간단한 것 두 가지를 우리에게 요구하는 것처럼 말하고 있지만, 실은 알고 보면 가장 어려운 것 두 가지를 요구하고 있는 것이다. 인생의 다른 일들은 쉽게 할 수 있어도, 우리는 마음속에 가득 차 있는 오만 잡생각을 결코 비울 수 없고, 번뇌 망상으로 이리저리 흔들리는 마음을 결코 멈출 수 없다. 이 두 가지만 되면 바로 도가 그 앞에 있는데 웬일인지 이것이 잘 안 된다.

이 두 가지는 우리 인간의 영원한 아킬레스건이다. 인간의 모든 크고 작은 병들이 그 두 가지를 못해서 온다. 노자는 인간이 마음대로 할 수 없는 허와 정이라는 두 가지 아킬레스건을 가지고 지금 우리들을 떠보고 있다.

만약 그대가 지금 이 자리에서 마음을 텅 비워 허의 극치에 잠기고, 참된 고요를 지킬 수만 있다면 그대는 그 자체로써 한사람의 완벽한 진인眞人이며 신인神人이다. 그렇다면 그대는 여기서 노자의 《도덕경》을 공부하고 있을 필요가 없다. 《도덕경》 5,000자는 '허정虛靜'이라는 두 글자가 발원지發源地인데, 그대가 이제 그 발원지를 알았으니 무엇이 더 필요하겠는가!

그러나 우리는 애석하게도 이 자리를 떠날 수 없다. 우리 중에 아무도 허와 정 이 두 가지를 마음대로 행할 수 없기 때문이다. 왜 이 두 가지는 잘 안 되는 것일까? 허와 정이라는 개념을 이성적으로 이해·인식하는 것이라면 별 어려울 것이 없다. 그러나 허와 정은 개념이 아니다. 그것은 머리로 이해하는 것이 아니고 마음으로 깨우쳐야 하는 무엇이다.

귀근왈정(歸根日靜)

'허정'은 노자철학의 핵심개념이다. 이 두 가지만 우리가 이룰 수 있으면 도가 바로 그 앞에 있다.

> 허의 극치에 도달하여
> 깊은 고요를 지켜라.
> 그러면 만물이 어지러이 일어나는 가운데도
> 그것들의 되돌아감(復)을 볼 수 있도다.

한 조각의 잡생각도 일지 않는 '텅 빈 고요(虛靜)'에 도달하면 우리는 생성변화 하는 현상세계 속에서도 변화를 넘어선 영원한 도를 볼 수 있다. 노자는 '나는 그것들의 되돌아감을 보나니'라고 말하고 있는데, 그것들은 어디로 돌아가는가? 바로 '도'로 돌아가는 것이다. 모든 만물이 '도'로부터 나와 생육번성하고 있지만, 또한 머지않아 초목이 뿌리로 돌아가듯이 자신들의 근원인 도로 돌아간다.

노자老子

저 만물들 무성히 자라고 있지만 (夫物芸芸, 부물운운)

결국은 모두 그 근원으로 되돌아간다. (復歸其根, 복귀기근)

근원으로 되돌아가는 것을 고요(靜)라 하나니 (歸根曰靜, 귀근왈정)

이것을 일러 생명(命)에로의 회귀라 한다. (是謂復命, 시위복명)

우리가 온갖 잡생각에 머리가 복잡하고 마음이 어수선한 것은 우리가 근원으로 돌아가지 못하기 때문이다. 근원, 즉 뿌리(根)로 돌아가야 고요해진다. 이른바 '귀근왈정歸根曰靜'이다. '귀근왈정'이란 노자철학의 중심개념이다.

꽃에 머무르고, 열매에 머무르고, 잎사귀에 머무르면 비오고 바람불때마다 그대는 불안하고 흔들릴 것이다. 모든 잡다한 것을 비우고 뿌리로 내려가야 고요해진다. 하나의 나뭇잎이 흔들린다고 사춘기 아이들처럼 호들갑 떨며 슬퍼하지 말고 그대가 뿌리와 연결되어 있음을 알라. 그대여 뿌리로 돌아가라. 뿌리로 돌아가 만물의 근원과 하나가 되라. 그것이 바로 '고요(靜)'이다.

노자는 이 장에서 '명상'이란 말을 한 마디도 하지 않지만, 명상의 핵심을 다 말하고 있다. 물론 노자는 자신의 책 어디에서도 명상에 대해 말하지 않는다. 도와 명상에 대해 그 방법론을 말한다는 것, 그것은 전혀 노자의 방식이 아니다. 노자는 자신의 《도덕경》 전체를 통틀어 도에 임하는 자는 어떻게 명상해야 한다는 말을 단 한마디도 하지 않는다. 노자는 명실상부한 동양신비주의의 태두이지만, 그에게서 결코 우리는 명상의 방법론에 대하여 일언반구도 들어볼 수가 없다.

만약 그대가 도가의 창시자인 노자의 《도덕경》에서 명상의 방법론을 배우고자 한 것이라면 그대는 번지수를 잘못 찾은 것이다. 노자는 결코 '방법'에 대하여 말하지 않는다. 노자는 심지어 현재 우리가 쓰고 있는 '명상冥想'이니 '좌망坐忘'이니 '참선參禪'이니 하는 용어조차도 알지 못한다. 그는 용어와 방법 따위에 대해서는 아무 관심도 없다.

그러나 명상·좌망·참선 등 그 어떤 이름을 불문코 동아시아의 정신수양의 모든 비법들은 그 연원이 다 노자에게 있다. 노자는 결코 '명상'이라는 말을 하지 않았지만, 그가 남겼던 말들은 어느 하나 '명상'과 '도'에 무관한 말이 없다. 노자의 말은 어떤 군더더기도 없이 바로 도의 핵심으로 들어간다. 그러므로 어떤 명상법도 노자로부터 벗어날 수가 없다. 만약 어떤 명상법이 있어 그것이 참된 것이라면 노자와 일치할 것이며, 또 어떤 명상법이 있어 그것이 참되지 못하다면 노자와 일치하지 못할 것이다.

다시 말하거니와 노자는 결코 '방법'을 가르치지 않는다. 노자가 명상의 '방법'을 가르치지 않는다는 것이 설령 그대에게 서운하게 들릴지 몰라도 이것은 전혀 서운해 할 일이 아니다. 왜냐하면 노자는 그대에게 명상의 '본질'을 말해주기 때문이다.

명상의 방법이 인도인들에 따르면 무려 108가지가 있으며, 현대에 이르러 새로이 개발된 각종 힐링과 테라피가 또한 수십 가지가 되지만, 그 모든 것을 커다란 가마솥에 넣고 찌면 잡것은 다 날아가고 결국 남는 것은 '허정'이라는 두 글자뿐이다.

호흡법도 좋고, 만트라도 좋고, 화두도 좋고, 또 특별히 전수된 어떤 명상비법도 다 좋지만, 그 어떤 것도 허와 정을 벗어나면 안 된다. 허정을 벗어나면 명상이 아니다. 요컨대, '허정' 두 글자는 명상과 망

188

상을 구분하는 시금석試金石이다. 그대가 어떤 명상법에 의지해 수년 간 수행을 해왔는데

> 허虛의 극치에 잠기지 못하고
> 깊은 고요(靜)에 이르지 못한다면

그대는 그동안 명상冥想을 한 것이 아니라 망상妄想을 한 것이다. 도에 이르는 것은 '작위作爲'를 통해서가 결코 아니라 '무위無爲'를 통해서이다. 이 무위, 그것이 바로 '허'와 '정'이다. 명상은 결코 행위(行爲, doing)가 아니다.

명상이란 이름으로 어떤 행위를 그대가 하면, 그 순간 바로 '허'는 흩어지고 '정'은 깨진다. 명상은 무행위(無行爲, non-doing)이다. 다시 말해 행위자가 사라진 것, 그것이 명상이다. 노자가 말하는 무위란 '행위자(do-er) 없는 행위(doing)'를 가리킨다. 명상은 사실 방법론과는 아무 관계도 없다. 모든 방법론을 내려놓는 것, 그것이 진정한 명상이다.

명상은 결코 그대가 의지적으로 '행行'할 수 있는 것이 아니다. 명상은 행위주체인 그대가 사라졌을 때 저절로 '생生'하는 어떤 무엇이다. 그것은 노력으로 오는 것이 아니라 노력을 버려야 오는 것이다. 모든 작위와 인위와 노력을 내려놓는 것, 그것이 허(虛, 비움)이다. 그리하여 모든 것을 내려놓고 근원으로 돌아가는 것, 그것이 정(靜, 고요)이다.

> 歸根曰靜 귀근왈정
> 근원으로 되돌아가는 것을 고요(靜)라 하나니

是謂復命 시위복명

이것을 일러 생명(命)에로의 회귀라 한다.

復命日常 복명왈상

생명에로의 회귀, 그것이 영원(常)에 이르는 길이며

知常日明 지상왈명

영원을 인식하는 것, 그것이 참된 지혜(明)이다.

여기 노자가 알려주는 신비주의의 4단계가 있다. 첫째는 고요(靜)이며, 둘째는 생명(命)이고, 셋째는 영원(常)이며, 넷째는 지혜(明)이다. 하나같이 중요한 개념들이고, 인생의 보배 같은 것들이다. 다른 사람들이 앞으로 나아감을 이야기할 때 노자는 뿌리로 돌아감을 말했다. 노자는 이것을 '귀근왈정'이라 불렀다.

귀근(歸根), 즉 뿌리로 돌아가라는 것 이것이 노자철학의 핵심이다. 노자의 철학은 진(進, 나아감)의 철학이 아니라, 복(復, 복귀)의 철학이며 귀(歸, 되돌아감)의 철학이다.

참다운 지혜(明)

노자는 근원으로 되돌아가는 것을 고요(靜)라 하면서 고요는 바로 생명(命)에로의 회귀라고 했다. 그리고 생명에로의 회귀, 그것이 영원(常)에 이르는 길이라 했으며 영원을 아는 것, 그것을 참된 지혜(明)라 했다. 정靜·명命·상常·명明 이 네 가지를 나는 앞에서 도가 신비주의의 4단계라고 부른 바 있는데, 우리는 그 중에서 제1단계 정(靜, 고요)

노자老子

에 대해 약간 공부해 본것이다. 이제 나머지 것들을 간략히 살펴보자.

노자에 따르면, 우리는 고요에 도달해야 비로소 심신에 안정을 얻어 큰 생명(命)에 복귀할 수 있다. 그리고 이렇게 생명에 복귀했을 때 비로소 우리는 영원의 한 자락을 붙잡을 수 있다. 이른바 '복명왈상復命曰常'이다. 고요(靜)에서 시작된 논의가 생명과 영원을 거쳐 마침내 지혜(明)에서 끝나고 있다. 여기에는 심오한 여러 뜻이 있지만 우리는 여기서 그것들을 다 논할 수는 없다.

다만, 논의의 전개를 유심히 들여다보면 노자는 '영원한 것'에 관한 이야기를 하기 위해 문장을 여기까지 점층적으로 끌고 온 것임을 알 수 있다. 노자에 의하면 '영원한 것'을 알아야만 '참다운 지혜(明)'라 할 수 있다. 찰나적인 것, 눈앞의 것, 오고가는 것이 아니라 영원하고 절대적인 불변의 어떤 것을 아는 것, 그것이 노자가 말하는 '지혜(明)'이다. 그러므로 노자의 이 지혜는 학자들이 말하는 지식 · 학식 따위가 아니라 불가에서 말하는 깨달음(覺)이며, 초월적 직관直觀이며, 반야지(般若知, prajna paramita)인 것이다. 요컨대, 이것이 우리가 이 장의 앞에서 논의했던 '절대지', 바로 그것이다.

관용의 정신

영원한 것을 알지 못하면
망령되이 화를 자초하나,
영원한 것을 알면
너그러워지는 법.

너그러워지면 곧 공정해지고

공정해지면 왕같이 되며,

왕같이 되면 하늘같이 되고

하늘같이 되면 도에 이르게 되며

도에 이르게 되면 불멸이 되나니,

비록 몸이 녹아 없어지더라도 멸하지 않는다.

노자는 우리에게 경거망동하지 말고, 부디 영원한 것을 알라고 주문한다. 특히, 노자는 '지상용知常容', 즉 영원한 것을 알면 너그러워진다고 말한다.《도덕경》제16장을 읽다가 여기까지 오면 그때서야 우리는 노자의 긴 추론의 끝을 이해할 수 있게 된다. 노자는 그 각박하고 험난하던 춘추전국시대를 살면서 자신의 동시대인들에게 다름 아닌 '관용(容)'을 이야기하고자 했던 것이다.

그는 '관용의 정신'을 이야기하기 위해 처음 허정에서 시작하여 생명(命)을 이야기했다가, 다시 영원한 것(常)을 이야기했으며 또 참다운 지혜를 이야기했던 것이다. 이렇게 한 바퀴를 빙 돈 후에 노자는 그 모든 귀결로서 '관용'을 이야기하고 있다.

그리고 이러한 문제 상황은 우리 한국사회도 역시 마찬가지이다. 무엇보다 사회에 '관용의 정신'이 필요하다. 심오한 철학체계를 수립하고, 높은 도를 깨우치고, 산을 옮길만한 깊은 믿음이 있다 한들 그 모든 것이 자신과 자신이 속한 집단의 이익을 위한 도구에 불과하다면 그 고상한 말들이 다 무슨 소용이 있겠는가. 노자는 그런 위선을 경멸한다. 노자는 무한히 높은 도를 이야기하지만, 동시에 하염없이 낮

노자老子

은 현실에 대해서도 이야기한다. 이것이 노자이다. 노자는 한없이 고상하고 순수한 이야기를 하다가도 마지막에 가서는 반드시 현실 이야기로 끝을 맺는다.

노자는 여기서도 왕 이야기를 한다. 왕이란 무엇인가? 공정해야 하는 것이 왕이다. 오늘날 이 세상의 왕들은 공정한가? 왕이 공정함을 잃으면 그자들을 어떻게 해야 할까? 노자의 질문과 답은 항상 이렇게 현실을 관통해 있다. 요컨대 노자의 도는 저 멀리 하늘 위에 떠 있는 것이 아니다. 철학과 종교, 깨달음과 믿음, 지혜와 총명 그 모든 것들의 귀결처는 현실 외에는 없다. 이것이 노자가 우리에게 해주는 말이다.

노자는 위대한 초월주의자이지만, 그가 서 있는 곳은 세상의 한복판, '생의 한가운데'였던 것이다.

제17장 ;
가장 훌륭한 임금은

가장 훌륭한 임금은

아래 백성들이 그 존재정도만 알고 있는 임금,

그다음은 백성들이 친밀감을 느끼고 존경하는 임금,

그다음은 백성들이 두려워하는 임금,

가장 나쁜 것은 백성들의 업신여김을 받는 임금.

믿음이 부족하면 불신이 생기기 마련,

훌륭한 임금은 삼가고 조심하여

묵묵히 말을 아낀다.

그러므로 임금이 공을 세우고 일을 이루어도

백성들은 이 모든 것이 저절로 된 것이라고 말한다.

太上下知有之 其次親而譽之 其次畏之 其次侮之

태상하지유지 기차친이예지 기차외지 기차모지

信不足焉 有不信焉 신부족언 유부신언

노자老子

悠兮其貴言 功成事遂 百姓皆謂我自然

유혜기귀언 공성사수 백성개위아자연

무위의 리더십(leadership)

노자철학의 중심에는 '무위無爲'가 있다. 노자의 모든 말은 무위를 빙빙 돌며 펼쳐진다. 그는 이 세상 모든 사물과 현상을 볼 때 그것이 옳고 그른지를 '무위'의 체로 거른다. 인위적이고 작위적인 것이 개입되면 아무리 그럴듯해 보여도 그 행위가 참된 것일 수는 없다. 그것은 사사로운 것이며, 의도가 있는 것이고, 때 묻은 것이며, 오염된 것이다. 인생에서 참되고 진실한 것들은 모두 무위의 근처에 있다. 무위로부터 벗어나거나 무위로부터 멀리 떨어지기 시작하면 인간의 행위는 점점 참모습을 잃고 왜곡된다.

정치의 영역도 예외는 아니다. 아니, 어찌 보면 정치야말로 인간의 활동영역 중에서 가장 무위가 요청되는 장場이지만, 실제로 현실정치는 인간의 온갖 이기적 욕망과 명예욕으로 얼룩진 오염의 장이다. 그런 정치에 대해 노자는 거의 불가능한 것을 요구한다. 노자가 정의한 가장 훌륭한 임금은 어떤 임금인가?

'가장 훌륭한 임금은 아래 백성들이 그 존재 정도만 알고 있는 임금.'

이 임금님은 통치를 하면서도 마치 공기처럼, 물처럼 드러나지 않게 통치하며, 나서지 않고 조용조용히 순리에 따라 다스려 나가기 때문에 사람들이 구태여 그의 존재를 의식하지 않는다. 이것이 리더십 중에서 가장 뛰어난 리더십, 즉, '무위'의 리더십이다. 그러나 애석하게도 이런 임금, 이런 지도자, 이런 CEO, 이런 멘토(mento)는 세상에서 찾아보기 힘들다.

인간이란 너나 할 것 없이 높은 자리에 올라가면 머릿속에 바람이 들기 마련이다. 높은 자리에 올라서고도 자신의 힘과 권력을 과시하고 싶어 하지 않는 사람이 있다면, 그 사람이야말로 노자가 말하는 '성인' 급의 인물이다. 성인 급의 인물들이 지닌 행위의 특징은 무엇인가? 그것은 바로 '무위'를 행한다는 점이다. 노자는 지금 '무위'의 리더십에 대해 말하고 있다.

과거에는 우리나라에서도 탱크처럼 밀어붙이는 저돌적 리더십이 리더십의 표본인양 말하던 때가 있었으나, 이제는 그런 것은 다 옛날이야기가 되었다. 이제는 사람들도 그런 시끄럽고 소란스러운 리더십을 좋아하지 않는다. 독재시대가 끝나면서 그와 더불어 '명령하고 지배하던 리더십'의 시대는 갔다. 그런 것은 이제 과거형 리더십일 뿐이다.

요즘 경영학 등에서 새롭게 떠오르는 리더십은 '공감하고 소통하는 리더십'이다. 자기를 내세우지 않고, 남을 편하게 해주며, 물처럼 자연스럽게 순리대로 다스려 나아가는 리더십, 이제 시대는 이것을 요구하고 있다. 이것이 바로 노자가 말하는 '무위'의 리더십이며, 동시에 우리 인류의 미래형 리더십이다. 인류역사에서 가장 오래된 책 중의 하나인 《도덕경》이 가장 새로운 리더십을 말하고 있다.

벌겋게 타오르며 호통 치는 불같은 리더십이 아니라 주변을 촉촉이

노자老子

적시며 낮은 데로 임하는 물을 닮은 리더십, 바위처럼 드러내는 리더십이 아니라 공기처럼 사라지는 리더십, 혼자 앞에 서서 번쩍거리는 리더십이 아니라 티끌과 하나가 되는 화광동진和光同塵의 리더십, 이 모든 미래형 리더십들은 바로 노자의 '무위' 주변을 빙빙 돈다.

지도자의 네 유형

노자는 임금(지도자·CEO·멘토)을 네 가지 유형으로 나눈다.
가장 훌륭한 임금은 아래 백성들이 그 존재정도만 알고 있는 임금
그다음은 백성들이 친밀감을 느끼고 존경하는 임금
그다음은 백성들이 두려워하는 임금
가장 나쁜 것은 백성들의 업신여김을 받는 임금

우리는 위에서 첫 번째 유형은 검토했다. 말하자면 도가의 무위자연을 체득한 지배자인데, 이것이 A급 지도자이다. 두 번째 유형은 백성들이 그 존재에 대하여 친밀감을 느끼고 존경을 표하는 임금이다. 유가의 덕치주의를 구현하는 지도자가 여기에 속한다고 할 수 있는데, 이것은 B급 지도자이다. 세 번째 유형은 백성들이 그 존재에 대해 아무런 친밀감도 없으며 다만 두려워서 복종할뿐 인 지도자이다.
법가의 법치주의를 행하는 지배자가 여기에 속하는데, 이것은 C급 지도자이다. 네 번째 유형은 가장 최하급의 지도자인데, 백성들의 비웃음과 경멸을 받는 부류이다. 이런 자들은 이미 나라를 이끌어가는 지도자가 아니라 나라의 앞길을 가로막는 일종의 장해물과도 같은 자들이다.

도가 스타일의 지도자는 공기처럼 물처럼 움직인다. 그는 소리 없이 왔다가 소리 없이 사라지기 때문에 사람들이 별로 그의 고마움을 모른다. 그는 너무도 자연스럽게 일을 행하고 몸을 빼서 사라진다. 그는 흔적을 남기지 않으며, 티를 내지 않으며, 체를 하지 않는다. 이것이 바로 '불언지교'이다. 이것이 그의 본질적 특색이다.

이에 반해 유가 스타일의 지도자는 선한 일을 하려고 애쓰는 것은 좋은데, 몸이 너무 굳어있다. 그는 도처에서 흔적을 남기며, 티를 내고, 체를 한다. 이것이 그의 한계이다. 그는 이미 정신이 노화의 과정에 놓여있다. 그는 했던 소리를 또 하고, 가르쳤던 것을 또 가르친다. 그는 전혀 '불언지교'를 이해하지 못한다. 그가 사랑하는 것은 '중언부언重言復言'이다.

그보다 한 단계 아래가 법가스타일의 지도자이다. 이 사람은 유가 스타일의 지도자만도 못하다. 유가스타일의 지도자는 무언가 세상에 좋은 일을 해보려는 생각은 가지고 있지만 그것을 행하는 과정이 다소 문제인 사람인데 반해, 이 사람에게는 세상에 좋은 일을 해보려는 생각 따위가 아예 없다.

이 사람이 염려하는 것은 세상이 아니라 자기 자신이다. 권력이 예상치 못하게 거대해지면 인간은 어떤 놈이 자기를 넘보지 않을까 갑자기 두려움에 휩싸이게 된다. 그리하여 그는 칭찬도 존경도 내팽개치고 법률과 형벌로 백성들의 숨통을 틀어막는다. 이 길을 갔던 자가 바로 진시황秦始皇이다. 그리하여 그는 어찌 되었던가. 그 거대제국 진나라는 불과 15년 만에 망하지 않았던가.

불같은 카리스마를 가지고 사람들을 명령하고 지배하던 자들의 끝

노자老子

은 역사상 별로 좋지 않았다. 모든 것을 자기가 다 판단하고, 자기가 다 나서서 하려하고, 만사에 호언장담하다보면 처음에는 사람들이 속을지 모르지만 나중에는 믿지 않게 된다. 그때 그에게 무엇이 남는가? 사람들의 경멸과 비웃음뿐이다.

철인왕(哲人王)

민음이 부족하면 불신이 생기기 마련,
훌륭한 임금은 삼가고 조심하여
묵묵히 말을 아낀다.
그러므로 임금이 공을 세우고 일을 이루어도
백성들은 이 모든 것이 저절로 된 것이라고 말한다.

훌륭한 지도자, 철인왕에 대한 이야기는 《도덕경》 전편에 걸쳐 나타난다. 노자는 하늘의 도를 말하고 나서는 반드시 땅의 도에 대해서도 이야기한다. 노자에게는 하늘과 땅이 그렇게 멀리 분리되어있는 세계가 아니다. 하늘의 이치가 그냥 저 먼 물리적 공간으로서의 하늘 위에서만 맴돌아서는 안 된다. 하늘의 이치는 땅으로 내려와야 한다. 진리의 세계가 현실 속에서 구현되어야 하며, 본체계의 소식이 현상계 안에서 울려 퍼져야 한다. 여기서 하늘을 대신하여 이 일을 행하는 자, 그가 바로 철인왕이다.

그런데 노자가 보건대, 왕이란 자들은 하나같이 철학적 소양이 부족하여 하늘의 뜻을 지상에 펴는 것이 아니라 하늘의 뜻을 왜곡하고 주무르며 만사를 제멋대로 해가면서 그것을 마치 하늘의 뜻인 양 말을 갖다 붙인다. 그들은 대체로 말이 많고, 설명이 많다.

천지자연의 도는 말이 없다. 천지는 있는 그대로 존재할 뿐 이런저런 말을 하거나 떠들거나 하는 법이 없다. 그럼에도 천지자연은 봄이 되면 만물이 소생하고 초목이 싹트며, 여름이 되면 온갖 것이 무성해지며, 가을이 되면 오곡백과가 익어 풍성한 결실을 맺고, 겨울이 되면 뿌리로 돌아가 깊은 휴식 속에 잠든다.

천지자연은 이 위대한 일을 행하면서 아무 티도 안 낸다. 천지는 완전한 '무위'를 행하며, '불언지교'를 베푼다. 그러나 우리는 말귀를 알아듣지 못한다. 우리 인간이 하는 일이란 하늘이 갈아놓은 커다란 천지자연의 밭에서 그저 고랑 한두 개 골을 타는 정도에 불과한 것인데, 우리는 그것을 네가 했느니 내가 했느니 하면서 자신을 내세우려 한다.

훌륭한 임금, 훌륭한 지도자, 훌륭한 CEO, 훌륭한 멘토는 천지자연과 닮아 있다. 그는 자신을 내세우지 않으며, 묵묵히 말을 아낀다. 그는 작위와 인위를 최소화하고 사물의 본래적인 모습이 자연스럽게 드러나도록 도울 뿐, 쓸데없이 간섭하거나 개입하지 않는다. 그렇기 때문에 설령 그가 공을 세우고 어떤 일을 이루어도 사람들은 그것을 잘 눈치 채지 못하고 그 모든 것이 저절로 된 것이라고 생각하는 것이다.

'내가 했다'고 주장하는 자는 하수다. 그렇게 주장하면 반드시 누군가가 나서서 아니라고 하게 되어있다. 아무도 세상일을 혼자 할 수는 없기 때문이다. '어쩌다 보니 그냥 저절로 됐다'고 한발 빼는 자가 진정한 고수다. 그렇게 말하는 자는 사람들이 반드시 다시 찾는다. 그에게서는 무위의 향기가 은은히 풍기기 때문이다.

노자老子

제18장 ;
대도 폐하여 인의 나서고

대도 폐하여 인의 나서고
지혜 나타난 뒤에 큰 거짓 생겼다.

가족이 화목하지 못하면 효니 사랑이니 하는 것이 나서고,
나라가 어지러워지면 충신이 생겨나는 것이다.

大道廢 有仁義 智慧出 有大僞 대도폐 유인의 지혜출 유대위
六親不和 有孝慈 國家昏亂 有忠臣 육친불화 유효자 국가혼란 유충신

노자와 공자의 만남

《논어》에 보면 나타나 있듯, 공자는 어려서부터 학문에 뜻을 두고
배우기를 좋아했던 사람이다.

공자 왈, "나는 15세에 학문에 뜻을 두었고(志學), 30세에 모든 기초를 세웠으며(而立), 40세에 사물의 이치에 대해 의혹이 없었고(不惑)" (하략)

- 《논어》〈위정〉

공자는 역시 위인답게 어린 나이에 학문에 매진하기로 뜻을 굳혔고, 그렇게 공부하기를 15년 정도, 그러니까 그의 나이 30세가 되자 모든 기초를 세울 수 있었다고 술회하고 있다. (물론, 공자가 말하는 학문이란 예악禮樂에 관한 것을 말하는 것이다.) 그러나 학문적 기초를 세운다는 것과 사물의 이치에 대해 의혹이 없다는 것은 다른 차원이다. 머리가 있고 포부가 있는 사람은 나이 30이면 자기의 방식대로 어떤 일의 기초를 세워볼 수는 있다.

그러나 자신이 기획했던 방식대로 일을 밀어붙였을 때 약 10년쯤 후 그것이 순조롭게 완성되어 세상 이치에 대해 의혹이 없을 정도까지 될는지는 아직 알 수 없다. 그러므로 이 10년(나이 30에서 40 사이)은 유동적이며 두려운 시간이다. 무언가 가능성을 발견하고 일어서기는 했는데 아직 그 끝을 알 수 없기 때문이다. '이대로 나아가면 나는 성공할 수 있을까? 나는 이 세상의 흐름을 다 이해한 것일까? 내가 모르는 다른 세계는 혹시 없을까?' 이런 의혹이 생기면 인간은 멀리 여행을 떠나거나 혹은 스승을 찾아다니거나 하게 되어 있다.

후대의 학자들은 공교롭게도 공자가 주나라에 가서 노자를 만난 때가 대략 35세쯤이라고 한다. 이때 노자의 나이가 120이 넘었다는 설들이 있는데, 그것들은 지나치게 과장된 이야기이고 아마 노자는 공

노자老子

자보다 20~30세가량 많은 나이였으니 약 60세 내외였을 것이다. 사마천에 따르면 그때 당시 노자는 주나라 왕실의 서적을 관리하는 수장실의 관리, 즉 요즘말로 하면 주나라 왕립도서관의 관장쯤 되었다.

공자는 노자를 만나 무엇을 물었을까? 그는 노자에게 '우주의 진리'에 대해 묻지 않았다. 그는 '천지자연의 도'에 대해서도 묻지 않았다. 장차 유가의 창시자가 될 이 인물이 노자에게 물은 것은 다름 아닌 자신의 학문, 즉 '예禮'에 관한 것이었다. '인간사회에는 예법이란 것이 필요하지 않겠습니까?'

노자는 인위와 형식을 싫어하고, 진솔하고 꾸밈없는 것을 좋아하는 사람이다. 그는 인간이 만든 '인의와 예악'을 배척하고, 하늘이 내린 '무위자연'에 따라 살라고 말해온 사람이다. 그런 그에게 공자는 과거의 성인들을 거론하며 예의 당위성에 관해 질문을 던진 것이다.

> 그대가 말하는 성인聖人은 이미 뼈까지 썩어 지금은 그 말만 남아있을 뿐이다. 군자란 때를 만나면 수레를 타는 몸이 되지만, 때를 만나지 못하면 쑥대밭을 떠도는 몸이 된다. '훌륭한 장사치는 물건을 숨겨 아무것도 없는 것처럼 보이게 하고, 군자는 덕을 지니고서도 겉모습은 어리석게 보인다'는 말이 있다. 그대는 그 교만과 욕심, 방자함과 공명심을 모두 버려라. 그러한 것들은 그대의 몸에 무익하다. 내가 말하고 싶은 것은 이것뿐이다.
>
> – 《사기열전》

위와같이 사람 마음을 꿰뚫어 보는 도가의 창시자 노자의 예리한 통찰과 질책 앞에서 공자는 순간 할 말을 잃었을 것이다.《사기》에도 이에 대해 공자가 뭐라고 했다는 말이 없다. 공자는 조용히 물러나왔다. 그리고는 돌아가서 제자들에게 이렇게 말했다.

> 새라면 하늘을 날고, 물고기라면 물에서 헤엄치고, 짐승이라면 땅 위를 달린다는 것을 나는 안다. 달리는 것은 그물을 쳐서 잡고, 헤엄치는 것을 낚시로 잡고, 나는 것은 활로 쏴 떨어뜨릴 수가 있다. 그러나 용은 바람과 구름을 타고 하늘에 오른다고 하니, 나로서는 그 실체를 알지 못한다. 나는 오늘 노자를 만났는데 그는 마치 용과 같아 종잡을 수가 없었다.
>
> ─《사기열전》

공자는 노자를 보았지만, 노자를 알 수 없었다. 노자의 정신세계는 너무도 크고 광대하여 인간사회의 규범인 인의와 예악의 틀 안에서는 그의 말과 생각을 따라잡을 수가 없었다. 공자는 다른 차원의 세계를 감지하고 순간 당황하여 어리둥절하였던 것이다. 이것이 그가 노자에 대해 평하면서 '그는 마치 용과 같아 종잡을 수가 없었다'고 말하는 이유이다.

대도폐 유인의(大道廢 有仁義)

지금 읽고 있는 이 장은 노자가 왜 유가적 사고방식을 그렇게 싫어하는지 그 이유를 보여준다. 유가는 무엇보다 '위선적'이기 때문이다.

노자老子

더욱이 우스운 것은 유가는 자신이 위선적이라는 사실을 전혀 모르고 있다는 점이다.

대도大道 폐하여 인의 나서고,

지혜智慧 나타난 뒤에 큰 거짓 생겼다.

大道廢 有仁義 智慧出 有大僞 대도폐 유인의 지혜출 유대위

신랄한 풍자요, 대단한 역설이다! 대도폐 유인의大道廢 有仁義, 이 한 마디 안에 노자의 예리한 심리분석이 들어있다. 노자는 유가에서 떠받드는 인의仁義와 예지禮智 등을 한순간에 무용지물로 만들어 버리고 있다. 세상 모든 일에는 원인과 결과가 있다. 그러나 원인은 우리 눈에 잘 안보이며, 결과는 바로 우리 코앞에 있다. 하나의 사회현상이라는 것은 어떤 일의 결과이다. 거기에는 그 결과에 선행하는 본질적인 어떤 원인이 존재한다.

그러나 시야가 좁고 마음이 급한 우리 인간은 그러한 근원적인 원인을 파악하려하기 보다는 우선 가까운데서 원인을 찾고, 비슷한 것으로 대체물을 세워, 그것으로 마음의 위안을 삼는다. 그러면 또 그렇게 대충해서 한 몇 년 유야무야 넘어갈 수 있지 않겠는가!

노자는 말한다. 원인과 결과를 혼동하지 마라. 인의가 강조되는 것은 사실은 대도가 무너졌기 때문이며, 잔재주 부리는 지혜가 발달하면 오히려 커다란 거짓이 생겨나는 것이다. 그러니 인의니, 지혜니, 예악이니 하는 것들을 너무 믿지 마라. 거기에는 온갖 허위와 가식이 잔뜩 뒤섞여 있다.

가족이 화목하지 못하면

효니 사랑이니 하는 것이 나서고,

나라가 어지러워지면

충신이 생겨나는 것이다.

六親不和 有孝慈 國家昏亂 有忠臣 육친불화 유효자 국가혼란 유충신

효와 사랑을 말하면 가족이 화목해질 것 같지만, 사실은 가족이 화목하지 못하므로 효니 사랑이니 하는 것을 강조하는 것이다. 충신이 많아지면 나라의 기강이 바로 설 것 같지만, 사실은 나라가 어지럽기 때문에 충신이란 것이 생겨나는 것이다. 노자 이후로 지금까지 어떤 누구도 충신을 이야기하면서 이른바 '국가혼란 유충신(國家昏亂 有忠臣)'이라고 말한 사람은 없었다.

노자가 이렇게 신랄한 면이 있었다니! 그렇다면 혹시 장자의 저 신랄한 풍자도 실은 그 시작이 노자에게 있었던 것은 아닐까? '대도폐 유인의'라든가 '국가혼란 유충신'이란 표현들을 보면서 장자가 노자에게서 한수 배웠던 것이 아닐까? 허를 찌르는 예리한 심리적 통찰과 그에 불가피하게 따를 수밖에 없는 풍자의 신랄함, 폐부를 찌르는 비판정신, 이 장은 읽다보면 여러 면에서 노자의 이미지 속에서 장자가 중첩되는 듯하다.

노자老子

제19장 ;
성스러움을 끊고 지혜를 버리면

성스러움을 끊고 지혜를 버리면
백성들의 이익이 백배가 될 것이며,
인을 끊고 의를 버리면
백성들이 다시 효도하고 자애할 것이며,
기교를 끊고 이익을 버리면
도적이 없어질 것이다.

허나, 이 세 가지로는 표현이 부족하니
여기에 뭔가 덧붙이지 않을 수 없구나.

있는 그대로의 순수를 드러내고
본래대로의 질박함을 지켜라.
'나'를 적게 하고
욕망을 없애라.

絶聖棄智 民利百倍 絶仁棄義 民復孝慈 絶巧棄利 盜賊無有

절성기지 민리백배 절인기의 민복효자 절교기리 도적무유

此三者 以爲文不足 故令有所屬 見素抱樸 少私寡欲

차삼자 이위문부족 고령유소속 견소포박 소사과욕

삼대(三代)

노자의 위의 말들을 정리해보면 세 가지이다. 첫째 절성기지(絶聖棄智, 성을 끊고 지를 버림), 둘째 절인기의(絶仁棄義, 인을 끊고 의를 버림), 셋째 절교기리(絶巧棄利, 잔재주를 끊고 이익을 버림)이다. 그런데 노자는 여기까지 이야기 해놓고서는 갑자기 '이 세 가지로는 표현이 부족하니, 여기에 뭔가 덧붙이지 않을 수 없다'고 말하고 있다. 이것은 무슨 뜻인가? 그것은 앞서 말한 저 세 가지는 자신의 말이 아니라 옛사람의 말을 인용했다는 뜻이 아니겠는가? 다른 장에서도 이와 유사하게 노자가 도가의 옛 문장을 인용한 곳이 몇군데 더 눈에 띄는데, 그렇다면 이것은 노자에 앞서서 도가 혹은 도가류의 인사들이 이미 역사적으로 존재했었다는 의미가 된다.

우리는 흔히 쉬운 말로 노자를 도가의 창시자라고 부르고 있지만, 그러나 엄밀히 말할 때 이 표현에는 다소의 어폐가 있다. 노자는 무에서 유를 창조하듯이 어느 날 갑자기 도가를 만들어낸 것이 아니기 때문이다. 노자는 주나라 왕실도서관의 관장을 역임했던 사람이고, 그때 당시 천하의 모든 책은 주나라 왕실도서관에 저장되어 있었을 것이므로 노자는 어렵지 않게 고대의 문헌들에 접근할수 있었을 것이다. 노자는 아마도 거기에서 도가의 선배들이 남긴 저작을 접한듯하며, 출처를 밝히고 있지 않지만 지금 여기 말한 세 가지도 대체로 그러한 경로를 통해《도덕경》에 등장하게 되지 않았나, 추측해 본다.

노자는 자신의 책에 옛 선배들의 문장을 그대로 인용했다. 그러고서는 거기에 간략하게 자신을 생각을 첨가했다.

있는 그대로의 순수(素)를 드러내고 (見素, 견소)
본래대로의 질박함(樸)을 지켜라. (抱樸, 포박)
'나'를 적게 하고
욕망을 없애라.

소素란 본디의 바탕을 말하는 것이고, 박樸이란 다듬지 않은 원목을 뜻하는 것인데 이 박樸은 박朴과 통한다. 결국, 노자의 말은 문명의 요소 안에 깃든 모든 인위와 가식을 버리고 순수(素)하고 질박(朴)한 원래의 상태로 돌아가라는 것으로 귀결된다. 그는 도가의 선배들이 여러 가지로 세분하여 각각 설명했던 것을 한데 모아 그 모두에 연결되는 일종의 공통분모 같은 것을 찾아내어 그것을 '소박素樸'이라는 단두 글자로 압축하고 있다.

사상은 깊고 표현은 간략한 것, 이것이 노자의 특징이다. 아마 노자의 이런 통찰과 혜안이 그를 도가의 창시자로 자리매김하게 하는 한 요인이 되었을 것이다. 순수하고 질박한 상태로 돌아가라. 그리하여 '나(私)'를 적게 하고 욕망을 없애라. 성스러움(聖), 지혜(智), 인의仁

義, 기교(巧)와 이익추구(利) 등은 결국은 그대의 에고(ego, 私)를 키우고 욕망을 키우는 것이다. 그런 것들에서 멀리 벗어나라. 이것이 노자의 충고이다.

위에서 박樸은 박朴과 통한다고 했는데, 여기의 抱樸(포박)을 抱朴으로 바꿔 써서 자신의 호號로도 삼고,《포박자抱朴子》란 책도 저술한 사람이 동진東晉의 갈홍葛洪이다. 그러나 갈홍은 흥미로운 인물이긴 하지만, 노자의 적자嫡子가 아니다. 그는 노자의 도로부터 한참 벗어나 있고, 그의 생각은 노자의 근본사상에서 멀리 떨어져 있다. 그는 이른바 신선술과 장생술에 관심이 많았던 인물이다.《포박자》란 책에는 그의 생각이 잘 드러나 있는데, 그것은 사상적 깊이가 없고 주로 장생술에 관한 잡다한 이론을 정리해 놓은 것일 뿐이다.

그러므로 이 장에서 우리는 도가 흐름의 3대三代를 얼핏 엿볼 수가 있었다. 노자 이전 세대와 노자의 세대와 노자 이후 세대가 이 짧은 장 안에 다 들어 있다. 선배들의 사상을 발전적으로 계승하여 하나의 사상체계를 완성시킨 노자를 우리는 확인할 수 있었고, 노자 이후 갈홍은 노자로부터 약 700년 후의 사람이다 노자의 근본철학이 신선술을 추구하는 술사들의 손에 들어가 어떻게 왜곡되었는지도 확인해볼 수 있었다.

노자의 근본철학은 장자에게 계승되었고 장자에게서 완전하게 꽃피어 철학으로서의 도가사상이 완성된 것이며, 또 한편으로 노자의 신비주의는 갈홍 등에게 가서 일부 왜곡되고 일부 변질되어 민중들의 종교인 도교가 되었던 것이다.

노자老子

제20장 ;
나는 어리석은 이의 마음이로다

학문을 끊으면 근심이 없다.
'예'라는 대답과 '응'이라는 대답이 얼마나 차이가 있으며
선하다는 것과 악하다는 것이 얼마나 차이가 있는가.
남들이 두려워하는 것은 나도 두려워하지 않을 수 없나니,
아득하여 끝이 없는 이야기로구나.

뭇사람들은 희희낙락 큰 잔치를 벌이는 듯하고
봄날에 누대에 오르는 듯 기뻐하거늘,
나만 홀로 덤덤하여 아무 조짐이 없고
마치 갓난아이가 웃을 줄도 모르는 것 같으며
몸 치쳤으나
돌아갈 곳조차 없는 듯하구나.

뭇사람들은 모두 넘쳐나는데
나만 홀로 부족하니

최상의 덕은 물과 같다

나는 어리석은 이의 마음이로다!

바보와 마찬가지로구나.

세상 사람들은 영특하지만

나 홀로 우매하고

세상 사람들은 똑똑하지만

나 홀로 어수룩하다.

이리저리 흔들리는 바닷물과 같고

휙휙 불어대는 바람과 같다.

뭇사람들은 모두 쓸모가 있는데

나 홀로 어리석고 촌스럽구나.

나 홀로 뭇사람과 달라서

생명의 어머니를 귀히 여기네.

絕學無憂 唯之與阿 相去幾何 절학무우 유지여아 상거기하

善之與惡 相去何若 人之所畏 不可不畏

선지여악 상거하약 인지소외 불가불외

荒兮其未央哉 衆人熙熙 如享太牢 如春登臺

황혜기미앙재 중인희희 여향태뢰 여춘등대

我獨泊兮其未兆 如孀兒之未孩 儽儽兮若無所歸

아독박혜기미조 여영아지미해 래래혜약무소귀

衆人皆有餘 而我獨若遺 我愚人之心也哉

중인개유여 이아독약유 아우인지심야재

沌沌兮 俗人昭昭 我獨昏昏 돈돈혜 속인소소 아독혼혼

俗人察察 我獨悶悶 澹兮其若海 飂兮若無止

속인찰찰 아독민민 담혜기약해 요혜약무지

衆人皆有以 而我獨頑似鄙 我獨異於人而貴食母

중인개유이 이아독완사비 아독이어인이귀식모

절학무우

절학무우(絶學無憂, 학문을 끊으면 근심이 없다)라! 노자는 어찌하여 이렇게 학문하는 사람들이 들으면 서운할 소리를 자꾸 하는 것일까? 특히, 외국유학까지 가서 어렵게 박사학위 따온 사람들이 이 소리를 들으면 무척이나 서운할 것이다.

그러나 너무 서운해 할 필요는 없다. 왜냐하면 학문도 제대로만 하면 도와 비슷해지기 때문이다. 학문도 어느 경계선까지가 어렵고 힘들지, 그 경계선을 일단 넘어서면 그다음부터는 사물에 대한 큰 안목이 생기기 때문에 점점 쉬워지고 단순해진다. 어느 학문을 20년 넘게 했는데도 점점 쉬워지고 단순해지지 않는다면 그것은 뭔가 잘못된 것이다. 그 학문 자체가 잘못된 것이거나, 학문에 임하는 나 자신의 방법론이 잘못된 것이거나 둘 중의 하나이다.

복잡한 것이 단순해지고 어려운 것이 쉬워지는 것, 시고 떫은 것이 달아지고 탁한 것이 맑아지는 것, 이것이 진짜 학문이다. 학문도 이렇게 되면 점점 도와 닮아간다. 이런 학문은 그대에게 근심을 주는 게 아니라 기쁨과 즐거움을 준다. 노자도 이런 학문을 부정하는 건 아니다. 이런 학문은 끊어야할 이유가 하나도 없다.

그러나 반대로 자꾸 학문을 해도 이렇게 안 된다면 그 학문은 과감히 때려 치워야 한다. 그것은 짐이고 근심일 뿐 그대를 도로 인도하지 못하기 때문이다. 노자가 말하는 '절학무우'란 바로 이런 상황을 말하는 것이다.

노자는 기본적으로 학문과 도를 구분한다. 노자는 제48장에서 다음과 같은 유명한 명제를 남겼다.

학문은 하루하루 더해가는 것이고
도는 하루하루 덜어내는 것이다.
爲學日益 爲道日損

학문이란 것은 무언가 하루하루 더해가고 쌓아가는 것이기 때문에 그 속성상 거기에 반드시 '잡(雜, 비본질적인 것)'이 섞일 수밖에 없다. 도란 하늘이 내린 있는 그대로의 사물의 본 모습을 말하는 것이고, 학문이란 거기에 인간의 손이 미쳐 인간의 관점으로 재구성된 사물의 모습을 말하는 것이다. 그러므로 학문에는 좋은 의미든 나쁜 의미든 거기에 사물의 참모습에 대한 왜곡과 변형이 가미될 수밖에 없다.

그리하여 학문이 커지면 커질수록 점점 '잡'도 따라서 커져 나중에는 학문이 나(我)와 도 사이를 연결 시켜 주는것 (이것이 원래 학문의 의도이며 존재 이유인데) 이 아니라 오히려 가로막고 방해하는 존재가 되어버린다는 점을 노자는 암시하고 있다.

노자老子

노자는 놀랍게도 학문이란 것이 지금처럼 이렇게 비대해지기도 전인 그 옛날 문명의 초창기에 이런 심오한 통찰을 내놓았던 것이다.

우인지심(愚人之心)

노자 제20장은 《도덕경》 전체에서 가장 고독한 장章이다. 노자가 뱉는 한마디 한마디가 깊은 고뇌와 우수에 차 있다.

> 뭇 사람들은 희희낙락 큰 잔치를 벌이는 듯하고
> 봄날에 누대에 오르는 듯 기뻐하거늘,
> 나만 홀로 덤덤하여 아무 조짐이 없고
> 마치 갓난아이가 웃을 줄도 모르는 것 같으며
> 몸 지쳤으나
> 돌아갈 곳조차 없는 듯하구나.

지구상에 살았던 가장 위대한 인물들은 환호작약하며 박수치면서 살다 죽은 것이 아니고, 모두 이처럼 깊은 고독을 옆에 두고 살았다. 자신의 위대성과 세상의 천박함 사이에서 오는 근원적 괴리감은 어쩔 수 없이 그들을 고독 속으로 내몬다.

위대한 도를 얻으면 인생이 한없이 기쁘고 즐거울 것 같지만, 세상과의 관계에서 볼 때는 오히려 그것이 아니다. 심오한 도를 얻으면 그대는 오히려 세상으로부터 추방되거나 핍박받으며, 몰이해에 직면하거나 고독 속으로 내몰린다. 인류역사상 많은 위대한 인물들이 오해와 핍박 속에서 쓸쓸히 죽었다. 소크라테스가 그러했고, 예수가 그러했다. 예수는 말했다.

> 여우도 굴이 있고
> 공중의 새도 거처가 있으되,
> 사람의 아들은 머리 둘 곳이 없구나.

-《마태복음》(8:20)

예수의 이 말은 노자가 여기서 하는 말과 아무런 차이가 없다. 궁극의 진리를 흉중에 지녔던 두 사람은 똑같은 심정에서 똑같은 말을 하고 있다. 다만 다른 점이 있다면 예수는 자신을 드러냈지만, 노자는 자신을 드러내지 않았다는 점이다. 만약 노자가 큰 깨달음을 얻고 타오르는 법열法悅을 이기지 못해 세상을 향해 달려나갔더라면, 아마 노자도 예수나 소크라테스처럼 진리의 순교자가 되었을 것이다.

그러나 다행히 노자에게는 그런 일이 일어나지 않았다. 왜 그랬을까? 노자는 처음부터 세상과 거리를 두었기 때문이다. 노자는 사람들에게 아무것도 요구하지 않았다. 노자는 사람들이 북적대는 아고라(Agora) 한복판에 서서 오가는 사람들을 붙들고 '너 자신을 알라'고 끈질기게 외치지도 않았고, 또 배불리 잘 먹고 희희낙락하는 예루살렘 사람들을 붙들고 '회개하라, 하늘나라가 가까이 왔도다'라고 큰소리로 외치지도 않았다. 그는 항상 세상과 일정한 거리를 유지한 채 들릴락 말락 하는 조용한 목소리로 '도'에 대해 이야기할 뿐이었다.

그는 남의 길을 가로막지 않는다. 그는 도와 도의 나라에 대해 먼저 말을 꺼내지도 않는다. 남이 물어보면 마지못해 한두 마디 대답하고 지나갈 뿐이다. 이것이 노자이다. 그는 수다스럽거나 말 많은 사람이 아니다. 그는 불언지교를 행하는 사람이다. 또 그는 불같은 사람이 아니다. 그는 반대로 물과 같은 사람이다.

노자 같은 사람이 어디에 서있으면 그는 바로 화광동진和光同塵하여 배경과 하나가 되어버리는 까닭에 우리는 그를 발견하지도 못 할 것이다. 이것이 노자이다. 노자는 보이지 않는다. 그는 거의 공기와도 같다. 그런 그가 이 장에서 자신의 고독을 가감 없이 드러내고 있다.

　　뭇 사람들은 모두 넘쳐나는데
　　나만 홀로 부족하니
　　나는 어리석은 이의 마음이로다!
　　바보와 마찬가지로구나.

노자가 지금 구구절절이 슬픈 어조로 자신의 심경을 읊고 있다. 노자는 여기에서 자기 자신을 가리켜 '아우인지심야(我愚人之心也, 나는 어리석은 이의 마음이로다)라고 말하고 있는데, 이것은《도덕경》전편을 통틀어 가장 쓸쓸히 울리는 노자의 탄식이다.

생명의 어머니

노자의 탄식은 계속 이어지고 있다.

세상 사람들은 영특하지만

나 홀로 우매하고,

세상 사람들은 똑똑하지만

나 홀로 어수룩하다.

이리저리 흔들리는 바닷물과 같고

휙휙 불어대는 바람과 같다.

뭇 사람들은 모두 쓸모가 있는데

나 홀로 어리석고 촌스럽구나

나 홀로 뭇 사람과 달라서

생명의 어머니(食母)를 귀히 여기네.

　노자의 탄식 속에서 한 가지 눈여겨 볼 점은, 통상의 다른 철학자들처럼 노자는 자신은 위대하고 세상이 천박하다고 말하는 것이 아니라 오히려 이와 반대로 말하고 있다는 점이다. 이것이 노자의 특이한 점이다.

　소크라테스만 해도 그가 아테네 법정에서 구사했던 자기옹호의 변론을 들어보면, 그것은 다방면에 걸친 인생의 지혜를 찾아가는 과정을 보여주는 동시에 결국 아테네의 어떤 누구도 소크라테스 자신 보다 지혜로운 사람은 없다는 결론에 도달하고 있음을 확인할 수 있다. 그는 이렇게 말한다.

　그러나 그들은 모르면서도 무엇인가를 아는 것처럼 생각하고 있

　　　　　　　　　　　　　　　　　　　　　　　노자老子

고, 그와 반대로 나는 아무것도 모르기 때문에 그대로 모른다고 생각하고 있으니, 나는 모르는 것을 모른다고 생각한다는 바로 그 조그만 점에서 그 사람들보다는 내가 더 지혜 있다고 생각했습니다.

– 《소크라테스의 변명》

노자는 소크라테스와는 정반대의 관점에 서 있다. 노자에 따르면, 지혜롭고 영특하며 똑똑하고 쓸모 있는 것은 세상 사람들이고 오히려 자기는 우매하고 어수룩하고 촌스럽다는 것이다. 공개리에 남보다 자기가 더 못났다고 말하는 노자, 이런 사람을 상대로 우리는 결코 싸울 수 없다. 그래서 노자에게는 결코 적이 없다. 고요한 물처럼 노자는 소리 없이 우리 옆을 흘러간다. 주변의 만물을 촉촉이 적시면서. 우리는 노자가 우리 곁을 지나가는지도 모른다. 이것이 노자이다.

그러면 노자는 이러한 삶의 방식을 어디서 터득하였는가? 학문을 통해서? 아니다. 도를 통해서이다. 지식과 학문은 그런 것을 가르쳐주지 못한다. 지식과 학문은 오히려 분별심을 갖게 만들고, 따지기 좋아하게 만들고, 교활하게 만든다. 노자가 여기서 말하는 세 가지, 영특함·똑똑함·쓸모있음 이것들은 모두 학문하는 사람들이 그 목표로써 삼고 있는 것들이다. 세상 사람들은 저마다 영특함·똑똑함·쓸모있음을 바라고 또 그렇게 되어가고 있는데, 어찌된 영문인지 정작 이 세상은 갈수록 삭막하고 냉혹하며 몰인정해져가고 있다.

이른바 학문에는 한계가 있다. 그것은 지식知識을 함양시키기는 하지만, 인간성人間性을 함양시키지는 못한다. 지식과 학문은 세상살이에 일견 유용하지만, 존재의 어떤 지점에 도달하면 그것들을 조용히 내려놓아야 한다. 그 어떤 지점에 도달하면 한때 유용했던 그것들은 유용한 것이 아니라 오히려 방해가 되며 장애물이 된다. 왜인가? 그것은, 이른바 학문이라고 하는 것은 본질적으로 사물을 구분하고 분별하기 때문이다.

남들이 모르는 것을 안다는 것은 무슨 뜻인가? 그것은 그 사람이 사물과 사물 사이의 어떤 미세한 경계선을 알고 있다는 것이다. 요컨대, 여러 사물을 구분하고 분별해서 논리적으로 구획을 가르고 범주를 정하는 것, 이것이 학문이 행하는 작업의 전부이다.

이 과정에서 분명히 지식이 싹튼다. 그리고 그것이 세상에서 유용한 것도 사실이다. 그러나 그것은 거기까지이다. 그것으로는 도(道)에 다가갈 수는 없다. 왜냐하면 우주의 도는 분리할 수 없는 전체이기 때문이다. 구분과 분별로서는 도를 알 수가 없다. 구분과 분별은 우리를 위한 인식상의 도구이지만 도는 그렇게 구분되고 분할된 것 속에는 모습을 드러내지 않는다.

노자는 이 장에서 '아독(我獨, 나만 홀로)'이란 표현을 무려 여섯 번이나 반복하고 있다. 마지막 여섯 번째의 '아독'은 높은 자부심의 표시이다. 그는 마지막 문단에서 자신이 남과 다름을 표현하면서 자기만 홀로 뭇사람과 달라 '생명의 어머니(食母)'를 귀히 여긴다고 말한다. 이 말은 무슨 뜻인가? 그것은, 남들은 지식과 학문을 중시하는데 반해 자기는 생명의 어머니, 즉 '도'를 중시한다는 뜻이다.

노자는 여기서 도를 가리켜 '우리를 먹여 살리는 어머니'라고 까지 극존칭으로 부르고 있다. '생명의 어머니', 얼마나 자애롭고 포근한 이름인가!

노자老子

제21장 ;
황홀한 가운데 상(象)이 있고

위대한 덕의 풍모는

오직 도를 따르는 데서 나오나니,

도라고 하는 것은

있는 듯 없는 듯 황홀할 뿐이로다.

황홀한 가운데 상이 있고

황홀한 가운데 물이 있으며

그윽하고 어두운 가운데 정이 있도다.

그 정은 지극히 참된 것으로

그 가운데 확증이 있으니,

예로부터 지금에 이르기까지

그 이름이 사라지지 않았으며,

그 이름으로 만물을 통솔하여 왔도다.

내가 무엇으로 만물의 모습이 이러함을 알겠는가?

바로 이것, '도'로써 아는 것이다.

孔德之容 惟道是從 道之爲物 惟恍惟惚

공덕지용 유도시종 도지위물 유황유홀

惚兮恍兮 其中有象 恍兮惚兮 其中有物

홀혜황혜 기중유상 황혜홀혜 기중유물

窈兮冥兮 其中有精 其精甚眞 其中有信

요혜명혜 기중유정 기정심진 기중유신

自古及今 其名不去 以閱衆甫 자고급금 기명불거 이열중보

吾何以知衆甫之狀哉 以此 오하이지중보지상재 이차

불가지론(不可知論)의 문제

위대한 덕의 풍모는
오직 도를 따르는 데서 나오나니,
도라고 하는 것은
있는 듯 없는 듯 황홀할 뿐이로다.

여기 한 사람이 있다. 그에게서 위대한 덕의 풍모가 뿜어져 나온다. 어떤 연유로 그런 것인가? 노자는, 이것을 오직 도를 따르는 데서 나오는 것이라고 말한다. 그러면 도라고 하는 물건(道之爲物)은 어떻게 생긴 물건이길래 그것을 따르기만 하면 그렇게 되는 것인지 우리 모두

노자老子

는 궁금해하지 않을 수 없다. 그래서 우리는 노자에게 "그 물건을 한 번 보여주시오!"라고 말하고 싶다. 그러자 노자가 이렇게 대답한다. "나도 그러고 싶지만, 도라고 하는 물건은 그것이 아니 되오. 그것은 단지 있는 듯 없는 듯 어렴풋하여 뚜렷하지 않소이다."

어렴풋하여 뚜렷하지 않은 것, 그것이 '황恍'이고 '홀惚'이다. '황홀恍惚'이 제14장에 이어 여기 다시 나왔다. 그렇다면 '황홀'이란 대체 무엇인가? 우선, 이 장을 해석함에 있어서 주의를 요하는 것은 '황홀'이 심리적인 용어가 아니라는 점이다. 노자는 '황홀'이란 말을 요즘 흔히 우리가 사용하는 용법, 즉 '기분이 황홀하다'든가 '넋을 잃다'등의 의미로 쓰는 게 전혀 아니다. 이 점을 잘못 이해하면 노자 해석을 그르친다. 노자가 '황홀'이라고 말하는 것은 '도는 어렴풋해서 우리 눈에 보이지 않는다'는 의미이다. 요컨대, 황홀이란 도의 존재 양식이다.

황홀이란 결코 눈으로 볼 수 없는 것이며, 귀로 들을 수 없는 것이며, 손으로 잡을 수 없는 것이다. 그러므로 황홀이란 뚜렷해질 수 없으며, 구체화될 수 없으며, 객관화될 수 없다. 황홀이란 주관과 객관의 이원론이 녹아내린 무분별 · 무차별의 경지이다. 도는 결코 가시화될 수 없다. 도는 인식의 객체가 아니기 때문이다. 이것이 도의 존재 양식이다. 그러나 도가 황홀하다고 해서 그 안에 아무것도 없다고 생각치 마라. 그것 또한 잘못이다. 우리 눈에 안 보인다고 해서 그것이 곧 무無라고 생각치 마라.

황홀한 가운데 상象이 있고
황홀한 가운데 물物이 있으며

그윽하고 어두운 가운데 정精이 있도다.

이 장을 제대로 이해하기 위해서는 제14장과의 비교가 필요하다. 노자는 제14장에서는 이와는 다른 말을 했고, 이렇게 규정했다.

도라는 것은
보아도 보이지 않나니, 이름하여 이夷라 한다.
들어도 들리지 않나니, 이름하여 희希라 한다.
잡아도 잡히지 않나니, 이름하여 미微라 한다.

노자는 도의 '없음(無)'의 측면을 강조한다. 도는 '어슴프레(夷)'하고 '희미希微'하다. 도는 이렇듯 인간의 감각을 초월해 있기 때문에 우리는 그것을 지각할 수 없다. 제14장에서의 결론은 대체로 위와 같은 것이었다. 그러나 이렇게 자꾸 '없음(無)'의 측면을 강조하다 보면 사람들이 도는 아무리 노력해도 영원히 인식할 수 없는 아득한 사물이라고 여기고 불가지론자不可知論者가 되어버리는 일이 생기게 된다. 그러나 노자는 불가지론을 주장하는 사람이 아니다. 노자는 불가지론과는 거리가 멀다. 오히려 그는 불가지론의 위험을 잘 알고 있는 사람이다. 그래서 이 장에서 노자는 도의 '있음(有)'의 측면을 가지고 이야기를 전개하고 있는 것이다.

노자는 없음(無)의 측면에서 '이夷·희希·미微'를 이야기했었는데, 여기에서는 있음(有)의 측면에서 '상象象·물物·정精'을 이야기하고 있다. 말하자면 노자는 이·희·미를 가지고 도가 감각지感覺知의 대상

노자老子

이 아님을 밝혔는데, 사람들이 이에 대해 자꾸 오해를 하는 문제가 발생하자 이번에는 상·물·정을 가지고 도에 관한 논의가 불가지론에 빠지지 않도록 반대편 이야기를 해주고 있는 것이다.

상(象)·물(物)·정(精)

그렇다면 여기서 노자가 말하는 상·물·정이란 무엇인가? 먼저 상에 대해 살펴보자. '상'이라는 글자는 우리 동양 고전에서는 매우 중요한 의미를 지니고 있다. 오늘날 서양학문에 익숙해진 우리는 이 글자를 그저 밋밋하게 '형상(form)'이라고 번역하고 말지만, 그렇게 해서는 그 의미의 절반도 전달되지 않는다. 서양학문은 사물에 대한 가치판단을 행함에 있어 주로 이분법적으로 사고하는 까닭에 일견 명확해 보이나 또 일견 피상적임을 면키 어렵다. 요컨대, 서양학문은 세계와 우주를 이해함에 있어서 '유'아니면 '무'라는 이분법에 따라 움직인다. 그들에게는 눈에 보이면 존재하는 것이고, 보이지 않으면 존재하지 않는 것일 뿐이다.

그러나 있던 것(有)이 안 보인다고 해서 '유'가 정말로 '무'가 된 것일까? 또, 없던 것(無)이 눈에 보인다고 해서 '무'가 정말로 '유'가 된 것일까? 그것은 아닐 것이다. 유무有無란 사물의 참모습이 아니라 우리 감각의 결과일 뿐이다. 유는 무가 될 수 없고, 무 또한 유가 될 수 없다. 그러나 다만 우리는 감각기관의 결함 때문에 '감추어진 것(隱)'을 무로 인식하고, '드러난 것(顯)'을 유로 인식하는 것뿐이다.

그러므로 사물의 참모습은 유와 무가 아니라 은隱과 현顯이다. 따

라서 있던 것이 우리 눈에 안 보인다고 해서 설불리 그것을 '무'라고
규정지어서는 안 된다. 왜냐하면 그것은 잠시 휴식하고 있는 '유', 즉
은隱이기 때문이다. 존재는 결코 사라질 수 없으며, '유'는 결코 '무'가
될 수 없는 것이다. 요컨대, 유와 무라는 단순 이분법은 표층의 세계
에서는 유용하지만, 사물의 심층으로 들어가면 타당치 못하다. 눈에
보이는 '유무'라는 표층의 세계 아래에는 '은현隱顯'이라는 심층의 세
계가 깔려 있는 것이다. 이것을 약간 다르게 표현하자면, 유와 무 사
이에 은과 현이 끼어들어 있다고 말할 수 있다. 도식화 하자면 이렇다.

무無 → 은隱 → 현顯 → 유有

그러면 여기서 '상象'은 무엇인가? 그것은 은과 현의 중간에 있는
것이다. 이 관념을 철학적으로 좀 더 가다듬은 것이 바로《주역》이다.
《주역》에 의하면, 우주의 전개과정은 아래와 같은 순으로 나아간다.

태극太極 → 음양陰陽 → 사상四象 → 팔괘八卦 → 만물萬物

태극에서 음양까지는 보이지 않는 기氣로 이루어진 세계이므로 우
리 눈에는 무(無)로 보일 것이다. 그리고 팔괘를 거쳐 만물로 나아가는
것이 유(有)가 드러나는 과정이다. 그 한가운데 사상(四象), 즉 '상'이 있
다. 요컨대 상이란 무와 유의 중간에 있는 어떤 무엇이다. 그것은 눈
에 보이지 않으니까 '유'라 할 수 없지만, 무언가가 존재하는 것이니
까 '무'도 아니다. 그러므로 상이란 '태초의 기가 무에서 유로 들어가

노자老子

는 모습'이며, 또한 그것은 '감각할 수는 있지만 아직 구체적인 형태와 질량이 없는 것'이다.

둘째로 '물物'이란 무엇인가? 여기서 물이란 개개의 사물이나 물건을 뜻하는 것이 아니다. 구체적인 사물이나 물건은 전혀 황홀할 수 없다. 그것은 이미 사물로서의 자기 존재가 뚜렷해진 것이기 때문에 '황홀'한 것이 아니고 '명백'한 것이다. 그러므로 여기서 노자가 말하는 '물'이란 구체적인 개개의 사물이 아니라, 모든 사물의 배후에 있는 근원적 바탕을 말하는 것이다. 사물의 질료質料 내지는 원질原質 같은 것을 가리킨다고나 할까. 노자의 말은, 도는 황홀하고 오묘한 것이어서 볼 수도 없고 잡을 수도 없지만, 그렇다고 아무것도 없는 허망한 '무'라거나 휑하니 텅 빈 공허는 아니라는 것이다. 텅 비었지만 그 안에 분명히 무엇인가가 있다는 것, 말하자면 노자는 지금 진공묘유眞空妙有 이야기를 하고 있는 셈이다.

셋째로 '정精'이란 무엇인가? 정이란 말도 쉽게 번역할 수 있는 말은 아니지만, 대체로 그것은 진수·정수·본질 등을 의미하는 말이다. 노자는 '그윽하고 어두운 가운데 정이 있다'고 말하는데, 여기서의 '그윽하고 어두운 것'이란 '요명窈冥'을 번역한 것으로, '요명'은 '황홀'과 같은 말이다.

우리 동양학에서는 정精을 매우 중시하는데, 노자는 여기서 정이라는 용어를 생명의 기운 내지는 영묘한 정기라는 의미로 쓰고 있다. 정에 대한 설명이 이어진다.

그 정은 지극히 참된 것으로서

그 가운데 확증이 있으니,
예로부터 지금에 이르기까지
그 이름이 사라지지 않았으며,
그 이름으로 만물을 통솔하여 왔도다.

그윽하고 어두운 가운데 생명의 기운(精)이 감도는데, 그 영묘한 정기는 더할 나위 없이 참되고 진실하여 그 가운데 거짓 없는 확증, 즉 '도'로서의 명확한 증거가 있다고 하겠다. 그리하여 머나먼 옛날로부터 오늘에 이르기까지 '도'라는 이름이 사라지지 않았으며, 그 '도'로써 만물을 통솔하여 온 것이다.

내가 무엇으로 만물의 모습이 이러함을 알겠는가?
바로 이것, 즉 '도'로써 아는 것이다.

도는 볼 수도 없고 들을 수도 없고 잡을 수도 없지만, 그러나 그 안에 영원한 형상(象)과 불멸의 질료(物)와 영묘한 정기(精)가 들어있음을 부인할 수 없다. 정기와 물질과 형상이 도 안에 들어 있음을 의심치 말라. 정精과 물物과 상象이 도의 품 안에서 서로 어울려 천지 만물이 태어나고, 다시 천지 만물이 흩어져 도의 품 안으로 들어간다. 그러나 우리 눈앞에서 사라졌다고 해서 그것이 무로 화한 것은 아니다. 그것은 그윽하고 어두운 가운데 영묘한 정기(精)의 형태로 우주 안에 영원히 흐르고 있다.

노자老子

제22장 ;
휘어져라, 그러면 온전하게 되리

휘어져라, 그러면 그대는 온전하게 되고
구부려라, 그러면 그대는 곧게 되며
텅 비게 하라, 그러면 그대는 가득 찰 것이다.

다 닳아 해지면 새로워질 것이며
적으면 얻게 될 것이고
많으면 미혹하게 될 것이다.
그러므로 성인은 '하나'를 품어
세상의 본보기가 된다.

스스로 드러내지 않으므로 밝게 빛나고
스스로 옳다하지 않으므로 돋보이고
스스로 자랑하지 않으므로 공이 있으며
스스로 뽐내지 않으므로 오래간다.
무릇 다투지 않으므로

천하가 그와 더불어 다툴 수 없다.

옛말에 이르기를 휘면 온전할 수 있다고 한 것이
어찌 빈말이겠는가.
진실로 온전함을 보존하여 도에 복귀하라.

曲則全 枉則直 窪則盈 敝則新 少則得 곡즉전 왕즉직 와즉영 폐즉신 소즉즉

多則惑 是以聖人 抱一爲天下式 不自見故明

다즉혹 시이성인 포일위천하식 부자현고명

不自是故彰 不自伐故有功 不自矜故長

부자시고창 부자벌고유공 부자긍고장

夫惟不爭 故天下莫能與之爭 古之所謂曲則全者

부유부쟁 고천하막능여지쟁 고지소위곡즉전자

豈虛言哉 誠全而歸之 기허언재 성전이귀지

곡즉전(曲則全)

휘어져라, 그러면 그대는 온전하게 되고 (曲則全)

구부려라, 그러면 그대는 곧게 되며 (枉則直)

텅 비게 하라, 그러면 그대는 가득 찰 것이다. (窪則盈)

실로 기이한 역설의 논리요, 대담한 반어법이라 하지 않을 수 없다.

노자老子

아마 인류 지성사 전체를 놓고 보더라도 역설을 가지고서 이렇게 심오한 이야기를 전개할 수 있는 사람은 노자 말고는 없을 것이다. 노자는 지금 논리와 이성 따위를 눈꼽만큼도 중요시하지 않는다. 오히려 노자는 의도적으로 논리와 이성을 폐기시키고 있다. 우리는 우주와 인생을 논리의 틀 안으로 끌어들여서 이해하려 하지만, 삶이란 그렇게 논리의 틀 안으로 끌려들어올 만큼 빈약하거나 순종적인 물건이 아니다. 죽어 있는 물건이라면 논리의 틀 안으로 끌려들어 올 수 있을 것이다. 그러나 삶은 그렇게 될 수 없다. 삶은 논리보다 훨씬 크고, 거대하며, 힘이 세다. 작은 논리로 큰 삶을 재단한다는 것은 처음부터 잘못된 일이다. 하늘이 내린 삶을 인간이 만든 논리로 재단하려하지 마라. 논리니 이성이니 하는 것들을 내려놓고 맑은 눈으로 있는 그대로 삶을 바라보라. 그러면 그때 우리도 한순간 노자와 같은 위대한 통찰에 도달하게 될지 모른다.

'곡즉전'(曲則全, 휘어지면 온전하게 된다)이란 《도덕경》에서도 유명한 말이다. 나날의 삶에서 늘상 느끼는 일이지만 우리 모두는 너나 할 것 없이 '곡즉전'을 못해 사단이 난다. 너무 빳빳하면 부러지기 쉬운 것, 그러니 유연하게 휘어져라. 그래야 우리의 삶이 온전하게 된다. 지나친 확신, 과도한 자기 주장은 결국 사람을 파멸로 이끈다. 너무 직선적인 것은 위험하다. 온전한 삶은 어딘가 그 안에 곡선을 품고 있다. 나무를 보라. 곧은 나무는 재목으로서 일찍 베어지지만, 구부러진 나무는 쓸모가 없어 그 수명을 오래 보전하지 않는가!

강풍이 몰아칠 때 들녘에 나가보라. 커다란 아름드리 나무는 뿌리째 뽑혀 나자빠져 있지만, 작고 힘없는 갈대는 아무 탈없이 무사하다.

왜 그런가? 갈대는 유연하기 때문이다. 그는 바람에 저항하지 않고, 다만 바람 속에서 너울너울 춤춘다. 그렇기 때문에 그는 부러지지 않는다. 노자는 직선을 별로 좋아하지 않는다. 그는 곡선을 사랑한다. 곡선은 서로를 인정하고 포용할 줄 알지만, 직선은 그것이 안 된다. 직선끼리는 만나면 서로 찌르고 대립할 뿐이다. 노자는 견고하고 딱딱한 것을 좋아하지 않는다. 그는 부드럽고 유연한 것을 사랑한다. 노자는 불처럼 타오르는 것을 좋아하지 않는다. 그는 물처럼 소리 없이 적시는 것을 좋아한다.

'왕즉직'(枉則直, 구부리면 곧게 된다) 역시 이와 비슷한 개념이다. 왕枉이란 굽히는 것이며, 직直이란 굽혔던 것을 펴는 것을 말한다. 자벌레의 경우를 예로 들자면, "자벌레도 몸을 굽히는 때가 있기 때문에 펴는 때도 있는 것이며, 이렇게 하는 동안에 그는 전진을 하는 것이다. 사람의 일생도 또한 이와 같다(노태준)."

'와즉영'(窪則盈, 텅 비면 가득 차게 된다)도 마찬가지이다. 와窪란 땅이 우묵하게 팬 곳을 가리키며, 영盈이란 가득 찬다는 뜻이다. 즉, 와즉영이란 우묵한 곳이 있으면 물이 고여 차게 된다는 의미이다. 그와 같이 우리 인간도 어딘가 좀 빈틈이 있어야 한다. 그래야 딴 사람들이 내게 다가와 머물 수가 있다. 너무 가득 차 아무 빈틈이 없으면 사람들이 오고 싶어도 올 수가 없다. 요컨대, 교만한 자에게 친구가 없는 것과 같은 이치이다.

다 닳아 해지면 새로워질 것이며 (敝則新)

적으면 얻게 될 것이고 (少則得)

노자老子

많으면 미혹하게 될 것이다. (多則惑)

그러므로 성인은 '하나'를 품어 (是以聖人)

세상의 본보기가 된다. (抱一爲天下式)

노자의 역설은 계속된다. 다 닳아 해졌으면 폐기처분되어 없어져야 할 것 같지만, 오히려 새로워진다고 노자는 말한다. 욕심이 적으면 가난하게 될 것 같지만, 오히려 더 얻게 된다고 노자는 말한다. 재물이나 학식이 많으면 편안해질 것 같지만, 오히려 더 미혹하게 된다고 노자는 말한다. 분명 노자의 입장은 '다다익선多多益善'과는 거리가 멀다. 노자는 말하자면 '다다즉혹多多則惑'이다. 노자에게는 잡다하고 많은 것은 별 의미가 없다. 그가 중시하는 것은 모든 사람이 눈여겨 보지 않는 저 근원의 '하나―'이다. 그는 만물의 근원인 하나, 즉 '도'를 마음속에 굳건히 품어 온 천하의 모범이 된다.

스스로 드러내지 않으므로 밝게 빛나고

스스로 옳다하지 않으므로 돋보이고

스스로 자랑하지 않으므로 공이 있으며

스스로 뽐내지 않으므로 오래간다.

무릇 다투지 않으므로

천하가 그와 더불어 다툴 수 없다.

도를 마음속에 굳건히 지닌 성인은 자신을 세상에 드러내려 하지 않으나 그 존재가 더욱 뚜렷해지고, 자기 주장이 옳다고 내세우지 않으나 그 올바름이 더욱 돋보인다. 또 그는 자신의 공을 자랑하지 않으나 모든 공이 그에게 돌아오며, 자신이 잘났다고 뽐내지 않으나 세상의 존경이 다 그에게 돌아온다. 성인은 이처럼 아무하고도 다투거나 싸우려 하지 않는다. 그러므로 이 세상 어떤 누구도 그와 더불어 다투려 하는 사람이 없다.

옛말에 이르기를 휘면 온전할 수 있다고 한 것이
어찌 빈말이겠는가.
진실로 온전함을 보존하여 도에 복귀하라.

'곡즉전曲則全'은 노자 이전부터 전해 내려오던 말이어서, 노자가 특별히 '고지소위(古之所謂, 옛말에 이르기를)'라고 말하고 있는 것이다. 이것은 노자 이전에도 도가적 경향이 존재했었음을 우리에게 보여준다. 노자는 주나라 왕실도서관장을 지냈으니까 남들이 접하기 어려운 옛날의 고서적들을 많이 봤을 것이다. 그 중 어떤 서책에서 그는 '곡즉전'이라는 글귀를 보았던 것일까?《도덕경》제22장은 노자가 옛사람들의 말에서 영감을 얻어 일필휘지 써내려간 작은 소품이다.

노자老子

제23장 ;
자연은 별 말이 없다

별 말이 없는 것, 그것이 자연이다.
회오리바람은 아침나절을 넘기지 못하고
소나기는 하루를 다하지 못한다.
누가 이리 하는가?
천지다.
천지도 이처럼 오래 지속하지 못하거늘
하물며 사람에게 있어서이랴.

그러므로 도를 따르는 이는 도와 동화되고
덕을 따르는 이는 덕과 동화되고
실을 따르는 이는 실과 동화된다.
도와 하나 되려고 하면 도 역시 그를 기꺼이 받아들이고
덕과 하나 되려고 하면 덕 역시 그를 기꺼이 받아들이고
실과 하나 되려고 하면 실 역시 그를 기꺼이 받아들이니,
신의가 부족하면 불신이 따르게 마련이다.

希言自然 故飄風不終朝 驟雨不終日 희언자연 고표풍부종조 취우부종일

孰爲此者 天地 天地尙不能久 而況於人乎

숙위차자 천지 천지상불능구 이황어인호

故從事於道者 道者同於道 德者同於德 失者同於失

고종사어도자 도자동어도 덕자동어덕 실자동어실

同於道者 道亦樂得之 同於德者 德亦樂得之

동어도자 도역락득지 동어덕자 덕역락득지

同於失者 失亦樂得之 동어실자 실역락득지

信不足焉 有不信焉 신부족언 유불신언

희언자연(希言自然)

　희언자연! 노자는 '희언이 자연이며, 희언이 순리이다'라고 말하고
있다. 그렇다면 희언이란 무엇인가? 노자는 이미 제14장에서 '들으려
해도 들리지 않는 것'을 '희'라 말한 바 있다. 그러므로 희언이란 들
으려 해도 들리지 않는 것이며, 소리 없는 소리이며, 말 없는 말이다.
　인간이란 너무 말이 많고 요란스럽다. 요컨대, 인간은 다언多言이다.
이에 반해 자연은 말이 없다. 즉, 자연은 희언이다. 우리 인간은 코딱
지만 한 일 하나를 하면서도 그것을 자기가 했느니 말았느니 하면서
말이 많지만, 천지 대자연은 만사를 말 없이 행하고 소리 없이 이룬다.
봄이 되면 꽃이 피고, 여름이 되면 가지가 무성하고, 가을이 되면 오곡
백과가 주렁주렁 매달리고, 겨울이 되면 고요히 쉰다. 대자연은 아무

런 말도 소리도 없이 이 위대한 일들을 행한다. 대자연은 결코 요란스럽게 떠들거나 남들 앞에 나서서 시끄럽게 자기를 과시하지 않는다.

인간은 작은 바위 하나를 움직일 때도 온갖 소란을 피우지만, 이 거대한 우주천체는 1년을 쉬지 않고 운행하는데도 아무런 말이 없다. 수많은 별들이 누구의 지시도 받지 않고 완벽한 질서 속에서 움직이고 있다. 이 위대한 천지자연의 모습을 보라. 우리 인간도 참새처럼 작은 일에 재잘거리는 대신, 자연의 저 위대한 질서를 배워볼 수는 없을까?

그러나 우리 인간은 어찌된 일인지 말로 하지 않으면 알아듣지 못하고, 말로 하지 않으면 배울 수조차 없다. 노자는 원래, '불언지교(不言之敎, 말없는 가르침)'를 인간의 가르침 중에서 최고의 가르침으로 보는 사람인데, 아무래도 그것은 대현인 노자의 바람일 뿐 제자들 중 어느 누가 대뜸 저 '불언지교'를 알아들을 수 있겠는가! '불언지교'까지는 아니지만, 공자에게도 이 비슷한 생각이 들었던 적이 있다. 똑같은 말을 제자들에게 반복하다가 어느날 공자는 지쳤다. 그래서 그는 제자들에게 '앞으로 나는 말을 하지 않겠다'고 한 적이 있다. 그러자 제자들이 말하기를 "선생님께서 말씀하시지 않으시면 저희들은 어떻게 도를 배우고 익히겠습니까?"라고 말했다. 그러자 공자가 이렇게 말했다.

"저 하늘이 무슨 말을 하는가? 지금 이 순간도 사시四時가 순리대로 운행되고 만물萬物이 생겨나고 있다. 하늘이 무슨 말을 하는가?"

– 《논어》〈양화〉

노자에 의하면 하늘도 가끔씩 말을 하기는 한다. 갑자기 불어 닥치는 회오리바람이나 느닷없이 퍼붓는 소낙비가 이를테면 하늘이 하는 말 같은 것이다. 그러나 그건 잠시 잠깐에 불과하다.

별 말이 없는 것, 그것이 자연이다.
회오리바람은 아침나절을 넘기지 못하고
소나기는 하루를 다하지 못한다.

누가 그러는가? 하늘이 그렇다. 하늘도 이처럼 오래 지속하지 못하는데, 하물며 사람의 경우에 있어서 두말해서 무엇하겠느냐. 그러니 큰 소리로 떠들거나 자신을 과시하려 하지 말고, 조용히 함구하며 천지자연으로부터 배워라. 천지자연은 말 없이 행하고 소리 없이 베푼다. 요컨대, 희언이 자연이며, 희언이 진실인 것이다.

희언(希言)과 허언(虛言)

자연은 희언希言인데, 인간은 허언虛言을 남발한다. 아마 그러고 보면 노자의 시대에도 요란스럽게 떠드는 사람들이 많았던 모양이다.
대체로 이 장은 무난한 내용들인데, 다만 노자는 논의를 도와 덕과 실로 세분화 하고 있다.

그러므로 도道를 따르는 이는 도와 동화되고
덕德을 따르는 이는 덕과 동화되고
실失을 따르는 이는 실과 동화된다.

노자老子

이것은 당연한 사리이다. 이것을 붓다는 이렇게 말했다.

향 쌌던 종이에서는 향내가 나고
생선 쌌던 종이에서는 비린내가 난다.

인간은 자기가 추구하는 것 그것이 되며, 어느 경지에 가면 자기와 추구했던 대상 사이에 구별이 없어진다.

도와 하나 되려고 하면 도 역시 그를 기꺼이 받아들이고
덕과 하나 되려고 하면 덕 역시 그를 기꺼이 받아들이고
실과 하나 되려고 하면 실 역시 그를 기꺼이 받아들인다.

내가 선善을 추구하고자 하는데 악인惡人이 될 수는 없다. 내가 악惡을 획책하면서 선인善人이 될 수는 없다. 좋은 것도 나쁜 것도, 아름다운 것도 추한 것도 다 나를 통해 나가 나에게 되돌아온다.

신의가 부족하면
불신이 따르게 마련이다.

거짓말 하는 사람의 특징은 말이 많다는 점이다. 말을 시키지 않았는데 자꾸 무엇인가를 말하려 하는 사람, 그 사람은 뭔가 뒤가 켕기는 게 있기 때문에 그런 것이다. 그러니 말을 적게 하라. 말이 너무 많으면 남들이 그 사람을 의심한다.

제24장 ;
발끝으로는 제대로 설 수 없고

발끝으로 서는 자는 제대로 서 있을 수가 없고
다리를 너무 벌리는 자는 제대로 걸을 수 없다.
스스로 돋보이려는 자는 밝게 빛날 수 없고
스스로 옳다고 하는 자는 드러나지 못하고
스스로 자랑하는 자는 공이 무너지고
스스로 뽐내는 자는 오래가지 못한다.

도에 비유하자면
그런 것들은 먹다 남은 찌꺼기요, 군더더기 행동이니
누구나 싫어하는 것들이다.
그러므로 도를 지닌 이는 그런 일에 몸담지 않는다.

企者不立 跨者不行 기자불립 과자불행
自見者不明 自是者不彰 자현자불명 자시자불창
自伐者無功 自矜者不長 자벌자무공 자긍자부장

노자老子

其在道也 曰餘食贅行 기재도야 왈여식췌행

物或惡之 故有道者不處 물혹오지 고유도자불처

기자불립(企者不立)

이 장에는 억지스러운 사람 둘이 등장하는데, 한사람은 기자企者이고, 다른 한 사람은 과자跨者이다. 먼저, 기자란 어떤 사람인가? 기企란 '발끝으로 서다'는 뜻이다. 그러므로 기자란 억지로 발끝으로 서려고 하는 자를 가리킨다. 그런 자가 제대로 서 있을 수는 없을 것이다. 이것을 가리켜 '기자불립企者不立'이라 한다. 그러면 과자는 어떤 사람인가? 과跨란 '다리를 힘껏 벌리다'라는 뜻이다. 그러므로 과자란 억지로 다리를 벌려 엉거주춤하게 서 있는 자를 말한다. 그런 자는 제대로 걸을 수 없을 것이다. 이것을 가리켜 '과자불행跨者不行'이라 한다.

발끝으로 서는 자는 제대로 서 있을 수가 없고
다리를 너무 벌리는 자는 제대로 걸을 수 없다.

그러면 이 두 인물은 왜 이렇게 억지스러운 자세로 서 있는 걸까? 그것은(이 점이 참 말하기 곤란한 부분인데) 자기네들 딴에는 그 자세가 멋지다고 생각하기 때문이다.

앞서 제22장에서 노자는 도가적 삶의 지혜 '곡즉전(曲則全, 휘면 온전할 수 있다)'을 이야기했다. 지금 제24장은 그 '곡즉전'의 지혜를 이해하지 못하고 그 반대로 순리를 거스르며 억지의 삶을 살아가는 사람들에 대한 노자의 경고 같은 것이다.

노자는 제22장에서 했던 4가지 말을 고스란히 반대로 뒤집어서 여기서 다시 하고 있다.

> 스스로 돋보이려는 자는 밝게 빛날 수 없고
> 스스로 옳다고 하는 자는 드러나지 못하고
> 스스로 자랑하는 자는 공이 무너지고
> 스스로 뽐내는 자는 오래가지 못한다.

아마 노자는 이 4가지 항목을 평소에 눈여겨 보았던 것 같다.

여식췌행(餘食贅行)

우리 인간은 인생을 살면서 진정으로 자기 자신의 삶을 살지 못하고 자꾸 남과 비교하는 삶을 살아간다. 아니, 남과 비교하느라고 자신의 삶을 허비한다. 그러나 그런 삶은 괜히 바쁘고 분주할 뿐, 남는 게 없다. 노자의 말은 그런 군더더기 삶을 살지 말라는 것이다. 단순하고 소박하게 자신의 삶을 살아라. 괜히 으시대거나 잘난체 하면서 살지 말아라. 그러한 자기 과시나 자기 과장 따위는 도의 견지에서 볼 때 이른바 '여식췌행餘食贅行'에 불과하다. '여식餘食'이란 먹다 남은 밥찌꺼기를 이르는 것이고, '췌행贅行'이란 군더더기 같은 행동을 말하는 것이다. 즉, 물 흐르듯 자연스럽게 살아가는 '무위자연無爲自然'의 태도와

노자老子

정반대되는 삶의 방식, 그것이 바로 '여식췌행'이다.

도에 비유하자면
그런 것들은 먹다 남은 찌꺼기요, 군더더기 행동이니
누구나 싫어하는 것이다.
그러므로 도를 지닌 이는 그런 일에 몸담지 않는다.

그런 짓은 누구나 싫어하고 미워한다. 또 그런 짓은 자신의 몸과 마음에도 좋지 않다. 도를 체득한 자는 결코 그런 일에 몸담지 않는다. 그는 역사와 세계 앞에 겸허히 서서 말없이 자신의 삶을 살아갈 뿐이다. 그는 남과 비교하지 않는다. 그는 자신의 삶에 집중한다. 이것이 무위의 삶이다. 노자도 그렇게 살았고, 장자도 그렇게 살았다. 헛된 일에 들썩이며, 여기저기 기웃거리며, 어디 가서든 잘난체하며 나서려 하는 일체의 과장된 행동, 이른바 여식췌행을 피하라. 그것이 현자들의 삶의 방식이다.

제25장 ;
도는 천지보다 먼저 있었다

태초의 혼돈 속에 한 물건이 있었나니
그것은 천지보다도 먼저 있었도다.
소리도 없고 형체도 없으나,
스스로 홀로 존재하며 영원히 변하지 않느니라.
우주 사방을 두루 오고가나 결코 다함이 없나니,
가히 천하 만물의 어머니라 할 것이니라.

나는 그것의 이름을 알지 못하나니
일부러 자를 지어 '도'라 부르고
억지로 이름을 붙여 '크다' 하노라.
크다고 하는 것은 끝없이 뻗어간다는 것,
뻗어가면 멀어지고 멀어지면 제자리로 되돌아오나니.

그러므로 도가 크고, 하늘이 크고
땅이 크며, 왕도 역시 크다.

세상에 네 가지 큰 것이 있나니,
왕도 그 가운데 하나이다.

사람은 땅을 본받고
땅은 하늘을 본받고
하늘은 도를 본받고
도는 '스스로 그러함'을 본받는다.

有物混成 先天地生 유물혼성 선천지생

寂兮寥兮 獨立而不改 周行而不殆 可以爲天下母 吾不知其名

적혜요혜 독립이불개 주행이불태 가이위천하모 오부지기명

字之曰道 强爲之名曰大 大曰逝 逝曰遠 遠曰反

자지왈도 강위지명왈대 대왈서 서왈원 원왈반

故道大 天大 地大 王亦大 域中有四大 而王居其一焉

고도대 천대 지대 왕역대 역중유사대 이왕거기일언

人法地 地法天 天法道 道法自然 인법지 지법천 천법도 도법자연

노자·헤라클레이토스·사도요한

노자의 말이 극히 높은 차원에서 흘러나오고 있다. 《도덕경》 81개의 장은 어느 것 하나 버릴 것이 없지만, 특히 그 중에서도 지금 공부하는 제25장은 《도덕경》 전체를 통틀어서 제1장, 제14장 등과 더불어

가장 중요한 장에 속한다.《도덕경》제1장, 제14장, 제25장 등은 분량으로는 작은 소품에 불과하지만, 내용상으로는 인류가 남긴 철학적 통찰 중에 가장 심오한 것들이다. 이러한 경지에 필적할만 한 것들은 사실 지구상에 별로 없다.

'도가철학'이라고 불리우는 고대 동아시아의 위대한 인생철학은 명실공히 노자의《도덕경》에서 비롯된 것이며, 우리 동아시아인들의 마음속에 깃든 우주의 궁극적 원리로서의 도의 모습은 노자의 가르침을 통해서 형성된 것이다.

> 태초의 혼돈 속에 한 물건이 있었나니
> 그것은 천지보다도 먼저 있었도다.
> 소리도 없고
> 형체도 없으나
> 스스로 홀로 존재하며
> 영원히 변하지 않느니라.
> 有物混成 先天地生 寂兮寥兮 獨立而不改

노자는 '태초의 혼돈 속에 한 물건이 있었다(有物混成)'고 말한다. 그러나 노자가 말하는 그 '물物'은 눈으로 볼 수 있는 평범한 사물이 아니다. 그 '물'은 현상세계의 물이 아니다. 그것은 다름아닌 '도'를 가리키는 것이다. 말하자면 이 구절은 '태초에 도가 있었다'는 의미이다.

그리고 '그것(도)은 천지보다도 먼저 있었다(先天地生).' 즉, 천지개벽이 있고 나서 그다음 도가 생겨난 것이 아니라, 도가 먼저 있고 그 다

노자老子

음 천지개벽이 뒤따른 것이다. 요컨대, 천지개벽은 우연한 어떤 힘에 의해 제멋대로 행해진 것이 아니라 도 안에서, 도와 함께, 도와 더불어 행해진 것이다. 그러므로 천지 만물은 그 어느 것 하나 도로 말미암지 않은 것이 없다.

그런데 그 '도'는 '아무 소리도 없고, 아무 형상도 없다.' (적寂이란 고요하여 아무 소리가 없는 상태를 말하며, 요寥란 텅 비어 아무 형상이 없는 상태를 말한다.) 이것이 도의 근본 특징이다. 도가 소리를 내고 형상을 갖는다면 그것은 이미 도가 아니라, 현상세계의 한 사물에 불과한 것이다.

도는 인간의 감각세계를 초월해 있다. 노자가 이미 설파했듯이 그것은 보아도 보이지 않으며(夷), 들어도 들리지 않고(希), 잡아도 잡히지 않는다(微). 그런데도 그것을 기어이 귀로 들으려하고, 눈으로 보려 하면 그때는 도가 왜곡된다. 도 아닌 것이 도 행세를 하며, 진리 아닌 것이 진리 행세를 하게 되는 것이다. 여기에 현자賢者와 우자愚者의 차이가 있다. 현자는 도란 '소리도 없고, 형상도 없다'는 말을 깊이 이해하고 받아들여 스스로 감각세계를 초월하려고 노력하지만, 우자는 이와는 정반대로 '소리 없고 형상 없는 도'의 본질을 이해하지 못하고 '소리도 내고 형상도 있는 도'를 날조해 내서 도를 자신이 서 있는 감각세계 아래로 끌어내리는 것이다. 현자의 경우에는 높고 숭고한 세계로 사람이 상승해 가는데 반해, 우자의 경우에는 낮고 열악한 세계로 도가 하강하는 것이다.

이러한 우리 동양의 '도'의 개념과 가장 유사한 개념을 서양에서 찾는다면, 그것은 그리스 철학에 나타난 '로고스'이다. '로고스'의 개념은 고대 그리스로부터 나타나 여러 사상가들이 다양한 의미로 사용했으나, 그것에 철학적 의미를 처음으로 부여했던 인물은 다름 아닌 헤라클레이토스(Heracleitos)이다.

노자철학의 핵심이 '도'에 있는 것처럼, 헤라클레이토스의 철학의 핵심은 '로고스'에 있다. 그는 이른바 로고스의 철학자이다. 그가 말하는 로고스는 노자가 말하는 도와 너무도 흡사하여, 어떤 이들은 헤라클레이토스를 가리켜 '그리스의 도가'라고 까지 부른다.

로고스란 우주적 법칙, 우주적 원리, 근원적 이치라는 의미이다. 요컨대 헤라클레이토스의 로고스란 천지 만물을 관통하는 영원한 우주의 이법理法을 말하는 것이다. 헤라클레이토스는 말한다. "로고스에 귀 기울여라. 그러면 현명하게도 만물이 하나라는 것을 깨닫게 될 것이다." 노자에 의하면 천지 만물은 그 어느 것 하나 도로 말미암지 않은 것이 없는 것처럼, 헤라클레이토스에 의하면 천지 만물은 어느 것 하나 로고스로부터 벗어난 것이 없다. 로고스는 보편적이며 절대적이고 영원하다. 헤라클레이토스가 말했던 이러한 로고스의 개념은 그리스의 철학과 사상 전반에 막대한 영향을 미쳤고 그 후 헬레니즘 시대에 이르러서는 유럽과 근동지역에까지 광범위하게 퍼져나갔다.

헤라클레이토스가 죽은 후 500년이 지나서 공교롭게도 그의 고향 땅인 소아시아(지금의 터키)의 에페수스(Ephesus)에서 《요한복음》의 저자 사도요한이 태어났다. 《요한복음》은 기독교의 4대 복음서 중에서 가장 철학적인 책이다. 그 《요한복음》의 제1장이 이렇게 시작된다.

태초에 로고스가 있었다.

노자老子

이 로고스는 하나님과 함께 있었으니

이 로고스가 곧 하나님이었느니라.

기독교의《성경》에 로고스가 등장하고 있다니 놀랍지 않은가! 사도요한에 의하면, 로고스가 태초의 시점으로까지 거슬러 올라가서 하느님의 위치에 서서 하느님과 더불어 천지 만물을 지배하고 있다. 뭐라고? 로고스가 우주를 지배한다고? 그렇다면 이것은 헤라클레이토스 철학이 표현하고자 했던 것과 동일한 우주관이 아닌가!

그러나 애석하게도 절반만 그러하고 절반은 그렇지 아니하다. 그리스의 철학자 헤라클레이토스에게는 '로고스'가 전부이며 그에게는 '하느님'이란 개념은 낯선 것이다. 그는 인격신의 개념을 부정했던 사람이다. 그의 로고스는 전혀 비인격적인 것이다. 사도요한의 이 문장은 일면 묘한 감동을 불러일으키는데, 또 일면 어딘지 부자연스러운 면이 있다.

이 문장을 다른 각도에서 살펴보자. 왜 유대인인 사도요한은 이 문장에 로고스와 하나님을 병존적으로 열거했던 것일까? 왜 그는《구약》의 기록자들처럼 로고스란 소리를 빼고 (《구약》에는 로고스란 단어가 한마디도 등장하지 않는다) 단순하게 '태초에 하나님이 계셨다'라고 하지 않았을까? 왜 그는 굳이 거기에 로고스라는 비기독교적 어휘를 집어넣었던 것일까? 이유는 간단하다. 로고스란 단어를 넣지 않으면 그 시대의 사람들에게 다가갈 수 없었기 때문이다. 헬레니즘 시대에는 로고스란 용어를 쓰지 않으면 지성인 혹은 철학자로 행세할 수가 없었던 것이다.

헤브라이즘(Hebraism)은 그 자체의 힘으로 세계화된 것은 아니다. 헤브라이즘은 헬레니즘(Hellenism)의 등에 업혀서 비로소 세계화 된 것이다. 헤브라이즘의 핵심에는 '하느님(God)'이 있고, 헬레니즘의 핵심에는 '로고스'가 있다. 이 둘이 헤라클레이토스의 고향 에페수스에서 만나 하나가 된 것이다! 사도요한의 생물학적 DNA는 헤브라이즘에 속해 있다. 그는 유대인이기 때문이다. 그러나 그의 문화적 · 철학적 DNA는 헬레니즘에 속해 있다. 그는 다름 아닌 에페수스 태생이기 때문이다. 그러므로 사도요한의 정신세계에는 헤브라이즘과 헬레니즘이라는 이질적인 두 요소가 상호충돌 · 대립할 수밖에 없었고, 그는 어떻게든 이 상호 항쟁하는 두 요소를 조화시키지 않으면 안 되었다. 《요한복음》 제1장에 나타난 대담한 시도, 즉 로고스와 하느님의 결합은 이러한 배경을 염두에 두지 않으면 제대로 이해될 수 없는 것이다.

이것을 에페수스 사람들의 입장에서 생각해보면, 애시당초 에페수스 시민들(에페수스는 고대 그리스의 식민도시이다. 즉, 에페수스 시민들이란 그리스인들이다)은 헤라클레이토스가 가르쳐준 대로 우주만물의 생성과 소멸을 '로고스'를 가지고 다 설명하며 탈 없이 살고 있었는데, 어느날 외지인인 유대인들이 이 지역으로 이주해오면서 '하느님'이라는 전혀 다른 관념체계를 가지고 들어왔다. 즉, 철학(그리스)의 땅에 종교(유대)가 들어온 것이다. 여기서 '하느님'을 믿는 이가 '로고스'를 믿는 사람들 속으로 들어가 그들을 포섭하기 위해서는 어떻게 해야할 것인가? 방법은 하나뿐이다. 그들에게 다가가 '당신들이 믿고 따르는 우주의 신적인 로고스가 실은 하느님과 다른 것이 아니다'라고 말해야 하지 않겠는가?

노자老子

《요한복음》 제1장은 단순히 사도요한이 어느날 문득 신의 계시를 받아 쓴 것으로 생각하면 안 된다. 저 구절들은 사도요한이 처한 상황, 그리고 그곳이 다름 아닌 에페수스이고, 그때가 다름 아닌 헬레니즘 시대라는 것 등의 역사적·지리적 배경을 도외시하고서는 제대로 이해될 수 없는 구절들이다.

사도요한은 융통성 있는 통찰력을 가지고 자칫 충돌할 수도 있었던 두 세계를 하나로 결합시켰다.《요한복음》 제1장은 실로 그러한 점에서 하나의 위대한 전범이다. 사도요한은 말하자면 피비린내를 풍길 수도 있었던 '문화충돌'을 극복하고 동일한 상황을 '문화융합'으로 이끌었던 것이다. 이 점은 오늘날 여러 가지 점에서 매우 호전적인 민족으로 변모해버린 유대인들이 깊이 생각해볼 문제이다.

사도요한의 작업은 위대한 것이었다. 그러나 그 후《요한복음》의 운명은 순탄치 못했다. 아시아 대륙의 서쪽 끝 에페수스에서 집필된《요한복음》은 그 후 2천 년이 지나 아시아 대륙의 동쪽 끝 대한민국에 전파되었는데, 이때 어찌된 일인지 일국의 석학들이 다 모여 번역을 했을 터인데도 어이없는 '오역誤譯'이 발생하고 말았다. 성서 번역자들은《요한복음》 제1장의 '로고스'를 그만 어처구니없게도 '말씀'이라고 번역하고 말았던 것이다! 로고스가 말씀이라니! 로고스는 말과 소리, 형체를 떠난 우주의 법칙이며 이치인데, 이것을 '말씀'이라고 번역하다니! 이것은 실로 세계사적으로도 중대한 오역이라고 하지 않을 수 없다.

그러나 이 문제의 잘못은 한국에 있었던 것이 아니라 그 전 단계에 있었다. 한국의 성서 번역자들은 구한말 번역 당시에 미국 선교사들이 갖다준 영어성경을 바탕으로 번역했던 것인데, 거기에 이미 '로고스'가 '워드(Word)'라고 오역되어 있었던 것이다! 그러니까 그리스어로 쓰여진 《신약》 원전이 루터의 종교개혁 이후 각나라 언어로 번역되었는데, 이때 영국인들은 '로고스'를 'Word'라고 오역하는 치명적인 실수를 행했던 것이고 우리는 또 이것을 아무 생각 없이 '말씀'이라고 번역하는 실수를 행했던 것이다. 그러므로 현재 《요한복음》은 영어판 오역에 한글판 오역이 겹친 이른바 2단계 오역의 결과이다.

> In the beginning was the Word,
> and the Word was with God,
> and the Word was God.
>
> — 영어성경

> 태초에 말씀이 계셨다.
> 이 말씀이 하나님과 함께 계셨으니
> 이 말씀이 곧 하나님이시니라.
>
> — 한글성경

위의 번역에는 사도요한이 말했던 '로고스'가 실종되고 없다! '로고스'는 사라지고 그 자리를 터무니없게도 'Word' 혹은 '말씀'이 차지하고 있다. 이것은 인류 역사상 문화전파에서 생길 수 있는 실수 중 최악의 실수이다. 괴테도 《파우스트》에서 이 점을 풍자하여 이렇게 말했다.

노자老子

(파우스트가 서재에서 이렇게 독백한다)

그러한 계시는 그 어느곳 보다도

신약성서에 가장 존귀하고 아름답게 빛나고 있다.

이제 그 원전을 펴놓고 한번 성실한 마음으로

신성한 원문을 내 사랑하는 독일어로 옮겨보고 싶구나.

(한 권의 책을 펴들고 번역을 시작한다)

기록하여 가로되 '태초에 말씀이 있었느니라.'

나는 이 대목에서 벌써 막히고 만다.

누가 나를 도와 앞으로 나가게 할 수 없을까?

말이란 것을 나는 그렇게 높이 평가할 수가 없다.

만일 내가 영靈의 계시를 올바르게 받고 있다면

그와는 달리 옮겨놓아야 할 것이다.

– 《파우스트》 제1부

이 풍자는 루터가 처음 그리스어 《신약》 원전을 독일어로 번역할 때 '로고스'를 '말'로 번역했던 점을 가리키고 있다. '로고스'를 '말'로 번역한 것은 가장 졸렬한 번역이다. '로고스'라는 단어에는 물론 '말'이니 '어휘'니 '연설'이니 '이야기'이니 등의 뜻이 있지만, 사도요한은 '말'이나 '어휘' 등의 의미로 로고스를 쓴 것이 아니다. 그는 에페수스 사람으로서 로고스의 철학자 헤라클레이토스가 사용했던 바로 그 의미로 '로고스'란 단어를 쓰고 있는 것이다. 다시금 말하거니와 《요한복음》 상의 '로고스'는 결코 '말'이 아니다. 그것은 '우주의 원리'이며

'우주의 이치', 즉 '도'를 뜻하는 것이다. 한국만이 아니라 전세계의 기독교계는 《요한복음》의 이 번역상의 오류를 하루 빨리 바로 잡아야 한다. 글자 하나 때문에 기독교의 심오한 면이 절반은 날아가 버리고, 기독교가 전혀 다른 종교가 되어 버린 것이다.

오늘날의 기독교가 만약 '로고스'란 말의 참 뜻을 회복할 수 있다면 타 종교와의 사이에서 빚는 갈등과 충돌도 많은 부분 봄볕에 눈이 녹듯 자연스럽게 해소될 수 있을 것이다. 기독교가 다른 종교와 통할 수 있고 연결될 수 있는 비밀의 문이 바로 '로고스'이다. 로고스를 깊이 이해하면 할수록 기독교는 사도요한의 시대와 같은 심오함을 회복할 수 있고, 그렇게 되면 점점 불교, 도교, 이슬람교와도 통할 수 있게 된다. 통하여 하나가 되는 것, 그것이 도이다(道通爲一). 통하여 하나가 되지 못하고 남과 막혀 있는 것, 그것은 결코 도가 아니다.

유물혼성(有物混成)

노자의 말은 쉬운 듯하면서도 어렵고, 어려운 듯하면서도 쉽다. 그의 표현은 평범한 듯하면서도 오묘하고, 오묘한 듯하면서도 평범하다. 어찌보면 이렇게 말하는 것 같은데, 또 어찌보면 저렇게 말하는 것 같기도 하다. 그는 친절한 사람이라기보다는 자부심이 강한 사람이다. 그는 길게 말하지 않는다. 그러나 그렇더라도 우리는 노자를 이해해줘야 한다. 왜냐하면 그는 천성적으로 시인詩人이기 때문이다.

그는 결코 산문적으로 길게 말하는 사람이 아니다. 명확함을 추구하려다 장황해지는 것보다는 설령 다소 애매해지더라도 문장의 간결

노자老子

함을 그는 더 사랑한다. 그러므로 그의 철학은 단순히 철학에서 끝나지 않는다. 그의 철학은 예술과 결합되어 있다. 우리는 그에게서 그의 철학만 빼내고 싶어하지만, 그의 철학은 이미 예술의 일부가 되어 있어서 그것은 불가능하다. 우리는 그의 전부를 받아들이거나 아니면 전부를 거부해야지, 절반만 받아들일 수는 없다.

그의 문장 안에서 때로 철학과 예술은 싸운다. 보통 때는 철학이 예술에 우선하지만, 어떤 때는 예술이 철학보다 우위에 설 때가 있다. 그럴 때는 문장이 상당히 애매모호해지고, 번역이 적잖이 어려워진다. 그러나 그런 경우에도 걱정할 필요는 없다. 그의 혜안은 문장의 처음과 끝 전체를 지배하고 있어서 어느 곳엔가 답이 들어 있고, 결코 자기 자신을 속이는 법이 없기 때문이다.

노자는 제25장에서 '유물혼성(有物混成, 태초의 혼돈 속에 한 물건이 있었다)'이라는 시적인 표현을 남겼다. 이에 대해 사람들은 문자에 사로잡힌 나머지 '천지보다 먼저 있었다는 그 물건은 대체 어떻게 생긴 물건인고?'하는 우문愚問을 제기할 것이 틀림없다. 그러나 앞에서도 말했지만, 여기서의 물건(物)이란 감각으로 만져볼 수 있는 눈앞의 사물을 말하는 것이 아니고, 형이상학적이고 근원적인 우주의 도를 단지 물物에 비유한 것뿐이다.

(도는) 소리도 없고 형체도 없으나,
스스로 홀로 존재하며 영원히 변하지 않느니라.
우주 사방을 두루 오고 가나 결코 다함이 없나니,
가히 천하 만물의 어머니라 할 것이니라.

도의 절대성과 초월성이 시적 함축 속에서 간결하게 묘사되고 있다. 우리 자신을 포함한 천지 만물은 스스로 존재할 수 없고 항상 타에 의존되어 있으며 시시때때 늙고 병들고 변화해 가지만, 도는 스스로 독립적으로 존재하며 영원히 변화하지 않는다. 또, 우리 인간을 포함한 세상 만물은 코딱지만 한 공간 한켠에 붙어 부자유하게 살다가 때가 되면 여지없이 목숨을 다하고 사라져 가지만, 도는 결코 그런 법이 없다. 도는 이 무한한 우주 사방을 자유자재로 오고 가지만 결코 지치거나 피곤한 줄도 모르며 영원히 활동하고 움직이며 천지 만물을 생성한다. 그러므로 도는 가히 천하 만물의 어머니(天下母)라 할 수가 있는 것이다.

부지기명(不知其名)

> 나는 그것의 이름(名)을 알지 못하나니
> 일부러 자字를 지어 도道라 부르고
> 억지로 이름을 붙여 '크다(大)' 하노라.
> 크다고 하는 것은 끝없이 뻗어간다는 것(逝)
> 뻗어가면 멀어지고(遠)
> 멀어지면 제자리로 되돌아오나니(反).

노자는 앞에서 우주의 근원으로서의 도를 설명했다. 그것은 천지보다 먼저 있었고, 독립자존하며, 영원무궁하다. 근원성, 초월성, 영원성, 이것 이외에 무엇이 더 필요한가. 요컨대, 그것은 우주의 궁극적 실재이다.

어떤 무엇에 대해 이 정도까지 그 위대성과 장엄함을 설명했으면, 이제 다음 순서로 당연히 나와야 하는 것은 그것의 '이름'이다. 그것의 존귀한 이름이 떨리는 입술 사이로 나와야 하고 그러면 우리 모두는 그 이름 앞에 엎드려 절하면서 그 이름을 꽃과 보석으로 화려하게 장식하는 것이 순서이다. 그런데 노자의 태도는 완전히 우리의 상식을 깨트린다. 그는 말한다.

나는 그것의 이름(名)을 알지 못한다(吾不知其名).

뭐라구! 이름을 알지 못한다구! 나는 인간의 책을 읽다가 놀란 적이 두어 번 있는데, 하나는 붓다의 《반야심경》을 읽다가 '오온개공五蘊皆空'이란 구절을 보았을 때였고, 다른 하나는 지금 여기 《도덕경》 제25장의 이 구절을 보았을 때였다. 《반야심경》의 '오온개공'에서 나는 비로소 인간의 자아니 영혼이니 하는 것이 허구라는 것을 깨달았고, 《도덕경》의 이 구절 '부지기명不知其名'에서 나는 비로소 이름 붙여진 신은 참다운 신이 아니라는 것을 깨달았다.

그렇다. 우주의 참된 실재에는 이름이 없다. 그것은 무한자이며 무규정자이다. 그것은 결코 한정될 수 없다. 그것은 이름과 형상, 소리와 형체를 떠나 있다. 그것은 어떠한 이름으로도 지칭할 수 없다. 우리 인간은 자신들의 필요에 의해서 거기에 이름을 갖다 붙이지만, 이름을 갖다 붙이는 순간 실재는 드러나는 것이 아니라 오히려 이름에 의해 가려진다. 우주의 궁극적 실재는 이름 부를 수 없으며, 우주의 근본신에는 이름이 없다. 노자가 《도덕경》 제1장에서 한 말이 바로 이것이다.

도라고 할 수 있는 도는 참다운 도가 아니고
이름 부를 수 있는 이름은 참다운 이름이 아니다.

이 장에서 노자는 제1장과 같은 차원에서 이렇게 말하고 있는 것이다.

나는 그것의 이름을 알지 못한다.

이 지구상 다른 모든 문명권의 이른바 깨달은 자, 현자, 선지자들은 앞을 다투어 자신들이 믿는 신에 대해 거창한 이름들을 내걸고 그 거룩함을 딴 사람들에게 선전하려 하고 포교하려 하고 강매하려 했는데, 어인 일로 여기 이 사람 노자는 이름을 내걸기는 고사하고 자기는 '그 이름을 알지 못한다'고 하고 있단 말인가! 과거에도 그렇지만 지금 우리가 사는 세계가 이토록 어지럽고 소란스러운 것은 잘난 자들이 많아서 남들은 몰라도 자기만은 '그 이름을 안다'고 강변하기 때문 아닌가! 그들의 말에 따르면 자기만이 그 이름을 알 뿐만이 아니라, 더 나아가 '그 이름만이 유일한 이름'이라는 것 아닌가! 옛말에 무식이 보초를 서고, 유식이 출장갔다고 했던가? 부디 그 무식이 보초를 오래 오래 잘 서기 바란다. 그리고 출장간 유식은 돌아오지 말고 쭉 휴가를 즐기기 바란다.

노자老子

그다음 줄에서 보여주는 노자의 태도도 인류에게 시사하는 바가 크다. 원래, 사람이 태어나면 본명이 있고, 본명 대신에 부르던 이름이 있다. 본명이 '명名'이고, 본명 대신 부르던 이름이 '자字'이다. 우리 동양인들은 본명을 소중히 여겨 함부로 부르지 않고, 따로 자字를 지어 불러주었다. 노자는 이러한 관습에 비유하여 이렇게 말한다.

    나는 그것의 이름(名)을 알지 못하나니
    일부러 자字를 지어 도道라 부른다.

도란 본명이 아니다! 저 위대한 '도'라는 이름도 자, 즉 임시의 이름이고 억지로 갖다 붙인 이름이다! 이 얼마나 놀라운 태도인가. 자기가 믿는 신, 자기가 믿는 궁극의 진리에 대해 노자와 같은 태도를 보인 사람은 역사상 아무도 없다! 도무지 노자는 네이밍(naming, 이름붙이기)에 대해 아무 관심이 없다. 그가 관심 있는 것은 이름 너머의 실재이다.

    억지로 이름을 붙혀 크다(大)하노라.
    크다고 하는 것은 끝없이 뻗어간다는 것(逝)
    뻗어가면 멀어지고(遠)
    멀어지면 제자리로 되돌아 오나니(反).

그러나 인간사회의 의사소통을 위해서 가만히 있을 수는 없고, 무언가 억지로 이름을 붙이기는 해야 하는데, 그렇다면 '대大'라고 하면 어떨까? 여기서 노자가 말하는 '대'란 '광대무변'하다는 의미이다. 즉,

'대大'는 무한히 넓고 큰 것이므로 무소 부재하여 우주 만물 어디에까지 끝없이 뻗어가고(大曰逝), 끝없이 뻗어가면 한량없이 멀어지고(逝曰遠), 멀어지면 다시금 제자리로 되돌아오게 된다(遠曰反). 말하자면 도는 우주 안에서 끊임없이 서逝 · 원遠 · 반反의 운동을 행하는 것이다. 도는 죽어 있는 정적인 물건이 아니다. 그것은 영원히 살아 움직이는 생성의 힘으로 이 우주 안에서 고동친다. 《주역》에 보면 '물극필반(物極必反, 사물이 극에 달하면 반드시 되돌아온다)'이라는 용어가 등장하는데, 이는 노자가 말한 서逝 · 원遠 · 반反과 다른 것이 아니다.

네 가지 큰 것

그러므로 도가 크고, 하늘이 크고, 땅이 크며, 왕도 역시 크다.
세상에 네 가지 큰 것이 있나니, 왕도 그 가운데 하나이다.

노자에 의하면 세상에 네 가지 위대한 것이 있다. 도道 · 천天 · 지地 · 왕王이 그것이다. 그러나 여기서 왕이란 것보다는 사람이라는 것이 더 적절한 표현이다('왕'이 아니라 '사람'이라고 되어 있는 사본도 있다). 가장 위대한 것은 도이고, 그 도를 이어 받은 천天 · 지地 · 인人 또한 위대하다. 이른바 천 · 지 · 인 삼재三才이다.

사람은 땅을 본받고 (人法地)
땅은 하늘을 본받고 (地法天)
하늘은 도를 본받고 (天法道)

노자老子

도는 '스스로 그러함'을 본받는다. (道法自然)

사람이 위대한 것은 땅을 본받기 때문이오, 땅이 위대한 것은 하늘을 본받기 때문이며, 하늘이 위대한 것은 도를 본받기 때문이다. 그러면 도는 무엇을 본받는가? 도는 '스스로 그러함(自然, suchness)'을 본받는다. '도법자연道法自然'에서의 자연이란 우리 눈앞의 산천초목을 말하는 것이 아니다. 여기서 말하는 자연이란 말 그대로 '스스로(自) · 그러함(然)'이다. 어떤 인위나 조작도 섞이지 않은 무위자연無爲自然, 그것이 바로 도가 가는 길이다.

인간이 위대한 이유는 다른 데 있는 것이 아니다. 인간은 지구상에서 가장 탐욕에 차 있는 동물이지만, 그러나 또한 다른 동물과 달리 자신을 비울 수 있는 유일한 동물이다. 자신을 비울 수 있다는 것, 그것이 위대한 것이다. 자신을 비우고 천지자연의 도를 본받을 수 있다는 것, 그리하여 거짓을 털어내고 진리 앞에서 고요히 자신을 성찰할 수 있다는 것, 그것 때문에 인간이 위대한 것이다.

노자는 도에 대하여 '나는 그 이름을 알지 못한다'고 말했던 사람이다. 그러나 우리 주변에는 도에 대해, 진리에 대해, 신에 대해 안다고 하는 사람들이 너무 많다. 그런 사람들에 대해 노자는 이렇게 말했다.

참 아는 자 말하지 않고, 말하는 자 참 알지 못한다.

知者不言　言者不知

– 제56장

제26장 ;
무거운 것은 가벼운 것의 뿌리

무거운 것은 가벼운 것의 뿌리요,

고요한 것은 소란스러운 것의 임금이다.

그러므로 성인은 종일토록 길을 가도

짐수레 곁을 떠나지 않으며,

비록 호화스러운 곳에 있다 하더라도

평소처럼 초연할 따름이다.

어찌 만승의 임금으로서

몸을 천하에 가벼이 할것인가.

가벼우면 곧 근본을 잃고

조급하면 곧 임금을 잃는다.

重爲輕根 靜爲躁君 중위경근 정위조군

是以聖人 終日行 不離輜重 雖有榮觀 燕處超然

시이성인 종일행 불리치중 수유영관 연처초연

奈何萬乘之主 而以身輕天下 輕則失本 躁則失君

내하만승지주 이이신경천하 경즉실본 조즉실군

이순신

이순신 장군은 전투에 임할 때 '물령망동 여산정중勿令妄動 如山靜重'
이란 여덟 자를 써서 배 위에 내걸었다고 한다. '망령되이 행동하지
말고, 산처럼 무겁고 고요하라'는 뜻이다. 이것은 분명 '초전에 박살
내자' 또는 '적들을 타도하자'라는 표어 등과는 차원이 다른 말이다.
이순신은 전쟁에 임하면서도 자극적이며 선정적인 구호를 쓰지 않
고, 철학자가 인생을 관조하듯 깊이 있는 잠언을 남겼던 것이다. 아
마 이처럼 침착하고 사려 깊은 인물이었기 때문에, 그의 머리에서 상
대의 허를 찌르는 절묘한 전략이 나올 수 있지 않았나 싶다. 인생에
서든 전쟁에서든 경거망동 하거나 부화뇌동 하는 자는 결국 몸을 망
치게 되어 있다.

무겁고 고요하라

무거운 것은 가벼운 것의 뿌리요,
고요한 것은 소란스러운 것의 임금이다.

요컨대, 무겁고 고요한 것을 가볍고 소란스러운 것이 이길 수 없다.

나무에서는 무겁고 고요한 것이 뿌리이고, 가볍고 소란스러운 것은 잎이다. 군대에서는 무겁고 고요한 것이 장군이고, 가볍고 소란스러운 것은 병졸들이다. 나라에서는 무겁고 고요한 것이 임금이고, 가볍고 소란스러운 것은 대중이다.

이것은 지식에 있어서도 마찬가지이다. 이것 저것을 많이 외우고 다니는 박학다식한 자들은 대체로 가볍고 소란스럽다. 그러나 심오한 깊이를 지닌 자는 무겁고 고요하다. 인생에서 잠시 동안은 가볍고 소란스럽고 떠들썩한 자들이 사람들의 이목을 사로잡는 듯 하지만 결국 그것은 한때의 유행이요 흐름일 뿐 시간이 지나고 나면 그런 광대와 같은 자들은 다 용도폐기되고 잊혀진다. 그러나 심오하고 깊이 있는 지식은 무겁고 고요한 까닭에 처음에는 얼른 눈에 띄지 않지만, 시간이 지나면서 점점 사람들에게 인정받게 되고 널리 퍼져서 결국 세상을 이끌어가게 된다. 지금 우리가 알고 있는 많은 위대한 철학자와 예술가들도 이 길을 갔다. 그리고 노자 자신도 이 길을 갔다.

이파리는 무성하고 풍성하지만 늘상 바람에 뒤집힌다. 그러나 뿌리는 뒤집히는 법이 없다. 뿌리가 존재의 중심이다. 중심을 잘 지켜라. 성인聖人은 그 일에 전념한다.

조급하면 근본을 잃는다

그러므로 성인은 종일토록 길을 가도

짐수레 곁을 떠나지 않으며,

비록 호화스러운 곳에 있다 하더라도

노자老子

평소처럼 초연할 따름이다.
어찌 만승萬乘의 임금으로서
몸을 천하에 가벼이 할 것인가.

　도를 체득한 성인은 종일토록 행군하지만 군수물자를 실은 수레 곁을 떠나지 않는 군대의 장군처럼 만사를 신중하게 행한다. 또 그는 비록 호화스러운 궁궐이나 화려한 구경거리가 있어도 그런 것들은 거들떠보지도 않고, 평소 거처하던 자신의 방안에 앉은 것처럼 담담한 태도로 초연하게 행동할 따름이다.
　하물며 일만의 전차를 가진 제왕이라는 자가 어찌 천하에 몸을 가볍게 처신할 수가 있겠는가. 군왕은 마땅히 무겁고 신중히 행동해야 한다. 만약 그렇지 못하면 몸에 재앙이 미친다.

가벼우면 곧 근본을 잃고
조급하면 곧 임금을 잃는다.
輕則失本 躁則失君

　아무래도 노자는 춘추전국시대를 통하여 가벼이 행동하다 몸을 망친 임금을 여럿 보았던 모양이다.

제27장 ;
잘 가는 자는 바퀴 자국이 없고

잘 가는 자는 바퀴 자국이 없고

잘 말하는 자는 흠이 없고

잘 셈하는 자는 산가지를 쓰지 않으며

잘 닫는 자는 빗장을 쓰지 않으나 열 수가 없고

잘 묶는 자는 노끈을 쓰지 않으나 풀 수가 없다.

이로써 성인은 항상 사람을 잘 구원하며

아무도 버리지 않는다.

또 항상 물건도 잘 구원하며

어느 것도 버리지 않는다.

이것이 성인의 진정한 명철함이다.

그러므로 훌륭한 사람은 훌륭하지 못한 사람의 스승이요

훌륭하지 못한 사람은 훌륭한 사람의 바탕이다.

그 스승을 귀하게 여기지 않고

그 바탕을 아끼지 않는다면,

비록 지혜로운 자라 하더라도 크게 미혹될 것이니

이를 일러 오묘한 진리라 한다.

善行 無轍迹 善言 無瑕謫 善數 不用籌策

선행 무철적 선언 무하적 선수 불용주책

善閉 無關楗而不可開 善結 無繩約而不可解

선폐 무관건이불가개 선결 무승약이불가해

是以聖人 常善求人 故無棄人 常善救物 故無棄物

시이성인 상선구인 고무기인 상선구물 고무기물

是謂襲明 故善人者 不善人之師 不善人者 善人之資

시위습명 고선인자 불선인지사 불선인자 선인지자

不貴其師 不愛其資 雖智大迷 是謂要妙

불귀기사 불애기자 수지대미 시위요묘

자연스러움

우리 인간이 하는 일은 항상 모자라거나 남거나 둘 중의 하나이다.

그러나 노자는 모자라는 것(不及)에 대해서는 별 나쁘다고 말하지 않

는다. 그것은 언제라도 채우면 되기 때문이다. 반면, 노자는 과한 것

에 대해서는 엄하게 경고한다. 노자에 의하면 우리 인간은 모자라는

것이 아니라 '오버'하는 것 때문에 인생을 망친다. '오버'하지 마라. 인

생을 자연스럽게 살아라. 마음을 비워라. 그러면 행동거지도 자연스러워지고 순수해진다. 괜히 어디 가서 쓸데없이 흔적을 남기려 하지 마라. 흔적을 남기려 하다가 일이 꼬이고, 너무 잘하려 하다가 일을 망친다. 인위와 작위를 멀리하고 '무위'의 삶을 살아라. 도를 행하는 성인은 별다른 뭐를 하는 것 같지도 않은데, 모든 일을 완성시킨다.

> 잘 가는 자는 바퀴 자국이 없고
> 잘 말하는 자는 흠이 없고
> 잘 셈하는 자는 산가지를 쓰지 않는다.
> 잘 닫는 자는 빗장을 쓰지 않으나 열 수가 없고
> 잘 묶는 자는 노끈을 쓰지 않으나 풀 수가 없다.

그는 무위의 삶을 살기 때문이다. 그의 행동에는 어떤 의도도, 선택도, 술수도 없다. 그는 다만 커다란 하나의 도를 따를 뿐이다. 그래서 그는 대충 닫는 것 같지만 빗장을 쓰지 않아도 남들이 열 수가 없고, 또 그는 대충 묶어 두는 것 같지만 노끈을 쓰지 않아도 남들이 풀 수가 없다. '무위'를 행하는 도인은 뚜렷한 흔적을 남기지도 않고, 특별한 기교를 부리지도 않고서 만사를 처리해 나가지만 그 묘용은 무궁무진하다.

쓸모없는 사람은 하나도 없다

이로써 성인은

노자老子

항상 사람을 잘 구원하며 (善救人)

아무도 버리지 않는다. (無棄人)

또 항상 물건도 잘 구원하며 (善救物)

어느 것도 버리지 않는다. (無棄物)

이것이 성인의 진정한 명철함이다.

성인은 무슨 기준을 정해놓고 사람을 판별하는 것이 아니라, 무위로써 사람을 대한다. 그렇기 때문에 성인은 모든 사람의 가치를 식별하여 한 사람 한 사람을 적재적소에 잘 배치하고 아무도 버리지 않는다. 우리 인간의 목적과 효용이라는 관점에서 보면 쓸 사람이 있고 버릴 사람이 있는지 모르지만, 하늘의 관점에서 보면 모든 인간은 저마다 다 쓸모가 있어서 세상에 나온 것이다. 성인이란 자신의 관점에 매몰되어 사물을 보는 것이 아니라 우주의 관점에서 사물을 보는 사람이다. 그러므로 그에게는 쓸모없는 사람이 하나도 없다.

이 점은 물건에 대해서도 마찬가지이다. 우리 인간의 관점에서 보면 필요한 물건이 있고 버릴 물건이 있는지 모르지만, 우주의 관점에서 보면 모든 물건은 다 저마다의 고유한 쓸모가 있어서 조물주가 세상에 내놓은 것이다. 그러므로 어느 한 물건도 실은 버릴 물건이 없는 것이다. 이것을 가리켜 노자는 '성인의 진정한 명철함'이라 부르고 있는데, 이것은 이미 노자의 도는 인간중심주의라는 편협함을 한참 넘어 섰음을 의미하는 것이다.

그러므로 훌륭한 사람은 훌륭하지 못한 사람의 스승이요,

훌륭하지 못한 사람은 훌륭한 사람의 바탕이다.

노자가 보기에는 훌륭한 사람 따로 있고, 훌륭하지 못한 사람 따로 있는 것이 아니다. 양자는 상대적이며, 상호의존적이다. 우리는 별 생각 없이 훌륭한 사람과 훌륭하지 않은 사람을 구분하지만, 실은 훌륭한 사람이란 훌륭하지 않은 사람이 있기 때문에 존재할 수 있는 것이다. 그리고 세상은 훌륭한 사람만 있다고 해서 유지되는 게 아니다. 세상은 훌륭한 사람과 훌륭하지 않은 사람이 섞여 있기 때문에 비로소 돌아가는 것이다. 만약 천지에 훌륭한 사람들 일색이라면 이 세상이 어떻게 돌아가겠는가. 그렇게 되면 그 세상은 더는 돌아가지 못하고 멈추고 말 것이다. 그러니 너무 훌륭한 사람과 훌륭하지 않은 사람을 구분하지 마라. 그것은 모두 인간이 자기 필요에 의해 지어놓은 분별일 뿐이다.

그 스승을 귀하게 여기지 않고
그 바탕을 아끼지 않는다면,
비록 지혜로운 자라 하더라도 크게 미혹될 것이니
이를 일러 오묘한 진리라 한다.

유가에서는 자꾸 훌륭한 사람이 되라고 말하지만, 도가에서는 그렇게 말하지 않는다. 도가에서는 사람을 이분법적으로 나누지 말라고 말할 뿐이다. 훌륭한 사람과 훌륭하지 않은 사람의 구분 따위는 이 우주 안에 없다. 모든 사람은 원래 모두 존귀하고 소중하다. 세상은 인

노자老子

위적으로 정한 규범의 틀을 가지고서 훌륭한 사람은 귀하게 여기고 훌륭하지 못한 사람은 귀하게 여기지 않으려 하지만, 그것은 실은 온당한 일이 아니다. 그런 편협한 생각을 계속 지니고 살면 비록 지혜로운 자라 할지라도 오래 가지 못해 크게 미혹될 것이다. 도는 어느 일방에 치우친 것이 아니다. 도는 전체적이며 보편적인 것이다. 그래서 그것을 '오묘한 진리(要妙)'라고 한다.

제28장 ;
무극으로 돌아가라

그 남성적인 것을 알면서 그 여성적인 것을 지키면
천하의 골짜기가 될 것이니라.
천하의 골짜기가 되면
영원한 덕이 떠나지 않으며
어린아이로 돌아가게 될 것이다.

그 밝은 것을 알면서 그 어두운 것을 지키면
천하의 본보기가 될 것이니라.
천하의 본보기가 되면
영원한 덕에서 어긋나지 않으며
무극으로 돌아가게 될 것이다.

그 영화로움을 알면서 그 욕됨을 지키면
천하의 계곡이 될 것이니라.
천하의 계곡이 되면

영원한 덕이 넉넉하게 되며

소박한 통나무로 돌아가게 될 것이다.

통나무가 쪼개지면 그릇이 되는데

성인은 이를 사용하여 군왕이 되나니,

무릇 크게 벤다는 것은 베지 않는 것이다.

知其雄 守其雌 爲天下谿 지기웅 수기자 위천하계

爲天下谿 常德不離 復歸於嬰兒 위천하계 상덕불리 복귀어영아

知其白 守其黑 爲天下式 지기백 수기흑 위천하식

爲天下式 常德不忒 復歸於無極 위천하식 상덕불특 복귀어무극

知其榮 守其辱 爲天下谷 지기영 수기욕 위천하곡

爲天下谷 常德乃足 復歸於樸 위천하곡 상덕내족 복귀어박

樸散則爲器 聖人用之 則爲官長 故大制不割

박산즉위기 성인용지 즉위관장 고대제불할

복귀어무극(復歸於無極)

　노자《도덕경》의 핵심사상 중의 하나는 바로 천지 만물이 도道로
다시 돌아가야 한다는 '복귀復歸'사상 이다. 노자는 이 점에서 다른 제
자백가들과 다르다. 노자(장자)를 제외한 여타의 다른 모든 제자백가
들의 사상은 한마디로 나아감, 즉 '진'의 사상이다. 그들은 문명을 향
해 나아간다. 유가·법가·묵가 등의 사상은 다소 정도의 차이는 있

지만 그들 모두는 논의의 중심에 인간문명을 놓고 그것의 성장과 지속, 즉 '진'을 논했다.

중국의 다른 여타의 제자백가들의 '진'사상이란 일종의 원심력이다. 이에 반해 노자의 '귀歸'사상이란 구심력이다. (여기에 우리 한국 사회에는 100여년 전부터 서구사상까지 들어와 있다. 그런데 이 서구사상이라고 하는 것은 중국 제자백가들의 '진'사상보다 훨씬 더 심한 '진'사상이고 원심력이다.) 세상이란 원심력과 구심력의 균형이 맞아야 원활히 돌아가는 것인데, 지금 우리가 살아가는 이 시대는 이 균형이 깨진 상태다. 나라와 사회와 개인 모두가 너나 할 것 없이 밖으로 쏟아져 나가는 원심력에만 매달려 정신없이 내달릴 뿐, 에너지를 안으로 수렴시키는 구심력을 상실해 버렸다.

구심력 상실의 결과는 무엇인가? 그것은 다름 아닌 '생명'의 고갈이다. 생명이 고갈되면 사회에 어떤 현상이 생기는가? 몸과 마음이 병든 우울증 환자의 대량 출현이다. 그리고 이것은 이제 남의 이야기가 아니다. 이미 우리 사회는 이 단계에 접어든 지 오래이다. 어디를 가도 몸과 마음이 병든 사람들이 온 세상에 가득하다. 그들은 자기 몸이 왜 아픈지, 자기 마음이 왜 병들었는지도 모른 채 하루하루 삶에 쫓기면서 살아간다.

존재의 근원으로부터 이탈된 삶에는 생명이 깃들 수 없다. 노자는 제16장에서 '귀근왈정'을 이야기했던 것과 동일한 차원에서 여기 제28장에서 '어린아이로 돌아가라(復歸於嬰兒)', '무극으로 돌아가라(復歸於無極)', 그리고 '소박한 통나무로 돌아가라(復歸於樸)'고 말하고 있다.

그 밝은 것을 알면서 그 어두운 것을 지키면
천하의 본보기가 될 것이니라.
천하의 본보기가 되면
영원한 덕에서 어긋나지 않으며
무극無極으로 돌아가게 될 것이다.

세상에는 밝은 것과 어두운 것이 있다. 양陽이 있는가 하면 음陰이
있고, 동動이 있는가 하면 정靜이 있다. 나아가는 것이 있는가 하면 물
러서는 것이 있고, 원심력이 있는가 하면 구심력이 있다. 낮이 있는
가 하면 밤이 있고, 여름이 있는가 하면 겨울이 있다. 문명이 있는가
하면 자연이 있고, 도회지가 있는가 하면 시골이 있다. 지혜가 있는가
하면 무지가 있고, 탁한 것이 있는가 하면 맑은 것이 있다. 요컨대, 세
상에는 밝은 것과 어두운 것이 있는 것이다. 여기서 우리가 밝은 것
만을 취하고, '양'만을 취하며, 나아가는 것만 취하고, 문명만을 취하
고, 지혜만을 취하면 우리는 반쪽짜리 인생이 된다. 그런 인생은 깊이
가 없고 풍미가 없다.

이 우주는 밝은 것과 어두운 것이 균형 있게 고루 섞여 있다. 만약
어느 한 쪽으로 과도하게 기울면 우주의 도는 종말을 고한다. 밝은 것
만을 취하고, '양'만을 취하면 그것은 도가 아니고, 천하의 본보기가
될 수 없다. 천하의 본보기가 되고자 하는 자는 '그 밝은 것을 알면서
그 어두운 것을 지켜야'한다. 그것이 참된 균형이다. 이 균형을 갖춰
야 천하의 모범이 되는 것이며, 그래야 영원한 덕에서 어긋나지 않고
무극, 즉 끝이 없는 도의 세계로 돌아갈 수가 있는 것이다.

무극(無極)과 태극(太極)

'무극無極'이란 용어가 중국 철학사상 여기 노자《도덕경》제28장에서 처음 출현했다. 즉, 동양사상의 맨 꼭대기에 놓여 있는 이 중요한 개념은 공자나 맹자 또는 주희가 만든 것이 아니라 바로 노자가 만든 개념이다. 동양사상에서 모든 천지 만물의 전개는 무극에서 시작해서 태극太極이 나오고, 태극에서 음양이기陰陽二氣가 생하는 것으로 되어 있다. 그런데 재미있는 것은 노자의《도덕경》에는 무극만 있고 태극은 없다는 사실이다. 즉, 노자는 '태극'을 필요로 하지 않았다. 그러면 태극은 어디에 나오는가? 태극은《주역》에 나온다.《주역》〈계사전〉에 보면 '역유태극(易有太極, 역에 태극이 있다)'이란 말이 한 줄 나올 뿐인데, 이것이 태극이란 말의 출전이다.

그러면 '무극'과 '태극'의 관계는 어떤 것인가? 이것은 철학적 두뇌가 있는 사람이면 누구나 한 번쯤 고민해볼 만한 문제이기도 하다. 이 두가지 유사하면서도 상이한 개념을 가지고 가장 진지하게 고민을 전개했던 사람은 바로 중국 송나라 때의 유학자 주돈이周敦頤다. 주돈이는 중국의 모든 유가를 대표해서 이 고민을 했다. 그리고 주돈이의 이 형이상학적 고민으로부터 이른바 '성리학性理學'이라고 불리우는 철학적 유교가 탄생하게 된 것이다. 성리학의 완성자는 주희이지만, 성리학의 비조鼻祖는 주돈이이다. 성리학은 사실 주돈이가 쓴《태극도설太極圖說》에서 그 단초가 열린 것이기 때문이다. 그는 위 책에서 중국 역사상 처음으로 '무극'과 '태극'의 관계를 정리했다. 그는 이렇게 말했다.

무극이태극無極而太極 – 무극이 곧 태극이다.

　대담하면서도 불가피한 결론이다! 가능한한 도가적 색채를 탈색시켜야 했던 유학자로서는 누구라도 이 이상으로 달리 정리하기 어려울 것이다. 그러나 주돈이의 말처럼 '무극이 곧 태극'이라면 두 개념 중에 하나는 사라져야 한다. 같은 개념이 두 개 존재할 필요는 없다. 그리고 엄밀히 말할 때 두 개념은 결코 같은 것이 아니다. 무극은 존재론적으로 볼 때 태극 이전의 개념이다. 태극은 그 안에 존재의 최초의 씨앗을 품고 있는 상태이지만, 무극은 그 안에 존재의 씨앗조차 없는 절대무의 상태이다. 태극은 그 안에 음양의 조짐이 최초로 일고 있는 상태이지만, 무극은 그 안에 어떤 음양의 조짐도 존재하지 않는 텅 빈 상태이다. 태극은 최초의 유有의 상태이지만, 무극은 근원적인 무無의 상태이다. 요컨대, 태극은 잠을 깬 우주이고, 무극은 아직 잠들어 있는 우주이다. 양자는 결코 같은 것이 아니다. 존재론적 생성의 순서를 말한다면 태극이 존재하기 전에 무극이 있었다. 그러므로 주돈이의《태극도설》의 첫 문장은 다음처럼 고쳐져야 한다.

무극이생태극無極而生太極 – 무극에서 태극이 나왔다.

　그러나 위의 문장은 나의 말이 아니라 예전부터 있던 말이다. 즉, 주돈이의《태극도설》에 있던 원문은 원래 '무극이생태극'이었는데 그것을 나중에 주희가 개찬하여 '무극이태극'으로 고쳤다는 설이 있다. 이것은 진위를 파악할 수 없는 하나의 설이지만, 이러한 설이 떠돌게 되었던 것은 주희가 편찬했던 《근사록》상의 '무극이태극'이란 표현이 어딘지 어색하다고 사람들이 느꼈기 때문일 것이다. 그리고 나 또한 그렇게 느끼고 있다. 무극을 태극과 동류로 취급하면 동양 고대 철학의 깊이가 상당량 날아가 버린다. 개념들을 정리함에 있어서 가능한한 도가적 용어를 유가적 용어로 탈바꿈시켜야 했던 유학자들로서는 무극·태극을 동류로 다루고 싶었겠지만, 그것은 단견短見이다. 양자를 동류로 취급하면 천지 만물의 생성을 깊이 있게 설명할 수 없게 된다. 그래서 나는 '무극이태극'이란 설을 버리고 '무극이생태극'을 취한다.

대제불할(大制不割)

노자는 우리가 인생에서 만나는 영화로움과 욕됨에 대해 어떻게 대처할지 이야기해준다.

그 영화로움을 알면서 그 욕됨을 지키면
천하의 계곡이 될 것이니라.
천하의 계곡이 되면
영원한 덕이 넉넉하게 되며
소박한 통나무(樸)로 돌아가게 될 것이다.

세상을 살면서 처음에는 못살다가 나중에 잘살게 되는 것은 좋은데, 반대로 처음에는 잘살다가 나중에 못살게 되면 그것은 문제다. 그

노자老子

렇게 되면 소화불량이 오고 뇌졸중이 온다. 그래서 우리 조상들은 현명하게도 '초년출세初年出世'를 터부시 해왔다. 노자도 이것은 좋아하지 않았을 것 같다. 노자는 그런 것보다는 '대기만성大器晚成'을 좋아했다.

결혼해서 처음에 작은 13평짜리 서민아파트에 전월세로 살다가 점점 25평, 48평, 70평으로 평수를 늘려가는 방식으로 세상을 살면 재미가 있는데, 부모 잘 만나서 처음 결혼해서부터 강남 70평짜리 아파트에 살다가 점점 쫄아들어 48평, 25평, 13평으로 이사가게 되면 암에 걸린다. 이것이 세상 이치다. 두 경우에 평수는 모두 똑같다. 13평, 25평, 48평, 70평. 그러므로 각자가 누렸던 객관적 효용은 똑같았다. 다만 다른 것은 시간적 순서뿐이다. 그런데 누구는 인생이 즐겁고, 누구는 암에 걸린다. 이것을 경제학에서는 '소비 불가역성不可逆性의 법칙'이라 부른다. '사람은 소비를 늘려갈 수는 있어도 줄여갈 수는 없다'는 뜻이다. 아무도 이 원칙을 강요하지 않지만, 모든 사람들이 자발적으로 가장 잘 지키는 원칙이 바로 이것이다. 그렇다. 확실히 소비는 불가역적이다. 당신도 그렇고 나도 그렇다. 노자와 장자 같은 몇 사람의 성인 외에는 모두 다 마찬가지이다. 나도 '소비 불가역성의 법칙' 때문에 고생하며 살고 있다. 경제학에도 나름 인생의 통찰을 담고 있는 용어들이 간혹 있는데, 이것이 그 중 하나이다.

인생의 흥망성쇠는 예측하기 어렵다. 어제 높은 자리에 있다가 오늘 교도소 갈 수도 있고, 어제 재벌 2세로 살다가 오늘 갑자기 노숙자 신세가 될 수도 있다. 노자 말은 이럴 때 조심하라는 것이다. 세상의 영화로움이 무엇인지 잘 알면서도 그 욕됨을 잘 참고 감수해나가면 온 세상이 따르는 큰 골짜기가 되지만, 대체로 우리는 그러하지 못하다. 우리 범부들은 세상의 영화로움을 한 번 알게 되면 끝까지 그 영화로움을 탐닉하려다가 천하의 망신거리가 된다. 그러나 만약 우리가 도의 한자락을 체득하게 되어 천하의 골짜기가 될 수 있다면 다듬지 않은 원목原木과 같은 소박함에로 되돌아가게 될 것이다.

통나무가 쪼개지면 그릇이 되는데
성인은 이를 사용하여 군왕이 되나니,
무릇 크게 벤다는 것은 베지 않는 것이다.

그릇을 만들기 위해서는 통나무를 쪼개지 않을 수 없다. 이것은 피할 수 없는 과정이다. 아무리 원목의 질박함을 아끼고 사랑한다 하더라도 그릇이 만들어지기 위해서는 원목은 쪼개져야만 한다. 그러나 이 원목이 쪼개질 때 성인은 우리 범부들과 다르게 행동한다. 그는 어떤 작위도 개입되지 않은 무위無爲의 도를 행하여 원목을 크게 자른다. 그렇기 때문에 원목은 잘려 나가지만 그 본래됨은 상하지 않는다. 이것이 바로 '대제불할大制不割'이다. 우리 범부들은 좀스러워 원목을 자르면 그 질박함을 손상시키지만, 무위자연의 성인은 베는 솜씨가 뛰어나 원목 본래의 질박함을 그대로 살리는 것이다. 성인이 휘두르는 무위의 절묘한 칼솜씨, 그것이 바로 '대제불할'이다.

노자老子

제29장

천하는 신령한 물건

장차 천하를 취하려 하면서
무언가 작위하려 하는 것,
나는 그것이 불가능함을 안다.
무릇 천하는 신령한 물건이라
억지로 할 수 있는 것이 아니다.
억지로 하려는 자 그르치고
붙잡으려 하는 자 놓칠 것이다.

세상 만물이란
앞서가는 것도 있고 뒤따르는 것도 있으며
숨을 천천히 쉬는 것도 있고 빨리 쉬는 것도 있으며
강한 것도 있고 약한 것도 있으며
꺾이는 것도 있고 무너져 내리는 것도 있다.

그러므로 성인은

과도함, 탐닉, 교만을 피한다.

將欲取天下而爲之 吾見其不得已 장욕취천하위지 오견기부득이

天下神器 不可爲也 爲者敗之 執者失之 천하신기 불가위야 위자패지 집자실지

故物 或行或隨 或歔或吹 或强或羸 或挫或隳

고물 혹행혹수 혹허혹취 혹강혹리 혹재혹휴

是以聖人去甚 去奢 去泰 시이성인거심 거사 거태

마키아벨리

권력을 탐했으나 권력의 근처에 가지 못했던, 치밀한 현실주의자 마키아벨리(Machiavelli)는 《군주론》에서 이렇게 말했다.

정치하는 자가 존경을 받으려면 어떻게 행동해야
할 것인가를 고찰하건대, 무엇보다도 먼저 큰 사업을
벌려 전임자와 그릇이 다르다는 것을 사람들에게
보여주는 일이 중요하다.

역시 마키아벨리다운 말이다. 그러나 요즘 정치가들은 이미 마키아벨리의 도움이 필요 없다. 그들은 벌써 마키아벨리를 꿰뚫고 있고, 오히려 어떤 면에서는 앞서고 있다. 오늘날 한국의 정치가들, 지자체장들 그들이 하는 일이 무엇인가? 그들은 《군주론》을 읽지 않았음에도

불구하고, 벌써 '무엇보다 먼저 큰 사업을 벌려 전임자와 그릇이 다르다는 것'을 온 세상에 알려보려고 야단들이지 않은가! 그런데 문제는 그들이 전임자와 비교해 그릇이 어떤지는 알 수 없으나, 제 멋대로 벌여놓은 거창하기 이를 데 없는 '큰 사업'들 때문에 재정이 고갈되어 지자체들이 휘청거리고 나라가 거덜나고 있다는 사실이다. 한국만이 그런 것이 아니고 일본도 미국도 마찬가지이다. 정치가란 자들이 터무니없는 허세와 허풍을 떨면서, 말도 안 되는 '큰 사업'들을 벌이는 바람에 도시 전체가 망해버린 곳들이 일본·미국 등지에 허다하다. 그리고 우리나라도 지금 그 대열에 바짝 다가서고 있다. 이른바 마키아벨리식의 정치행태가 지니고 있는 한계이다.

그들 정치가들은 노자 《도덕경》에 그들을 위해 몇 마디 따끔한 잠언이 준비돼 있음을 알지 못한다.

장차 천하를 취하려 하면서 무언가 작위 하려 하는 것,
나는 그것이 불가능함을 안다.

노자는 허세와 허풍으로는 세상일이 불가능하다고 말한다. 노자는 천하를 손에 움켜쥐고 제멋대로 무언가를 해보려는 짓들은 성공할 수 없다고 말한다. 왜인가?

무릇 천하는 신령한 물건이라
억지로 할 수 있는 것이 아니다.

천하신기. 천하는 인간의 계획 따위는 훌쩍 초월해 있는 불가사의한 존재이다. 우리 인간은 우주 만물의 흐름을 다 알 수 없다. 그러므로 무언가를 억지를 써서 하면 안 된다.

억지로 하려는 자 그르치고
붙잡으려 하는 자 놓칠 것이다.

야율초재(耶律楚材)

징기스칸을 도와 원元나라의 건국 기초를 닦은 인물이 야율초재이다. 그는 원래 금金나라의 관리였으나, 금이 망할 때 징기스칸의 포로가 된 뒤 원나라 재상으로 발탁되어 역사상 가장 큰 제국을 설계했던 사람이다. 마키아벨리는 큰 권력을 잡아본 적이 없지만, 그는 권력의 중심에 서서 세계 제국을 운영해 보았다는 점이 다르다. 그러므로 마키아벨리에게는 무언가 결핍된 자 특유의 동경과 미련 같은 것이 권력에 대해 남아 있지만, 야율초재는 이와는 반대이다. 그는 권력을 직접 행사해보았던 사람으로서, 권력에 대해 어떤 환상도 동경도 없다. 그는 담담하다. 그는 마키아벨리와는 정반대의 말을 한다.

한 가지 일을 시작하는 것은
한 가지 일을 없애느니만 못하다.
또, 한 가지 일을 만드는 것은
한 가지 일을 줄이는 것만 못하다.

노자老子

야율초재의 말은 거의 노자《도덕경》에 있는 말들과 비슷한 수준이다. 오랜 경륜에서 나오는 지혜가 묻어 있는 말들이다. 그는 결코 마키아벨리처럼 기세 좋게 큰 사업을 벌리라고 말하는 것이 아니라, 오히려 반대로 여러 쓸모없는 사업들을 줄여나가라고 말하고 있다. 세상에는 마키아벨리 같은 인물은 많은데, 야율초재 같은 인물은 없다. 야율초재는 엄청난 내공을 지닌 인물이다. 그는 경거망동하지 않는다. 그와 징기스칸이 만난 이야기는 한 편의 드라마와 같다.

원래 야율초재는 망해가던 금나라의 관리였다. 바야흐로 천하가 몽골의 손아귀에 떨어질 때 그는 금나라의 수도에서 업무를 보고 있었다. 금나라의 수도는 이미 오랫동안 몽골군에 의해 포위되어 식량이 바닥나고 관리들은 야밤을 틈타 줄행랑을 놓아 아무도 없는 중에 오직 야율초재만은 풀뿌리를 삶아먹으며 평소와 다름없이 직무를 보고 있었다고 한다. 이 소문이 징기스칸에까지 들어가 수도가 함락된 후 야율초재는 징기스칸에게 불려갔다. 훤칠한 키에 수염을 길게 기른 그의 인상에 징기스칸은 그를 보는 즉시 몽골의 모든 행정책임을 그에게 맡겼다. 실로 인물이 인물을 알아보는 것이라고나 할까.

이렇게 하여 그는 징기스칸을 따라 서역 원정길에 올라 몽골군이 정복하는 나라마다 행정체계를 다시 세우는 작업을 했다. 한마디로 그의 손에서 세계 제국의 설계가 이루어졌던 것이다. 말하자면 그는 마키아벨리가 보았던 세계에 비한다면 그 100배, 1,000배 이상의 거대한 제국을 보고 실제로 주물렀던 사람이다. 그런 그가 하는 말에는 어떤 허풍도, 거품도 없다. 그는 거의 노자와 같은 차원에 서서 말한다. 그는 과연 어떻게 이런 내공을 지니게 된 것일까?

원래 야율초재는 금나라 말의 고승 만송행수萬松行秀의 뛰어난 제자였다. 그는 벼슬을 하던 20대 중반에 성안사聖安寺의 만송행수에게 가서 참선 수행한 지 3년 만에 만송행수의 인가를 받았던 인물이다. 그는 단순히 행정 관료에 그치는 사람이 아니다. 그는 내면에 도의 한 자락을 품고 있는 사람이다. 그런 연유로 그는 동양의 전 역사를 통해 가장 뛰어난 재상의 한사람이 되었을 뿐만 아니라 불교 정신사에도 빼놓을 수 없는 업적을 남겼다. 그는 스승 만송행수를 도와 그 유명한《종용록從容錄》을 집필토록 했는데,《종용록》은《벽암록(임제종을 대표하는 공안집)》과 쌍벽을 이루는 묵조선의 공안집이다. 이《종용록》의 서문을 쓴 사람이 담연거사 종원從源인데, 담연거사 종원이 바로 야율초재이다. 야율초재는《종용록》의 서문을 징기스칸을 따라 원정 나가 있던 서역땅 아리마성阿里馬城에서 썼다. 여기 담연거사 종원의 선시禪詩 한 편을 소개한다.

산에 거居하며

눈 덮힌 잣나무 저 짙푸른 자태
마지막 남은 꽃이 서릿발에 떨고 있네.
그 어디에도 의지하지 않는 당당함이여
발 딛는 곳마다 다 도량이네.

서역 원정에서 돌아온 야율초재는 만년에 다시 만송행수의 문하로 들어와 선객禪客이 되었다. 이 시는 그 무렵에 쓴 것으로 작품에서 범

노자老子

상치 않은 기백이 느껴진다.

다시《도덕경》본문을 보자.

> 세상 만물이란
>
> 앞서가는 것도 있고 뒤따르는 것도 있으며,
>
> 숨을 천천히 쉬는 것도 있고 빨리 쉬는 것도 있으며,
>
> 강한 것도 있고 약한 것도 있으며,
>
> 꺾이는 것도 있고 무너져 내리는 것도 있다.

우리 인간은 천하 만물의 흐름을 다 알 수 없다. 그러므로 교만하면
안 된다. 천지 만물은 우리 인간과는 생명의 박동이 다르다. 그러므로
우리 멋대로 무언가를 계획하고, 강요하면 안 된다. 세상 만물 중에는
걸음걸이가 우리보다 앞서가는 것도 있고 뒤처진 것도 있으며, 숨을
우리보다 천천히 쉬는 것도 있고 빨리 쉬는 것도 있다. 예를 들어 '바
다'는 우리보다 숨을 천천히 쉬는가 빨리 쉬는가? 우리는 그것을 알
지 못한다. 그러므로 억지나 과도함 등을 버려야 한다. 우리의 계획과
욕망을 '자연'에 강요해서는 안 된다.

심(甚)·사(奢)·태(泰)

노자에 의하면 인간이 피해야 할 것이 세 가지 있다. 그것이 무엇
인가? 바로 심·사·태, 즉 과도함(甚)·탐닉(奢)·교만(泰)이다. 노자
는 나중에 제67장에서 자기의 세 가지 보물, 즉 삼보三宝에 대해 이야

기하는데, 이것은 그 삼보와 대비 되는 것으로써 이른바 '삼악덕三惡德'이라 할만 한 것이다. 심·사·태 삼악덕에는 여러 층위가 있을 수 있다. 개인적 심·사·태, 사회적 심·사·태, 국가적 심·사·태 등등. 그러나 여기서는 간략하게 국가적 차원의 심·사·태만을 살펴보기로 하자.

동해안이나 서해안 바닷가를 걷다보면 인공으로 제방을 해놓은 곳들이 꽤 있는데, 그로 인해 엉뚱하게도 생태계가 파괴된 곳들이 한두 곳이 아니다. 우리 인간은 자기의 계산으로 마치 자기가 파도의 흐름과 모래의 이동에 대해 다 아는 것처럼 착각하고 제방을 쌓았으나, 제방을 쌓고 얼마 지나지 않자 그 많던 모래가 다 쓸려가고 없어져 버렸다. 그리하여 아름답던 바닷가가 을씨년스런 모습이 되고 말았다. 과연 '바다'는 우리보다 숨을 천천히 쉬는가 빨리 쉬는가? 과연 '모래'는 우리보다 앞서 가는 것인가 뒤따르는 것인가? 우리는 아직 그것들을 알지 못한다. 그러므로 억지로, 과도하게, 제멋대로, 행위하려 해서는 안된다.

그러므로 성인은
과도함(甚), 탐닉(奢), 교만(泰)을 피한다.

노자가 말한 심·사·태를 다방면으로 숙고해볼 일이다.

노자老子

제30장 ;
군대가 주둔하던 곳에는 가시덤불이 자라나고

도로써 임금을 보좌할 것이며
무력으로써 천하에 군림하는 일이 없도록 해야 한다.
무력을 쓰면 보복을 받게 마련이다.
군대가 주둔하던 곳에는 가시덤불이 자라나고
큰 전쟁 후에는 반드시 흉년이 드나니.
그러므로 성과를 얻었으면 그만일 뿐
억지로 남 앞에 강대해지려 하지 마라.

성과가 있더라도 뽐내지 않고
성과가 있더라도 자랑하지 않으며
성과가 있더라도 교만하지 않는다.
성과가 있더라도 부득이 한 일로 보고
성과가 있더라도 남 앞에 군림하려 하지 마라.

만물은 장성하면 곧 노쇠하게 되나니

이를 일러 도가 아니라고 하는 것이다.
도가 아니면 곧 앞길이 막힌다.

以道佐人主者 不以兵强天下 其事好還

이도좌인주자 불이병강천하 기사호환

師之所處 荊棘生焉 大軍之後 必有凶年

사지소처 형극생언 대군지후 필유흉년

善者果而已 不敢以取强 선자과이이 불감이취강

果而勿矜 果而勿伐 果而勿驕 果而不得已 果而勿强

과이물긍 과이물벌 과이물교 과이부득이 과이물강

物壯則老 是謂不道 不道早已 물장즉노 시위부도 부도조이

무력

앞 장에서 노자는 '천하는 신령한 물건(天下神器)'이라 뭘 억지로 하려
해서는 안 된다는 점을 논했는데, 이 장에서는 한 걸음 더 나아가 무
력으로 천하를 제패하려는 행위, 즉 전쟁을 해서는 안 된다는 점을 강
조하고 있다. 노자가 살던 춘추전국시대는 숱한 전쟁이 행해졌던 시
대였다. 말 그대로 '전쟁하는 나라들(戰國)'의 시대였다.《장자》〈인간
세〉 편을 보면 '죽은 사람들의 시체가 마치 늪에 쓰러져 있는 풀처럼
가득하여, 백성들이 어찌할 바를 모르고 있다 합니다!'라는 표현이 나
오는데, 이것이 바로 그 시대의 모습을 단적으로 보여주는 구절이다.

그 시대 임금이란 자들은 지금 우리 시대와 마찬가지로 저마다 무력으로 천하에 강대해지려고 혈안이 되어 있었다. 춘추전국시대 위정자들의 최대 관심사는 전쟁, 즉 군사문제였으며 군비경쟁이었다. 거의 모든 나라의 왕들은 예외 없이 영토 확장을 위한 군국주의의 길을 걷고 있었고, 그것을 부국강병이라는 허울 좋은 이름으로 부르고 있었다. 이렇듯 각 나라의 임금들이 경쟁적으로 부국강병을 위한 여러 계책을 원하는 시대가 되자, 수요가 있으면 공급이 따르는 것처럼 이에 부응하는 무리들이 나타났다. 이들이 바로 춘추전국시대에 등장하는 '사士'의 무리들이다. 즉, 지식인 집단이며, 소피스트 집단이며, 이른바 제자백가들이다. 이들은 중국 각처를 돌아다니면서 왕들에게 지식을 팔며 등용되기를 바랐던 것인데, 이 중 대표적인 인물이 13년 동안이나 중원 땅을 돌아다닌 공자이다.

공자는 인의仁義를 팔았고, 묵자는 겸애兼愛를 팔았으나 개중에는 전쟁기술을 팔러다니는 자들도 있었다. 노자는 전쟁기술을 팔러다니는 자들을 특히 안 좋게 보았다.

전쟁기술자들

도道로써 임금을 보좌할 것이며
무력으로써 천하에 군림하는 일이 없도록 해야 한다.
무력을 쓰면 보복을 받게 마련이다.

지금도 멀끔하게 넥타이를 맨 전쟁기술자들이 세상을 돌아다니면서 각 나라 왕들을 현혹시키고 있듯이, 그때도 상황은 마찬가지였다. 그러나 군사를 쓰면 보복을 받게 마련이다. 어떤 바보도 계속 맞고만 있지는 않는다. 최신무기를 손에 들면 한순간 내가 우위를 점하겠지만, 조만간 상대방 역시 최신무기를 구입한다. 상대방도 그 정도 머리는 된다. 그러므로 그 경쟁에는 끝이 없다.

군대가 주둔하던 곳에는 가시덤불이 자라나고
큰 전쟁 후에는 반드시 흉년이 드나니

전쟁광들에게 보내는 노자의 메시지이다. 전쟁은 인간성을 황폐화시킨다. 군대가 주둔하는 곳에는 사악하고 파괴적인 기운이 감돈다. 집단적 살기라고도 할 수 있고, 사망한 자들의 원혼이라고도 할 수 있다. 그래서 다른 것들은 다 죽어 없어지고 가시덤불만 남는다. 또 큰 전쟁 후에는 반드시 흉년이 든다. 병농일치의 고대사회에서 전쟁통에 누가 논과 밭을 일굴 것이며, 농작물을 수확할 것인가. 온세상이 가시덤불에 뒤덮이고 기근이 찾아든다.

그런데 노자도 미처 모른 것이 하나 있다. 그때는 옛날이니까 기름 쓸 일이 없었기 때문이다. 허나, 지금은 시점이 다르다. 요즘은 군대가 주둔하던 곳이 가시덤불이 아니라 '기름덩어리'로 뒤덮인다. 기름덩어리로 온땅이 썩어 들어가는 바람에 가시덤불조차도 자라지 못하는 것이다. 이것이 현대 군대 주둔지의 모습이다. 또, 큰 전쟁 후에 반드시 흉년이 든다고 노자는 말했는데, 그것은 불쌍한 백성들 이야기일 뿐이고 '군산복합체'는 큰 전쟁 후에 오히려 배를 불린다. 그래서 그

노자老子

자들은 전쟁을 찾아다니고, 전쟁을 부추긴다. 이것을 노자식으로 약간 고치면 이렇다.

군대가 주둔하던 곳에는 기름덩어리가 뒤덮이고
큰 전쟁 후에는 반드시 벼락부자가 생겨나나니.

물장즉노(物壯則老)

좋은 정치란, 곡식이 저절로 익는 것처럼 완전히 무위자연으로 되는 것이다. 억지로 무력으로 나라가 강대해지려고 해서는 안 된다. 그렇게 되면 이북처럼 돼버린다. 무력은 조금 강해질지 몰라도 나라가 부자연스럽고 불균형하게 되어 백성이 피골이 상접하고 도처에서 영양실조로 굶어 죽는다. 무위자연의 도를 잃으면 그렇게 된다. 개인도 마찬가지이다. 무위자연으로 이루어 자기 공을 내세우지 않고, 교만하게 굴지 않아야 한다.

성과가 있더라도 뽐내지 않고
성과가 있더라도 자랑하지 않으며
성과가 있더라도 교만하지 않는다.
성과가 있더라도 부득이한 일로 보고
성과가 있더라도 남 앞에 군림하려 하지 마라.

군림하려 하고, 강대해지려 하고, 무력으로 상대를 제압하려 하면 그때는 통할지 모르지만 반드시 그런 일에는 앙갚음이 따르게 된다. 그것이 사물의 이치이다. 잔을 너무 가득 채우면 넘치게 되고, 칼을 너무 갈면 날이 넘게 되고, 목을 너무 빳빳이 세우면 몸이 쉬 피곤해진다.

> 만물은 장성하면 곧 노쇠하게 되나니
> 이를 일러 도가 아니라고 하는 것이다.
> 도가 아니면 곧 앞길이 막힌다.

'물장즉노物壯則老', 즉 만물이 장성하면 곧 노쇠해진다는 것은 노자의 중요 사상 중의 하나이다. 노자는 사물이 장성해지는 것을 불길한 것으로 본다. 그것은 위험하다. 사물이 장성해지려 하기 전에 자신을 비워야 한다. 자신을 텅 비워서 사물의 가장 어린 상태로 다시 돌아가야 한다. 어린아이로 돌아가야 하고, 무극으로 돌아가야 하고, 다듬지 않은 통나무로 돌아가야 한다. 그것이 도이다. 만물이 장성해지는 것, 그것은 도가 아니다. 도가 아니면 얼마 가지 못하고 막힌다.

노자老子

제31장

무기는 상서롭지 못한 것

훌륭한 무기는 상서롭지 못한 물건

사람들이 싫어하나니,

도를 체득한 이는 이를 가까이 하지 않는다.

그래서 군자는 평소에는 왼쪽을 귀히 여기고

군사를 쓸 때는 오른쪽을 귀히 여긴다.

무기는 상서롭지 못한 물건

군자가 쓸 것이 못되나니

부득이하게 써야할 경우

담담함을 으뜸으로 여기고

승리하더라도 미화하지 말아야 한다.

만일 이를 미화한다면

이는 살인을 즐거워하는 것이니,

살인을 즐거워하는 자는

결코 천하에 큰 뜻을 펼 수 없다.

길한 일에는 왼쪽을 숭상하고
흉한 일에는 오른쪽을 숭상하니,
부대장이 왼쪽에 자리잡고
대장이 오른쪽에 자리 잡는다는 것은
상례로써 자리를 정한 까닭이다.

전쟁은 많은 사람을 죽이게 되니
애통한 마음으로 임할 것이요,
전쟁에서 승리하더라도
이를 상례로 처리해야 하나니.

夫佳兵者 不祥之器 物或惡之 故有道者不處

부가병자 불상지기 물혹오지 고유도자불처

君子居則貴左 用兵則貴右 군자거즉귀좌 용병즉귀우

兵者 不祥之器 非君子之器 병자 불상지기 비군자지기

不得已而用之 恬淡爲上 勝而不美 부득이이용지 염담위상 승이불미

而美之者 是樂殺人 夫樂殺人者 則不可以得志於天下矣

이미지자 시락살인 부락살인자 즉불가이득지어천하의

吉事尚左 凶事尚右 偏將軍居左 上將軍居右

길사상좌 흉사상우 편장군거좌 상장군거우

言以喪禮處之 殺人之衆 以哀悲泣之 戰勝以喪禮處之

언이상례처지 살인지중 이애비읍지 전승이상례처지

불길한 물건

노자는 제30장에서 '전쟁'의 반인륜성에 대해서 언급하였는데, 이제 이 장에서는 논의를 좀 더 좁혀서 '무기'에 대해 성토하고 있다. 무기는 아무리 멋있게 생겼어도 기분 나쁜 물건이다. 그것은 결국 살인의 도구이고, 불길한 물건이고, 재수 없는 물건이다.

> 훌륭한 무기는 상서롭지 못한 물건
> 사람들이 싫어하나니
> 도를 체득한 이는 이를 가까이 하지 않는다.
> 그래서 군자는 평소에는 왼쪽을 귀히 여기고
> 군사를 쓸 때는 오른쪽을 귀히 여긴다.

그런데 이것을 좋아하는 사람들도 있다. 지구상에서 이것을 가장 좋아하는 두 나라가 일본과 미국이다. 노자의 평화주의 사상으로부터 가장 멀리 있는 두 나라이다. 일본과 미국은 둘 다 호전적인 나라이고, 무기수집하기를 좋아하는 나라이고, 무기 때문에 나라 안이 늘 소란스러운 나라이다. 일본은 우리와 가장 가까운 나라이고, 미국은 우리와 가장 친한 나라이다. 그런데도 우리나라 안에 무기가 나돌아 다니지 않는 것은 참 다행한 일이다. 성미 급한 한국인들에게 만약 총기가 허용된다면 미국보다 더 소란스럽고 난리 투성이가 될 것이다.

원래, 정신적으로 유치할수록 인간은 무기를 좋아한다. 어린아이들, 즉 유치원이나 초등학교 아이들은 모두 무기류를 좋아한다. 어린

이들 장난감 중에서 가장 인기 좋은 것은 총과 칼이다. 그 아이들 손에서 총과 칼을 내려놓게 하려면 다른 장난감 열 개는 줘야 한다. 왜 인간은 무기류를 좋아하는가? 그것은 일순간 자신을 강하게 해준다고 믿기 때문이다. 어린아이가 장난감 칼을 들고 우쭐해 있는 모습을 본 적이 있는가? 그 모습 안에는 인간의 오랜 전쟁의 악습이 투영되어 있다. 그 아이가 별 정신적 성찰 없이 군국주의적 문화체계 안에서 자라게 되면, 그 아이의 미래의 모습은 미국에서라면 카우보이가 총 들고 있는 모습이 될 것이고, 일본에서라면 사무라이가 쌍칼 차고 있는 모습이 될 것이다. 그런 점에서 미국인과 일본인들은 노자《도덕경》을 좀 더 부지런히 읽어야 한다.

전쟁을 미화하지 마라

무기는 상서롭지 못한 물건
군자가 쓸 것이 못되나니.
부득이하게 써야 할 경우
담담함을 으뜸으로 여기고
승리하더라도 미화하지 말아야 한다.
만일 이를 미화한다면
이는 살인을 즐거워하는 것이니,
살인을 즐거워하는 자는
결코 천하에 큰 뜻을 펼 수 없다.

노자老子

무기는 군자가 써서는 안 될 물건이다. 마지못해 방어전에 임하여 부득이하게 쓰는 경우가 생기더라도 이를 미화하거나 찬미해서는 아니된다. 전쟁의 일은 누가 뭐라고 하더라도 결국 살인의 일이니, 살인을 즐거워하는 자가 세상의 지도자가 돼서는 안 된다.

그 뒤에 왼쪽·오른쪽 이야기가 나오는데, 이것은 무슨 뜻인가? 옛날 중국에서는 왼쪽을 높은 것으로 치고 오른쪽을 낮은 것으로 쳤다. 우리도 좌의정 다음이 우의정이다. 이처럼 보통 때는 왼쪽이 귀히 여겨지지만, 전시에는 이것이 뒤바뀌어 오른쪽이 귀히 여겨진다. 그러므로 원래대로 한다면 대장이 더 높은 것이니까 좌의정처럼 왼쪽에 위치해야 하는데, 전쟁이라는 것은 흉사이기 때문에 대장이 오른쪽에 위치한다는 소리이다. 그만큼 전쟁은 흉한 일이다.

전쟁과 종교

이 장에서 가장 우리가 기억해야 할 문장은 다름 아닌 맨 마지막 문장이다. 노자는 인류 역사에서 누구도 하지 못했던 중대한 한마디를 남겼다.

전쟁에서 승리하더라도
이를 상례喪禮로 처리해야 하나니.

이 말은 기독교 성경에도 없고, 이슬람 코란에도 없고, 유대교 경전에도 없고, 심지어 불교 경전에도 없다. 유대교, 기독교, 이슬람에는 기이하게도 경전 안에 무수한 전쟁과 살육의 장면이 등장하는데, 놀라운 것은 그 경전의 기록자들이 아무 양심의 가책도 없이 어느 한 편을 일방적으로 두둔하고 있다는 사실이다. 그들 중에 아무도 노자처럼 전쟁 전체를 내다보며 이야기하는 사람이 없다. 그들은 고작 자기 동네만을 이야기 하고 있다. 도란 통하여 하나가 되는 것(道通爲一)인데, 그들의 도는 통하지 못한 채 부분으로 남아 있다. 그런 편협한 사고방식으로부터 성전이니, 십자군 원정이니, 지하드니 하는 교활하고 사악한 개념들이 나와서 이 세상을 피로 얼룩지게 하고 있는 것이다. 전쟁에는 성전이란 것이 없다. 모든 전쟁은 미친 전쟁이다. 그리고 그 배후에는 도가와 같은 평화주의 사상을 비웃는 뻔뻔한 자들, 즉 전쟁광들이 있다. 이 전쟁광들이 높은 자리에 앉아 백성을 속이고 나라를 말아먹는다.

제32장 ;
소박한 통나무처럼

도는 본래
무어라 이름 붙일 수 없는 것,
소박한 통나무처럼 보잘 것 없어 보이나
이를 지배할 자 세상에 없나니.
왕이나 제후가 이를 지킬 줄 알면
만물이 저절로 복종할 것이오
천지가 서로 합하여 감로를 내릴 것이오
백성들은 시키지 않아도 저절로 잘 다스려질 것이다.

소박한 통나무가 잘리면
그릇이 되어 이름이 생긴다.
허나, 이렇게 이름의 세계가 전개되면
또한 마땅히 멈출 줄을 알아야 하나니,
멈출 줄을 알아야 위태롭지 않다.
비유하면 천하에 도가 존재하는 방식은

마치 강물이 바다로 흘러드는 것과 같다.

道常無名 樸雖小 天下莫能臣也 侯王若能守之 萬物將自賓

도상무명 박수소 천하막능신야 후왕약능수지 만물장자빈

天地相合以降甘露 民莫之令而自均 始制有名

천지상합이강감로 민막지령이자균 시제유명

名亦旣有 夫亦將知止 知止可以不殆 명역기유 부역장지지 지지가이불태

譬道之在天下 猶川谷之於江海 비도지재천하 유천곡지어강해

도상무명(道常無名)

　도는 본래
　무어라 이름 붙힐 수 없는 것

　이 말은 제1장의 '도가도 비상도 명가명 비상명'을 보다 압축적으로 표현한 말이다. 그러면서 노자는 도의 비유로 통나무를 예로 든다. 통나무가 도의 비유가 될 수 있는 것은 그것이 아직 '이름'이 없는 상태이기 때문이다.

　도는 본래
　무어라 이름 붙힐 수 없는 것,
　소박한 통나무처럼 보잘것없어 보이나

　　　　　　　　　　　　　　　　　　　　　　노자老子

이를 지배할 자 세상에 없나니.

사실 통나무는 보잘것없다. 그러나 그것은 아직 칼질을 당한 것이 아니기 때문에 소박한 원형질을 그대로 지니고 있다. 그래서 그것은 어떤 유流의 것으로 분류될 수 없고, 어떤 누구에 의해서 지배받지도 않는다. 말하자면 그것은 근원적인 전일성을 상실하지 않고 있기 때문에 현상세계의 개물個物이 아니다. 그 점에서 통나무는 도와 닮아 있다.

> 왕이나 제후가 이를 지킬 줄 알면
> 만물이 저절로 복종할 것이오
> 천지가 서로 합하여 감로를 내릴 것이오
> 백성들은 시키지 않아도 저절로 잘 다스려질 것이다.

노자는 여기서도 왕이나 제후, 즉 요즘 말로 치면 '사회의 지도자급 인사'들이 이러한 질박함을 지켜야 한다고 힘주어 말하고 있는데, 이러한 점을 보면 예나 지금이나 사회에 물의를 일으키고 있는 것은 역시 민초들이 아니라 사회의 상층부 인사들이었던 모양이다. 여기에 노자《도덕경》의 중요한 한 특질이 드러난다.《도덕경》에는 일반 백성들을 대상으로 '너희는 어찌어찌 해라'라는 말이 기의 없고, 왕후장상들을 상대로 훈계·교육시키는 것이 대부분이다. 사실, 일반백성들은 이미 그 존재 자체로 충분히 소박하고 질박하지 않은가! 그들이 어떻게 더 소박·질박해질 수 있겠는가! 오히려 소박한 정신을 배워야 할 자들은 왕이나 제후들이 아닌가! 바로 이 점에서 도가는 유가와 궤를 달리한다.

유가는 훈계의 상대방이 대체로 힘없는 일반백성, 즉 피치자 계급인데 반해 도가는 그 상대방이 힘있는 고위직들, 즉 통치자 계급이다. 여기서 유가와 도가의 다른 점이 확연해진다. 유가는 통치자 계급에 기생하여 피치자를 닦달하는데 반해, 도가는 거꾸로 피치자 계급을 옹호하며 통치자 계급의 도덕적 해이를 질타하고 있는 것이다. 노자는 장자와 달리 드러내놓고 통치자 계급을 비난 · 조롱하지는 않지만 은밀히 그 점을 상기시키며 질타한다. 《도덕경》 전체는 이 구도로 되어 있다. 그 점에서 노자의 《도덕경》은 공자의 《논어》와 커다란 차이점을 지니고 있다.

시제유명(始制有名)

> 소박한 통나무가 잘리면
> 그릇이 되어 이름이 생긴다.
> 허나, 이렇게 이름의 세계가 전개되면
> 또한 마땅히 멈출 줄을 알아야 하나니,
> 멈출 줄을 알아야 위태롭지 않다.

노자철학의 기본입장이 잘 정리된 구절이다. 위의 첫 문장, '시제유명始制有名'(통나무가 비로소 잘리면 그릇이 되어 이름이 생긴다)은 이 장의 첫 문장, '도상무명道常無名'과 긴밀히 연결되어 있는 문장이다. 이 두 구절을 잘 보면 노자가 말한 이른바 '이름(名)'의 세계가 무엇인지 그 뜻이 명확해진다. 도라는 것은 통나무와 같아서 원래 무어라고 이름 붙힐 수가 없다. 그것은 '사발'이 될지, '접시'가 될지, '종재기'가 될지 아직 이름이 정해지지 않은 상태이다. 즉, 그것은 아직 아무 이름이 없는 통나무일 뿐이다. 이것이 '도상무명'이다.

그러다가 어느날 통나무가 비로소 잘려 가공되면 거기에 '사발'이니 '접시'니 '종재기'니 하는 이름이 붙는다. 이것이 '시제유명始制有名'이다.

요컨대, 도란 하늘의 내린 본래의 모습인데 반해, 이름이란 인간이 만든 것이다. 우리 인간은 동물과 달라 개념을 정하고 약속을 정해 서로 지적知的인 세계에서 소통해야하기 때문에 사물에 대해 이름(名)이 필요하다. 이런 식으로 우리 인간은 천지자연을 가공하여 이름을 만들고, 나아가 만물을 만들어 내는 것이다.

그러므로 이 세계에는 서로 차원이 다른 두 개의 사물이 존재한다. 첫째는 조물주가 만들어낸 천지 만물이오, 둘째는 인간이 만들어낸 천지 만물이다. 첫 번째의 것에는 이름이 없고(無名), 두 번째의 것에는 이름이 있다(有名). 우리 인간이 이름을 만들어 사물에 갖다 붙였다. 이것을 노자는 《도덕경》 제1장에서 이렇게 말했었다.

이름 없는 것, 그것이 천지의 근원이고 (無名 天地之始)

이름 붙힌 것, 거기서 만물이 생겨난다. (有名 萬物之母)

요컨대, '유명 만물지모有名 萬物之母'란 구절의 뜻은 흔히들 해석하는 것처럼 '이름 있는 것은 만물의 어머니'라는 애매모호한 의미가 아니라 우리 인간이란 동물은 이름 붙이는 행위를 통하여 인식과 표상의 세계에서 관념적으로 사물을 만들어 내고 있다는 의미이다(《도덕경》에서 제1장은 가장 중요한 장이다. 그런데《도덕경》제1장을 제대로 해석해 놓은 책이 거의 없다. 시중에 돌아다니는 노자 해설서들을 보면 대체로 핵심에 이르지 못하고 있다.《도덕경》제1장은 나머지 80개의 장 모두와 내용적으로 연결돼있다.《도덕경》제1장을 잘못 해석하면《도덕경》전체를 잘못 해석하게 된다).

그러나 이미 앞서 몇 차례 언급했다시피 이름은 결코 실재가 아니며, 손가락은 결코 달이 아니다. 우리가 아무리 그럴듯하게 이름을 갖다 붙혀도 이름은 결코 사물이 아니다. 이름이란 하나의 관념이며 상징이다. 그것은 실재가 아니라 실재에 대한 조잡한 근사치일 뿐이다. 그러므로 노자가 여기서 하는 말은 다른 뜻이 아니라 이름의 세계에 집착하거나 현혹되지 말고 실재의 세계를 보라는 의미이다. 요컨대, 이름의 세계란 본질적으로 인간의 머리로 구축해 놓은 허구의 세계이다. 그것은 말과 어휘와 논리의 교묘한 연결일 뿐 그 안에 어떤 실재도 들어 있지 않다.

지적 소통을 위해 우리 인간은 어쩔 수 없이 이름의 세계를 수립하여 살아가고 있지만 그것이 전부인 줄 알면 안된다. 이름(좁게는 말과 논리, 넓게는 문화와 제도)이란 결국 우리 인간의 편의를 도모하기 위해 우리 인간이 만든 하나의 허구라는 것을 인식하고, 그 배후에 있는 참된 도의 세계를 망각하지 말아야 한다. 만약 여기서 허구를 인식하지 못하고 마치 그것이 참된 실재인양 착각한 나머지 거기에 과

노자老子

도하게 집착하거나 미화하거나 신성시하거나 하면 상호간에 갈등과
대립이 생긴다.

그렇게 되면 땅에서 하늘에 이르는 수천만 가지 이름 하나하나에
대하여 이견이 생기고 대립이 생기고 충돌이 생긴다. 그러므로 바야
흐로 이름의 세계가 전개되면 그것이 갖는 본질적인 한계를 인식하
고 그 세계에 안주하거나 의존하는 일을 마땅히 멈출 줄 알아야 한다.
그렇지 않으면 위태로워진다.

마땅히 멈출 줄을 알아야 하나니,
멈출 줄을 알아야 위태롭지 않다.

조물주가 만든 천지 만물은 무위자연이다. 허나, 우리 인간이 만든
천지 만물은 인위이며 조작이다. 통나무가 잘려 이름이 생긴다(始制有
名) 함은 무위자연의 순수한 세계가 쪼개져 차별과 대립이 있는 상대
적 세계가 전개되었음을 말하는 것이다. 지상에서의 인간의 삶이 계
속 유지되는 한 우리는 이러한 상대적 세계를 벗어날 수는 없다. 그러
나 살아가면서 최소한 참과 거짓을 혼동해서는 안 되며, 헛것을 붙들
고 거기 터무니없는 집착을 보이지는 말아야 한다.

이름의 세계란 얼마나 편리하고 유용하며 안락한가! 그러나 기억
하라. 그것은 허구이며 조작이며 인위라는 것을! 이것을 모르고 계속
거기에 몰두하고 안주해 있으면 안 된다. 우리가 사는 상대적 세계의
한계를 꿰뚫어보고, 좁은 의미든 넓은 의미든 온갖 '이름'에 대한 의
존과 집착을 멈춰라. 노자는 지속적으로 '멈추라(止)'고 말한다. 지지

가이불태^{知止可以不殆}! 멈출 줄 알아야 위태롭지 않다. 멈춤을 배우는 것, 이것이 노자철학이다.

강과 바다

노자는 마지막 문단에서 천하와 도의 관계를 강물과 바다에 비유하고 있다.

> 비유하면 천하에 도가 존재하는 방식은
> 마치 강물이 바다로 흘러드는 것과 같다.

강물이 바다로 흘러들면 이제 강물은 존재하지 않는다. 그저 바다가 있을 뿐이다. 거기에는 이제 영산강, 한강, 압록강, 두만강 따위가 없다. 바다란 근원의 세계이다. 거기에는 더는 '이름(名)'이 없다. 이름이 소멸되고 없으므로 모든 대립과 차별도 소멸되고 없다. 도는 마치 그런 바다와 같은 것이다. 모든 존재와 사물이 흐르고 흘러서 마침내 돌아가는 근원의 자리, 그것이 도이다. '사발'과 '접시'와 '종재기'가 다시 통나무로 돌아가고, '한강'과 '영산강'과 '낙동강'이 다시 바다로 돌아가듯이, 우리도 헛된 '이름'들을 지워나가야 한다. 그것이 인위와 조작을 벗어나 무위자연의 도에 이르는 것이다.

노자老子

제33장

자기를 이기는 것이 진정 강한 것

남을 아는 것이 지식이라면
자신을 아는 것은 참된 지혜이다.
남을 이기는 것이 힘 있는 것이라면
자신을 이기는 것은 진정 강한 것이다.
족할 줄 아는 것이 부유한 것이며
억지로 행하는 것은 고집스런 것이다.

제자리를 잃지 않는 사람이 오래가고
죽어도 멸망하지 않는 것이 진정 장수하는 것이다.

知人者智 自知者明 지인자지 자지자명
勝人者有力 自勝者强 승인자유력 자승자강
知足者富 强行者有志 지족자부 강행자유지
不失其所者久 死而不亡者壽 부실기소자구 사이불망자수

자신에 대한 앎(self-knowledge)

노자는 여기에서 인간을 가장 혹하게 하는 물건 세 가지, 즉 지혜(智), 권력(力), 재물(富)을 이야기하고 있다. 우리 인간은 모두 남보다 더 많은 지혜, 남보다 더 많은 권력, 남보다 더 많은 재물을 갖고 싶다. 그리하여 우리는 지자智者, 강자强者, 부자富者가 되고 싶다. 우리 인간의 모든 욕망의 시작과 끝은 이 세 가지와 더불어 움직인다.

노자는 남을 아는 것을 별로 중요시하지 않는다. 딴사람을 알고, 외계의 사물을 알고, 세상일을 아는 것을 노자는 '지智'라고 부르고 있는데, 이것은 지식知識이나 지모智謀, 지략智略 같은 세속의 지혜를 말하는 것이지 참된 지혜를 말하는 것이 아니다. 세상일에 대해 아무리 많이 알고, 외계의 객관적 사물에 대해 아무리 많이 알아도 그런 앎은 깊이가 없고 피상적일 뿐이다. 중요한 것은 자신을 아는 것이다.

남을 아는 것이 지식(智)이라면
자신을 아는 것은 참된 지혜(明)이다.

노자는 여기서 '지智'와 '명明'을 구분한다. 지란 세속의 지혜를 가리키는 것으로 그것은 '학學'에서 나온다. 반면에 명이란 참된 지혜를 말하는 것으로 그것은 '도道'에서 나온다. '학'이 결코 '도'가 될 수 없는 것처럼 '지'도 결코 '명'이 될 수 없다. 노자는 지식이나 학문을 중시하지 않는다. 노자가 중시하고 아끼는 것은 도와 명이다.

노자老子

사이불망자(死而不亡者)

이어지는 노자의 다음 말들도 모두 그 논의의 초점이 남에게 있는 것이 아니고 자기 자신에게 있다.

> 남을 이기는 것이 힘(力) 있는 것이라면
> 자신을 이기는 것은 진정 강한 것이다.
> 족할 줄 아는 것이 부유한(富) 것이며
> 억지로 행하는 것은 고집스런 것이다.

남과 비교하지 마라. 자기 자신에 충실하라. 항상 도에 대한 자각을 지니고, 자신을 반성하며 성찰하라. 진정으로 강한 자는 으스대지 않는다. 그는 잘난체하지도 않고, 남과 경쟁하여 굳이 이기려 하지도 않는다. 다만 묵묵히 무위자연의 도에 따르며 자신의 길을 갈 뿐이다.

재물의 문제도 마찬가지이다. 온 세상이 재물에 미쳐 날뛰지만, 물욕을 자제하고 만족할 줄 아는 자가 진정으로 부유한 자이다. 족할 줄 모르면 아무리 재물이 많아도 재물의 노예일 뿐이다. 그룹의 회장이요 총수라는 자들이 그 많은 재산을 두고도 또 회삿돈을 해먹다가 쇠고랑 차고 교도소로 끌려가는 모습을 보면 나는 그들을 부유한 자라고 해야 할지 곤궁한 자라고 해야 할지 잠시 망설여진다. 대체로 한국에는 '부유층'은 있는데 '부유한 자'는 별로 없는 듯하다.

> 제자리를 잃지 않는 사람이 오래가고

죽어도 멸망하지 않는 것이 진정 장수하는 것이다.

노자는 지식을 가르치지 않는다. 대신 노자는 세상을 보는 법을 가르쳐준다. 노자《도덕경》을 다 읽고 나서 우리가 더 똑똑해지거나 더 논리적으로 될 필요는 없다. 어찌보면 그것은 노자가 별로 좋아하지 않는 것이기도 하다. 노자를 읽고 우리는 더 박학다식해질 필요도 없다. 우리는 노자를 읽고 분주하게 자꾸 앞으로 나아가는 사람이 될 필요도 없다. 다만 '제자리를 잃지 않는 사람'이 될 수 있으면 된다. 자기 자리를 항상 잃지 않는 사람, 도의 견지에서 이탈하지 않는 사람, 무위자연에서 멀리 벗어나지 않는 사람, 그런 사람이 될 수 있으면 된다. 그런 사람이 바로 '사이불망자死而不亡者', 즉 죽어도 멸망하지 않는 자이다. 노자는 마지막 구절에서 장수를 이야기한다. 100년을 살든 200년을 살든 그게 무슨 장수이겠는가? 도를 체득하여 덕을 후세에 남기는 자, 우리 허망한 인생에서 오직 그 사람만이 참답게 장수하는 자이다.

노자老子

제34장 ;
큰 도는 두루 퍼져 좌우에 가득하도다

큰 도는 두루 퍼져
좌에도 우에도 가득하도다.

만물이 이에 의지하여 살아가지만
이를 마다하지 않고,
공을 이루고도 그 이름을 세우지 않으며,
만물을 먹이고 입히면서도
주인 노릇을 하지 않는다.

항상 무욕하니 작다고 이름 할 수 있으며,
만물이 다 귀의 하지만
주인 노릇 하지 않으니
크다고 이름 할 수 있다.
끝내 스스로 위대하다고 하지 않는 까닭에
그 위대함을 이룰 수 있는 것이다.

大道氾兮 其可左右 대도범혜 기가좌우

萬物恃之而生而不辭 功成不名有 만물시지이생이불사 공성불명유

衣養萬物而不爲主 常無欲 可名於小 의양만물이불위주 상무욕 가명어소

萬物歸焉而不爲主 可名爲大 以其終不自爲大 故能成其大

만물귀언이불위주 가명위대 이기종부자위대 고능성기대

도와 견해

큰 도는 두루 퍼져

좌에도 우에도 가득하도다.

도 안에는 '우리'와 '그들'의 구별이 없다. 거기에는 좌나 우, 상이나 하 따위의 차별이 없다. 도에는 네 편, 내 편이 없다. 편을 가르면 이미 도는 와해되고 없다. 우주의 도는 모두에게 보편적인 것이지, 어느 한 편의 것이 될 수 없다. 그런데 사람들 중에는 편은 편대로 가르고, 도는 도대로 자기가 챙기려는 자들이 있다. 실로 교활하며 위험한 자들이다. 이자들이야말로 세상을 더럽히고 추하게 만드는 장본인들이다. 이자들이 선량하고 우매한 백성들을 선동하고 세뇌시켜서 참된 도를 보지 못하게 하며, 자기네들의 아전인수격의 얄팍한 신념체계를 도라고 가르치며 믿게 만든다.

지구상에 존재하는 기성 종교의 대부분이 지금 이런 열악한 수준에 머물러 있다. 아무도 노자·장자와 같은 참된 도에 가까이 가려하지

노자老子

않고, 그저 값싸고 편리한 위안과 위로의 기술들을 우매한 백성들에게
팔아먹고 있는 것이다. 말하자면 종교가 인간을 성숙하게 하는 것이
아니라, 오히려 인간 정신의 성숙을 심각하게 가로막고 있는 것이다.
노자의 이런 관점을 이어받아 150년 후에 장자는 이런 말을 남겼다.

是非之彰也　道之所以虧也 시비지창야 도지소이휴야
옳고 그름을 따지면 이로써 도는 허물어진다.

네 편과 내 편을 가르지 마라. '우리'와 '그들'을 가르고 구분하지
마라. 생각, 견해, 믿음, 신념 따위는 도가 아니다. 그것은 우리 인간
이 만들어낸 것이다.

햇빛세와 공기세

도의 포용력은 크고도 위대하다. 도는 만물을 먹여살리면서도 이러
쿵 저러쿵 말 한마디 없다. 도는 만물을 자기 품안에 넣고 키우고 기르
면서도 아무 대가도 바라지 않고 아무 내색도 하지 않는다.

만물이 이에 의지하여 살아가지만 이를 마다하지 않고,
공을 이루고도 그 이름을 세우지 않으며,
만물을 먹이고 입히면서도 주인 노릇을 하지 않는다.

우리는 일상생활을 영위해 나가면서 많은 곳에 돈을 쓰고 세금을

최상의 덕은 물과 같다

낸다. 뭔가를 꼬딱지만큼 주면서도 주인 노릇을 하려는 자들이 많기 때문이다. 전기세 · 수도세 · 자동차세 · 기름값 등등. 그러나 한번 생각해보라. 도가 어느날 갑자기 주인 노릇을 하기로 마음을 먹는다면 세상은 어떻게 될까? 저녁에 등 몇 개 켜는 전기세가 가령 몇만 원이라면, 낮에 온 세상을 환하게 켜는 저 하늘의 '태양세太陽貰'는 몇백만 원을 내야할 것 아니겠는가? 또 몇 모금 얻어 마시는 물값으로 몇만 원 낸다면, 농작물 가득한 너른 벌판에 쏟아지는 비雨 값은 또 얼마이겠는가? 그리고 무엇보다 잠시라도 마시지 않으면 숨이 금방 끊어지는 이 귀중한 공기를 만약 조물주가 생각이 바뀌어 갑자기 유료로 전환해버린다면 우린 어찌될 것인가? 만약 1리터에 천 원씩만 해도 우리는 받은 봉급으로 공기도 채 사먹지 못하고 질식해 죽을 것이다.

이외에도 유료로 전환을 검토해볼 만한 재화들은 많다. 시의적절하게 불어주는 바람의 값, 더운 여름 발 담글 수 있는 계곡 시냇물의 값, 밤하늘에 빛나는 별과 달의 값, 멋지게 지는 저녁 노을의 값……. 그러나 실은 이런 것들은 별것이 아니다. 우리는 지금 항상 자기를 빼고 수를 세는 돼지계산법처럼 가장 중요한 것을 빼먹고 있지 않은가. 천지가 우리에게 타고 다니라고 빌려준 우리 몸(身)이라고 하는 이 렌터카! 이 렌터카의 렌트비! 만약 조물주가 이걸 징수하기로 마음을 먹는다면 우린 어떻게 될 것인가!

인격과 비인격

항상 무욕하니

노자老子

작다고 이름 할 수 있으며,

만물이 다 귀의하지만

주인 노릇 하지 않으니

크다고 이름 할 수 있다.

위의 구절들을 통해 노자가 하고자 하는 말은 궁극적으로 무엇인가? 그것은 도는 인간이 아니라는 것이다. 도에는 인격적 요소가 존재하지 않는다는 것, 그러니 그것을 이해하고 받아들이라는 것이다. 노자가 말하는 이 초월적인 도의 관념은 서구 신학자들이 말하는 신의 관념과는 차원이 다른 것이다. 서구 신학에서 말하는 신은 21세기가 다 되었음에도 불구하고 여전히 취약하기 이를 데 없는 '인격성'이란 개념을 혹처럼 달고 있다. 그들의 신학이란 것을 유심히 들여다 보면, 결국 그들은 신을 여전히 인간이라고 착각하고 있음을 알 수 있다. 요컨대, 신학이란 신을 인간이라고 오해하는 데서 생겨난 혼란과 어리석음의 기묘한 혼합체이다. 어떤 천재가 나타나더라도 현재 서구신학의 문제점들을 해결할 수는 없다. 왜냐하면 신학의 출발 자체가 잘못되었기 때문이다.

이에 반하여 노자는 이미 그 옛날에 신학의 모든 어리석은 문제를 해결해버린 사람이다. 노자는 무려 2,500년 전에 '신'과는 전혀 차원이 다른, 완전히 초월적이며 보편적인 '도'의 관념을 설파하여 지구상에서 최초로 '비인격적인' 우주론을 제시하였던 것이다. 노자의 이 위대한 통찰은 그 후 2,500년 동안 동양사회에 이루 말할 수 없는 정신적 해방을 안겨다 주었다.

한 종교의 창시자 중에 인류 역사상 노자처럼 우주의 근원에 대해 명확하게 한치의 타협도 없이 '비인격적'으로 정의 내렸던 인물은 일찍이 없었다. 원래 종교라는 것은 허약한 인간 본성의 욕구에 부응해야 하는 것이기 때문에 그렇게 하기가 매우 어렵다. 철학적 종교인 불교의 창시자인 붓다조차도 경전에 보면 간혹 우주의 근본 성격에 대해 '인격'과 '비인격' 사이에서 제자들과 타협했던 흔적이 발견된다.

끝내 스스로 위대하다고 하지 않는 까닭에
그 위대함을 이룰 수 있는 것이다.

모든 신들은 끝내 자신이 가장 위대하다고 말한다. 올림포스의 황금궁전에 앉아 제우스(Zeus)가 그랬던 것처럼, 유대교, 기독교, 이슬람교, 조로아스터교, 힌두교의 모든 신들 역시 마찬가지이다. 그들 각자는 서로의 위대함을 주장·입증하는 데 어떤 양보도 없다(심지어 제우스는 자기 아버지 크로노스를 죽이지 않았던가?). 그들 모두는 각자 자신들이 가장 위대하다고 치켜세운다. 그러나 노자의 도는 그렇지 않다. 노자의 도는 끝내 스스로 위대하다고 하지 않는다. 그의 도는 자신이 위대하다는 것을 의식하지도 않는다. 이것이 노자의 도이다. 노자의 도에는 인격의 그림자가 어른거리지 않는다. 요컨대, 노자는 그의 도에서 '인격적 요소'를 말끔히 제거했던 것이다.

노자老子

제35장 ;
도는 담담하여 아무 맛이 없다

위대한 형상을 붙들고
천하에 나아가면
어디를 가나 해를 입지 않으며
안락하고 평온하고 태평하다.

음악과 요리는
과객의 발을 멈추게 하지만,
도가 입에서 나올 때는
담담하여 아무 맛이 없다.

보아도 보이지 않으며
들어도 들리지 않지만,
아무리 써도 다함이 없다.

執大象 天下往 往而不害 安平太 집대상 천하왕 왕이불해 안평태

樂與餌 過客止 道之出口 淡乎其無味 악여이 과객지 도지출구 담호기무미

視之不足見 聽之不足聞 用之不足旣 시지부족견 청지부족문 용지부족개

평범과 비범

평범과 비범에 관한 논의는 우리 동양문화권의 오랜 화두 중의 하나이다. 평범하게 살 것인가? 비범하게 살 것인가? 아니면, 평범하게 살다가 비범하게 죽을 것인가? 평범하게 살면 번잡하거나 소란스럽지 않아 좋긴 한데 조금 쓸쓸할 것 같고, 또 비범하게 살면 폼나고 멋져보이긴 한데 너무 소모적인 삶처럼 보인다. 그러므로 이 둘을 시시때때로 잘 조화시키는 것이 중요하다. 그래야 의미있는 삶을 살면서도 평온한 나날을 즐길 수 있다.

평범과 비범이 교차하는 양상은 크게 세 가지가 있어 보인다. 이것은 또한 우리가 어떤 삶을 살려 하는지와도 관련된 문제이다.

첫째, 〈평범 속의 평범〉 이것은 평범 속에 묻혀 어떤 비범한 일도 못해보고 죽은 인생이다. 이것은 찌질한 삶이다. 이런 삶은 재미도 없고 의미도 없다. 이것은 노자식으로 표현하자면 '무위이무위無爲而無爲'라 할 수 있다. 무위가 아무리 좋지만, 아무것도 못 이루는 무위는 노자가 말하는 무위가 아니다. 그것은 무위도식無爲徒食일 뿐이다.

둘째, 〈비범 속의 위태〉 이것은 너무 비범하려 애쓰다가 인생을 망친 경우이다. 이런 일은 흔하다. 평범이 싫어서 비범 속으로 뛰어들었지만 너무 오버한 나머지 인생이 꼬여 버린 케이스다. 남자들은 특히

노자老子

이걸 조심해야 한다. 남자란 동물은 괜히 공명심에 불타 주먹을 불끈 쥐는 일이 많은데, 그때 너무 오버하면 안된다. 원래, 비범하다는 것은 멋있는 만큼 위험이 따른다는 소리인데, 이것을 모르고 까불다가는 끝에 가서 수습이 안 된다. 노자식으로 표현하자면 이것은 '유위이유태有爲而有殆'라 할 수 있다. 즉, 함이 있으나 위태롭다란 뜻이다. 그만큼 고비용 저효율 구조이다. '너의 시작은 창대하였으나, 그 끝은 미약하리로다'가 이 경우이다.

셋째, 〈평범 속의 비범〉 이것이 바로 현자의 삶의 방식이다. 이 사람은 내공이 높으면서도 평범한 외양을 하고 사람들 속에서 숨어 산다. 사람들은 아무도 그가 누구인지 모른다. 남들이 번쩍번쩍 빛나려 할 때 이 사람은 자신의 광채를 부드럽게 하여 주변과 하나 되려 하고, 남들이 부산하게 앞으로 나아가려 할 때 이 사람은 고요히 뿌리로 돌아가려 하며, 남들이 날카롭게 칼끝을 벼릴 때 이 사람은 적당한 지점에서 멈추어 서려 한다. 요컨대, 남들이 가득 채우려 할 때 이 사람은 자신을 비우려 하는 사람이다. 가득 채우려는 마음을 없애고 늘상 비우려 하는 까닭에 이 사람은 언제나 새롭다. 그는 비어있기 때문에 다함이 없고, 다함이 없기 때문에 더욱더 새로울 수 있는 것이다. 노자는 이런 사람을 평하여 '무위이무불위無爲而無不爲'라 하였다. '함이 없으나, 하지 못함이 없다'란 뜻이다. 이런 사람은 무위자연의 도를 닮아 외양으로는 지극히 평범해지면서 내면으로부터는 무궁무진無窮無盡해지는 것이다. 이것이 이른바 평범 속의 비범이다. 이 사람의 평범 속에는 비범이 들어 있으나, 그의 비범은 전혀 번쩍거리지 않는다. 그러므로 그의 비범은 위태롭지가 않은 것이다.

아무리 써도 다함이 없다

《도덕경》 전체는 어떻게 보면 평범과 비범에 관한 노자의 사유를
보여주는 책이라고도 할 수 있다. 노자는 도처에서 비범해지지 말라
고 말한다. 비범해지기 위한 모든 인위적인 노력과 작위적인 행동들
을 멈춰라! 그런 행동들은 결국은 우리 인생을 왜곡시키고 변질시키
며 부자연스럽게 만든다. 우리는 비범이라는 잘못된 환상에 속아 나
아닌 어떤 타인이 되려고 헛되이 노력하다가 삶 전체가 도에서 멀어
지는 것이다. 그리하여 끝에 가서는 인생이 위태로워지고 몸과 마음
이 망가진다. 그러니 그런 헛된 욕망과 환상을 멈추고 도, 즉 위대한
형상을 붙들어라. 무언가로 자신을 가득 채우려 하지 말고 텅 비워 도
를 받아들여라. 그러면 어디를 가든 평온하고 안락하리라.

여기 제33장에서 노자가 말하는 '위대한 형상'이란 도를 가리킨다.

위대한 형상을 붙들고
천하에 나아가면
어디를 가나 해를 입지 않으며
안락하고 평온하고 태평하다.

도는 우리를 해로부터 구해주며, 위태로움으로부터 구해준다. 반면
에 헛것을 붙들면 우리에게는 곧바로 위험이 닥친다. 그러나 그럼에
도 불구하고 도는 한없이 평범하다.

노자老子

음악과 요리는

과객의 발을 멈추게 하지만,

도가 입에서 나올 때는

담담하여 아무 맛이 없다.

초능력 따위, 마법 따위는 신기한 물건이고 혹하는 물건이지만 도는 담담하여 별 맛이 없는 물건이다. 즉, 도는 쏙 손에 잡히지 않는다. 그래서 통상의 사람들은 도에 별로 열광하지 않는다. 그들은 눈에 쏙 들어오는 것, 귀에 확 들어오는 것을 찾는다. 그들은 그런 것을 비범한 것이라고 생각하고 거기에 탐닉한다. 허나, 도는 그런 물건이 아니다.

보아도 보이지 않으며

들어도 들리지 않지만,

아무리 써도 다함이 없다.

도의 외양은 실로 평범하여 보잘것없다. 아니 보잘것없는 것이 아니라 거의 안 보인다. 그것은 눈에 들어오지 않으며, 귀에 들어오지 않는다. 그것은 감각의 세계에 들어오지 않을 정도로 미미한 것이다. 그러나 그럼에도 불구하고 이 우주 안에서 도만큼 비범한 사물은 없다. 모든 것은 쓰면 수명이 다하지만, 도는 아무리 쓰고 또 써도 다함이 없다 그러므로 도야말로 이 우주 천지간에서 가장 평범한 동시에 가장 비범한 물건이며, 가장 미미한 동시에 가장 위대한 물건인 것이다.

제36장 ;
오므리려면 반드시 펴주고

오므리려면 반드시 먼저 펴주고
약하게 하려면 반드시 먼저 강하게 해주고
망하게 하려면 반드시 먼저 흥하게 해주고
빼앗으려면 반드시 먼저 주어야 한다.
이것을 일러 오묘한 지혜라 한다.

부드러운 것이 강한 것을 이기나니,
물고기는 연못을 벗어나서는 안 되며
나라의 이기는 사람들에게 보여서는 안 된다.

將欲歙之 必固張之 將欲弱之 必固强之
장욕흡지 필고장지 장욕약지 필고강지

將欲廢之 必固興之 將欲奪之 必固與之
장욕폐지 필고흥지 장욕탈지 필고여지

是謂微明 柔弱勝剛强 시위미명 유약승강강

노자老子

魚不可脫於淵 國之利器 不可以示人 어불가탈어연 국지이기 불가이시인

전체를 보라

우리 인간은 우리가 정해놓은 하나의 관점으로만 사물을 인식하려 하는데, 도는 수백·수천의 모습으로 전개된다. 여기에 가로놓인 큰 불일치를 어찌할 것인가? 여기서 고대 동양의 현자들이 고안해낸 방식이 바로 음양론적 사유이다. 그들은 수백·수천으로 갈라진 도의 다양한 모습에서 가장 큰 두 개의 줄기를 추출해냈는데, 그것이 이른바 음양이다. 도는 기본적으로 대척점에 서 있는 두 개의 인자, 즉 음양의 부단한 상호작용을 통해 자신을 드러낸다. 그러므로 도에 접근하기 위해서는 논리적·부분적 사유를 버리고 음양론적·전체적 사유를 할 필요가 있다. 인간계와 자연계를 두루 망라하여 우주의 모든 상황 안에는 음양, 즉 두 개의 대립자가 들어있다. 이 둘은 끝없이 상호작용 하는데, 항상 상대의 반대편에서 시작한다. 이것이 천지자연의 법칙이다.

오므리려면 반드시 먼저 펴 주고
약하게 하려면 반드시 먼저 강하게 해주고
망하게 하려면 반드시 먼저 흥하게 해주고
빼앗으려면 반드시 먼저 주어야 한다.
이것을 일러 오묘한 지혜라 한다.

사물에 대한 음양론적 이해는 우리 인간의 편협한 사고를 보완해준다. 음양이라는 양극단을 손에 쥐고, 사물의 전체 모습을 보려고 항상 노력하라. 어떤 무언가를 행하려고 할때는 성급하게 뛰어들지 말고, 그 대척점에 무엇이 있는지를 깊이 생각하라. 한 번 어두워졌다 한 번 밝아지는 것, 그것이 도이다. 한쪽에 치우쳐 있는 것은 도가 아니다. 한쪽에 치우치는 사고를 하는 자는 위태롭다.

유약승강강(柔弱勝剛强)

노자의 말은 오묘하고 그윽해서 어떤 자들은 그것으로 '꽃'을 만들고, 어떤 자들은 그것으로 '칼'을 만든다. 한비자韓非子 같은 법가들은 노자의 글귀에서 제 필요한 방식대로 권모술수를 읽어내어 마키아벨리적 정략론을 수립해낼 수 있었고, 주희의 스승 정이程頤같은 유가들은 자신들의 모토인 엄숙주의나 경건주의 따위에 방해가 되는 글귀들을 노자에게서 읽어내어 그것으로 노자《도덕경》의 한계를 지적하며 목청을 높여 비판하기도 했다. 노자의 글귀를 통해 '꽃'을 만들던 '칼'을 만들던 그것은 각자 알아서 할 일이다. 나는 다만 꽃을 만든 자는 널리 향기를 세상에 퍼트려주기를 바라고, 칼을 만든 자는 그 칼날을 너무 버리지 않기를 바랄 뿐이다. 향기는 멀리 퍼져갈수록 좋지만, 칼날이 예리하면 서로 상하기 때문이다.

부드러운 것이 강한 것을 이기나니,

물고기는 연못을 벗어나서는 안 되며

노자老子

나라의 이기利器는 사람들에게 보여서는 안 된다.

부드러운 것이 강한 것을 이긴다(柔弱勝剛强)는 이 말은《도덕경》전체를 통해 지속적으로 반복되고 있는 노자의 가르침이다. 너무 강해지려 하지 마라. 너무 강해지려 하다가 부러진다. 대신 부드럽고 유연해져라. 강한 것은 죽음의 무리이고, 유연한 것은 삶의 무리이다. 어린아이를 보라. 어린아이는 결코 강하지 않지만 항상 생기가 넘친다. 허나, 장년을 보라. 그들은 근육질이지만 경직되어 있다. 강한 것, 경직된 것은 결코 유연한 것을 이길 수 없다.

물고기가 물 속에 사는 것처럼, 사람은 도 속에 산다. 그러므로 물고기가 연못을 벗어나서는 안 되는 것처럼, 사람도 무위자연의 도를 벗어나서는 안 된다. 또한 나라의 이기利器, 즉 날카로운 무기 따위를 함부로 쓰지도 말아야 하지만 사람들에게 내보이지도 말아야 한다. 부드럽고 유연하게 살 일이며, 무기를 버리고 평화를 사랑하며 살 일이다.

제37장 ;
함이 없으나 하지 못 함이 없다

도는 항상 함이 없으나 하지 못 함이 없도다.

임금이나 제후가 이를 지키면

만물이 저절로 교화될 것이다.

교화되면서도 욕심이 일어나면

나는 이름 없는 통나무로 이를 진정시킬 것이다.

이름 없는 통나무는 욕심을 없애노니,

욕심이 없으면 고요가 찾아들고 천하는 저절로 안정될 것이다.

道常無爲而無不爲 도상무위이무불위

侯王若能守之 萬物將自化 化而欲作 吾將鎭之以無名之樸

후왕약능수지 만물장자화 화이욕작 오장진지이무명지박

無名之樸 夫亦將無欲 不欲以靜 天下將自定

무명지박 부역장무욕 불욕이정 천하장자정

노자老子

위(爲)

노자철학의 트레이드마크와도 같은 '무위이무불위'라는 말이 이 장에 처음으로 등장했다. 이것은 노자철학의 근본을 이루는 중요한 구절이다. 원래 노자의 무위는 3단계 구조로 되어있다. 즉, 위爲가 있고, 그다음 무위無爲가 있으며, 마지막으로 무불위無不爲가 있다. 위는 모두가 행하는 것이고, 무위는 도인이 행하는 것이며, 무불위는 천지가 행하는 것이다. 노자가 볼 때 천지자연의 도는 언제나 '무위이무불위'라는 위대한 경지를 보여주지만, 우리 인간의 행위는 그렇지 못하다. 우리 인간은 욕망과 이해타산에 사로잡혀 무위에 이르지 못하고 헛된 작위作爲를 일삼다가 일을 망친다.

우리 인간은 행위(爲)의 세계 속에서 산다. 우리는 '위爲'가 없이는 살아갈 수가 없다. 이것은 노자도 마찬가지이고, 우리도 마찬가지다. 즉, 노자가 말하는 무위는 무행위를 말하는 것이 아니다. 분명히 행위는 있다. 그런데 그 행위가 어떤 때는 무위이고 어떤 때는 유위이다. 양자의 차이점은 무엇인가? 그것은 다름 아닌 '행위자'의 존재 여부이다. 행위자가 존재하면 그것은 유위이고, 행위자가 없으면 무위이다. 행위자가 사라져야 한다. 행위자가 사라져야 무위가 온다.

심리학적 측면에서 보면, 유위란 노이로제에 걸린 상태에서 나온 불필요한 행위라고 정의할 수 있다. 노이로제적 욕구가 없어져야 무위가 되는 것인데, 우리 중생들은 무의식의 찌꺼기가 남아 있어서 이것이 안 되고 자기도 몰래 강박적 행위, 즉 유위를 계속하는 것이다.

핸드폰 게임에 빠져 있는 아이들이 대표적인 유위이다. 이런 아이들은 마음속 깊은 곳에 자기도 모르는 어떤 노이로제적 욕구가 깊이 들어차 있어서 그 욕구가 충족될 때까지 그 행위를 계속하지 않을 수 없다. 엄마가 아무리 잔소리해봐야 게임을 멈추는 애들은 거의 없다. 그것은 그 아이의 의식의 문제가 아니라 무의식의 문제이기 때문이다. 자기 스스로도 어찌 못하는 일을 어떻게 엄마가 해결해주겠는가.

심리학적으로 볼 때 유위란 불필요한 행위를 강박적으로 행하는 것이다. 그러니까 유위란 마음속이 굉장히 바쁜 것이다. 반면 무위는 마음이 한가하고 여백이 있으며 다소 릴랙스한 상태다. 따라서 무위는 유위와 달리 아무 불필요한 행위를 하지 않는다. 무위는 늘 깨어 있는 마음이라서 불필요한 행위는 일절 하지 않지만, 필요한 행위는 바로 바로 뭐든지 한다. 그러니 무위는 하지 못 함이 없는 것이다. 정리해보자면, 유위란 불필요한 행위만 하고 필요한 행위는 못하는 정신의 노예상태를 말하는 것이며, 무위란 정신이 주인자리를 회복하여 필요한 행위만 하고 불필요한 행위는 안 하는 건강한 상태인 것이다.

무위(無爲)

'무위'란 개념의 창안자는 노자이다. 우리 동양인들은 무위라는 개념에 익숙한 나머지 그것의 참된 가치를 잘 모르고 있지만, 내가 보건대 노자는 '무위'라는 용어를 만든 것만으로도 인류 역사상 이루말할 수 없이 위대한 일을 한 것이다. 동서양 철학사 전체를 통틀어 노자가 제시한 '무위'라는 개념처럼 독특한 개념은 없다. 특히, 서양철학의 경우 우리가 아는 어떤 철학자도 노자의 무위에 견줄만 한 개념을 내놓

노자老子

은 사람이 없다. 서양철학이라고 하는 것이 처음부터 천지자연의 큰 도를 구하려는 것이 아니라, 인위적 지혜를 찾아 다니거나 아니면 얄팍한 형이상학적 언어의 유희에 빠져있는 경우가 많으므로 그들 철학에서 무위와 같은 위대한 개념을 기대한다는 것은 애초부터 어불성설인지도 모른다. 노자의 관점에서 보면 서양철학이라고 하는 것 전체가 하나의 커다란 '인위적 지혜의 모음집' 같은 것이다. 그런 것으로는 도를 밝힐 수 없을 뿐만 아니라 오히려 도로부터 멀어져갈 뿐이다.

서양철학은 전체적으로 볼 때 모두 '자아'의 철학이다. 이것은 '천지자연의 도'를 구하는 동양철학과는 전연 판이한 모습이다. 이 점은 근대 서양철학의 아버지라고 불리우는 데카르트(Descartes)를 보면 명확해진다. 데카르트는 '생각한다. 고로 존재한다(Cogito, ergo sum)'는 명제를 세상에 유포시킨 사람으로서 그의 철학을 우리는 코기토철학이라 부른다. 그런데 여기서 그가 말하는 생각이라는 것은 누구의 생각인가? 바로, 자기자신, 즉 자아의 생각이다.

또, 칸트의 경우는 어떤가? 칸트는《순수이성비판》과《실천이성비판》등 비판철학의 선구자이다. 그런데 그가 말하는 순수이성이니 실천이성이니 하는 것들은 또 누구의 이성인가? 역시, 자아의 이성이다. 그렇다면, 쇼펜하우어(Schopenhauer)의 경우는 어떤가? 그는《의지와 표상으로서의 세계》라는 책을 썼다. 이 책이 그의 주저主著다. 여기서 쇼펜하우어가 말하는 의지와 표상은 또 누구의 것인가? 그 역시 자아의 의지이고 자아의 표상이다(다만, 쇼펜하우어의 경우에는 살려고 하는 맹목적인 자아의 의지가 소멸되어 우리의 인식이 순수인식의 차원에 도달하는 것을 목표로 하고 있기 때문에 일부 노자의 '무위'와 연결되는 면이 있다).

또 쇼펜하우어의 뒤를 이은 니체(Nietzsche)의 경우는 어떤가? 그는 쇼펜하우어의 관점을 정면에서 뒤집어 이른바 '권력에의 의지'를 이야기했는데, 그가 말한 의지는 또 누구의 것인가? 이 역시 자아의 의지인 것이다. 이러한 근대 서양철학의 태도는 키에르케고르(Kierkegaard)에 이르러 하나의 정점에 도달하게 되는데, 덴마크의 이 심약한 철학자는 '신神 앞에 선 단독자'의 개념을 제시했다. 물론 이것은 '신 앞에 선 대중 혹은 집단'이라는 개념(현재, 한국의 교회는 이 단계에 와 있다)보다는 훨씬 고상한 것이긴 하지만, 여전히 자아의 개념에 몰두해 있다는 점에서 본질적인 한계를 드러내고 있다.

그 외 사르트르(Sartre)니 하이데거(Heidegger)니 하는 실존철학자들이 있지만, 이 단계에 오면 철학이 거의 잡설과 객담客談에 뒤섞여서 상호 구분할 수 없는 형국에 이르기 때문에 논의의 의미가 별로 없다.

이상에서 살펴본 데카르트, 칸트, 쇼펜하우어, 니체, 키에르케고르 등은 서양철학의 대표적인 인물들이다. 서양근대철학 400~500년 간을 이들이 지배해왔다. 그러나 그들의 철학 전체는 한마디로 '자아'의 철학이며, '개체'의 철학이며 '피조물'의 철학이다. 거기에는 '천지자연의 도'가 빠져 있다. 서양근대철학은 그점에서 고대 그리스 철학보다 한 차원이 낮다.

고대 그리스에서는 철학이 '자아'의 문제를 해결하는 데 나서지 않았다. 그들은 좀 더 크고 위대한 개념을 탐구했다. 헤라클레이토스는 '로고스'를 이야기했고, 플라톤은 '이데아(Idea)'를 이야기했다. 로고스와 이데아는 둘 다 공히 자아의 문제에 몰두한 철학이 아니다. 그것들은 다소 다른 면이 있기는 하지만, 둘 다 우주의 근원적 원리를 구하려 했다는 점에서 노자의 '천지자연의 도'와 거의 같은 레벨에 있다고 할 수 있다. 특히, 헤라클레이토스의 '로고스'는 내가 이미 여러 차례 이야기한 바 있지만 노자철학의 '도'와 흡사하다. 헤라클레이토스는 거의 노자와 같은 말을 한다.

> 자기 자신에게 귀 기울이지 말고
> 로고스에 귀 기울여라.
> 로고스는 공통의 것이거늘
> 많은 사람들은 자신만의 생각 속에서 살아간다.

그는 또 이렇게도 말했다.

> 인간들의 생각과 견해란
> 어린아이의 장난거리와 같은 것이다.

요컨대, 고대 그리스철학과 근대 서양철학은 전혀 판이한 것을 이야기하고 있다. 만약 헤라클레이토스나 플라톤이 근대 유럽에 다시 태어나 데카르트의 '생각한다, 고로 존재한다'라는 명제를 전해 들었다면, 아마 철학의 키가 왜 이렇게 쫄아들었냐며 실소를 금치 못했을 것이다 데카르트가 그렇게 애지중지 했던 '생각(Cogito)'이란 이미 2,000년 전에 헤라클레이토스가 내다 버린 물건 아닌가! 어떻게 자기 자신의 생각에 집착하는 자가 우주의 로고스를 인식할 수 있겠는가! 어떻게 자기 자신에 매몰된 자가 도에 귀 기울일 수 있겠는가!

데카르트의 '생각', 칸트의 '이성', 쇼펜하우어와 니체의 '의지', 키에르케고르의 '개별적 인간', 사르트르와 하이데거의 '실존' 등은 크게 보아 모두 같은 것들이다. 그것들은 이 나라 저 나라를 떠돌며 이런저런 여러 이름으로 불리우고 있지만, 실은 모두 다 동일한 '자아自我'의 여러 모습일 뿐이다. 이 모든 것들은 노자의 '도'와는 차원이 다른 것이다. 도는 결코 자아와 양립할 수 없다. 자기를 텅 비워 깊은 고요에 도달했을 때, 그때 비로소 도가 드러난다. 도는 인간의 생각으로 만들어낼 수 있는 것이 아니다. 생각이 끊기고 분별이 사라져야 도가 나타난다. 인간의 생각이 시작되면 도는 이미 사라지고 없다. 요컨대, 끊임없이 재잘대는 '자아'가 완전히 침묵해야만 도가 모습을 드러내는 것이다. 장자는 이것을 〈인간세〉 편에서 이렇게 말한다.

唯道集虛 유도집허
도는 오로지 텅 빈 곳에만 모인다.

무불위(無不爲)

도상 (道常)
무위이 무불위 (無爲而 無不爲)

도는 항상

함이 없으나 하지 못함이 없도다.

우주 천지자연의 운행을 보라! 천지자연의 운행에는 우리 인간들처럼 어떤 의도나 목적, 계획 따위가 없다. 그럼에도 불구하고 천지자연은 한 치의 오차도 없이 순리에 따라 잘 운행되고 있지 않은가. 어느 누가 잔재주를 부리지 아니하여도 봄이 지나면 여름이 오고, 여름이 지나면 가을이 오고, 가을이 지나면 눈 내리는 겨울이 오고, 겨울이 지나면 다시 만물이 소생하는 봄이 찾아온다. 어느 누가 일부러 이 순서를 정해놓고서 천지자연더러 그렇게 가라고 명령을 내린 것도 아니건만, 천지는 아무 말 없이 그 길을 간다.

달은 지구 주위를 돌고, 지구는 태양 주위를 돌면서 1년 열두 달 쉬임 없이 운행하며 천공을 오고가지만, 누가 시켜서 그러는 것도 아니고 누가 멈추라고 해서 멈출 수 있는 것도 아니다. 만약 어느 누가 의도된 특정 계획을 가지고 잔재주를 동원하여 이렇게 하고 있다면 오히려 우주의 기계들에는 과부하가 걸려 어느 순간 돌연 멈춰서고 말 것이다. 천지자연에는 우리 인간들과 같은 목적이나 의도가 없다. 천지자연의 도는 본래 무위이면서도 하지 못하는 일이 없다. 무엇이든지 다 해낸다. 무위자연의 도는 써도써도 다 하지 않는 광대무변한 힘을 지니고 있다. 그렇기 때문에 천지 만물을 관통하는 도는 어떤 막힘도 없이 무한히 진행되며 영원무궁할 수 있는 것이다. 이것이 노자가 말하는 '무위이 무불위無爲而 無不爲'이다.

임금이나 제후가 이를 지키면

만물이 저절로 교화될 것이다.

언제나 위정자들이 문제다. 만물이 제대로 화육되지 못하고 교화되지 못하는 것은 무엇 때문인가? 그것은 임금이나 제후들이 무위를 버리고, 헛된 잔재주와 의도를 가지고 유위를 행하기 때문이다. 만약 대통령이나 도지사·장관들이 사리사욕과 개인적인 욕망과 쓸데없는 고집 따위를 버린다면 일부러 교화하려 하지 않아도 세상은 저절로 교화될 것이다. 임금이나 제후란 자들이 자기는 정직하지도 청렴하지도 않으면서, 백성들에게만 규범의 준수를 강요한다면 어떻게 세상이 교화될 수 있겠는가. 그러므로 먼저 임금과 제후들이 솔선수범해야 한다.

교화되면서도 욕심이 일어나면
나는 이름 없는 통나무로 이를 진정시킬 것이다.

살다 보면 누구나 욕심이 생겨날 때가 있을 것이다. 어떻게 목석도 아닌데 아무 욕심도 없을 수 있겠는가? 그럴 수는 없다. 그 점은 우리도 그렇고 노자도 그렇다. 여기에서의 논조를 보면 노자 스스로도 그 점을 시인하고 있다. 노자는 자신도 욕심이 일어난다는 사실을 부인하지 않는다. 그도 시인하고 인정한다. 그러면서 그는 욕심이 일면 '이름 없는 통나무'로 진정시킨다고 말한다. 이름 없는 통나무(無名之樸)란 노자가 사랑하고 아끼는 물건이다. 그것은 무위자연의 도를 가리키는 또다른 비유이다.

노자老子

이름 없는 통나무는 욕심을 없애노니

욕심이 없으면 고요가 찾아들고

천하는 저절로 안정될 것이다.

통나무는 아직 제재되어 이런 저런 그릇이 되기 이전이다. 그러므로 통나무는 이름이 없으며, 작위나 욕망이 없다. 그것은 소박하고 질박하다. 그것은 무엇이 되려고 하지 않는다. 그것은 헛된 자의식을 지니고 있지 않으며, 쓸데없는 공명심을 가지고 있지도 않다. 오히려 그것은 모든 인위와 욕망과 잔재주를 내려놓고, 심지어 자기가 누구인지 조차 잊어버린 채 자연과 하나가 되어 있다. 이것이 통나무의 위대한 덕이다.

이런 통나무에게서 우리는 무위·무욕을 배울 수 있다. 그리하여 인간들이 욕심을 없애고, 만물이 무위·무욕으로 돌아가야 한다. 인간 세계의 모든 혼란과 위기는 인간의 욕심에서 오는 것이지 딴 데 원인이 있는 것이 아니다. 그것이 월가(wall-street)든 여의도든, 혹은 백악관이든 청와대가 됐든 모든 타락과 혼미의 원인은 인간의 탐욕에 있는 것이다. 위정자들이 저마다 나서서 자기가 천하를 안정시키겠다고 호언장담을 한다. 그러나 그들에게 노자는 거꾸로 말한다.

"그대들의 탐욕 때문에 천하가 어지럽구나!"

제38장 ;
최상의 덕은 자기를 의식하지 않나니

최상의 덕은 자기의 덕을 의식하지 않나니
그러기에 정말로 덕이 있는 것이며,
하급의 덕은 자기의 덕을 의식하나니
그러기에 정말로 덕이 없는 것이다.

최상의 덕은 무위이므로 작위하지 않지만,
하급의 덕은 유위이므로 작위하려 한다.
최상의 인은 유위이지만 작위하지는 않으며,
최상의 의는 유위이면서 작위하려 한다.

최상의 예는 유위일 뿐만 아니라
응답하지 않으면 팔을 걷어붙이고 대든다.

그러므로 도 잃은 후에 덕 있고,
덕 잃은 후에 인 있고,

인 잃은 후에 의 있고,

의 잃은 후에 예 있다.

결국 예란 믿음이 희박해진 것이니 혼란의 시작이오,

앞선 지식이란 도의 헛된 꽃이니 어리석음의 시초이다.

그런 관계로 대장부는

두터운 데 머무르고 얄팍한 데 거하지 아니하며,

열매에 머무르고 꽃에 거하지 아니한다.

그러므로 이것을 버리고 저것을 취한다.

上德不德 是以有德 下德不失德 是以無德

상덕부덕 시이유덕 하덕부실덕 시이무덕

上德無爲而無以爲 下德爲之而有以爲 상덕무위이무이위 하덕위지이유이위

上仁爲之而有以爲 上義爲之而有以爲 상인위지이유이위 상의위지이유이위

上禮爲之而莫之應 則攘臂而扔之 상례위지이막지응 즉양비이잉지

故失道而後德 失德而後仁 失仁而後義 失義而後禮

고실도이후덕 실덕이후인 실인이후의 실의이후례

夫禮者 忠信之薄 而亂之首 前識者 道之華 而愚之始

부례자 충신지박 이란지수 전식자 도지화 이우지시

是以大丈夫 處其厚 不居其薄 시이대장부 처기후 불거기박

處其實 不居其華 故去彼取此 처기실 불거기화 고거피취차

《도경》과《덕경》

우리가《도덕경》이라고 부르는 노자의 이 책은 흔히《도경道經》과 《덕경德經》으로 분류하는데, 제1장부터 제37장까지《도경》이고, 제 38장부터 제81장까지《덕경》이라 불린다. 이것이 전통적인 분류 방 법이고 대부분의 옛 사본들도 이 순서를 따르고 있는데, 1973년 중국 호남성 마왕퇴馬王堆에서 발견된 백서(帛書, 비단에 쓴 글씨)에는 이 순서가 뒤바뀌어 나와 있다. 즉 마왕퇴 백서는《덕경》이 앞에 있고《도경》이 뒤에 있다. 마왕퇴 백서본은 2천 년 전인 한나라 초기에 매장된 것으 로, 현존하는《도덕경》사본 중 가장 오래된 것이기 때문에 그 역사 적 의의는 자못 큰 것이다. 그래서인지 요즘은 외국에서도 그렇고 국 내에서도 그렇고 종래의 순서를 뒤집은 해설서들도 나오고 있다. 독 자들은 그 점을 염두에 두면 좋을 것 같다.

최상의 덕

최상의 덕은 자기의 덕을 의식하지 않나니
그러기에 정말로 덕이 있는 것이며,
하급의 덕은 자기의 덕을 의식하나니
그러기에 정말로 덕이 없는 것이다.

무위의 도에서 무위의 덕이 나온다. 천지자연의 도가 자신을 내세 우지 않듯이, 최상의 덕도 역시 자신을 내세우지 않는다. 자신을 내세

노자老子

우는 순간 덕은 사라지고 없다. 남보다 바지런하고 정의감도 투철해 이런저런 공을 세우는 사람들이 있는데, 이런 사람들에게 대체로 결여된 것이 자기 통제력이다. 그들은 가만 있으면 그 공이 오래 가련만 참지 못하고 꼭 입으로 그 공을 깨고 만다. 당신이 남을 위해서 무언가를 행했다면 그것은 좋은 일이다. 그러나 그것으로 북을 치고 피리를 불지는 말아라.

> 최상의 덕은 무위이므로
> 작위하지 않지만,
> 하급의 덕은 유위이므로
> 작위하려 든다.

그렇다. 하늘은 우리에게 저 귀중한 햇빛을 무료로 주면서도 아무 티를 안 내는데, 우리 인간이란 라이터를 한 번 빌려주고도 인사받으려 한다. 말 못하는 소는 하루 종일 우리에게 노동력을 제공하고도 아무 티를 안 내는데, 우리 인간은 허리를 한 번 굽히고도 남에게 생색 내려 한다.

> 최상의 인은 유위이지만
> 작위하지는 않으며,
> 최상의 의는 유위이면서
> 작위하려 한다.
> 최상의 예는 유위일 뿐만 아니라

응답하지 않으면 팔을 걷어붙이고 대든다.

노자에게서 드물게 보이는 논리적 추론이다. 노자는 주로 논리적 접근보다는 이쪽저쪽 경계를 뛰어넘으면서 특유의 모순과 역설을 구사하는 사람인데, 특이하게도 이 장에서만은 빈틈없는 논리적 어법을 따르고 있다. 더군다나 도에서 덕을 거쳐 인仁), 의義, 예禮로 내려가는 과정에 대한 논리 전개가 정연하기 이를 데 없다! 내가 보기에《도덕경》전체에서 이 장은 가장 정교한 논리적 분석을 보여주고 있다. 노자에게서는 거의 이례적인 모습이다. 마치 이 모습은 능숙한 변론가가 변론하는 것처럼 보인다.

노자는 지금 도에서 예에 이르기까지를 5단계로 구분하고, 그 5단계에 대해 차례차례 각각의 특성에 맞게 개념정의를 내리고 있다.

첫째, 도道는 앞 장에서 보았듯이 '무위'이며 '무불위'이다.

둘째, 덕德은 '무위'이며 '무이위'이다. 즉 '무불위'까지는 되지 못하지만, '무이위'(작위는 하지 않는다의 뜻)이다. 이렇게 도와 덕은 구별된다.

셋째, 인仁은 '유위'이면서 '무이위無以爲'이다. 인은 유가에서 가장 높이 받드는 개념이다. 공자가 평생을 걸쳐 주장했던 것이 인이다. 그런데 노자는 인에 대해 '유위'라고 평하고 있다. 도와 덕이 둘다 무위인데 반해 인은 유위이다. 말없이 무위자연의 도를 따르면 될일인데, 자꾸 남앞에 나서서 인을 부르짖고 또 인을 드러내려 하는 것은 아무래도 유위이다. 인이 유위이므로 그 이하 의와 예는 자동으로 유위이다. 다만 그것들의 차이는 이제 '작위' 여부에 있을 뿐이다.

노자老子

넷째, 의는 '유위'이면서 '작위'하려 한다. 이것이 '의'의 위험한 면이다. '인'은 유위이긴 하나 작위하지는 않는다. 그렇기 때문에 "인은 지나쳐도 문제될 것이 없지만, 의는 지나치면 그것이 발전하여 잔인한 사람이 된다. 그러므로 인자함은 지나쳐도 되지만, 정의로움은 지나쳐서는 안 된다(소동파)." 우리 한국 사회가 지금 '정의로움'에 목말라 있다. 우리는 이제 갖은 난관을 뚫고 어찌어찌 가난한 나라에서 부유한 나라가 되었다. 그런데 생각해보니 고생은 같이 했는데 혜택은 골고루 돌아가지를 않았다. 일반 국민들은 여전히 별반 나아진 것 없이 허리띠를 졸라매고 있는데, 몇몇 가진 자들은 커다란 부를 축적하여 떵떵거리고 살고 있다. 일반 서민들의 입장에서 보면 절대적 빈곤은 해소된것 같은데, 상대적 박탈감이 오히려 더 커졌다. 그런데 사람을 약오르게 하는 것은 절대적 박탈감이 아니라 상대적 박탈감이다. 모두 다 같이 못살 때는 참을 만하지만, 남들은 잘사는데 나만 못살면 분노가 끓어오른다. 대한민국은 지금 이 상황이다. 이 상황에서 사람들은 정의(義)가 무엇인지 묻고 있다. 국내에서 대답이 시원치 않았던지 요즘은 외국인을 데려다가 정의가 무엇인지 물어보고 있다. 사람들이 얼마나 답답했으면 정의(Justice)를 한국말도 아닌 영어로 묻고 있을까?

다섯째, 예는 '유위'일 뿐만 아니라 '거기에 응답하지 않으면 팔을 걷어붙이고 대든다.' 노자는 예에 대해 아주 혹평한다. 노자는 예를 별로 좋아하지 않는다. 주변에서도 예를 앞세우는 자들을 보면 위선자들이 대부분이다. 예에서는 어딘가 위조와 날조의 냄새가 난다. 노자처럼 후각이 예민한 사람들은 그런 냄새를 남보다 빨리 맡는다. 과도

하게 예를 내세우는 사람과 같이 있으면 주변 공기가 답답해진다. 남이 무언가를 하려고 하면 끊임없이 뒤에서 따라다니며 남들의 행동을 제약하려 한다. 말하자면 예절이란 이름으로 사람의 심리에 은밀한 폭력을 행사하는 것이다. 괴테도 이런 말을 했다.

"두 개의 평화로운 폭력이 있다. 즉, 법과 예절이 그것이다."

도덕의 하강

그러므로 도 잃은 후에 덕德 있고,

덕 잃은 후에 인仁 있고,

인 잃은 후에 의義 있고,

의 잃은 후에 예禮 있다.

결국 예란 믿음이 희박해진 것이니 혼란의 시작이오,

앞선 지식이란 도의 헛된 꼴이니 어리석음의 시초이다.

이른바 노자가 말하는 '도덕의 하강下降'이다. 이 도덕의 하강은 5단계 구조를 가지고 있다. 도에서 덕으로, 덕에서 의로 차츰차츰 순차적으로 하강하여 끝에 가서 예에 이른다. 그러므로 예란 모든 자연스럽고 참된 것이 사라져버린 이후에 남게 된 거대한 위선의 덩어리이다. 그것은 사람들 간의 참된 믿음이 희박해진 결과물이니 '혼란의 시작(亂之首)'인 것이다.

앞에서 살펴본대로 지금 우리 사회는 노자식으로 말하자면 제4단계 하강국면, 즉 '의'의 단계에 몰두해 있다. 세상 모든 사물에는 좋은

노자老子

면과 나쁜 면이 공존하는 것이기 때문에 나는 '의'의 단계에 대한 노자의 우려에도 불구하고 기왕에 시작된 우리 사회의 정의에 관한 논쟁이 생산적인 결과에 도달하기를 충심으로 바란다. 동시에 여기서 내가 한 가지 기대를 거는 것이 있는데, 그것은 다름이 아니라 우리 사회의 다음 토론의 주제가 '예'가 되지는 말았으면 한다는 것이다. 다음 토론의 주제로 '예'가 떠오른다면 그것은 최악이다. 그것은 '의'에 관한 논쟁이 생산적이지를 못했고, 따라서 사회의 문제가 수습되는 국면으로 이행된 것이 아니라 반대로 더 타락상을 보이게 됐음을 말해주는 것이기 때문이다.

바람이 있다면, 나는 한국 사회의 다음 토론의 주제는 '인'이 되기를 바란다. 그리고 그다음 토론의 주제는 '덕'이 되기를 바라며, 또 그다음 토론(그때도 토론이란 것이 의미가 있을지 모르지만)의 주제는 '도'가 되기를 바래본다. 그러나 이것은 부질없는 내 요망사항일 것이 뻔하다. 노자도 말하지 않았던가! "웃음거리가 되지 않으면 도라고 하기에 부족하다(不笑 不足以爲道)"라고. 어떻게 인간 사회에서 '도'가 사람들의 관심의 대상이 될 수 있겠는가. 그런 사회는 과거에도 없었고 앞으로도 영원히 없을 것이다. 소국과민小國寡民이라는 노자가 꿈꾸던 파라다이스 말고는.

제39장 ;
하늘은 하나를 얻어 맑고

옛부터 하나를 얻은 것들이 있다.
하늘은 하나를 얻어 맑고,
땅은 하나를 얻어 안정되고,
신은 하나를 얻어 영험하고,
골짜기는 하나를 얻어 가득하고,
만물은 하나를 얻어 생육하고,
왕과 제후는 하나를 얻어 천하의 주인이 되었으니,

하늘은 그로써 맑게 하는 것 없으면 아마 파열될 것이고,
땅은 그로써 안정되게 하는 것 없으면 아마 흔들릴 것이고,
신은 그로써 영험하게 하는 것 없으면 아마 쇠할 것이고,
골짜기는 그로써 가득하게 하는 것 없으면 아마 마를 것이고,
만물은 그로써 생육하게 하는 것 없으면 아마 멸망할 것이고,
왕과 제후는 그로써 존귀하게 하는 것 없으면 아마 넘어질 것이다.
그러므로 귀한 것은 천한 것으로써 근본을 삼고,

노자老子

높은 것은 낮은 것으로써 바탕을 삼는다.

이런 까닭으로 왕과 제후는 스스로를 가리켜

고孤, 과寡, 불곡不穀이라 부르나니,

이것이 바로 천한 것으로써 근본을 삼은 것 아니겠는가.

그러므로 영예를 지나치게 추구하다가는

도리어 영예를 잃게 되나니,

구슬처럼 영롱히 빛나려 하지 말고

돌처럼 담담해져라.

昔之得一者 天得一以淸 地得一以寧 神得一以靈

석지득일자 천득일이청 지득일이녕 신득일이령

谷得一以盈 萬物得一以生 侯王得一以爲天下貞

곡득일이영 만물득일이생 후왕득일이위천하정

其致之一也 天無以淸 將恐裂 기치지일야 천무이청 장공렬

地無以寧 將恐發 神無以靈 將恐歇 지무이녕 장공발 신무이령 장공헐

谷無以盈 將恐竭 萬物無以生 將恐滅 곡무이영 장공갈 만물무이생 장공멸

侯王無以貴高 將恐蹶 故貴以賤爲本 高以下爲基

후왕무이귀고 장공궐 고귀이천위본 고이하위기

是以侯王 自謂孤寡不穀 此非以賤爲本邪 非乎

시이후왕 자위고과불곡 차비이천위본야 비호

故致數譽無譽 不欲琭琭如玉 珞珞如石

고치수예무예 불욕록록여옥 낙낙여석

만물의 어버이

옛부터 하나를 얻은 것들이 있다.
하늘은 하나를 얻어 맑고,
땅은 하나를 얻어 안정되고,
산은 하나를 얻어 영험하고,
골짜기는 하나를 얻어 가득하고,
만물은 하나를 얻어 생육하고,
왕과 제후는 하나를 얻어 천하의 주인이 되었으니.

노자가 여기서 말하는 '하나—'란 도를 가리키는 것이다. 노자는 어떤 때는 도라고 말했다가 또 어떤 때는 하나라고 말한다. 그러나 그것은 결국 같은 것이다.

천지 만물은 모두 이 하나, 즉 도에서 비롯된 것이다. 이 세상 만물은 도에서 나와, 도 안에서 살다가, 다시 도로 돌아간다. 누구는 이것을 깨우쳐서 도의 흐름을 타고 자연에 거역하지 않으며 유유자적하며 살아가지만, 누구는 고집을 내세워 도의 흐름을 무시하고 자연에 거역하며 살다 몸이 위태로워지는 것이다. 세상 만물 중에 도로 말미암지 않은 것은 없다. 맑고 가벼운 것은 하늘이 되었고 무겁고 안정된 것은 땅이 되었는데, 이것이 다 도로 말미암은 것이지 누가 억지로 하늘과 땅을 가르고 떼어낸 것이 아니다. 신도 그러한 도를 얻었기에 영험한 것이며, 골짜기도 그러한 도를 얻었기에 충만할 수 있는 것이다. 요컨대 이 세상 천지 만물을 생성화육生成化育시키는 것도 도이며, 왕과 제

노자老子

후를 천하의 주인이 되게 하는 것도 도이다.

그러므로 하늘이 도를 얻어 맑지 않으면 아마도 파열될 것이며, 땅이 도를 얻어 안정되지 않으면 아마도 흔들릴 것이고, 신이 도를 얻어 영험하지 못하면 아마도 쇠진할 것이고, 골짜기가 도를 얻어 가득하지 않으면 아마도 마르게 될 것이다. 요컨대 천지 만물이 도를 얻어 생성화육 되지 못 한다면 아마도 멸망하게 될 것이고, 왕과 제후도 도를 얻어 존귀하지 못하면 아마도 발을 헛디뎌 넘어지게 될 것이다.

눈에는 보이지 않아도 모든 사물의 배후에는 도가 있다. 이 도는 누가 만든 것도 아니며, 달리 정할 수도 없으며, 인간의 언어로 접촉할 수 없고, 뇌물을 써 내 편으로 만들 수도 없다. 이것은 사물의 원리이며, 우주의 궁극적 원리다. 요컨대, 도란 인위적인 형식 이전에 존재하는 우주의 질서다. 아무도 이것을 만들 수 없고 아무도 이것을 조작할 수 없으며, 아무도 이것을 상상할 수 없다. 이것이 만물의 어버이다.

돌처럼 담담해져라

그러므로 귀한 것은 천한 것으로써 근본을 삼고,
높은 것은 낮은 것으로써 바탕을 삼는다.
이런 까닭으로 왕과 제후는 스스로를 가리켜
고 · 과 · 불곡이라 부르나니,
이것이 바로 천한 것으로써 근본을 삼은 것 아니겠는가.

그러므로 영예를 지나치게 추구하다가는

도리어 영예를 잃게 되나니,

구슬처럼 영롱히 빛나려 하지 말고

돌처럼 담담해져라.

물고기가 물 속에서 사는 동안은 물을 의식하지 않다가 물 밖으로 나오면 그 순간 헐떡이다 이내 죽고 마는 것처럼, 우리도 도 안에서 도에 따라 사는 동안에는 아무 문제가 없지만 인위와 작위를 구사하다가 도 밖으로 나오게 되면 그 순간 숨을 헐떡이며 위험에 직면하게 된다. 노자는 지금 이 점을 말하고 있다.

그러므로 가장 강한 행동을 할 때는 가장 약한 고리를 염두에 두어야 하며, 가장 높이 올라갈 때는 가장 낮은 곳에 유념해야 하며, 가장 귀하게 빛날 때에는 가장 미천한 것을 기억해야 한다. 그것이 자신을 도(道)로부터 이탈시키지 않는 지혜로운 이의 몸가짐이다. 이것을 잊으면 우리는 도로부터 벗어나는 것이며 위태로움에 처하게 되는 것이다.

그러므로 '귀한 것은 천한 것으로써 근본을 삼고, 높은 것은 낮은 것으로써 바탕을 삼는다'고 노자는 말한다. 임금이나 제후들이 자신을 가리켜 고(孤, 고아), 과(寡, 과부 또는 홀아비), 불곡(不穀, 종 또는 노예)이라고 스스로를 낮추어 부르는 것을 보면 (사극을 보면 왕이 자신을 칭할때 자꾸 '과인'이란 말을 하는데 그것이 위의 '과寡'로써 결국 덕이 적은 사람이란 뜻이다) 이것이 바로 세상의 그런 이치를 알고서 천한 것으로써 근본을 삼은 것 아니겠는가?

노자老子

제40장 ;
되돌아가는 것이 도의 움직임

되돌아가는 것이 도의 움직임이요,
유약한 것이 도의 쓰임새이다.

천하 만물은 유에서 생겨나고,
유는 무에서 생겨난다.

反者 道之動 弱者 道之用 반자 도지동 약자 도지용
天下萬物生於有 有生於無 천하만물생어유 유생어무

물극필반(物極必反)

이 장은 아주 짧은 글이지만, 노자철학의 중요 사상을 담고 있다.
되돌아가는 것이 도의 움직임(反者道之動)이라는 복귀의 사상은 노자
가 관념적으로 내건 슬로건 같은 것이 아니다. 이것은 노자가 천지 만

물을 유심히 관조한 결과 얻어낸 심오한 통찰이다. 어떤 사물도, 어떤 존재도, 어떤 세력도 이 원리로부터 벗어날 수 없다. 도는 천지 만물을 생성화육시키지만 절대로 한 방향으로만 계속 치닫도록 허용하지 않는다. 어느 순간 밀물이 썰물이 되는 것처럼 도는 어떤 일정 시기가 되면 풀었던 것을 거둬들이고, 벌렸던 것을 오므려들이며, 발산시켰던 것을 수렴시킨다. 이 우주에는 결코 일방통행이란 없다. 이 우주는 쌍방통행구조로 되어있다. 이 점을 이해하지 못하면 인생에 화禍가 미친다.

'반자도지동反者道之動'이란 원리는 우주의 원리일 뿐 아니라 인간 세상의 이치이기도 하다. 노자는 항상 깊은 관찰을 통하여 우주로부터 원리를 추출해내기 때문에 그의 주장은 인간 세상에도 그대로 적용된다. 이것이 노자철학의 묘미이다. 노자의 말은 피상적인 것이 없다. 그의 말은 여러 국면을 동시에 아우른다. 그의 말은 인생과 우주를 하나로 관통한다.

'반자도지동'이란 원리를 가장 유념해야 할 부류는 사회의 특권층이다. 특권층이란 자신들이 누리는 현재의 이 특권이 미래에도 영원히 그대로 이어지기를 바라는 부류들이다. 그들은 말하자면 도가 한쪽으로 치우쳐서 영원히 딴 데로 가지 않기를 바라는 것이다. 그러나 이 우주에 그런 도는 없다. 한쪽으로 갔으면 반대쪽으로 다시 돌아오는 것, 그것이 도이다.

세상만물은 봄에 소생하여 여름에 무성해지지만, 가을이 되면 생장이 멈추고 겨울이 되면 땅속으로 숨는다. 이것이 자연의 이치이다. 만물은 가장 왕성한 때가 있는가 하면 반드시 시드는 때가 있는 것이다.

노자老子

추석을 얼마 안 남기고 우리나라 사람들이 산소에 벌초들을 하는데, 그것은 제의적인 뜻도 있지만 그때가 사물의 생장점이 극에 달한 때이기도 한 까닭이다. 그 이전에 자르는 건 무의미하다. 꼭 그때 잘라야 한다. 풀도 봄부터 여름을 거쳐 계속 자라지만 처서·백로가 지나고 추분이 다가오면 어느 순간에 우주의 기운이 발산지기發散之氣에서 수렴지기收斂之氣로 화하는 순간이 온다. 그때가 바로 사물의 극점極點이다.

이때를 정점으로 사물은 기울기 시작한다. 바야흐로 우주의 썰물이 시작되는 때이다. 이렇듯 어떤 하나의 사물이 극에 달하면 반드시 반대쪽으로 되돌아간다는 것을 '물극필반物極必反'이라고 하는데, 이 물극필반 사상이 바로 노자의 '반자도지동'에서 나온 사상이다. 이 세상 어느 것도 물극필반을 벗어날 수 없다. 그리고 '물극필반'이 있기 때문에 또다시 이 우주는 돌아갈 수 있는 것이다.

유약한 것이 도의 작용

천지 만물 중에 노자가 가장 사랑했던 사물이 바로 '물'이다. 노자는 말했다. 상선약수(上善若水, 가장 훌륭한 것은 물처럼 되는 것이다)! 노자가 봤을 때 물이야말로 성인聖人의 덕을 두루 갖추고 있다. 물은 만물에 커다란 혜택을 주지만 그들과 다투지 않고, 사람들이 모두 싫어하는 낮은 곳에 있다. 그러므로 물은 도에 가장 가깝다(제8장). 노자가 말하는 '약弱'이란 바로 이 물의 부드러움과 유연성을 가리키는 것이다.

물은 도의 가장 적절한 상징이다. 물은 결코 강하지 않다. 물은 한없이 부드럽고 유연하게 행동한다. 사람들은 모두 높은 곳을 향해 오르려 하지만, 물은 절대 높은 곳을 향해 흐르지 않는다. 물은 뭇 사람들이 싫어하는 낮은 곳을 향해 묵묵히 흐른다. 그러면서도 어떠한 난관이나 중압에도 굴하지 않고 꿋꿋이 견뎌내고, 자신을 가로막는 모든 강하고 단단한 것들을 서서히 무너뜨리며 정복해간다. 이 세상에서 그 어떤 것도 영원히 밀려드는 물의 힘을 이기지 못한다. 집채만한 바위덩어리도 물에 쓸려 내려가고, 그 단단하던 암벽도 물에 마모되어 모래가 된 지 이미 오래이다. 이 세상에서 가장 강하다는 다이아몬드도 자를 때 물로 자른다. 이것이 바로 노자가 말하는 '약'의 정체이다.

그러므로 노자의 '약'은 허약해 빠진 약이 아니다. 그것은 강强을 제압할 수 있는 '약'이며, 견堅을 무너뜨릴 수 있는 '약'이며, 예銳를 꺾을 수 있는 '약'이다. 요컨대, 노자의 '약'은 역설적인 약이며, 반어적인 약이다. 그것은, 이 세상 어떤 '강'도 이기지 못하는 오묘한 '약'이다. 노자의 '약' 앞에 여러 '강'들이 힘을 쓰지 못하고 수족을 오그린 채 앉아 있다. 이것이 노자의 약이다. 노자가 볼 때 이 약함이 바로 도의 작용이다.

유생어무(有生於無)

천하 만물은 유有에서 생겨나고
유는 무無에서 생겨난다.

이것이 도가의 우주론이다. 여기에는 신神이 등장하지 않는다. 우주 바깥에 어떤 존재가 있어서 그 존재가 일방적으로 우주 만물을 만들어 낸다는 생각은 인격신을 가정했을 때만 생길 수 있는 편견이다. 그것은 '타율적 우주론'이다. 이에 반해 도가의 우주론은 '자율적 우주론'이다. 우주는 스스로 나와서 스스로 활동하다 스스로 사라진다. 이것이 언어의 가장 깊은 의미에 있어서의 '무위자연'이란 말의 참뜻이다. 별도의 존재가 있어 이 우주에 개입하기 시작하면 도가 파괴된다. 그것은 무위가 아니다. 그것은 유위이다.

노자는 '천하 만물은 유에서 생겨나고, 유는 무에서 생겨난다'고 말하고 있다. 노자는 사물의 발생 순서를 역순으로 이야기하고 있는데, 이것을 뒤집으면 '무'에서 '유'가 나오고, 다시 '유'에서 천하 만물이 나옴을 알수 있다.

도표화 하면 ①무 → ②유 → ③천하 만물 순이다. 천하 만물이 유에서 나왔다는 것은 당연한 이야기이니까 문제될 것이 없는데, 유가 무에서 나왔다는 것은 무슨 소리일까? 정말로 어떤 유(有, thing)가 무(無, nothing)로부터 생겨날 수 있는 것일까? 그럴 수는 없다. 어떻게 존재가 비존재로부터 나올 수 있겠는가! 어떻게 '있음'이 '없음'으로부터 나올 수 있겠는가? 그것은 틀린 말이다. 그렇게 해석하면 안 된다. 그렇다면 여기서 노자가 말하는 유생어무有生於無의 '무無'는 과연 무슨 뜻일까?

노자가 말하는 무는 유有와 대립하는 상대적 무(相對的 無)가 아니다. 노자의 무는 그 안에 유를 포괄하고 있는 절대무(絕對無, the absolute nothing)이다. 그것은 '무'라고는 하지만 없음을 뜻하는 '무'가 아니라, 오히려 너무도 크고 거대하여 어떤 '유'로도 한정할 수 없기 때문에 부득이 '무'라고 부르는 것이며 따라서 그것은 유·무를 모두 초월하는 무한無限의 '무'이며, 무극無極의 '무'이다. 즉, 노자의 '무無'란 결국 '도道'를 가리키는 것이다.

그러므로 노자의 말을 정리해보면 ①도에서 유(有, 존재일반)가 나오고 ②다시 유가 분화되어 개별 사물로서의 천지 만물이 나오는 것이다.

무에서 유가 나오고, 유에서 만물이 나온다는 노자의 우주론은 일면 평이해 보이지만 또 일면 오묘한 맛을 풍긴다. 그리하여 이 도가의 우주론이 나중에 유가에 흘러들어 신유학의 성립에 큰 영향을 미치게 된다. 유가의 창시자 공자는 원래 유를 알았을 뿐 무를 알지 못했던 사람이다. 그는 무의 세계에 대해 전혀 관심이 없었다. 그러나 성리학에 이르면 무가 전면에 등장한다. 무에 대한 사유가 없이는 철학이 깊이 있게 전개될 수 없다는 것을 유가도 뒤늦게 알게 된 것이다.

성리학의 단초를 처음 열었던 것은 송나라 때의 주돈이인데, 그의 《태극도설》 첫머리는 '무극이 곧 태극이다'라는 유명한 구절로 시작한다. 《태극도설》에 나타난 주돈이의 설을 정리하면 무극에서 태극이 나오고, 태극에서 음양이 나오고, 음양의 기가 교감하여 만물이 나온다는 것이다. 그런데 주돈이의 이 발상법은 공자와는 아무 관계가 없다. 주돈이의 발상법의 근저에는 노자의 숨결이 어른거린다. 《논어》에는 이런 이야기가 전혀 나오지 않는다. 동아시아의 역사에서 이런 철학적 담론의 시발점은 노자의 《도덕경》인 것이다.

노자老子

제41장 ;
웃음거리가 되지 않으면 도로써 부족하다

뛰어난 자는 도를 들으면 힘써 행하려 하고,

어중간한 자는 도를 들으면 반신반의 하며,

어리석은 자는 도를 들으면 크게 웃나니,

웃음거리가 되지 않으면 도라고 하기에 부족하도다.

그러므로 건언에 이르기를

"밝은 도는 어두운 것 같고,

나아가는 도는 물러가는 것 같고,

평탄한 도는 울퉁불퉁한 것 같으며,

위대한 덕은 골짜기 같고,

아주 흰 것은 때 묻은 것 같고,

큰 덕은 부족한 것 같고,

굳센 덕은 연약한 것 같고,

참된 진실은 틀린 말 같다.

큰 모퉁이에는 모서리가 없고,

큰 그릇은 늦게 차며,

큰 소리는 희미하고,

큰 형상에는 형체가 없다."고 하였도다.

도는 숨어 이름 없는 것,

오직 도로 해야만 아름답게 시작해서 아름답게 마칠 수 있다.

上士聞道 勤而行之 中士聞道 若存若亡

상사문도 근이행지 중사문도 약존약망

下士聞道 大笑之 不笑 不足以爲道 하사문도 대소지 불소 부족이위도

故建言有之 明道若昧 進道若退 夷道若纇

고건언유지 명도약매 진도약퇴 이도약뢰

上德若谷 太白若辱 廣德若不足 建德若偸 質眞若偸

상덕약곡 태백약욕 광덕약부족 건덕약투 질진약투

大方無隅 大器晚成 大音希聲 大象無形

대방무우 대기만성 대음희성 대상무형

道隱無名 夫唯道善 始且善成 도은무명 부유도선 시차선성

천 명 중에 한 명, 만 명 중에 두 명

우리 인간은 입으로는 진리를 구하고 도를 구한다고 하지만, 그것
은 말뿐이고 정작 진리나 도가 우리 눈앞에 나타나면 모른척하고 슬

노자老子

그머니 꼬리를 빼거나 멀뚱멀뚱 먼 산을 쳐다본다. 사람들은 진리나 도를 이미 다 알고 있고, 다 정해놓았으며, 다 분류해놓았다. 그들은 이미 진리와 도에 대해 그 색깔과 형태까지 규격화해놓았으며, 어느 길을 따라오는지 그 길목까지 지정해놓았다. 그들은 자신들이 정해 놓은 '용어와 명칭'을 벗어나면 그것은 도가 아니라고 대번에 배척한다. 그들은 오로지 자신들이 알고 있고, 자신들에게 익숙한 '용어와 명칭'으로 도가 자신들 앞에 나타난다고 생각하고 있다.

그러나 진리나 도는 절대 그렇게 나타나는 법이 없다. 도와 진리는 나타날 때 인간이 정해 놓은 모든 경계와 범주를 다 허물어뜨리고 나타난다. 그것이 도의 본질적인 특성이다. 만약 도가 그대가 종래 알던 방식으로 그대의 손바닥 위에 나타난다면 그것은 전혀 도가 아니다. 그것은 그대가 그대를 위해 만들어낸 가짜 도이다. 그것은 그럴듯해 보이지만 실은 짝퉁이고 사이비일 뿐이다. 우리는 하루에도 수십 번씩 가짜 도와 가짜 진리를 만들어 거기에 기대고 기도하며 이런 저런 위안을 얻는다. 이것이 가짜 도가 가진 효용이다. 이른바 최면효과요 플라시보(placebo, 가짜약) 효과이다.

허나 참된 도는 이와는 정반대이다. 그것은 최면이나 플라시보 효과를 주는 것이 아니고, 사람을 각성시키며 깨어나게 하는 것이다. 그것은 위안을 주는 것이 아니라 진실을 바라보게 한다. 그것은 그대가 원하는 방식으로 결코 오지 않으며, 또한 그대에게 익숙한 방식으로도 결코 오지 않는다. 그것은 그대의 모든 생각과 예견을 넘어서서 전혀 낯선 방식으로 그대 앞에 나타난다. 이 경우에 누가 도를 알아 볼 것인가? 그럴 수 있는 사람은 거의 없다. 이 상황을 《도마복음》에서 예수는 이렇게 말했다.

> 나는 너희를 택하리니, 천 명 중에서 한 명,
> 만 명 중에서 두 명이라. 저들이 모두 홀로 서리라.

- 《도마복음》 제23절

　도를 알아보고, 그 길에서 홀로 설 수 있는 사람은 천 명중에 한 명, 만 명 중에서 두 명 정도이다. 노자는 이 상황을 세 가지로 나누어서 설명한다.

> 뛰어난 자는 도를 들으면 힘써 행하려 하고,
> 어중간한 자는 도를 들으면 반신반의 하며,
> 어리석은 자는 도를 들으면 크게 웃나니.

　노자는 몇 명이라고 말은 안 하지만 그 수가 결코 예수가 말한 수보다 많지는 않을 것이다. 즉, 도를 들으면 천에 한 명, 만에 두 명 정도가 힘써 행하려 하고, 일부는 반신반의 하며, 대대수는 크게 웃을 것이다. 왜 대다수를 차지하는 어리석은 자들은 도를 들으면 크게 웃는가? 그것은, 자신들이 평소 알던 도의 모습과 너무 딴판이기 때문이다. 그들이 생각할 때 도는 자신들과 친하며 자신들 편이라야 하는데, 노자가 제시하는 도는 아무리 뜯어봐도 자신들에게 생경하며 또 자신들 편도 아닌 것 같기 때문에 서로 눈을 찡긋하며 너털웃음을 터뜨리며 웃는 것이다.

노자老子

그들의 도란 그들을 보호해주는 바람막이용 도인데, 노자의 도는 그들을 발가벗기는 커다란 거울 같은 것인지라 괜히 노자한테 끌려 갔다가 정체가 탄로나면 무슨 망신이겠는가! "야, 노자의 도는 뭐 이 러냐? 우리한테 아무 이득이 없네. 화끈하게 천당을 예약해주든가 해 야 우리가 믿지, 뭐 이런 걸 어떻게 믿냐?" 예나 지금이나 인간은 변하 지 않는다. 노자 시대도 예수 시대도 그리고 지금 시대도 도는 여전히 하나의 웃음거리이다. 노자는 이렇게 말한다.

웃음거리가 되지 않으면 도라고 하기에 부족하도다.
不笑 不足以爲道

《건언》과 노자

노자의 시대에 《건언建言》이라고 하는 책이 있었던 모양이다. 아마 옛날부터 전해져 내려오던 격언집 내지는 잠언집 같은 종류의 책이 었던 듯하다. 남을 인용하는 것을 극구 꺼리는 노자가 책 이름까지 거 명해가며 그 내용을 소개하는 것은 매우 이례적인 일이다. 노자는 왜 《건언》이라는 책을 유독 이야기하는 것일까? 그것은, 자신이 말하는 도가 어느날 느닷없이 하늘에서 뚝 떨어진 것이 아니라 오래된 전통 으로부터 계승되어 온 것이라는 점을 밝히고 싶었기 때문일 것이다. 그렇다. 노자가 있기 전에 노자의 도가 있었다. 그 연원을 밝힐 수는 없지만 노자가 말하는 도는 노자가 살았던 춘추시대 이전에 이미 형 성돼 있었던 개념으로 보아야 한다. 즉, 노자 이전에 이미 도가적 성향을 지닌 정신적 흐름이 존재했다고 보아야 한다. 이렇게 보는 것이 사리에 합당하다. 그리고 무엇보다 노자 자신이 이 관점에서 논의를 풀어가고 있다.

> 그러므로 건언에 이르기를
> "밝은 도는 어두운 것 같고,
> 나아가는 도는 물러가는 것 같고,
> 평탄한 도는 울퉁불퉁한 것 같으며,
> 위대한 덕은 골짜기 같고,
> 큰 덕은 부족한 것 같고,
> 굳센 덕은 연약한 것 같고,
> 참된 진실은 틀린 말 같다."

노자의 트레이드마크와 같은 반어법과 역설의 논리가 거침없이 펼쳐지고 있다. 만약 여기서 '그러므로 건언에 이르기를'이라는 한 문장을 제거한다면, 우리는 위 단락 전체가 노자의 말이라 해도 그대로 믿을 수밖에 없을 것이다. 그만큼 위 단락은 노자가 쓰는 말투를 그대로 빼닮은 구조이다(물론, 사실은 그 반대겠지만). 《건언》의 글과 노자의 글은 내용과 형식 양면에서 공히 정신적 쌍둥이와 같다. 이 둘을 구분하는 건 무의미하다. 노자는 완전히 《건언》의 정신을 이어받았다. 지금 노자가 말하고 있는 《건언》의 이야기들은 새로울 것이 전혀 없다. 우리는 이와 거의 똑같은 이야기들은 이미 《도덕경》에서 여러 차례 듣고 보지 않았던가! 《건언》은 계속된다.

노자老子

대방무우(大方無隅, 큰 모퉁이에는 모서리가 없고)

대기만성(大器晩成, 큰 그릇은 늦게 차며)

대음희성(大音希聲, 큰 소리는 희미하고)

대상무형(大象無形, 큰 형상에는 형체가 없다)

문장이 실로 절묘하여 무어라 말을 붙여 볼 수 없는 형국이다! 우주와 인생에 대한 위대한 통찰이 오묘한 역설의 논리 속에 아롱져 있는 저 문장들을 보라. 실로 거장의 솜씨가 아닐 수 없다. 문장 하나 하나가 엄청난 기운을 내뿜고 있고, 글자 하나 하나가 심오한 무언가를 상징하고 있다. 여기 대방무우부터 대상무형까지 4개의 문장은 모두 그 안에 부정어를 하나씩 품고 있다. 대방무우의 무無, 대기만성의 만晩, 대음희성의 희希, 대상무형의 무無가 그것이다.

그러면 사람은 어느 경우에 부정어법을 쓰게 되는가? 그것은, 긍정어법으로는 무언가를 다 표현할 수 없을 때 쓰게 된다. 그렇다면 긍정어법으로는 표현할 수 없는 것이란 어떤 것인가? 그것은 인간의 감각 저 너머에 있는 것들이다. 그것들은 인간의 언어로는 포착할 수가 없다. 인간의 감각에 의해 포착할 수 있는 것에 대해서는 그냥 긍정어법을 쓰면 된다. 거기에는 아무 장애요소가 없다. 그냥 "사과는 둥글고, 책상은 네모나다"고 말하면 된다. 그렇게 말하면 서로 알아먹고 전달된다. 왜? 우리는 사과가 뭔지 책상이 뭔지 눈으로 봐서 잘 알고 있기 때문이다.

그러나 인간의 감각을 넘어서 있는 사물들에 대해서는 이렇게 말할 수가 없다. 그것들은 결코 인간의 언어로는 포착할 수가 없다. 그러므로 그것들은 엄밀히 말하면 불립문자 교외별전(不立文字 敎外別傳)이요, 언설불가 구불능언(言說不可 口不能言)이다. 이른바 노자가 말하는 불언지교가 바로 이것이다. 모든 언설을 떠나 있는 불언지교는 실은 불언지교 그 자체로 가만히 놔두는 것이 가장 좋다. 그러면 오해도 생길 일이 없고 왜곡이 생길 일도 없다. 그냥 그 경지에 달한 극소수의 사람들만이 이심전심으로 서로 통하면 된다. 그러나 문제는 남아 있는 절대다수의 사람들이다. '남아 있는 절대다수', 이들을 위해 붓다가 언어를 가지고 설법을 시작하고, 노자가 문자를 가지고 저술을 시작하는 것이다.

붓다와 노자는 이 부정어법의 대가들이다. 붓다는 《반야심경》 260자를 설說하면서 무려 없을 무無 자를 20번, 아니 불不 자를 9번 반복하고 있다. 즉, 경전의 약 1/8이 부정어로 되어있다. 또 노자는 《도덕경》의 첫머리를 '도가도 비상도道可道 非常道'라 하여 아니 비非 자로 장식하고 있다. 여기《건언》의 위대한 구절들도 이 부정어법을 따르고 있다.

대방무우(大方無隅)
대기만성(大器晚成)
대음희성(大音希聲)
대상무형(大象無形)

대방大方에서 방方이란 원래 네모(square)라는 뜻이다. 그러므로 대방이란 크게 네모난 것을 가리킨다. 즉, '대방무우'란 직역을 하면 '크

노자老子

게 네모난 것은 모서리가 없다'는 뜻이다. 그러나 역시 이 말은 직역으로는 그 맛을 살릴 수 없다. 대방에는 왜 모서리가 없을까? 그것은 아마도 대방이 너무도 커서 모든 모서리들을 다 품에 안아버렸기 때문일까? '대방무우'란 표현은 신비롭긴 하나 실례를 들어 설명하기가 어려운 개념이다. 다만, 노자는 '대방무우'와 비슷한 논법으로 '대제불할大制不割'을 말한 바 있다(《도덕경》 제28장). '대제불할'이란 '크게 벤다는 것은 베지 않는 것이다'라는 뜻이다. 독자들은 이 둘을 잘 음미해보시라.

대기만성大器晩成. 큰 그릇은 늦게 차고, 큰 인물은 늦게 이루어진다. 왜 큰 그릇은 늦게 차는가? 그것은 큰 그릇은 질문이 크고 심오하기 때문이다. 질문이 작고 가벼운 사람은 쉽게 만족할 수 있다. 그런 사람은 도처에서 스승을 만날 수 있고 도처에서 답을 구할 수 있다. 그러나 질문이 크고 장대한 사람은 그것이 안 된다. 그는 쉽게 스승을 만날 수도 없고, 쉽게 답을 구할 수도 없다. 그는 남들이 만족하고 있는 수준에서 결코 만족할 수가 없다. 왜냐하면 자신의 질문은 아직 답을 얻지 못했기 때문이다. 그는 고독 속에서 혼자 더 고민하고, 방황하며, 배회한다. 그는 남들이 가지 않는 길을 가며, 그리하여 전인미답의 영역을 홀로 답사하고, 이윽고 아무도 도와줄 수 없는 지점에까지 당도하여, 마침내 거기에서 스스로의 운명을 발견한다. 말하자면 그는 궁극의 질문을 던짐으로써 기존의 모든 답들로부터 자유로워지는 것이다.

답을 추구하지 마라. 답을 추구하면 질문이 막힌다. 질문을 추구하라. 질문이 있으면 답은 반드시 있게 돼 있다. 우리 인생의 문제는 답이 없기 때문이 아니라 사실은 질문이 없기 때문이다. 가짜의 답들을 버려라. 진정한 질문을 던져라. 그대의 질문이 크고 심오하다면 그대를 둘러싼 온 우주가 그대의 질문에 화답할 것이다. 물론, 그 답은 패스트푸드처럼 빨리 오지는 않는다. 그것은 천천히 느리게 올 것이다. 그 큰 그릇이 어찌 빨리 차겠는가? 이것이 대기만성이다. 이것이 노자의 철학이며,《건언》의 깊은 뜻이다.

대음희성大音希聲 대상무형大象無形. 큰 소리는 희미하고, 큰 형상에는 형체가 없다. 우리 인간에게는 오감五感이 있고, 그 중에서 가장 고등한 것이 시각과 청각이다. 그러므로 우리는 사물을 논할 때 항상 소리(聲)와 형상(形)의 관점에서 이야기한다. 그것은 어떻게 생겼는가? 그것은 어떤 소리를 내는가? 그러나 사물이라고 해서 다 눈에 보이고 귀에 들리는 것이 아니다. 사물 중에는 인간의 감각으로는 지각할 수 없는 오묘한 사물들이 있다. 어떤 사람이 그러한 사물들을 알았다고 치자. 그러면 그 사람은 그 사물을 어떻게 표현 하겠는가.

노자에 의하면 인간의 감각을 초월해 있는 도의 특성은 이 · 희 · 미라는 세 가지이다. 그런데 여기서 말하는 대음희성과 대상무형은 그 중에서 미를 제외한 두 가지, 즉 이와 희를 가리키는 것이다. 다시 말하자면 보아도 보이지 않는 이夷, 그것을《건언》은 대상무형이라 하는 것이고 들어도 들리지 않는 희希, 그것을《건언》은 대음희성이라 하고 있는 것이다.

이 우주에서 '도'보다 더 큰 형상은 없을 것이며, 도보다 더 큰소리는 없을 것이다. 그러나 도의 형상은 너무도 커서 우리 눈에 보이지를 않고, 도의 소리는 너무도 커서 우리 귀에 들리지를 않는다. 너무 큰 형상은 형체가 없고, 너무 큰 소리는 소리가 없다. 그것들은 우리의 감각을 넘어서 있다. 요컨대 이 우주에는 눈을 가지고 보려 해도 볼 수 없는 것이 있으며, 귀를 가지고 들으려 해도 들을 수 없는 것이 있다. 그것이 바로 대음大音이며 대상大象이다.

이처럼 도는 보이지 않고 들리지 않는다. 우리는 그것을 도라고 억지로 불러보지만 실은 그것은 어떤 이름으로 한정할 수 없다. 그럼에도 불구하고 이 우주 천지 만물을 그 품에 안아 생성화육시키는 것은 바로 도이다. 도가 아니면 그 어떤 것도 훌륭히 자랄 수가 없으며 아름답게 완성될 수가 없다. 그래서 노자는 도에 대해 이렇게 말한다.

도는 숨어 이름 없는 것,
오직 도로 해야만 아름답게 시작해서 아름답게 마칠 수 있다.

제42장 ;
도가 하나를 낳고

도가 하나를 낳고,

하나가 둘을 낳고,

둘이 셋을 낳고,

셋이 만물을 낳나니,

만물은 음을 지고 양을 안아

잘 조화된 기운으로써 화합을 이루고 있도다.

사람들이 꺼리는 바는

오직 고 · 과 · 불곡이건만,

허나, 왕과 제후는 이것으로 호칭을 삼는다.

그러므로 만물은 언제나

손해 봄으로써 이익 보는 것이고

이익 봄으로써 손해 보는 것이다.

세상 사람들이 가르치는 것 나 또한 가르친다.

강포한 자는 제명에 죽지 못하나니,

나는 이것을 가르침의 으뜸으로 삼으리라.

道生一 一生二 二生三 三生萬物 도생일 일생이 이생삼 삼생만물

萬物負陰而抱陽 沖氣以爲和 만물부음이포양 충기이위화

人之所惡 唯孤 寡 不穀 而王公以爲稱 인지소오 유고 과 불곡 이왕공이위칭

故物 或損之而益 或益之而損 고물 혹손지이익 혹익지이손

人之所教 我亦教之 인지소교 아역교지

强梁者 不得其死 吾將以爲教父 강량자 부득기사 오장이위교부

도생일(道生一)

우주 천지 만물의 근원은 '도'이다. 그러나 아무도 이 도를 본 사람이 없다. 도는 보이지 않고 들리지 않는다. 그것은 우리의 감각을 초월해 있다. 그것은 모든 유有의 어버이지만, 그 자체는 유의 흔적을 어디에도 지니고 있지 않다. 그것은 어떤 유로도 한정할 수 없는 거대한 무無이며, 모든 유를 포괄·초월하는 절대적 무(the absolute non-being)이다. 이것을 무극無極이라 한다.

절대무絶對無로서의 도에서 하나(一)가 나왔다. 이것을 노자는 '도생일道生一'이라 한다. 이 하나가 최초의 유이다. 우리는 이 최초의 하나를 태극太極이라 부른다. 태극은 그 안에 온 우주의 씨앗을 품고 있지만, 혼자는 외로워서 그 상태에서는 바로 만물이 생길 수 없으므로 하

나인 태극은 음양으로 분화하지 않을 수 없다. 이것을 노자는 '하나가 둘을 낳고(一生二)'라고 한다. 이렇게 생긴 음양의 두 기운이 서로 사랑하고 교감하면 여기서 만물이 생긴다. 이것이 《주역》에서 말하는 '이기교감 만물화생二氣交感 萬物化生'이다.

즉, 만물이 산출돼 나오는 데 이기二氣면 족하지 삼기三氣까지는 필요없다. 그런데 노자는 묘하게도 여기서 '셋(三)'을 이야기한다. '둘이 셋을 낳고(二生三) 셋이 만물을 낳는다(三生萬物)' 그렇다면 노자가 말하는 '셋'이란 무엇인가? 셋이란 제3의 기氣일까? 학자들 중에는 '셋'이란 것이 별도의 새로운 제3의 기라고 보는 이도 있지만, 나는 그렇게 볼 필요는 없다고 생각한다. 왜냐하면 그다음 단락에서 노자가 말하는 '충기沖氣'가 바로 이것인데, 충기란 별도의 제3의 기가 아니고 음양이기가 잘 조화된 상태를 가리키는 것이기 때문이다. 요컨대 노자는 음양의 두 기운이 상호 격돌하고 부딪쳐서 만물이 생겨나는 것이 아니라 상호 깊이 교감하고 감응하여 잘 조화된 상태에서 만물이 생겨남을 이야기하기 위해 '셋' 즉 충기를 논한 것이다.

이 장을 학자들은 도가의 우주론에 관한 부분이라고 설명들을 하고 있는데, 물론 우주론의 일단이 드러난 것이긴 하지만 노자의 일차적 관심은 우주론 자체에 있는 것이 아니고(노자는 관념론자가 아니다), 우주 만물이 형성돼 나올 때 그 모든 우주창생의 전 과정이 어떤 외력外力에 의하여 인위적·강압적으로 행해진 것이 아니라 깊고 깊은 조화 속에서 천지의 두 기운이 서로 감응하여 자연스럽게 행해진 것이라는 점을 피력하는 데 있다. 이것이 이른바 '무위자연'이란 말의 가장 깊은 뜻이다.

노자老子

노자가 도를 말할 때 그것은 우주의 신비한 무엇을 말하는 것이 아니다. 단순히 노자는 우주가 어떤 강제적 힘에 의해 인위적으로 만들어진 것이 아니라는 의미로 도라는 말을 하는 것이다. 그러므로 노자의 도에서 어떤 신비스러운 것을 연상하지 마라. 그것은 노자의 철학과 거리가 멀다. 오히려 그것은 노자의 철학과 정반대되는 것이다. 다른 문명권에서 극도의 유위인 기적과 신비를 이야기할 때 노자는 담담하게 무위의 도를 논했다. 도에는 어떤 기적도 신비도 없다. 《도덕경》 81장 전부를 다 들춰보라. 거기에 기적과 이적, 신비와 계시에 관한 언급은 단 한 글자도 없다. 노자는 그런 세계관과는 거리가 멀다. 도는 유위가 아니며, 작위가 아니다. '도'란 스스로(自) 그러함(然)이다.

> 도가 하나를 낳고 (道生一)
> 하나가 둘을 낳고 (一生二)
> 둘이 셋을 낳고 (二生三)
> 셋이 만물을 낳나니 (三生萬物)

이 우주 바깥에 제작자가 따로 있어서 톱과 망치를 들고 책상이나 의자를 만들 듯이 이 우주를 만든 것이 아니다. 이 우주는 스스로 생겨난 것이며, 영원한 생성의 힘을 그 자체 내에 지니고 있다. 《주역》에서는 우주가 지닌 이 역동적인 힘을 '생생지위역(生生之謂易, 낳고 낳는 그 힘을 역이라 한다)'이라 부른다. 《주역》에서는 생生자를 두 번 겹쳐 썼는데, 《노자》는 여기서 내리 네 번을 겹쳐쓰고 있다. 여기서 말하는 '날 생(生)'이란 동양 우주론의 핵심을 보여주는 개념이다. 《도덕경》도,《주역》도 천지 만물의 창생을 이야기할 때 '날 생生' 자를 쓰지 '지을 작作'자를 쓰지 않는다. 이 점이 중요하다.

'생生'과 '작作'은 어떻게 다른가? 생명 있는 것이 생명 있는 것을 낳을 때 그것을 '생'이라 하고, 생명 있는 것이 생명 없는 것을 낳을 때 그것을 '작'이라 한다. 사람이 사람을 낳는 것이 '생'이고, 사람이 책상이나 의자를 만드는 것이 '작'이다. 천지가 만물을 낳는 것이 '생'이고, 공장에서 기계가 물건을 낳는 것이 '작'이다.

우리 동양인들은 자연을 죽어 있는 물건으로 보지 않는다. 우리는 자연을 살아 있는 것으로 본다. 따라서 우리는 우주가 삼라만상을 낳는 것을 '생'이라 하지 결코 '작'이라 부르지 않았다. 이것을 '작'이라 부른 것은 서양인들이다. 그들은 기계적 우주론에 사로잡힌 나머지 이것을 '작'이라 불렀지만, 실로 어리석은 일이다. 우주는 결코 죽어 있는 기계가 아니다. 이 우주는 생명의 체계이다. 요컨대, 우주는 누군가에 의해 제작된 것(作)이 아니고 생명이 자기 분화된 것(生)이다.

그런 까닭으로 만물은 그 내부에 자체 조화를 가지고 있다. 만물 안에는 항상 음양의 두 기운이 골고루 조화를 이루고 있다. 음만 있고 양이 없거나, 양만 있고 음이 없거나 하는 것은 존재하지 않는다. 둘은 서로 교감하고 감응하면서 조화롭게 화합을 이루고 있다.

만물은 음을 지고 양을 안아
잘 조화된 기운沖氣으로써 화합을 이루고 있다.

노자老子

손해 보는 것과 이익 보는 것

사람들이 꺼리는 바는

오직 고孤 · 과寡 · 불곡不穀이건만,

허나, 왕과 제후는 이것으로 호칭을 삼는다.

그러므로 만물은 언제나

손해 봄으로써 이익 보는 것이고

이익 봄으로써 손해 보는 것이다.

고아(孤) · 과부나 홀아비(寡) · 노예나 종(不穀)은 모든 사람이 꺼리는 바이다. 그러나 그럼에도 불구하고 왕과 제후들은 자신을 낮추어 이 찌질하고 덜떨어진 이름으로 스스로를 지칭한다. 이것은 무엇인가? 이것은 참된 지도자일수록 겸손하게 겸허하게 행동한다는 것이다. 그러나 이렇게 겸손하게 행동함으로써 그들은 더 높이 된다. 자신들에게서 무언가를 덜어내는 이는 결과적으로 더 보태어지고, 무언가를 더 보태려 하는 이는 결과적으로 더 덜어내진다. 즉, 우리 인간은 손해 봄으로써 이익 보게 되고(損之而益) 이익 봄으로써 손해 보게 되는 것이다(益之而損). 그러니 너무 욕심을 앞세우지 마라.

세상 사람들이 가르치는 것 나 또한 가르친다.

강포한 자는 제명에 죽지 못하나니,

나는 이것을 가르침의 으뜸으로 삼으리라.

노자의 시대에도 우리 시대 못지않게 강포한 자들이 많았던 모양이다. 하긴, 춘추시대의 인간군상이 얼마나 다종다양 했겠는가. 그렇지만 우리 21세기 역시 모르긴 몰라도 춘추시대 못지 않을 것이다. 노자는 자기의 가르침이 특별한 것이 아니라고 말한다. 강포한 자는 제명에 죽지 못한다는 것은 평이한 가르침이다. 세상 사람들도 그렇게 가르치고 자기도 그렇게 가르친다. 그런데도 여전히 권력을 앞세우는 자, 금권을 앞세우는 자, 힘을 앞세우는 자들이 세상에 가득하다. 그래서 노자는 강포함을 버리는 일을 자기 가르침의 으뜸으로 삼겠노라고 말하고 있다. 이쯤 되면 우리도 노자의 무위자연의 본뜻이 어디에 있는지 대충 알 것 같다.

노자老子

제43장

천하의 부드러운 것

천하의 가장 부드러운 것이

천하의 가장 견고한 것을 부리며,

형체 없는 것이

틈새 없는 데까지 들어가나니,

이로써 나는 무위의 유익함을 아노라.

불언지교와 무위지익,

천하에 이것을 당할 것은 없다.

天下之至柔 馳騁天下之至堅 천하지지유 치빙천하지지견

無有入無間 吾是以知無爲之有益 무유입무간 오시이지무위지유익

不言之敎 無爲之益 天下希及之 불언지교 무위지익 천하희급지

초자연 대(對) 무위자연

노자는 참 답답한 사람이다! 이 바쁜 세상에서 사람들 눈을 끌려면 무언가 화려하고 번쩍이며 강력한 것을 화끈하게 보여주면서 그러니 자기를 따르라고 해야 할텐데, 노자는 어찌된 영문인지 세상의 이런 이치는 전혀 모르고 자기 말만 하고 있다. 이 장에서도 노자는 사람들이 기대하고 열망하는 것, 세상을 한방에 뒤집어엎을 만한 힘있는 것에 대해서는 한 마디 말도 없고 무슨 찌질하고 힘없고 허약해 빠진 어떤 것을 붙들고 고리타분한 이야기를 또 늘어놓고 있다. 그러니 누가 노자의 말에 귀기울이겠는가!

사람들은 힘없는 것을 원하지 않는다. 사람들은 세상을 들었다 놓을 수 있는 강력한 존재를 원한다. 사람들은 메시아(Messiah)를 원하고, 미륵(Maitreya)을 원하고, 영웅과 슈퍼맨을 원한다. 이것이 종교의 발생 배경이다. 자신이 이룰 수 없는 것을 대신 이루어주는 어떤 초자연적 존재에 대한 갈망과 희구로부터 세상의 모든 종교는 싹트는 것이다. 그런데 노자에게는 이것이 없다. 《도덕경》 전체 어디를 다 뒤져보더라도 그대는 거기에서 결코 어떤 초자연적 존재도 발견할 수 없다. 《도덕경》이 말하는 궁극의 개념은 '초자연超自然'이 아니라 오히려 그 반대인 '무위자연'이다.

노자는 인간이 도달할 수 있는 가장 심오한 경지에 서서 있는 그대로의 진리를 설파한다. 그는 절대적 차원에서 말한다. 그는 어떤 누구와도 타협하지 않는다. 그는 어떤 누구도 위로하지 않는다. 그는 어떤 누구에게 환상을 심어주지도 않는다. 그는 오히려 있는 그대로의 진리를 보여줌으로써 우리가 거짓을 거짓으로 알게 해주며, 헛된 환상으로부터 벗어나게 해준다. 노자는 '무위자연'을 말한다. 그는 '초자연'에 반대한다.

'초자연' 따위는 존재하지 않는다. '초자연'이란 허약한 인간의 본성이 빚어낸 심리적 환상에 불과한 것이다. '초자연'을 버려라. 그것이 '무위자연'을 이해하는 첫걸음이다.《도덕경》은 '무위자연'을 가르치지, '초자연'을 가르치지 않는다.

동양의 모든 도술과 마법의 원조로서 사람들은 노자를 갖다 대지만, 정작 노자 자신은 그런 것과 아무 관계가 없다. 오히려 노자는 그런 잡스런 것들을 경멸하고 배척했다. 노자의《도덕경》안에는 어떤 '초자연적인 것'도 존재하지 않는다. 거기에는 마술과 주문이 존재하지 않으며, 기적과 신비가 존재하지 않는다. 거기에는 어떤 메시아나 미륵이나 영웅의 이름도 등장하지 않는다. 그러므로《도덕경》을 가지고는 우리는 결코 어떤 종교를 만들어낼 수 없다. 오히려《도덕경》은 종교를 저지시키고, 해체시킨다. 왜냐하면《도덕경》은 사람들을 위로해 주는 것이 아니라, 깨어나게 해주기 때문이다. 이것이《도덕경》과 다른 여타 종교 경전들과의 차이이다.

천하의 부드러운 것

세상에서 가장 부드러운 것은 무엇인가? 그것은 물이다. 그렇다면 세상에서 가장 굳센 것은 무엇인가? 그것은 금석(金石, 쇠붙이와 돌)이다. 그러면 세상에서 가장 부드러운 것과 가장 굳센 것이 부딪치면 어느 것이 이기는가? 마지막 승자가 되는 것은 '물'이다. 물은 아무 힘이 없어 보인다. 물은 밀면 가고, 당기면 온다. 막으면 멈추고, 풀어주면 흘러간다. 물은 생긴 모습이나 하는 행동이나 어느 것을 보더라도 강한 데라고는 털끝만큼도 없어 보이는데, 그러나 결국 댐을 무너뜨리고 철책을 쓸어가고 바위덩어리를 주물러 조약돌로 만들었다가 모래로 만들었다가 하는 것은 모두 물이다.

> 천하의 가장 부드러운 것이
> 천하의 가장 견고한 것을 부리며,
> 형체가 없는 것이
> 틈새 없는 데까지 들어가나니,
> 이로써 나는 무위의 유익함을 아노라.

노자가 다시 물을 이야기하고 있다. 노자는 모두가 우습게 아는 물을 가장 사랑하고 높이 평가했다. 물은 노자의 분신이다. 세상의 다른 경전들은 다 힘세고 강한 것을 앞에 내세웠지만, 노자는 그러하지 않았다. 고대 그리스 문명을 탄생시킨 호머의《일리아드》는 제우스가 번개를 가지고 신들과 천지만물을 지배한다. 그러므로《일리아드》는 '번개경'이다. 유대문명도 마찬가지이다. 유대교를 탄생시킨《구약》에서는 여호와가 천둥과 벼락을 가지고 천지 만물을 호령한다. 그러므로《구약》은 '천둥·벼락경'이다. 불교에는《금강경金剛經》이란 경전이 있는데, 이것은 앞서의 것들과는 정반대의 발상이기는 하나, 우리 인간의 내면에 어떤 것에 의해서도 파괴될 수 없는

노자老子

금강석처럼 강한 것이 들어 있다는 의미로 이 표현을 쓰고 있다. 그러므로《금강경》은 일종의 '쇠붙이경'이다. 이에 반해 노자는 가장 힘없고 유약한 물을 자신의 저서 전면에 내세웠다. 그러므로《도덕경》은 '물의 경전'이다.

물은 작위作爲나 인위人爲가 없다. 물은 자기를 내세움이 없이 한없이 유연하게 대상에 응한다. 물은 그렇게 유연하게 응하면서 만물 속으로 소리 없이 침투하여 어떤 단단한 것이라도 마모시키고 분해시키며 녹이며 부순다. 이것이 물의 힘이다. 이러한 물에서 노자는 '불언지교(不言之敎, 말없는 가르침)'의 참뜻을 읽으며, '무위'가 가진 위대한 효용을 본다.

불언지교不言之敎와 무위지익無爲之益,
천하에 이것을 당할 것은 없다.

제44장 ;
명성과 몸, 어느 것이 더 귀한가

명성과 몸, 어느 것이 더 귀한가
몸과 재물, 어느 것이 더 중한가
득과 실, 어느 것이 더 근심스러운가.

고로, 심히 애착하면 반드시 큰 손실 따르고
지나치게 쌓아두면 반드시 크게 잃는다.
족함을 알면 욕됨이 없고
멈출 줄 알면 위태롭지 않나니,
그래야 오래 갈 수 있다.

名與身孰親 身與貨孰多 得與亡孰病 명여신숙친 신여화숙다 득여망숙병

是故甚愛必大費 多藏必厚亡 시고심애필대비 다장필후망

知足不辱 知止不殆 可以長久 지족불욕 지지불태 가이장구

노자老子

부·명예·생명

명성과 몸, 어느 것이 더 귀한가
몸과 재물, 어느 것이 더 중한가
득과 실, 어느 것이 더 근심스러운가.

명성과 재물과 내 몸 중에 당연히 내 몸이 더 중하지 않겠는가. 억만금을 얻고도 내 목숨을 잃으면 무엇에 쓰겠는가. 재물과 명예에 눈이 어두워 제 몸을 망치는 인사들은 중국에만 있는 것이 아니고 유대 땅에도 있었던 모양이다. 예수도 이 비슷한 이야기를 한다.

사람이 만일 온 천하를 얻고도 제 목숨을 잃으면 무엇이 유익 하리요. 사람이 무엇을 주고 제 목숨을 바꾸겠느냐.

– 《마태복음》 16:26

예수의 저 말보다는 더 완화된 형태의, 그리고 더 세분화된 형태의 서양 격언이 있다.

재산을 잃는 것은 적게 잃는 것이요,
명예를 잃는 것은 많이 잃는 것이요,
건강을 잃는 것은 전부 잃는 것이다.

그런데 이 격언은 너무 건강 일반론으로 흐르는 바람에 마치 약사

협회와 의사협회가 지어낸 듯한 말이 되고 말았다. 메시지가 왠지 애매모호해진 느낌이 든다. 장자莊子는 이것을 좀 다른 각도에서 이야기한다.

소인은 이익을 위해 제 몸을 바치고
선비는 명예를 위해 제 몸을 바치고
대부는 가문을 위해 제 몸을 바치고
성인은 천하를 위해 제 몸을 바친다.
이 여러 사람들은 하는 일도 다르고 명칭도
다르지만, 그 본성을 해치고 자기 몸을 희생
시킨다는 점에서는 똑같은 것이다.

－《장자》〈변무〉

지지불태(知止不殆)

노자의 철학은 '멈춤(止)'의 철학이다. 춘추시대 다른 모든 제자백가들이 나아감을 이야기할 때 노자는 홀로 멈춤을 이야기한다. 인생에서 더 속도를 내고 싶고, 남보다 더 앞서 나가고 싶은 사람은 아직《도덕경》을 공부할 단계가 아니다. 그런 사람들은《도덕경》을 들여다 보아도 눈에 들어오지 않고 귀에 들리지 않는다. 그런 사람들은 가서 '진의 철학'을 가르치는 여타의 다른 제자백가들의 책을 마저 공부하고 와야한다. 그리하여 공부가 익어서 진의 철학만으로는 인생의 전체 국면을 아우를 수 없다는 것을 알게 되었을 때 다시《도덕경》을 들고 새

노자老子

로운 공부를 시작해야 한다. 멈출 줄 아는 공부, 내려놓을 줄 아는 공부, 이것이 노자가 가르치는 공부이다.

고로, 심히 애착하면 반드시 큰 손실이 따르고,
지나치게 쌓아두면 반드시 크게 잃는다.

하상공은 이 문장을 해석하면서 '살 때는 창고에 많이 쌓아두고, 죽어서는 무덤에 많이 쌓아두면 살아서는 도둑이 쳐들어올까 염려하고 죽어서는 도굴당할까 근심한다'고 하였다.

족함을 알면 욕됨이 없고 (知足不辱)
멈출 줄 알면 위태롭지 않나니 (知止不殆)
그래야 오래갈 수 있다. (可以長久)

자동차 사고는 언제 나는가? 그것은 우리가 브레이크를 밟지 않을 때 난다. 인생도 마찬가지다. 인생의 위기는 우리가 멈추지 못할 때 온다. 지지불태知止不殆. 멈출 줄 알면 위태롭지 않다. 앞으로 나가는 것만이 능사가 아니다. 앞에 절벽이 있는지 모른다.

제45장 ;
완전한 것은 모자란 듯하나

완전한 것은 모자란 듯하나

그 쓰임에는 다함이 없고,

가득 찬 것은 비어 있는 듯하나

그 쓰임에는 막힘이 없다.

아주 곧은 것은 굽은 것 같고,

아주 오묘한 것은 서툰 것 같으며,

아주 뛰어난 웅변은 더듬는 것 같다.

몸을 움직이면 추위를 이길 수 있고

고요히 있으면 더위를 이길 수 있으니

맑고 고요해야만 천하의 주인이 될 수 있다.

大成若缺 其用不弊 大盈若沖 其用不窮

대성약결 기용불폐 대영약충 기용불궁

大直若屈 大巧若拙 大辯若訥 대직약굴 대교약졸 대변약눌

노자老子

躁勝寒 靜勝熱 淸靜爲天下正 조승한 정승열 청정위천하정

자연의 주파수

'무위'라는 개념은 노자가 우리 인류에게 준 위대한 정신적 선물이다. 동서양 어느 철학자, 어느 사상가도 우리 인류에게 이토록 크고 멋진 선물을 준 사람이 없다. 서양의 유명한 철학자란 사람들이 남긴 형이상학적 용어들과 개념 따위들을 보면 어렵고 복잡하기만 할 뿐 간단명료한 맛이 없다. 왜 어렵고 복잡한가? 그들 자신도 잘 모르기 때문이다. 모르는 것을 아는체하다 보니 말이 어려워지고, 말이 어려워지다 보니 앞으로 나아가지 못하고 제자리를 빙빙 돈다. 이른바 형이상학적 언어의 유희가 시작되는 것이다.

이 얄팍한 언어의 유희, 이 칭칭 감긴 언어의 거미줄. 이런 것을 통해 사람들이 진정으로 무엇을 배울 수 있겠는가! 배우기는 고사하고 점점 휘말려들 뿐이다. 그렇지 않아도 우리 인생은 복잡하기가 마치 거미줄 같거늘, 철학자란 사람들이 인생의 거미줄을 걷어내주기는 고사하고 오히려 자기와 주변 사람들에게 점점 더 거미줄을 치려하다니! 철학자들이여, 그대들이 치는 거미줄은 결코 선물이 아니다. 그것은 장애물일 뿐이다!

이 우주는 완벽한 조화와 질서 속에 있다. 누가 돌리는 것도 아니고 누가 태엽을 감는 것도 아닌데 이 우주의 천체들은 수억만 년 전부터 한 치의 착오도 없이 제 궤도를 운행하고 있으며, 봄 여름 가을

최상의 덕은 물과 같다

겨울 사시사철은 한 번의 실수도 없이 제 때 찾아오고 제 때 물러간다. 그리고 여타의 천지 만물도 모두 이 위대한 우주의 질서에 따라 살아간다. 그런데 천지간에 오직 우리 인간이라는 종이 우주 자연의 질서를 따르지 않고 제멋대로 유위와 작위를 행하면서 자기중심적으로 살아간다. 이 상황에서 노자는 인간들에게 무위를 말하고 자연을 말하는 것이다.

"너희의 자기중심적 태도를 내려놓으라. 너희의 자아를 내려놓으라. 천지자연의 도는 멀리 있지 않다. 바로 너희 곁에 있다. 천지자연의 도가 닫혀 있는 것이 아니라 너의 귀가 닫혀 있다. 천지자연의 도가 막혀 있는 것이 아니라 너의 영靈이 막혀 있다. 천지자연의 주파수는 무위이다. 유위를 버리고 무위에 주파수를 맞춰라"

대영약충(大盈若沖)

가득 채우는 것이 자기를 완성하는 것이 아니다. 가득 채우는 것은 오히려 자기를 질식시키는 것이다. 진정으로 자기를 완성시키고자 하는 사람은 자기를 비워야 한다. 텅 비워 마음에 여백을 만들고, 빈 공간을 만들어라. 그 빈 공간 안에서 섬광처럼 번쩍이는 영감이 나오는 것이다. 잡동사니가 꽉 차 있는 방에서는 결코 영감이나 착상이 나올 수 없다. 거기에는 분란과 충돌, 스트레스와 분노만이 가득할 뿐이다. 그러므로 너무 과도하게 완전을 추구하지 마라. 조금 비워두어라. 그래야 사람이 숨을 쉴 수 있다. 너무 가득 채우려 하지 마라. 여백을 좀 남겨두어라. 그래야 다음에 한 번 더 써먹을 수 있다.

노자老子

완전한 것은 모자란 듯하나 (大成若缺)

그 쓰임에는 다함이 없고 (其用不弊)

가득찬 것은 비어 있는 듯하나 (大盈若沖)

그 쓰임에는 막힘이 없다 (其用不窮)

무위는 꽉 찬 것이 아니다. 꽉 찬 것은 유위이다. 무위는 오히려 어딘가 모자란 듯하고 비어 있는 듯하다. 그러나 아무리 퍼내어 써도 그 쓰임에는 다함이 없다.

대직약굴(大直若屈, 아주 곧은 것은 굽은 것 같고)

대교약졸(大巧若拙, 아주 오묘한 것은 서툰 것 같으며)

대변약눌(大辨若訥, 아주 뛰어난 웅변은 더듬는 것 같다)

인생의 원숙한 지혜가 역설의 논리 속에 담겨 은은히 빛나고 있다. 천하의 명문장이 아닐 수 없다. 시중의 시요, 철학 중의 철학이다! 이런 명문장은 해설하는 것이 아니다. 그런 짓은 노자에게 실례되는 일이다. 다만 가슴으로 읽고 마음속으로 음미할 따름이다. 직과 곡, 교와 졸, 웅변과 눌변 등 완전히 상반된 개념들이 더는 대립하지 못하고 녹아내려 노자 안에서 하나가 되어있다. 이것이 무위의 모습이다. 무위의 사람은 자연을 닮아 있다. 자연은 너무 날선 것, 너무 직선인 것, 너무 교묘한 것을 좋아하지 않는다. 그런 것이 있으면 자연은 그것을 품에 안아 둥그렇게 만들고, 부드럽게 만든다.

몸을 움직이면 추위를 이길 수 있고
고요히 있으면 더위를 이길 수 있으니
맑고 고요해야만 천하의 주인이 될 수 있다.

세상에는 추위(寒)가 있고 더위(熱)가 있다. 추위는 몸을 바삐 움직임으로써 이길 수 있고, 더위는 고요히 가만 있음으로써 이길 수 있다. 즉, 반대의 힘으로 균형을 잡는 것이다. 그러면 천하는 어떠한가? 천하는 항상 시끄럽고 소란스럽다. 그러므로 맑고 고요함으로 천하의 주인이 될 수 있는 것이다. 맑고 고요함을 지니지 못한 자는 세상의 혼란을 가라앉힐 수가 없다.

노자老子

제46장 ;
천하에 도가 있으면

천하에 도가 있으면 달리던 군마를 되돌려 밭을 갈고,

천하에 도가 없으면 군마가 변방에서 새끼를 낳는다.

화는 족함을 알지 못하는 것보다 큰 것이 없고,

허물은 갖고자 욕심내는 것보다 큰 것이 없나니,

그러므로 족함을 아는 데서 오는 만족, 그것이 영원한 만족이다.

天下有道 却走馬以糞 천하유도 각주마이분

天下無道 戎馬生於郊 천하무도 융마생어교

禍莫大於不知足 咎莫大於欲得 화막대어부지족 구막대어욕득

故知足之足 常足矣 고지족지족 상족의

왕과 철학자

맹자가 양 혜왕을 만났다. 왕이 말했다.

"선생께서 무슨 이익(利)을 주시려 합니까?"

맹자가 대답했다.

"왕께서는 어찌 이利를 말씀하시는 것입니까? 오직 인과 의가 있을 뿐입니다. 왕께서 '어떻게 하면 내 나라를 이롭게 할까' 하시면 대부들은 '어떻게 하면 내 집을 이롭게 할까' 하고, 선비나 백성들은 '어떻게 하면 내 한몸을 이롭게 할까' 하여 아래 위가 서로 사사로운 이익만 추구하게 되어, 나라가 위태로워질 것입니다. 만승萬乘의 나라에서 그 임금을 죽이는 자는 반드시 천승의 집안이며, 천승의 나라에서 그 임금을 죽이는 자는 반드시 백승의 집안입니다. 만 중에 천을 가지고 있고, 천 중에 백을 가지고 있으면 결코 적다고 할 수 없건만, 의를 뒤로하고 이만을 추구한다면 마저 빼앗지 않고는 만족할 수가 없는 것입니다.

— 《맹자》 〈양 혜왕 장구〉 상

맹자와 양 혜왕은 그 후로도 몇 차례 더 만나 대화를 나눴지만, 두 사람의 만남은 아무 소득 없이 끝났다. 영토 야욕을 지닌 양 혜왕은 맹자와 같은 평화주의자를 자기 조정에 들이고 싶은 생각이 전혀 없었다.

《묵자》 맨 마지막 편이 〈비공(非攻, 반전사상)〉 편인데, 거기에서 묵자는 《맹자》보다 훨씬 준엄하게 전쟁을 비난하고 있다.

병사를 진격시켜 전투를 독려하며 말한다.
목숨을 버리고 죽는 것이 최상이요,
사람을 많이 죽이면 그다음 공로요,

노자老子

몸이 상해 불구자가 되는 것은 최하의 공로라고 인민을 협박한다.
허나, 이렇게 많은 사람을 죽일수록
사람을 위하는 것이라고 말하는 것은 패륜이다.

대저 군대라는 것은 서로에게 이익 되는 것이 없다.
즉, 국가는 제 본분을 잃고, 백성은 생업을 잃는다.
전쟁은 백성에게 이롭지 않고 천하에 커다란 해만
끼친다. 그러므로 왕과 제후들이 전쟁을 즐기는 것은
천하 만민을 해치고 멸망시키는 것을 즐기는 것이다.

－《묵자》〈비공〉하

왕들은 호전적이어서 자꾸 전쟁을 하려하고, 철학자들은 이런 왕들을 어떻게든 저지시키려 노력하는 모습. 이것이 춘추전국시대 왕과 철학자들이 보여주는 기본 모습이다(물론, 철학을 빙자한 자들 중에 손자니 오자서니 하는 자들은 전쟁기술을 팔러다닌 전쟁광들이었다).

재앙과 허물

거짓말을 하고 사기를 치고 배임과 횡령이 횡행하는 것도 천하에 도가 없는 것이지만, 무엇보다 전쟁이야말로 가장 극단적으로 천하에 도가 실종되고 없는 상황이다. 노자는 이 장에서 부드러운 어조로 이야기하는 것처럼 보이지만, 실은 신랄하게 전쟁을 꾸짖고 있는 것이다.

천하에 도가 있으면 달리던 군마를 되돌려 밭을 갈고,

천하에 도가 없으면 군마가 변방에서 새끼를 낳는다.

천하에 도가 있는 상황이란 태평성대를 말한다. 천하에 도가 없는 상황이란 전쟁을 가리키는 것이다. 태평성대에는 말들을 전쟁터로 내몰 필요가 없어서 전장을 누비던 말을 되돌려 밭을 일굴수 있다. 허나, 전쟁이 일어나면 군마가 징발돼 나가고 변방에서 새끼를 낳게 된다.

그렇다면 인간이 행하는 이 모든 전쟁의 원인은 무엇인가? 거기에 무슨 복잡하고 난해한 뜻이 있다고 생각하지 마라. 그것은 오로지 인간의 탐욕이 빚어낸 어리석음일 뿐이다. 개인이든, 조직이든, 나라든 탐욕에 사로잡히면 화를 입게 돼 있다.

화禍는 족함을 알지 못하는 것보다 큰 것이 없고

허물은 갖고자 욕심내는 것보다 큰 것이 없나니,

그러므로 족함을 아는데서 오는 만족,

그것이 영원한 만족이다.

전쟁, 재앙, 파멸의 배후에는 과욕이 도사리고 있다. 잘나가던 기업이 과욕 때문에 하루아침에 무너지고, 승승장구하던 사람이 과욕 때문에 하루아침에 절벽 아래로 굴러 떨어진다. 적당히 갖고, 적당히 채우며, 적당히 누려라. 인생의 잔을 채울 때 항상 8할만 채우고 2할 정도는 비워두어라. 그 이상은 금물이다.

노자老子

제47장

문 밖에 나서지 않고도 천하를 알고

문 밖에 나서지 않고도 천하를 알고

창문으로 내다보지 않고도 하늘의 도를 보나니,

그 나아가는 것이 멀면 멀수록

그 아는 것 더욱 더 적어진다.

그러므로 성인은

돌아다니지 않아도 알고,

보지 않아도 훤하며,

하지 않아도 이룬다.

不出戶 知天下 不窺爽 見天道 불출호 지천하 불규상 견천도

其出彌遠 其知彌少 기출미원 기지미소

是以聖人 不行而知 不見而名 不爲而成

시이성인 불행이지 불견이명 불위이성

객관화의 불가능성

전라도 송광사에는 외국인 승려들이 구산九山 선사 밑에서 수행하고 있었다. 그들은 열망을 지니고 열심히 수행했지만 얻은 것이 별로 없었다. 그러자 외국인 승려가 구산에게 물었다. "왜 도를 깨우치기는 이렇게 어려운 것일까요?" 또 다른 외국인 승려는 이렇게도 물었다. "믿음도 강하고 결심도 강한데 진리를 깨닫는 것이 왜 이렇게 어려울까요?" 이런 질문들은 나름대로 고민이 묻어 있는 진실한 질문들이다. 서양에서 태어나 진리를 깨친다는 일념으로 머나먼 한국 땅까지 와서 머리 깎고 중이 되었는데, 깨달음이 요원하다면 얼마나 절망적이겠는가? 그러나 이 점은 외국 승려에게만 국한된 것은 아니다. 내외국인을 가릴 것 없이 진리를 추구하는 구도자들은 모두 이 문제에 부딪쳐 있다. 그들은 묻고 또 묻는다. '진리는 대체 얼마나 멀리 떨어져 있길래 이다지도 깨우치기 어려운 것일까요?'라고. 그러나 나는 감히 말한다. 인간이 진리를 깨우치지 못하는 이유는 진리가 너무 멀리 있기 때문이 아니라 너무 가까이 있기 때문이라고.

뭐라구? 너무 가깝기 때문이라구? 그렇다! 우리 인간이 진리를 보지 못하는 것은 진리가 존재론적으로 너무 가까이 있어 우리가 그것을 결코 객관화客觀化할 수 없기 때문이다. 객관화의 불가능성, 이것이 우리의 인식체계를 마비시키고 우리를 속수무책으로 만든다. 그럼에도 불구하고 진리를 일반 대상과 동일하게 하나의 객체客体로 취급하면, 우리는 점점 진리에 대해 잘못 알게 되고 착오를 범하게 된다.

노자老子

문 밖에 나서지 않고도 천하를 알고

창문으로 내다보지 않고도 하늘의 도를 보나니,

그 나아가는 것이 멀면 멀수록

그 아는 것 더욱 더 적어진다.

도는 밖에 있는 것이 아니다. 도는 안에 있다! 노자는 부드럽게 말하고 있지만, 실은 문 밖에 나서거나, 창문으로 내다보는 자는 결코 도를 깨우칠 수 없다. 진리는 결코 하나의 객체가 아니다. 객체이기는커녕 주체 중의 주체요, 주관 중의 주관이다. 그것은 자아自我라고 하는 너 자신보다도 더 깊숙이 들어있는 존재의 중심이다. 어느 것도 그것을 객체화客体化시킬 수 없다. 사람들은 흔히 자아가 존재의 중심이라고 생각하지만, 이 생각이야말로 모든 오류의 근원이다. 자아는 실은 존재의 외곽을 떠돌고 있는 손님에 불과한 것이다. 존재의 중심에는 자아가 없다. 존재의 중심에는 비인격적인 우주의식이 있을 뿐이다. 이것이 우주의 궁극적 실재이다. 이것이 하느님이며, 브라흐만이며, 도이며, 진리이다. 진리는 밖에 있는 것이 아니다. 진리는 안에 있다.

무위이성(無爲而成)

도에 이르기 위해서는 오히려 에너지를 반대로 돌려 안으로 들어가야 한다. 존재의 외곽에서 떠돌지 말고 과감하게 존재의 중심으로 들어가라. 이것이 옛사람들이 말하던 '원시반본原始反本'이다. 존재의 중심에 도달하면 거기에 그대가 원하는 모든 것이 있다. 거기에 어느 것도 모자람이 없다. 그곳이 바로 우리 존재의 영원한 고향이기 때문이다. 모든 만물이 거기에서 흘러나와서 다시 거기로 흘러들어간다. 노자는 그것을 '도'라고 불렀으며, 또, 만물의 어머니이며 근원이라고도 불렀다. 노자는 이 우주의 궁극적 실재로서의 도를 우리 동아시아인들에게 최초로 말해준 현자였다. 노자 이후 2,500여 년의 세월이 흘러서 여러 신들과 우상들이 지상에서 명멸해 갔지만 노자의 도는 오히려 처음보다 더 우뚝 서서 심오하게 빛나고 있다. 천지자연의 어머니이며 근원인 도를 인식하라. 도를 인식하면 그대는 안으로부터 심안心眼이 열려 자연스레 우주의 흐름을 알게 되고, 나아가 현상세계의 흐름도 파악할 수 있게 된다. 굳이 개개의 사물을 보지 않아도 훤히 알 수 있으며, 굳이 무언가를 억지로 행하려 하지 않아도 이루게 된다.

그러므로 성인은
돌아다니지 않아도 알고 (不行而知)
보지 않아도 훤하며 (不見而名)
하지 않아도 이룬다 (無爲而成)

이른바 무위이다. 노자의 말이 한 바퀴 빙돌아 다시 무위로 귀착되고 있다. 노자는 무엇보다 무위를 사랑했다. 노자는 무위에서 인간존재의 완성을 보았다. 모든 선하고 아름다운 것은 무위에서 온다. 유위는 인간을 닮아있고, 무위는 하늘을 닮아있다. 백 개의 유위가 한 개의 무위를 당하지 못한다.

노자老子

제48장

학문과 도

학문은 하루 하루 더해가는 것이고
도는 하루 하루 덜어내는 것,
덜어내고 또 덜어내면
무위에 도달하나니,
무위의 경지에 이르면
하지 못함이 없도다.

바야흐로 천하를 취하려 한다면
억지로 일을 꾸미지 말아야 한다.
억지로 일을 꾸미게 되면
천하를 취하기에 족하지 못하다.

爲學日益 爲道日損 위학일익 위도일손
損之又損 以至於無爲 손지우손 이지어무위
無爲而無不爲 무위이무불위

取天下 常以無事 취천하 상이무사

及其有事 不足以取天下 급기유사 부족이취천하

훗설·피론·붓다

인류 역사상 노자보다 도와 학문의 차이를 예리하게 짚어냈던 사람은 일찍이 없었다. "학문은 도가 아니다." 노자는 이 구별만으로도 인류의 정신사에 커다란 기여를 한 것이다. 우리 동양철학자들은 노자의 이런 탁월한 혜안의 덕택으로 문명의 초기 단계에서부터 이미 사물을 보는 안목을 기르게 되었고, 그리하여 어리석게도 학문 속에서 도를 구하는 우를 범하지 않게 되었던 것이다.

이와 반대로 서양철학자 중에는 도와 학문에 관하여 아무도 노자와 같은 말을 해준 사람이 없었다. 소크라테스 이전 철학자 중에는 가령 한두 사람이 이 비슷한 이야기를 하기도 했지만, 소크라테스 이후에는 이런 말을 해준 사람이 아무도 없다. 오히려 소크라테스 이후 서양철학은 도와 학문을 구별하지 못하고, 반대로 이 둘을 하나로 뒤섞어 혼동하는 상황으로 나아가고 말았다. 이 점과 관련하여 가장 문제되는 인물이 다름 아닌 플라톤이다. 플라톤은 어떤 면에서는 서양철학의 위대한 창시자이지만, 또 어떤 면에서는 서양철학의 여러 문제점들의 창시자이기도 하다. 왜냐하면 플라톤이야말로 서구인들의 머릿속에 '형이상학形而上學'에 대한 환상을 심어준 장본인이기 때문이다. 플라톤은 교묘하기 이를 데 없는 변론으로 학(學, 형이상학)을 저 높

노자老子

은 이념의 하늘 한가운데까지 끌어올려 놓았다. 이로 인해 오늘날 서양철학의 방향이 결정되었던 것이며, 서양철학 전체는 플라톤 철학의 한낱 주석서에 지나지 않는다는 화이트 헤드(White Head)의 지적처럼, 그때 이후 지금까지 그 방향에서 크게 벗어나지 못하고 있는 것이다. 플라톤 철학의 핵심은 무엇인가? 그것은 '학', 즉 형이상학을 통해 우리 인간은 궁극의 진리(道)를 발견할 수 있다고 믿는다는 점이다. 플라톤의 이러한 주장은 그의 저서 도처에서 발견되지만, 특히《국가》제7편에 상세히 나타나 있다. 플라톤 자신의 말을 직접 들어보자.

소크라테스 : 그럼 글라우콘, 이제야 철학적 문답법에 접어든 것 같군. 철학적 문답법은 이성에만 의존하는 것이라네. 그러나 시각의 예를 들어 설명할 수도 있을 걸세. 자네도 기억하고 있을 테지만 시각도 얼마 후에는 동물 자체나 별 자체를 그리고 나중에는 태양 자체까지도 볼 수가 있네. 철학적 문답법도 이와 마찬가지네. 감각의 도움은 받지 않고 오직 순수한 이성의 담론에 의해 실재에 이르기를 갈구하고, 이성의 활동에 의해 '선' 자체를 파악할 때까지 물러나지 않으면 마침내 예지계의 최후의 목표에 도달할 수 있네. 이것은 마치 시각이 가시계의 최후의 목표에 도달하는 것과 같은 것이라네.
글라우콘 : 물론입니다.
소크라테스 : 그렇다면 지금까지의 수법을 철학적 문답법(디알렉티케)이라고 부르면 어떻겠나?
글라우콘 : 그렇게 부르는 것이 좋겠습니다.

이상의 논의에서 명백히 드러난 바대로 플라톤은 인간의 이성을 무한대로 신봉했으며, 그 이성을 토대로 논리적 추론을 끝까지 밀고 나가면 마침내 진리의 세계에 도달할 수 있다고 믿었다. 이러한 논리적 추론의 기술, 이것이 이른바 플라톤의 '철학적 문답법(dialektike)'이다. 그러나 플라톤이 말하는 '형이상학' 내지 '철학적 문답법'이란 것의 실체는 결국 말과 개념이다. 거기에는 실재가 없다. 그것은 공허한 관념의 집일 뿐이다. 말과 개념, 생각과 관념, 이론과 논리 이 모든 것의 총체가 형이상학이며, 이것이 바로 노자가 말하는 '학'이다. 그것은 결코 '실재(reality)'가 아니다.

그러나 서구사회에서 플라톤의 권위는 절대적인 것이었다. 플라톤의 교설은 그 후 서구 정신계를 완전히 장악했으며, 사람들은 그가 일러준 대로 생각하고 사유했고, 그가 정해놓은 틀에 따라 학문의 길을 따라갔다. 그리고 그들은 플라톤이 그려준 지도를 따라가면 그 끝에서 진리의 세계가 드러날 것으로 믿어 의심치 않았다. 이것이 그간 2천 년간 행해져온 서구철학의 역사이다. 말하자면 서양철학은 플라톤의 현란한 형이상학에 현혹된 나머지 그 후 줄곧 2천 년 동안이나 '학문' 속에서 '도'를 구하는 심각한 우를 범해왔던 것이다.

그러다가 '우리 모두 플라톤의 형이상학에 속고 있는지 모른다'는 의혹과 반성이 18세기에 독일의 칸트에 의해 조심스럽게 제기되긴 했지만 별다른 해결책 없이 임시 미봉의 상태로 수면 아래로 가라앉고 말았다. 그랬던 이 문제를 서양철학사에서 대담하게 정면에서 거론한 사람은 다름 아닌 현상학의 창시자, 에드문트 훗설(Edmund Husserl, 1859~1938)이다. 훗설은 그렇다면 어떤 방식으로 문제제기를 했는가?

그는 이른바 '에포케(epoche)'를 말함으로써 이 문제를 제기했던 것이며, 이로써 서양철학의 환부를 적나라하게 세상에 드러냈던 것이다(훗설을 정확히 이해하는 것은 중요한 일이다. 왜냐하면 그는 동양철학과 서양철학을 연결하는 하나의 가교이기 때문이다).

훗설이 말한 '에포케'란 무엇인가? 그것은 '판단 중지' 내지는 '생각 중지'라는 의미이다. 철학자의 본업이 생각·판단·추론 등인데, 어쩌자고 훗설은 생각이나 판단을 중지하자고 하는 것일까? 혹시 철학자란 사람들이 그동안 자신들이 행해온 그 많은 판단과 추론에 대해 문득 반성이라도 하고 싶어졌던 것일까?

데카르트만 해도 '생각한다. 고로 존재한다'라고 말해 생각과 판단이 서양철학의 중심에 놓여 있음을 선언했는데, 그로부터 250년이 흘러 서양철학에 무슨 일이 일어났길래 당대 가장 뛰어난 철학자라는 훗설이 '판단 중지' 내지 '생각 중지'를 들고 나온 것일까? 이것은 여간 흥미로운 일이 아닐 수 없다. 여기서 확실한 것 한가지는 훗설이 말하는 '에포케'는 종래 서양철학의 흐름과는 정반대되는 무엇이라는 사실이다. 그렇다. 훗설의 '에포케'는 데카르트의 '코기토철학'과 반대되는 것은 물론이려니와, 더 거슬러 올라가면 플라톤의 '디알렉티케(철학적 문답법)'와도 반대되는 것이다.

그러면 훗설의 '에포케'는 그의 독자적 사상인가 아니면 어디서 온 것인가? 어디서 온 것이다. 어디서 온 것인가? 고대 그리스 철학자 피론(Pyrrhon, BC360~270년경)에게서 온 것이다. 그는 고대 그리스 회의주의 학파의 창시자로 알려져 있는 인물이다. 그는 인간은 마음의 평정을 유지하면서 사는 것이 이상적이라고 가르쳤으며, 마음의 평정을 유지하기 위해서는 모든 것에 대한 판단을 성급하게 해서는 안 되고 오히려 판단을 유보하고 그것을 긍정도 부정도 하지 말라고 가르쳤다. 이것이 바로 피론의 '에포케(epoche, 판단 중지)'다. 이 피론의 '에포케'를 2,000년이 지나 독일 철학자 훗설이 되살려낸 것이다.

여기서 한 가지 재밌는 점은 회의주의학파만이 아니라 헬레니즘 시대의 철학들은 모두 다 '마음의 평정'을 유지하는 것을 중요한 덕목으로 가르쳤다는 사실이다. 헬레니즘 시대의 철학은 대체로 스토아학파 · 에피쿠로스학파 · 회의주의학파 셋으로 구분하는데, 이 세 학파가 모두 동일한 이상을 지니고 철학에 임했다. 스토아학파의 경우에는 철학의 종국적 이상을 '아파테이아(apatheia)'라고 불렀다. 아파테이아란 무정념無情念이란 의미이다. 파토스(pathos, 정념 내지는 감정)가 없는 (a) 상태, 즉 초연한 마음의 경지를 말하는 것이다.

한편, 에피쿠로스 학파의 경우에는 '아타락시아(ataraxia)'를 철학의 이상으로 삼았는데, 아타락시아 역시 다른 것이 아니고 '흔들림 없는 평온한 마음의 상태'를 가리키는 것이다. 또한 피론도 '에포케'를 통해 그가 종국적으로 도달하고자 했던 경지는 '아타락시아(평정)' 내지는 '아파테이아(무정념)'였다. 피론은 이 아타락시아 상태를 새끼돼지에 비유해 말한 적이 있다. 한번은 그가 배를 타고 가다 바다 한가운데서 폭풍우를 만났는데 사람들은 우왕좌왕 어쩔줄을 몰랐다. 그런데 그때 그 배 위에서 아무 동요도 없이 태연자약하게 먹이를 먹고 있는 새끼돼지 한 마리를 가리키며 그는 '이 새끼돼지처럼 마음이 평정해야 한다'고 가르쳤다고 한다.

노자老子

아타락시아, 아파테이아, 에포케, 이 세가지는 다 같거나 유사한 것들이다. 이것들은 모두 '마음의 평정'과 관련이 있다. 원래, 그리스 철학이란 자연과학에서 출발하여 우주와 자연을 탐구하는 외향적 성격을 띈 것인데, 이상하게도 헬레니즘 시대의 그리스 철학은 스토아학파·에피쿠로스학파·회의주의학파 할 것 없이 모두 내향적 성격을 띠고 있다. 왜 이런 일이 발생한 것일까? 왜 인생의 향락을 한껏 누리고, 매사에 잘 나가던 그리스·로마인들이 갑자기 엄숙한 표정을 지으며 마치 우리 동양인들이 즐겨하던 도 닦는 이야기 같은 소리를 하는 것일까?

거기에는 이유가 있다. 무엇인가? 알렉산더 대왕의 동방원정이 바로 그것이다. 알렉산더의 동방원정은 B.C 334년에 시작되어 약 10년간 계속되었는데, 이때 상당수의 그리스 철학자들이 이 대열에 참여했었던 바, 여기에 피론도 끼어 있었다. 피론은 알렉산더 군대를 따라 10년 이상 동방을 헤집고 다니다가 결국 인도까지 갔다. 그는 인도에서 난생 처음으로 머리를 삭발한 불교 승려, 힌두교의 나체 수행자, 고행자들을 보고 깜짝 놀랐으며, 그들의 평온하고 초연한 삶의 태도에 깊은 인상을 받았다. 그는 인도의 수행자들과 상당기간 교류했고, 그들로부터 많은 영향을 받았으며, 나이 마흔에 고향으로 돌아와 이른바 '에포케'를 가르치기 시작했다.

'에포케'는 그 이전의 그리스 철학에 나타나지 않는 개념이다. '에포케'는 피론이 인도에서 귀국한 후에 그리스 철학계에 나타난 개념이다. 그렇다면 '에포케'는 분명 피론이 인도에서 귀국할 때 싼 짐보따리에 들어 있던 물건임에 틀림없다. 그럼 여기서 다시 한 번 물어보자. '에포케'란 과연 어느 나라 말인가? 에포케란 실은, 석가모니 부처가 쓰던 팔리어(語), '우페카(upekha)'에서 온 인도말이다. 붓다는 제자들에게 명상을 가르칠 때 '우페카'를 중시했다. 우페카란 팔리어로 평정·초연·무관심이란 뜻이다. 요컨대, 우페카란 수행자들이 명상에서 쓰는 전문용어였던 것이다.

명상 시 잡념이 일어날 때 그 잡념을 물리치는 방법이 바로 우페카이다. 명상 시 잡념이 떠오르면 사람들은 그 잡념을 억누르려 하는데, 그러면 잡념은 더 생긴다. 잡념도 생각이고, 억누르려 하는 것도 생각이기 때문이다. 결코 생각으로는 생각을 멈추게 할 수 없다. 이것이 수행의 어려움이다. 생각을 멈춰 무념무상의 경지로 나아가야 하는데, 이것이 너무 어려워 다들 중도에서 좌절하거나 포기하고 만다. 어떻게 생각을 멈추게 할 수 있을 것인가? 어떤 잡념, 어떤 망상, 어떤 관념이 떠오르더라도 거기에 '반응'을 보이면 안 된다. 이것이 핵심이다. 무반응, 무판단, 평정과 초연, 이것이 바로 붓다가 말한 '우페카'의 본래 의미이다.

붓다는 제자들에게 "잡념이 떠오르거든 억누르지 말고 우페카를 하라"고 자주 일렀다. 피론이 불교 승려들과 교류하면서 수행의 본질에 대해 논의할 때 아마 불교 승려들로부터 피론은 분명 "우페카"에 대해 한수를 배웠을 것이다. 그리고 피론은 거기에 대해 비록 완전한 이해는 얻지 못했지만, 최소한 넓은 의미의 '판단 중지' 내지는 '판단 유보'의 뜻으로 그것을 이해했던 것이다.

20세기 유럽을 풍미했던 훗설의 현상학은 사실상 '에포케'라는 한마디로부터 시작된 것인데, 이 '에포케'라는 용어는 고대 그리스 철학에서 유래한 것처럼 보이지만 그것은 외형일 뿐이고, 알고 봤더니 놀랍게도 불교에서 유래한 것이라는 점을 우리는 알게 되었다. 잠깐, 뭐

노자老子

라구? 저 유명한 훗설의 '에포케'가 불교 용어였다구? 그렇다. 그것은 불교 용어였다. 그런데 왜 이런 중요한 사항을 그동안 우리에게 말해 준 사람이 아무도 없었지?/참 이상한 일이다. 독일 유학 가서 훗설의 현상학으로 박사학위를 받아온 사람도 이것을 모르고, 미국 하바드 대학 가서 철학 공부하고 왔다는 사람도 이것을 모른다. 그들은 그저 독일철학, 서양철학에 심취해서 우리와는 아무 관계도 없는 독일식 용어, 서양식 개념을 주워섬기면서 외국의 정서로 철학을 할 뿐 동양 인의 정서로 철학을 할 줄 모른다.

데카르트의 코기토철학은 '생각하자'는 것이고, 훗설의 에포케철학 은 '생각 그만하자'는 것이다. 그만큼 훗설의 현상학은 종래 서양철학 의 본류로부터 이탈한 것이다. 데카르트의 코기토는 플라톤의 디알렉 티케(철학적 문답법)에 맥락이 닿아 있는 것이고, 훗설의 에포케는 붓 다의 명상법에 연결되어 있는 것이다. 그럼, 훗설은 대체 어떤 관점에 서 무엇 때문에 에포케를 이야기했던 것일까? 먼저 그가 쓴 책을 보 자. 그것은《유럽 학문의 위기와 선험적 현상학》이라는 긴 이름으로 되어있다. 이 말은 잘 뒤집어보면 유럽 학문이 심각한 위기에 봉착했 으며, 그것에 대한 대안이 훗설 자신의 현상학이라는 소리가 아니겠 는가! 그렇다면 훗설이 말하는 '유럽 학문의 위기'란 대체 무엇인가? 그것은 단적으로 말해 유럽 학문이 '형이상학의 늪'에 빠졌다는 뜻이 다. 그는 서양철학이 현실을 떠나 개념과 이론에 빠져 공허한 논리조 작을 행하는 것을 큰 병으로 진단하면서 이것을 가리켜 소위 '이론가 의 자기 망각'이라고 불렀다.

우리는 이론적 작업을 행하면서 사태와 이론, 방법론에 몰두한 나머지 그 작업의 내면에 관해 아무것도 모르고, 또한 이 작업 속에 살면서 작업을 수행하도록 해주는 삶 자체를 테마로 삼지 않는 이론가의 자기 망각을 극복해야만 한다.

－《유럽 학문의 위기와 선험적 현상학》

이것이 이른바 '유럽학문의 위기'이다. 유럽학문이라고 하는 것이 현실(즉, 현상)과 동떨어진 채 관념과 논리조작에 매몰되어 아무 쓸모도 없는 공허한 형이상학적 체계를 구축하는 일에 몰두하는 것, 그것이 바로 훗설이 말하는 '유럽학문의 위기'이다. 핏기 없고 경직된 그간의 형이상학에 짓눌려 정신의 돌파구를 못 찾고 있던 유럽인들에게 훗설의 이러한 이야기들은 얼마나 단비처럼 느껴졌겠는가. 훗설이 한 시대를 풍미했던 것은 다 그만한 이유가 있는 것이다. 훗설은 20세기 유럽의 위기를 이렇게 진단하면서 그 해결책으로 이른바 '선험적 현상학(혹은 초월적 현상학)'을 제시하며 유럽철학에 활로를 열어주었던 것이다.

그러면 훗설이 유럽 정신계에 최초로 내놓았다고 하는 저 '선험적 현상학'이란 무엇인가? 선험적 현상학 이라는 것이 서양에서는 신기하고 놀라운 관념이었는지는 몰라도, 우리 동양인에게는 별반 신기할 것이 없다. 왜냐하면 그가 말하는 '선험적 현상학'이란 한마디로 말해 '마음을 비우라'는 소리이기 때문이다.

'마음을 비워 생각·판단 같은 것 하지 말고 사물(현상 자체)을 있는 그대로 보자.' 이것이 훗설이 말하는 선험적 현상학의 골자이다. 그의

노자老子

저서 600여 쪽을 대빗자루로 다 쓸어내고 나면 마지막 남는 한줄이 바로 저것이다. 그런데 우리 동양인들은 이런 이야기는 2,500년 전부터 노자·장자를 통해 늘상 들어왔던 바가 아니던가! 현실을 있는 그대로 보는 것이 도이다. 그런데 학문이란 것은 현실을 있는 그대로 보지 못하고 생각과 판단을 개입시켜서 보려한다. 그렇기 때문에 사물의 참 모습이 왜곡되는 것이다.

여기서, 나와 현실 사이에 개입하는 '생각과 판단'을 배제시키고 사물의 참모습을 보려고 노력하는 것이 훗설의 현상학인 것이다. 요컨대, 유럽학문이 자가당착적인 형이상학의 늪에 빠져 허우적대는 상황(소위 '유럽학문의 위기')에서 훗설은 종래의 서양철학의 흐름 전체를 반성하면서 이른바 형이상학적 편견 없이 순수하게 초월적 입장에서 현상 자체를 있는 그대로 파악하자(소위 '선험적 현상학')라고 외쳤던 것이다. 그리고 그것을 떠받치는 방법론이 바로 '에포케(판단 중지)'였던 것이다.

여기까지가 훗설의 '에포케'에 관한 이야기이다. 훗설은 분명 에포케를 통하여 서양철학의 흐름을 '생각하자'는 쪽에서 '생각 그만하자'는 쪽으로 이동시켰다. 바꿔 말하면 훗설 본인은 그 사실을 얼마나 깊이 인식했는지는 모르지만, 그는 전혀 다른 두 사람 즉 플라톤과 붓다의 중간에 서서 서양철학을 일정부분 동양철학화했던 것이다. 내가 훗설에 관한 이야기를 상당히 길게 그리고 구체적으로 했는데, 그것은 한국 철학계만이 아니라 동서양 철학계 전체가 훗설 현상학의 전체적 의미를 잘못 이해하거나 일부 피상적으로만 이해하는 경향이 있어서 그 점을 바로 잡으려고 그런 것이다. 훗설의 현상학은 동양철학과 서양철학이 결코 동떨어진 어떤 무엇이 아님을 웅변적으로 말해준다. 또 훗설 현상학 안에는 분명 서양철학이 스스로 처한 관념의 감옥으로부터 길을 헤쳐 나오고자 동양철학에 구원 요청을 했음을 보이는 여러 요소들이 들어 있다. 그러므로 훗설을 잘 공부하면 동서양 철학의 흐름에 있어서 여러 가지 흥미로운 이야기들을 발견하는 재미도 있을 것이다.

그러면 훗설의 나머지 이야기는 무엇인가? 훗설은 '에포케'를 이야기했는데, 불교의 명상법에는 '에포케(우페카)'만 있는 것이 아니다. 원래, 불교 명상법의 핵심은 '지관止觀'이다. 지(止, samata)란 멈춤을 말하는 것이고, 관(觀, vipassana)이란 주시를 말하는 것이다. 생각이 멈추는 단계가 '지'이고, 마음을 보는 단계가 '관'이다. 여기서 훗설이 말하는 에포케는 어디 속하는가? '지'에 속한다. 정확히 말해 '지' 자체는 아니지만, '지'에 이르는 한 방법론이 바로 에포케이다. 그러므로 우리는 에포케와 '지'를 같은 것으로 보아도 무방하다. 에포케도 생각을 중지하는 것이고, '지'도 생각을 중지하는 것이기 때문이다(다만, 에포케는 구체적인 개개의 과정을 말하는 것이고, 지는 결과로서 드러난 수행의 경지를 말하는 것이다).

즉, 우리는 훗설의 에포케를 지관의 지로 이해하면 된다. 요컨대, 훗설 현상학의 전체적인 취지는 불교의 '지관'과 같은 것인데, 문제는 훗설에게는 지(에포케)만 있지 관이 없다는 것이다. 현상학의 창시자 독일의 훗설은 불교의 '지관' 중에서 지만 안 것이고, 관 즉 비파사나(Vipassana)에 대해서는 아는 바가 없었던 것이다. 그러나 지止만 있고,

노자老子

관(觀, 주시, 관조, 자각)이 없다면 그것이 무슨 소용 있겠는가! 그것은 반 토막짜리 공부법이다. 그것으로는 누구도 존재의 근원에 도달할 수가 없다. 이것이 훗설 현상학의 한계이다. 모처럼의 좋은 의도에도 불구 하고 이런 이유에서 불교의 핵심은 훗설의 손을 통해서는 절반밖에 서구사회에 전달될 수가 없었던 것이다.

그러나 생각해보면 이것으로 우리가 훗설을 비난할 수는 없다. 훗 설은 서양철학자로서는 큰 일보를 내디딘 것이고, 자기가 할 수 있는 최선의 것을 한 것이다. 어떤 종교와 가르침의 핵심은 원래 책이나 번 역만으로는 완벽하게 전달될 수가 없다. 사람이 직접 가야 한다. 중국 도 달마가 오기 전까지는 약 500년 가까이 불교의 핵심을 알지 못한 채 껍데기만 만지고 있다가, 달마가 직접 인도에서 와서야 불교의 진 수를 알게 되지 않았던가! 달마가 인도에서 가져온 것이 무엇인가? 바로 비파사나(Vipassana, 觀法) 아닌가! 그리고 이 비파사나가 바로 선 종禪宗의 핵심 아닌가! 달마가 중국인들에게 비파사나를 알아먹기 쉽 게 설명한 책이 바로《관심론觀心論》이란 유명한 책이다.

손지우손(損之又損)

도란 사물을 있는 그대로 보는 것이다. 이에 반해 학문이란 나하고 사물 사이에 '생각'이 끼어드는 것이다. 그러므로 학문은 필연적으로 사물의 참모습을 왜곡시킨다. 도란 실재이다. 반면에 학이란 관념이 며 이론이다. 그러므로 학에는 실재가 없다. 그것은 실재와 대면하지 않은 공허한 관념의 세계일 뿐이다.

도란 인간이 만든 것이 아니다. 그것은 인위적인 형식 이전에 존재하는 우주의 질서이다. 반면에 학이란 인간의 두뇌로 구축한 세계이다. 그것은 인간이 이론과 개념으로 얽어놓은 관념의 세계이며, 인위와 작위가 발동된 것이며, 결국은 투사이고 왜곡인 것이다. 사물의 참모습을 보기 위해서는 투사와 왜곡을 멈춰야 한다. 그러나 사람들은 투사와 왜곡을 멈추기는 고사하고 거기에 그럴듯한 개념의 옷을 입혀 이론을 만들고 관념체계를 형성한다. 이것이 학이다.

그러므로 학의 세계에 오래 머물러 있는 사람들 중에는 현실과 유리되어 공중에 붕 떠 있는 사람들이 있다. 그들은 관념의 세계에 너무 몰두한 나머지 실재의 세계에서 이탈되어버린 것이다. 이런 대표적인 사람들이 누구인가? 철학자들이다. 그들은 형이상학적 관념 체계에 너무 깊이 매몰돼 있는 까닭에 사물의 참모습을 보지 못한다. 그리고 이런 경향은 정도의 차이는 있지만 우리 인간 모두에게 다 있다. 우리 인간은 사물을 있는 그대로 보지 못하고, 항상 왜곡시켜서 본다. 우리 인간 존재는 무의식적으로 모든 사물에 대해 투사와 왜곡을 행한다. 인간이 처한 이러한 상황을 보고 붓다가 '지관'을 말하고, 노자가 '무위'를 이야기했던 것이다.

도란 다른 것이 아니다. 투사와 왜곡을 멈추는 것, 그것이 도이다. 이 반대편에 학문이 있다. 학문이란 투사와 왜곡의 체계이다. 이것을 없애야 한다. 이것을 없애야 영혼이 자유로워진다. 인위와 작위를 몸에 두르지 않은 자, 투사와 왜곡을 멀리 떠난 자, 이 사람이 부처이고 진인眞人이다. 그는 무위의 경지에 서서 어떤 거리낌도 없는 참다운 자유를 누린다.

학문(學)은 하루 하루 더해가는 것이고 (爲學日益)

도道는 하루 하루 덜어내는 것, (爲道日損)

덜어내고 또 덜어내면 (損之又損)

무위無爲에 도달하나니, (至於無爲)

무위의 경지에 이르면 (無爲而)

하지 못함이 없도다. (無不爲)

도와 학문은 같이 갈 수 없다. 학문은 무언가 잡동사니 같은 것들을 나날이 보태려 하고, 무언가 체계 형성 같은 것을 나날이 행하려 한다. 그러나 그런 것들은 다 비본질적인 것들이며 허구에 불과한 것들이다. 그런 잡동사니들을 그대의 머리에서 하루 하루 덜어내라. 학이 끝나는 지점에서 도가 시작된다.

실재에 도달하기 위해서는 무언가를 덧붙이거나 더하면 안 된다. 덧붙이거나 더하면 오히려 실재가 가려지고 만다. 실재가 더 안 보이게 되는 것이다. 참답게 실재와 대면하기 위해서는 나와 실재 사이를 가리고 있는 온갖 정신의 잡동사니와 생각의 쓰레기들을 치우고 청소해야 한다. 이 마음의 대청소, 이것이 수행이며 정화淨化이다.

이 정화의 과정을 노자는 '일손(日損, 나날이 덜어냄)'이라고 부른다. 우리 인간은 어리석어 자꾸 무엇인가를 쌓으려 하고 보태려 하지만, 노자는 그 반대를 이야기한다.

損之又損 至於無爲 손지우손 지어무위
덜어내고 또 덜어내면 무위에 도달하나니.

수행의 마지막에 이르러 깨닫게 되는 경지를 저마다 다른 이름으로 부른다. 붓다는 그것을 '무아無我'라고 했지만, 노자는 그것을 '무위'라고 불렀다. 그러나 이 둘은 본질적으로 같은 것이다. 자아가 소멸해야 무위에 도달하는 것이며, 무위에 도달해야 자아로부터 해방되는 것이다. '손지우손 지어무위損之又損 至於無爲', 이것이 노자 깨달음의 핵심이다.

이 짤막한 한마디 안에는 모든 명상과 수행의 핵심이 고스란히 녹아 들어있다. 도는 덜어내고 덜어내어 더는 아무것도 덜어낼 것이 없는 텅 빈 공간에 도달하는 것이다. 이것이 무위이다. '손지우손 지어무위'를 이해한 사람은 《도덕경》 제1장의 저 심오한 구절 '현지우현 중묘지문玄之又玄 衆妙之門'도 이해한 사람이다. 이 둘은 쓰는 용어만 다소 다를 뿐이지 둘 다 존재의 궁극을 표시하는 동일한 표현법이다. 자신을 덜어내어 텅 비운 사람만이 무위에 도달할 수 있는 것이며, 신비의 영역에 도달할 수 있는 것이다. 노자는 '무위無爲'라는 일견 평범한 용어를 구사하지만, 그것은 어떤 크고 거창한 개념보다도 더욱 우리 가슴에 와 닿는다. 노자는 '무위' 안에서 인간 존재의 완성 나아가 인간 행위의 완성을 본다.

무위이 무불위(無爲而 無不爲)
무위의 경지에 이르면 하지 못함이 없도다.

가장 위대한 일은 무위 안에서 이루어진다. 무위 속에서 천지만물이 샘솟아나고 무위 속에서 꽃이 피었다 지고 무위 속에서 사계가 오고가며 무위 속에서 해와 달이 뜨고 진다. 이 우주는 무위자연 속에 있다. 그러면서도 이 우주는 하지 못하는 것이 하나도 없다. 그러니 그대여, 그대 또한 유위와 작위를 버리고 이 우주의 흐름에 동참하라.

취천하(取天下)

> 바야흐로 천하를 취하려 한다면
> 억지로 일을 꾸미지 말아야 한다.
> 억지로 일을 꾸미게 되면
> 천하를 취하기에 족하지 못하다.

노자가 볼 때 '억지로 일을 꾸미는' 자들은 누구인가? 그것은 대표적으로 유가儒家이다. 유가는 항상 무언가 의도를 가지고 행하려 한다. 유가는 사람을 개조시키려 하며, 인의예지仁義礼智를 가지고 훈육시키려 한다. 그러나 이런 것은 좋은 것이 아니며, 결코 성공할 수도 없다.

천하를 통일하여 세상을 지배하는 일에 있어서도 마찬가지이다. 이런 커다란 대업일수록 무위자연의 도로써 아무 사심 없이 평온하게 임해야지, 인위적이고 작위적인 술수를 부려서는 안 된다. 이 말은 한비자 등의 법가法家, 공손룡 등의 명가名家 등에게도 해당되는 말이다. 노자는 무위가 없이는 인간 세상의 어느 것도 진정으로 완성될 수 없다고 말하고 있다.

제49장 ;
성인에겐 고정된 마음이 없고

성인에겐 하나로 고정된 마음이 없고

백성의 마음을 자신의 마음으로 삼는다.

착한 사람에게도 착하게 대하고

착하지 않은 사람에게도 착하게 대하니,

결국 착함을 얻는다.

믿음직한 사람에게도 믿음으로 대하고

믿음직하지 않은 사람에게도 믿음으로 대하니,

결국 믿음을 얻는다.

성인은 세상 속에 임할 때

온 천하와 그 마음을 함께 하나니,

성인은 모두를 어린아이처럼 대한다.

聖人無常心 以百姓心爲心 성인무상심 이백성심위심

善者吾善之 不善者吾亦善之 德善 선자오선지 불선자오역선지 덕선

信者吾信之 不信者吾亦信之 德信 신자오신지 불신자오역신지 덕신

노자老子

聖人在天下 歙歙爲天下渾其心 聖人皆孩之

성인재천하 흡흡위천하혼기심 성인개해지

성인의 마음

우리 인간은 우리가 사는 이 세상이 넓고 크다고 하지만 저 광대한 우주에 비하면 지구라는 것은 콩 한 톨에 불과한 것이고, 또 우리 인간이 아는 지식이 대단하고 굉장한 것처럼 생각하지만 저 우주에 비하면 한낱 먼지에 불과한 것이다. 장자도 말하지 않았던가!

아침에 잠깐 났다 시드는 버섯은 저녁과 새벽을 알 수 없다.
여름 한 철 사는 메뚜기는 봄과 가을을 알 수 없다.

－《장자》〈소요유〉

우리 인간 존재는 아무리 아는 것이 많다 해도 결국 '아침에 잠깐 났다 시드는 버섯'이요, '여름 한 철 사는 메뚜기'에 불과한 것이다. 우리는 결코 우주 저편에 있는 저녁과 새벽을 알 수 없고, 봄과 가을을 알 수 없다. 노자가 말한 '성인聖人'이란 바로 이런 점에 대한 깊은 이해를 갖고 있는 사람이다. 그렇기 때문에 노자의 말처럼 '성인에겐 하나로 고정된 마음이 없는'것이다. 그는 인간의 모든 가치판단이라는 것은 결코 절대적이 아니며 다만 상대적이라는 것을 알고 있다. 그렇기 때문에 그는 착한 사람에게도 착하게 대하지만, 착하지 않은 사람에게도 착하게 대한다. 그리하여 착함이 착하지 않음을 이겨 마침내 착함이 이루어지는 것이다.

신信과 불신不信의 경우에도 마찬가지이다. 성인은 그 양자를 마지막까지 따져 묻지 않는다. 다만, 그는 자신의 할 바를 행할 뿐이다. 믿음직한 사람에게도 믿음으로 대하고 믿음직하지 않은 사람에게도 믿음으로 대한다. 이것이 그의 길이다. 그리고 그 길의 끝에서 믿음이 이루어지는 것이다.

텅 빈 마음

성인은 세상 속에 임할 때
온 천하와 그 마음을 함께 하나니,
성인은 모두를 어린아이처럼 대한다.

성인은 세상 속에 임할 때 아무 기대를 갖지 않는다. 어떤 기대를 품는 순간 성인의 마음에 미혹이 생기는 것이며, 다음 순간 성인도 일개 범부의 상태로 굴러 떨어지는 것이다. 성인은 세상 속에 임할 때 그의 마음속에 일체의 분별심이 없다. 그는 텅 빈 마음으로 사물을 대한다. 특히, 사람을 대할 때는 기대 거는 것을 최소화하여 모두를 다 어린아이처럼 대한다. 말하자면 '기대치 최소화 전략'이다. 생각해보라. 괜히 성숙한 어른인줄 알고 만났는데 속에서 어린아이가 튀어나오면 얼마나 큰 낭패이겠는가!

제50장 ;
코뿔소가 그 뿔로 받을 곳이 없고

태어났다가 죽는 일에서
장수하는 사람도 열에 셋이고,
요절하는 사람도 열에 셋이며,
잘살 수 있는데 공연히 움직여
사지로 들어가는 사람도 열에 셋이다.
왜 그러한가? 너무 삶에 집착하기 때문이다.

듣건데 섭생을 잘하는 이는
육지를 여행해도 코뿔소나 호랑이를 만나지 않고
군대에 들어가도 무기에 다치지 않는다고 한다.
코뿔소가 그 뿔로 받을 곳이 없고,
호랑이가 그 발톱으로 할퀼 곳이 없으며,
무기가 그 날로 찌를 곳이 없다.
왜 그러한가? 그에게는 죽음의 자리가 없기 때문이다.

出生入死 生之徒十有三 死之徒十有三 출생입사 생지도십유삼 사지도십유삼

人之生 動之死地 亦十有三 인지생 동지사지 역십유삼

夫何故 以其生生之厚 부하고 이기생생지후

蓋聞善攝生者 陸行不遇兕虎 入軍不被甲兵

개문선섭생자 육행불우시호 입군불피갑병

兕無所投其角 虎無所措其爪 兵無所用其刃

시무소투기각 호무소조기조 병무소용기인

夫何故 以其無死地 부하고 이기무사지

세 부류

태어났다가 죽는 일에서

장수하는 사람도 열에 셋이고,

요절하는 사람도 열에 셋이며,

잘살수 있는데 공연히 움직여

사지로 들어가는 사람도 열에 셋이다.

왜 그러한가?

너무 삶에 집착하기 때문이다.

노자가 볼 때 사람에는 세 부류가 있다. 첫째는 처음부터 신체 건
강하게 태어나 장수하는 부류로서, 이들이 열에 셋이다. 둘째는 처
음부터 허약체질로 태어나 일찍 죽는 부류로서, 이들도 열에 셋이

노자老子

다. 셋째는 태어나기는 신체 건강하게 태어났는데 공연히 몸을 움직여 사지死地로 들어가는 부류인데, 이들도 열에 셋이다. 여기서 셋째가 문제다. 첫째와 둘째는 태어나기를 그리 태어났으니 어쩔 수 없는 일이지만(아마도 고대사회는 영아 사망률이 매우 높았다는 점을 염두에 두어야 할 것 같다), 셋째는 경우가 다르다. 그 부류는 태어나기는 건강 체질로 잘 태어났는데, 괜시리 제 자신이 잘못해서 제 명에 죽지 못한 경우이다. 노자의 말은 지금 이 세 번째 부류에 집중되고 있다.

왜 잘살 수 있는 인생을 공연히 사지로 몰아가는가? 너무 삶에 집착하기 때문이다. 도처에서 우리를 사지로 이끌어 가는 것은 다른 것이 아니라 우리의 집착이다. 조금 덜 잘살면 되는데, 너무 잘살려 하다가 아주 인생을 망치고 마는 것이다. 노자는 지금 화려하고 폼나는 인생을 살려고 과도하게 몸을 움직이다가 어느날 갑자기 낭떠러지 아래로 굴러 떨어지는 사람들에게 충고를 건네고 있다. 그런 삶을 살지 마라. 조금 불편하면 아주 편할 수가 있는데, 아주 편하려 하다가 몽땅 망치고 마는 그런 탐욕과 어리석음을 피하라.

섭생 잘하는 이

들건데 섭생을 잘하는 이는
육지를 여행해도 코뿔소나 호랑이를 만나지 않고
군대에 들어가도 부기에 다치지 않는다고 한다.
코뿔소가 그 뿔로 받을 곳이 없고,
호랑이가 그 발톱으로 할퀼 곳이 없으며,

무기가 그 날로 찌를 곳이 없다.

왜 그러한가? 그에게는 죽음의 자리(死地)가 없기 때문이다.

노자가 말하는 이런 사람이 정말 있을지는 모르는 일이지만, 노자가 여기서 하려는 말의 의도는 명백하다. 삶에 대한 과도한 집착이 오히려 삶을 위태롭게 하느니만큼, 집착을 버리고 마음을 유연하게 하라는 것이다. 우리 인간은 무언가에 집착하는 순간 자유를 상실한다. 집착하는 그것이 우리의 약점이 되고, 아킬레스건이 되며, 죽음의 자리가 된다. 섭생을 잘한다는 것은 음식을 잘 가려먹고, 피부에 윤기가 잘잘 흐른다는 뜻이 아니다. 노자가 말하는 '섭생을 잘하는 이'란 위험천만한 세상 속에 처해 살면서 죽음의 자리를 만들지 않는 사람을 말한다.

이 장에 나오는 자못 신기한 표현들은 지금의 우리에게는 다소 쌩뚱맞지만, 아마 그 시대에는 꽤 멋진 표현으로 널리 인식되었던 듯하다. 《노자》의 법통을 이었다 할 《장자》를 보면 이런 표현들이 좀 더 대담하고 과장된 형태로 발전되어 여러 군데에 나타난다.

> 지인은 신령스럽다.
> 큰 늪지가 타올라도 뜨거운 줄을 모르고,
> 황하와 한수가 얼어붙어도 추운 줄을 모르며,
> 벼락이 산을 쪼개고 바람이 바다를 흔들어도
> 전혀 놀라지 않는다.
> 이런 사람은 구름을 타고 해와 달에 올라 사해四海 밖에 노닌다.
>
> − 《장자》 〈제물론〉

노자老子

노자의 '섭생을 잘하는 이(善攝生者)'가 발전하여 장자의 '지인至人'이 되었음을 알 수 있다. 장자의 '지인'은 노자의 '선섭생자'보다 내공이 세고 담력도 크며 더욱 뚜렷한 자기만의 세계를 가지고 있는 듯하다.

지인至人은

물속을 걸어도 숨이 막히지 아니하고,

불을 밟아도 뜨겁지 아니하며,

만물의 꼭대기를 거닐어도 두렵지 아니하다.

— 《장자》〈달생〉

장자는 그 험난하던 춘추전국시대에 무슨 생각으로 이런 이야기를 했던 것일까? 그는 정말로 '지인'이란 존재가 물리적으로 저런 행위를 하는 거라고 생각했을까? 그것은 아닐 것이다. 그럼 왜 장자는 저런 이야기들을 지어냈을까?

노자 · 장자는 저 기이한 이야기들로써 아마 자기 시대 · 자기 사회가 노정시켰던 어떤 심대한 결함과 모순을 역설적으로 보여주려 했던 것이 아닐까?

요컨대, 신자유주의 한복판에 아무런 방비없이 내던져진 우리 시대의 민초들이 느끼는 것과 똑같은 불안과 두려움, 그리고 그 타개책에 대한 모색이 노자 · 장자의 시대에는 저런 형태로 나타난 것이 아닐까? 그래서 괜히 신비한 인물을 끌어들여 자기 시대에 없는 어떤 무엇을 정반대로 설정해놓고 가공으로나마 희구하고 기원했던 것이 아닐까?

제51장 ;
도는 낳고 덕은 기르니

도는 만물을 낳고
덕은 만물을 기르니,
만상의 형태가 나타나고
사물의 질서가 거기에 생겨난다.
그러기에 모든 것은 도를 존중하고
덕을 귀하게 여기는 것이다.
도를 존중하고 덕을 귀하게 여기는 것은
누가 명령해서 그렇게 하는 것이 아니라
저절로 그러한 것이다.

그러므로 도는 낳고 덕은 기르니,
키우고 양육하며,
성숙시켜 여물게 하고
보살피고 덮어준다.
낳고도 소유하지 않고

행하고도 자랑하지 않으며

길러주고도 주재하려 하지 않는다.

이를 일러 현묘한 덕이라 한다.

道生之 德畜之 物形之 勢成之 是以萬物 莫不尊道而貴德

도생지 덕축지 물형지 세성지 시이만물 막부존도이귀덕

道之尊 德之貴 夫莫之命而常自然

도지존 덕지귀 부막지명이상자연

故道生之 德畜之 長之育之 亭之毒之 養之覆之

고도생지 덕축지 장지육지 정지독지 양지복지

生而不有 爲而不恃 長而不宰 是謂玄德

생이불유 위이불시 장이부재 시위현덕

아인슈타인과 종교

아인슈타인(Einstein)은 유대인으로 태어났지만, 그가 일생 동안 마음 속에 지녔던 신은 유대교의 신과는 한참 거리가 멀었다. 그는 과학자였지만 누구보다도 종교에 관심이 많았고, 종교의 폐해를 목격했으며, 종교에 일침을 가했다. 그는 특히 유대교를 포함한 유럽 종교에 대해 여러 가지 비판을 가했던 사람이다.

아인슈타인은 일단 종교를 세 단계로 구분한다. 첫째, 두려움의 종교다. 이것은 우리 인류가 원시인의 단계일 때 몸에 지니게 된 가장 오래된 종교 형태이다 그는 이렇게 말한다.

> 원시인에게 있어 종교적 감정을 불러일으킨 것은 무엇보다 굶주림
> 과 들짐승, 질병, 죽음에 대한 두려움이다. 이런 생존 단계에서는
> 인과적 연관성에 대한 이해가 빈약하기 때문에 인간은 이런 두려
> 운 현상들을 좌지우지 하는 것으로 생각되는 자신과 다소 유사한
> 가공의 존재를 만들어 낸다.
>
> – 《나의 세계관》

여기서 '자신과 유사한 가공의 존재'란 무엇인가? 바로, 사람의 모
습을 한 신, 즉 인격신(人格神)인 것이다. 아인슈타인에 따르면, 우리 인
간은 두려움과 공포 때문에 이들 가공의 존재, 즉 인격신에게 비위를
맞추거나 호감을 사기 위해 이런저런 의식을 행하며 그들의 은총을
받고자 애쓴다는 것이다.

둘째 단계가 도덕적 종교이다. 종교는 대체로 두려움의 종교에서
시작되어 도덕적 종교로 발전해가게 되는 것인데, 이런 발전 과정이
여실히 드러나는 것이 《구약》에서 《신약》으로의 이행이라고 아인슈
타인은 보고 있다.

> 종교를 형성시키는 또 다른 원천은 사회적 충동이다. 가정의 부모
> 나 사회공동체의 지도자들도 죽음을 면할 수 없고 이런저런 잘못
> 을 저지른다. 인간의 도리와 배려, 도움을 바라는 욕구가 사람들
> 로 하여금 신에 대한 사회적 또는 도덕적 관념을 갖게 만든다. 이

노자老子

는 섭리의 신으로서 이런 신은 보호하고 배척하며 상을 주고 벌을
내린다.

–《나의 세계관》

아인슈타인의 말처럼, 두려움의 종교에서 도덕적 종교로의 발전은
인류의 삶에서 크나큰 진보인 것은 사실이다. 그러나 문제는 두려움의
종교든 도덕적 종교든 온갖 형태의 서구종교에서 나타나는 한결같은
공통점은 그 신들이 '인격적人格的' 특성을 지니고 있다는 점이다. 그러
면, 이 두 가지 형태의 종교를 뛰어넘는 보다 높은 차원의 종교는 없는
가? 있다. 그것이 무엇인가? 아인슈타인은 그것을 이른바 '우주적 종
교 감정'이라고 부른다.

종교적 체험의 세 번째 단계가 있으니, 나는 이를 우주적 종교 감정
이라고 지칭한다. 그런 감정이 전혀 없는 사람에게 그런 감정을 설
명하기는 매우 어렵다. 왜냐하면 그런 감정에 상응하는 인격적 신
의 개념이 없기 때문이다.

–《나의 세계관》

아인슈타인은 이 세 번째 단계에 대해 어떤 종교라고 이름을 딱히
내걸지 못한다. 왜냐하면 그런 종교가 지상에 존재하지 않기 때문이
나. 그래서 그는 '종교'라고 부르지를 못하고 '종교 감정'이라고 애매
하게 지칭하는 것이다. 그런 감정은 어떤 감정인가? 그는 이렇게 말
한다.

개인은 인간의 욕망과 목표의 덧없음을 느끼는 한편 장엄하고 놀라운 질서가 자연계와 정신계에 그 모습을 드러내고 있음을 느낀다. 개별적 인간으로서의 존재는 그에게 일종의 감옥 같은 인상을 주는 만큼, 그는 이 우주를 하나의 의미 있는 완전체로 체험하고자 한다. (…) 모든 시대에 걸쳐 종교적 천재들은 이런 류의 종교 감정이 두드러진 사람들이었다. 그런 감정 속에는 교리도 없고, 사람의 형상을 한 신도 없기 때문에 설교가 행해지는 교회도 있을 수 없다.

－《나의 세계관》

그렇기 때문에 아인슈타인에 따르면 이런 류의 가장 고결한 종교 감정으로 충만해 있는 사람들은 많은 경우 동시대인들로부터 무신론자나 이단자로 평가받아 왔다는 것이다. 이상의 아인슈타인의 말을 종합해보면, 이 우주는 장엄하고 놀라운 신적 기운이 가득 차있지만 그렇다고 거기에 인격적 신의 이름을 갖다 붙여서는 안 된다는 것이다. 요컨대, '신적인 것이기는 하지만 인격적이지는 않은 어떤 제3의 것'이 유럽 문명 안에는 결여되어 있는 것이다. 이것이 서구 문명의 가장 커다란 문제점이다. 이 문제가 철학적으로 정립이 안 돼 있다 보니까 유럽 사회에서는 '가장 고결한 종교 감정으로 충만해 있는 사람들'이 터무니없이 무신론자나 이단자로 둔갑되고 마는 것이다.

'신적인 것이기는 하지만 인격적이지는 않는 제3의 것'이란 무엇인가? 그것이 바로 노자가 말한 도이다. 노자가 말한 도를 깊이 이해하면 이 우주에서 신이 소멸한다. 그러나 그렇다고 해서 유럽인들이 호들갑을 떠는 것처럼 무신론자가 되는 것이 아니다. 유럽에 오늘날

노자老子

저 많은 무신론자가 생겨난 이유가 무엇이겠는가?. 그것은 유럽 정신 문명에 '도'와 같은 위대한 '비인격적인 신성(神性)의 개념'이 존재하지 않았기 때문이다. 문제의 핵심이 이와 같음에도 유럽인들은 엉뚱한 데서 해답을 찾고 있다. 그렇다 보니 리차드 도킨스(Richard Dawkins) 같은 지성적인 사람조차도 핵심을 벗어나서 별 의미도 없는 논쟁에 뛰어들어 괜히 언성을 높이고 있다. 그의 이야기는 유신론을 신봉하는 그의 적대자들이 늘어놓는 앞뒤 꽉 막힌 항변보다 별로 나아보이지 않는다.

우리 동양 철학의 입장에서 볼 때 서구 사회의 유신론·무신론 논쟁이라는 것은 그 자체가 한없이 졸렬하고 무의미한 논쟁이다. 유신론자는 종교적이고 무신론자는 비종교적인가? 유신론자는 하느님의 자식이고 무신론자는 자식이 아닌가? 유신론자는 신에 대해 알고, 무신론자는 신에 대해 모르는가? 종교의 울타리가 비좁은 유럽 사회에서는 그 말이 통용될지 몰라도, 우리 동양에서는 그렇지 않다. 우리 동양에서는 2,500년 전 노자가 큰 깨침을 준 이래로 그런 유치한 도식은 깨진 지 오래다. 동양에서는 유신론자라고 해서 별로 종교적인 사람이라고 생각지도 않지만, 반대로 무신론자라고 해서 비종교적인 사람이라고 간주하지도 않는다. 서구 사회는 '신'보다 더 크고 포괄적인 관념이 그 문명 안에 처음부터 존재하지를 않았기 때문에 항상 논의가 인격신을 중심으로 편협하고 배타적으로 이루어졌다. 그러다 보니 독단의 체계가 고착화되어 실은 자신들이 우물 안 개구리처럼 편견과 오류 속에 놓여있다는 것 자체를 오랫동안 망각해 왔던 것이다.

리차드 도킨스와 그의 적대자들 사이에서 현재 벌어지고 있는 서구의 유신론 · 무신론 논쟁은 사실 별로 생산적인 논쟁이 아니다. 그것이 생산적인 단계로 접어들기 위해서는 누군가 노자와 같은 위대한 철학자가 서구 사회에 출현해야 한다. 그리하여 유신론자나 무신론자 모두를 불문코 인정하지 않을 수 없는 '신을 넘어선 신성의 관념'이 정신의 지평에 등장해야 한다. 지금 식으로 리차드 도킨스처럼 유신론을 부정하는데 급급한 저급한 무신론 따위로는 인류를 위한 새로운 세계관을 형성해낼 수가 없다.

도(道)와 비도(非道)

노자는 2,500년 전에 이미 '인격적 신의 개념'을 폐기시켰다. 그리고 그는 대신 '비인격적 신성의 개념'을 불러왔다. 이것이 바로 노자가 말한 '도'이다. 도라는 말을 케케묵은 구닥다리 개념으로 생각치 말라. 도라는 용어는 어쩌면 인류의 미래를 구원할 수 있는 가장 새로운 개념인지도 모른다. 이제 노자가 하는 말을 이러한 맥락에서 다시 들어보라. 그러면 그가 툭툭 던지는 일견 평범한 말들이 새롭게 다시 들릴 것이다.

도는 만물을 낳고
덕은 만물을 기르니,
만상의 형태가 나타나고
사물의 질서가 거기에 생겨난다.

노자老子

그러기에 모든 것은 도를 존중하고

덕을 귀하게 여기는 것이다.

도를 존중하고 덕을 귀하게 여기는 것은

누가 명령해서 그렇게 하는 것이 아니라

저절로 그러한 것이다.

　허연 수염을 기른 누가 우주 밖에 따로 있어서 요술방망이를 들고 천지 만물을 뚝딱 창조해낸 것이 결코 아니다. 그런 것은 신화의 세계이고 마법의 세계일 뿐, 결코 이 우주의 참 모습이 아니다. 이 우주는 그런 타율적 존재가 아니라 그 자체 영원히 살아 움직이는 자율적 존재이다. 이 우주는 스스로 나와서 스스로 활동하다 스스로 돌아간다. 이것이 바로 무위자연이란 말의 참뜻이다. 무위란 인위적으로 개입하는 자가 없다는 뜻이며, 자연이란 스스로 그러할 뿐 타율적으로 움직이는 존재가 아니라는 뜻이다. 이 무위자연의 도 안에서 천지 만물이 조화롭게 오고가며, 만상의 형태가 틀잡혀 나타나고, 그 안에 누가 시키지 않아도 사물의 질서가 생겨나는 것이다. 이것이 노자가 말하는 도와 덕의 기본 관념이다. 모든 것은 도를 존중하고 덕을 귀하게 여기지만, 그것은 누가 명령을 내려 그런 것이 아니고 사물이 본성상 저절로 그러한 것이다. 만약, 우주가 잘 굴러가고 있는데 외부에서 누가 명령을 내려 개입하려 한다면 그것은 오히려 도가 아니다. 그것은 이른바 비도非道이다. 그렇게 되면 우주 본래의 완벽한 조화와 질서는 교란되고 망가지게 될 것이다.

장이부재(長而不宰)

그러므로 도는 낳고 덕은 기르니,
키우고 양육하며
성숙시켜 여물게 하고
보살피고 덮어준다.

노자에 의하면 도는 이 우주의 포근한 어머니와 같은 존재이다. 도는 신처럼 변덕을 부려 피조물들에게 때로는 분노하고 때로는 징벌을 내리는 존재가 아니라, 영원히 베풀고 보살펴주는 자애로운 존재이다. 그것은 천지 만물이 행하는 행위의 잘잘못을 따지지 않는다. 그것은 생성화육하는 위대한 힘으로 만물을 쓰다듬고 보살피고 덮어준다. 그것은 피조물들에게 죄의식을 심어주지 않는다. 그것은 모든 삼라만상을 무한한 덕화(德化)의 힘으로 껴안고 보살펴준다. 이것이 도의 힘이다.

낳고도 소유하지 않고
행하고도 자랑하지 않으며
길러주고도 주재하려 하지 않는다.
이를 일러 현묘한 덕이라 한다.

이것은 우리가 천지자연의 도에서 배워야 할 부분들이다. 우리 인간은 낳으면 소유하려 하고, 행하면 자랑하려 하고, 길러주면 주재하

노자老子

려 하지만 도는 전혀 그렇지 않는다. 도는 천지 만물을 낳고도 소유하려 하지 않고, 천지운행이라는 대업을 나날이 행하면서도 일체 자랑하지 않으며, 삼라만상을 다 품 안에 길러주고도 전혀 지배하거나 주재하려 하지 않는다. 이른바 장이부재(長而不宰, 길러주고도 주재하려 하지 않음)이다. 나는 요즘 대한민국 부모들이 이 '장이부재'의 정신을 배웠으면 좋겠다. 요즘 부모들은 자녀들을 좀 길러주었다고 해서 지나치게 자녀들의 삶을 주재하려 든다. 그러다가 서로 서운한 꼴을 보고 관계가 틀어지고들 하는 경우가 많은데, 그것은 다 노자가 말한 '장이부재'의 정신을 몰라 생긴 일들이다. 이 우주가 당신을 낳아주고 길러줬지만 한 번이라도 당신을 지배하거나 주재하려한 적이 있던가! 그런데 왜 당신은 우주가 한 일의 천분의 일, 만분의 일도 안 되는 꼬딱지만한 일을 하고서 당신 자녀의 삶을 주재하려 하는가! 노자가 도의 현묘한 덕을 보고 우리 인간사회에 던지는 질문 몇 가지가 이 장에는 들어 있다.

제52장 ;
부드러운 것이 진정 강한 것이다

천하 만물에는 시원이 있나니

그것을 천하의 어미라 한다.

그 어미를 알면

그 아들을 알 수 있거니와,

이미 그 아들을 알고서

또한 그 어미를 지킨다면

몸이 다할 때까지 위태롭지 않을 것이다.

그 입구를 막고

그 문을 닫으면

평생토록 수고롭지 않으나,

그 입구를 열어둔 채

일을 이루려 하면

평생토록 구제받을 수 없다.

작은 것을 보는 것이 진정 지혜로운 것이고

부드러움을 지키는 것이 진정 강한 것이다.

지혜의 빛을 쓰되,

다시 본래의 밝음으로 돌아가야

몸에 재앙을 남기지 않으리니,

이것이 영원함을 배우는 것이다.

天下有始 以爲天下母

천하유시 이위천하모

旣得其母 以知其子 旣知其子 復守其母 沒身不殆

기득기모 이지기자 기지기자 복수기모 몰신불태

塞其兌 閉其門 終身不勤 開其兌 濟其事 終身不救

색기태 폐기문 종신불근 개기태 제기사 종신불구

見小曰明 守柔曰强 用其光 復歸其明 無遺身殃 是爲習常

견소왈명 수유왈강 용기광 복귀기명 무유신앙 시위습상

어미를 알면 아들을 알 수 있다

우리 인간은 눈앞의 사물에 급급한 채 세상을 살아간다. 그러나 눈에 보이는 것이 전부가 아니다. 정말로 중요한 것들은 눈에 보이지 않는다. 눈에 보이는 세계 저 너머에 영원하며 근원적인 어떤 것이 숨겨져 있다. 그것을 알아야 한다. 그것을 알아야 내 존재의 의미도, 이 세계의 의미도 알게 된다.

천하 만물에는 시원이 있나니

그것을 천하의 어미라 한다.

그 어미를 알면

그 아들을 알 수 있거니와,

이미 그 아들을 알고서

또한 그 어미를 지킨다면

몸이 다할 때까지 위태롭지 않을 것이다.

천하의 어미란 물론 만물의 근원인 도를 말한다. 그 어미를 알면 그 아들을 알 수 있는 것처럼, 천지자연의 도를 알아야 천지 만물 모든 것을 알 수 있게 된다. 그저 눈앞의 사물에 사로잡혀 현상계의 일에만 집착하고 근원이 되는 도를 망각해서는 안 된다. 현실에 도취된 채 근원을 망각하면 머지 않아 위기가 온다. 먼저 우주의 도를 인식하라. 그러면 세상의 흐름을 알 수 있다. 세상의 흐름을 아무리 그대가 잘 파악하여 큰 성공을 거뒀다 하더라도 경거망동하지 말고 다시 그 근원이 되는 도를 잘 따르고 지켜라. 그래야 죽을 때까지 아무 탈 없이 잘 살아갈 수 있다. 이른바 몰신불태(沒身不殆)이다.

욕망의 문

그 입구를 막고(塞其兌)

그 문을 닫으면(閉其門)

평생토록 수고롭지 않으나,

그 입구를 열어둔 채

일을 이루려 하면

평생토록 구제받을 수 없다.

색기태塞其兌, 즉 그 감각의 입구를 막고, 폐기문閉其門, 그 욕망의 문을 닫아라. 그래야 평생토록 인생이 수고롭지 않다. 이목구비등의 이른바 칠규(七竅, 일곱구멍)를 통제하지 못하면 감각이 요동치게 되고 정신이 분산되어 혼이 피곤해진다. 외계와 접촉하는 욕망과 탐욕의 문을 잘 단속하지 못하고 열어둔 채 이런 저런 일을 행하면 어느 것도 제대로 될 수가 없다. 그런 인생은 종신불구終身不救, 즉 평생토록 구원받을 수 없다. 그러니 감각과 지각의 문을 잘 닫고, 욕망과 탐욕의 입구를 잘 막아라. 그것이 지혜로운 이의 길이다.

큰 것은 누구나 본다

작은 것을 보는 것이 진정 지혜로운 것이고

부드러움을 지키는 것이 진정 강한 것이다.

지혜의 빛을 쓰되,

다시 본래의 밝음으로 돌아가야

몸에 재앙을 남기지 않으리니,

이것이 영원함을 배우는 것이다.

큰 것을 보는 것은 눈 밝은 것이 아니다. 큰 것은 누구나 다 본다. 남이 보지 못하는 작은 것을 보는 것이 진정 눈 밝은 것이다. 노자가 제14장에서 말하지 않았던가. 도는 '보아도 보이지 않고(夷), 들어도 들리지 않으며(希), 잡아도 잡히지 않는다(微)'고. 즉, 도는 잘 안 보이고 희미希微한 것이다. 희미하고 희미해서 통상적 삶을 살아가는 우리 일반인들은 도를 쉽게 볼 수 없다. 이것이 도의 본질이다. 헤라클레이토스가 말한 '자연은 숨기를 좋아한다'는 경구도 실은 이 비슷한 관념을 표현한 것이다. 도, 자연, 사물의 핵심, 이런 것들은 잘 안 보인다. 그런 것들은 드러나 있는 것이 아니고 감추어져 있다. 그런 것들은 크지 않고 작다. 큰 것은 누구나 다 본다. 작은 것을 보는 것이 진정 눈 밝은 것이다(見小曰明).

끝까지 강한 척하는 것은 강한 것이 아니다. 약한 사람이 끝까지 강한 척한다. 그는 자신의 약함이 드러날까 두려운 것이다. 반면 진정으로 강한 사람은 끝까지 강한 척하지 않는다 . 그는 양보도 하고, 물러나기도 하며, 져주기도 한다. 그는 자신의 강함을 끝까지 남에게 관철시키려 하지 않는다. 진정으로 강한 사람에게는 어딘가 부드러움이 있다. 그는 어딘가 유연하며 여유가 있고 경직되어 있지 않다. 그렇기 때문에 그는 지속적으로 강할 수 있는 것이다. 이것이 이른바 수유왈강(守柔曰强, 부드러움을 지키는 것이 진정 강한 것이다)이다.

노자《도덕경》을 공부하는 사람은 이런 의미심장한 경구들을 깊이 숙고하고 몸에 체득해야 한다. 노자《도덕경》은 머리로 공부하는 것이 아니고 가슴으로 공부해야 한다. 《도덕경》한자 원문을 줄줄 외우고 다니거나 그럴듯한 사자성어 몇 개를 암송하고 다니면서 지혜 있는 척하는 것은 《도덕경》을 제대로 공부하는 것이 아니다. 그런 것은

《도덕경》과 무관하다. 노자의《도덕경》은 아는 체하는 것, 잘난 체하는 것, 학자인 체하는 것을 싫어한다.《도덕경》은 우리를 유식하게 만들려는 것이 아니라, 오히려 우리의 머리에서 먹물을 빼려는 것이다.

이것이 노자의 도이다. 그러므로《도덕경》을 공부하고 너무 똑똑해지거나 유식해지면 안 된다. 그것은《도덕경》을 잘못 읽은 것이다.《도덕경》을 공부하고 나면 자신의 광채를 꺾고 세상의 티끌과 하나가 되어야 한다.

지금 이 장의 말미에서 노자가 하는 말도 바로 이것이다.

지혜의 빛을 쓰되,
다시 본래의 밝음으로 돌아가야
몸에 재앙을 남기지 않으리니,
이것이 영원함을 배우는 것이다.

제53장 ;
이것을 도둑질한 영화라고 한다

가령 내게 겨자씨만한 앎이 있다면
대도를 걸을 것이며
샛길에 들까 두려워 할 것이다.
대도는 지극히 평탄하건만,
사람들은 샛길만 좋아한다.

그리하여 조정은 심히 더러워지고
논밭은 심히 황폐하며
창고는 텅텅 비었다.
그럼에도 위정자들은
화려한 비단옷을 걸쳐입고
날카로운 검을 차고
맛있는 음식에 물리고
재물은 쓰고도 남아돌아 가니,
이것이 도둑질한 영화가 아니고 무엇이겠는가.

노자老子

실로 도가 아니도다!

使我介然有知 行於大道 唯施是畏 사아개연유지 행어대도 유시시외

大道甚夷 而民好徑 朝甚除 田甚蕪 倉甚虛

대도심이 이민호경 조심제 전심무 창심허

服文綵 帶利劍 厭飮食 財貨有餘 是謂盜夸 非道也哉

복문채 대리검 염음식 재화유여 시위도과 비도야재

짜라투스트라

만약 당신이 어디선가 이런 글을 읽게 되었다고 가정해보자.

> 타락한 악마들이여,
> 너희는 모두 거짓의 자식이고 악한 마음을 품은 자들이다.
> 너희를 따르고 공경하는 자 역시 사악한 자들이다.
> 자기중심적인 너희 마음에서
> 악하고 못된 행위가 생겨나는 것이다.
> 따라서 너희는 미움을 받고
> 온 세상에 그 악한 소문이 퍼질 것이다.

이것은 무슨 내용의 글 같은가? 글쎄, 모르긴 몰라도 어떤 자들이 나쁜 짓을 너무 많이 한 나머지 누군가의 원한을 사고 있는 것은 분

명해 보이지 않은가? 그럼, 나쁜 짓을 한 자는 누구일까? 피해자의 저주 속에 그 답이 있다.

> 죄인들 가운데
> 비반간의 아들 잠시드가 매우 악명 높습니다.
> 그는 쾌락과 자기만족을 위해
> 절대자를 능멸한 자입니다.
> 지혜의 주여,
> 마지막 심판의 날 당신이 죄인들을 심판하실 때,
> 내가 큰 만족을 얻을 것입니다.

대체 비반간의 아들 잠시드가 어떤 자이길래 이렇게 심한 욕을 먹고 있는 것일까? 비반간의 아들 잠시드는 이 글이 쓰여지던 당시의 고대 페르시아 왕이다! 왕만 욕을 먹고 있는 것이 아니다. 성직자들도 도매금으로 욕을 먹고 있다.

> 악한 마음을 품은 성직자는 경전을 왜곡시켜 사람들을
> 인생의 참 목적에서 벗어나게 만듭니다.
> 그들은 진리, 정의, 순수한 마음과 같은
> 인간의 귀한 성품을 없애는 자들입니다.
> 지혜의 주와 아샤에게 간절히 구하오니,
> 악의 무리들로부터 우리를 보호하소서.

앞에서 소개한 세 단락의 글은 조로아스터교의 경전《젠드아베스타(Zend-Avesta)》중에서 일부를 발췌한 것이다. 보다 정확히 말하자면, 이것이 조로아스터교의 창시자 짜라투스트라가 직접 저술했다고 알려진 '가타스'라는 송가이다. 뭐라구? 짜라투스트라가 저렇게 분노와 적의에 찬 글을 썼다구? 그렇다. 짜라투스트라가 저런 글을 썼다. 왜 그는 저런 글을 썼는가? 그가 살던 시대의 페르시아의 왕과 성직자들이 극도로 부패하여 민중의 삶을 도탄에 빠지게 했기 때문이다. 말하자면 짜라투스트라는 고대 페르시아의 모든 백성들이 느끼던 분노와 적개심을 대신해서 자기의 글로 표현했던 것이고, 그것이 민중들의 가슴을 파고들어 거기에서 조로아스터교라는 하나의 종교가 탄생했던 것이다(참고로, 위의 세 단락은《젠드아베스타》중〈야스나〉제32장의 제3절, 제8절, 제9절이다).

노자

우리는 노자의 무위의 개념을 잘못 이해하면 안 된다. 노자의 무위는 '등따숩고 배불러' 아무 근심 걱정이 없는 상태에서 나온 부르조아적 개념이 아니다. 무위는 인간세상의 환난과 불행을 깊이 통찰한 현인에게서 나온 자아성찰적 개념이다.

무위는 아무 일도 하지 않고 무위도식하는 자들을 위한 슬로건도 아니고, 행동의 실행력을 상실한 자들을 위한 자기 변명도 아니다. 또한 무위는 지금 이 세상이 아주 잘 돌아가고 있으니, 모두 현실에 만족하여 뒷짐이나 지고 각자 조용히 살아가자는 체제순응적 개념이 아니다. 오히려 반대로 무위는 지금 눈앞의 세상이 어떤 유위와 작위에 의해 크게 잘못되어가고 있음을 느끼고 이 세상을 한번 바꿔 보려는 사람들을 위한 반항적 개념이며, 제멋대로 권력을 농단하며 사리사욕을 채우는 자들을 따끔하게 비판·훈계하기 위한 계몽적 개념이다.

달리 말하면 무위는 아무것도 하지 말고 그냥 지금 있는 그대로 냅두고 살자는 이른바 '렛잇비(Let it be)' 상태를 지향하는 것이 아니고, 사회적 정치적으로 잘못 시행된 여러 작위를 바로 잡아 근원적인 우주의 질서, 즉 도에 복귀하고자 하는 것이다. 요컨대, 무위는 현상유지적(Status-Quo)개념이 아니라, 현상타파적 개념이다. 이 점을 오해하면 노자 전체를 오해하는 것이다. 노자는 무위를 가지고 한 번도 현상유지적 태도를 취했거나 그것을 옹호했던 적이 없는 사람이다. 무위는 그런 것이 아니다. 무위는 본질적으로 인위와 작위를 멀리하는 것이며, 극복하는 것이고, 바로잡는 것이다. 정치의 영역은 인간의 인위와 작위가 가장 극명하게 드러난다. 온갖 사리사욕과 부정부패 (이것이 인위이고 작위이다)를 일삼는 위정자들 때문에 백성들이 도탄에 빠져 허우적대고 있다. 바로 이러한 상황, 이러한 현실인식 위에서 노자는 자기 철학의 핵심인 무위를 말하고 있는 것이다.

노자는 물론 현실정치인은 아니지만, 그렇다고 정치가 잘못 굴러가는데도 팔짱을 끼고 옆에서 구경만 하고 있는 창백한 지식인이 아니다. 그는 결코 세상과 동떨어진 은둔자가 아니다. 그는 현실에 참견하고, 비판하며, 자기 목소리를 낸다. 이것이 노자이다. 이 점 노자는 짜라투스트라와 닮았다. 다만, 그렇다고 그는 짜라투스트라처럼 적개심을 적나라하게 드러내지는 않는다.

노자老子

가령 내게 겨자씨만한 앎이 있다면

대도大道를 걸을 것이며

샛길에 들까 두려워 할 것이다.

대도는 지극히 평탄하건만,

사람들은 샛길만 좋아한다.

노자는 가볍게 시작한다. 먼저 자기를 살피고 그다음 남들을 살피면서 적절히 거리를 두고 조용히 움직인다. 무언가를 살짝 비판하고 있지만, 여기까지는 전형적인 노자식의 유연한 문체를 구사하고 있다. 그런데 다음 문장에서부터 갑자기 노자의 호흡이 거칠어지고 빨라진다.

그리하여 조정은 심히 더러워지고

논밭은 심히 황폐하며

창고는 텅텅 비었다.

그럼에도 위정자들은

화려한 비단옷을 걸쳐입고

날카로운 검을 차고

맛있는 음식에 물리고

재물은 쓰고도 남아돌아 가니,

이것이 도둑질한 영화가 아니고 무엇이겠는가.

실로 도가 아니로다!

최상의 덕은 물과 같다

《도덕경》 전체를 통틀어 노자가 이렇게 격렬한 어조로 말한 적은 없었다! 노자는 앞서 다른 장에서도 위정자 계급을 향해 몇 차례 쓴소리와 비판을 가한 적은 있지만, 이 장에 와서는 유례를 찾아볼 수 없을 정도로 격한 목소리로 그들의 부패와 타락상을 규탄하고 있다. 노자가 이렇게 직접적으로 분노를 표출한 것은 이 앞에도 없고 이 뒤에도 없다. 무위의 대도는 지극히 평탄하기만 한데, 사람들은 샛길로 빠지려고만 한다. 그래서 조정에는 부정부패가 가득하고, 논밭은 전쟁으로 인해 황폐화된지 오래이고, 창고에는 곡식 한 톨 없이 텅텅 비어 있다. 그런 형편인데도 권력을 쥔 위정자 계층들은 화려한 옷차림을 하고, 번쩍거리는 칼을 허리에 차고, 맛있는 음식으로 배를 불리고, 그러고도 재물이 남아돈다. 이것이야말로 바로 '도둑질한 영화'가 아니고 무엇이겠는가! 이것이 도가 아님은 물론이다.

문장 하나 하나에 현실에 대한 날카로운 비판정신이 번득이고 있다. 노자는 부정부패와 사치타락이 만연한 그 시대의 정치 현실에 대해 격렬한 분노를 표시하고 있다. 이것이 인간 노자의 맨얼굴이다. 노자는 이 분노를 가다듬고 체로 걸러서 이것으로부터 자신의 '무위의 철학'을 완성시켰던 것이다. 새삼스럽게 제53장을 읽음으로써 우리는 노자의 무위의 사상이 어느 날 하늘에서 뚝 떨어진 것이 아니라, 현실에 대한 날카로운 비판에서 비롯된 것임을 발견하게 된다. 요컨대, 우리는 이 때까지 노자의 무위의 철학은 그 발원지가 하늘인 줄 알았는데, 알고 보니 땅이다! 어떤 인간적 감정도 배제한 듯한 노자 무위 사상의 근저에는 실은 현실에 분노하는 노철학자의 격한 파토스가 깊숙이 깔려 있는 것이다.

노자老子

공자

짜라투스트라는 조금 더 격렬했고, 노자는 조금 덜 격렬했다. 그러나 그들 두 사람은 공히 왜곡된 현실에 분노했고, 사리사욕을 일삼는 권력층을 향해 준엄하게 규탄했다. 짜라투스트라는 자신이 믿는 절대자 지혜의 주에 의지하여 악의 무리들을 일소하기를 원했고, 노자는 고도로 성숙한 철학적 개념인 '무위'에 의지하여 인간 세상에 부패와 타락을 가져오는 온갖 유위와 작위를 몰아내기를 원했다. 그들은 각각 지상에 하나의 종교를 창시했고, 그 근원에는 현실에 대한 날카로운 비판의식이 있었다.

그런데, 유학의 창시자 공자에게는 이러한 예리한 현실비판이 없다. 《논어》가 전하는 공자의 모습에서는 이러한 비판의식을 찾아보기가 어렵다.

> 정공定公이 묻기를,
> "임금이 신하를 부리고, 신하가 임금을 섬기는 일은 어떻게 하여야 합니까?"
> 공자가 말하기를,
> "임금은 예禮로써 신하를 부리고 신하는 충忠으로써 임금을 섬겨야 합니다."
>
> – 《논어》〈팔일〉

공자는 지금 노나라 임금과 앉아서 바야흐로 예와 충에 대해 이야기하고 있다. 그런데 때로 그 예와 충이 너무 멀리 가기도 했던 모양이다.

공자가 말하기를,
"임금을 섬기는데 있어서 예禮를 다하는 것을 세상 사람들은 아첨한다 하는구나."

– 《논어》〈팔일〉

항상 윗사람을 깍듯한 예로써 대하기로 유명한 공자가 그 태도가 지나쳐서 어느날 주변 사람들로부터 핀잔을 들었다는 이야기이다.
《논어》, 위영공 편을 보면 심지어 이런 말까지 나온다.

공자가 말하기를,
"임금을 섬김에 있어서는 그 직무를 성실히 하고 보수는 뒤로 미루어야 한다."

– 《논어》〈위영공〉

이쯤 되면 참으로 성실한 공무원 사회를 보는 것 같아서 옆에 있는 나까지 마음이 흐뭇해지려 한다.

노자老子

제54장 ;
천하로써 천하를 살핀다

잘 세운 것은 뽑히지 아니하고

잘 껴안은 것은 떨어져 나가지 아니하니

자자손손 제사가 끊기지 않을 것이다.

도로써

몸을 다스리면 그 덕이 참되고

집안을 다스리면 그 덕이 여유가 있고

마을을 다스리면 그 덕이 오래가고

나라를 다스리면 그 덕이 풍성하고

천하를 다스리면 그 덕이 온누리에 두루 퍼진다.

그러므로 몸으로써 몸을 살피고

집안으로써 집안을 살피고

마을로써 마을을 살피고

나라로써 나라를 살피고

천하로써 천하를 살펴라.

내가 무엇으로 천하가 그러함을 알 수 있겠는가.

이런 이치로써이다.

善建者不拔 善抱者不脫 子孫以祭祀不輟

선건자불발 선포자불탈 자손이제사불철

修之於身 其德乃眞 修之於家 其德乃餘 修之於鄕 其德乃長

수지어신 기덕내진 수지어가 기덕내여 수지어향 기덕내장

修之於國 其德乃豊 修之於天下 其德乃普

수지어국 기덕내풍 수지어천하 기덕내보

故以身觀身 以家觀家 以鄕觀鄕 以國觀國 以天下觀天下

고이신관신 이가관가 이향관향 이국관국 이천하관천하

吾何以知天下然哉 以此 오하이지천하연재 이차

제사가 끊기지 않아야

왕조가 망하면 그 후손들에게 무슨 일이 생기는가? 많은 일 중 고대인들에게 가장 수치스럽고 원망스러운 일은 조상들 '제사'를 모실 수 없다는 것이다(은나라가 주나라에 의해 망했을 때 은의 고토에 송宋나라를 세우고 미자微子를 제후로 봉해 은의 조상들에게 제사를 지낼 수 있었던 것은 주나라가 허락을 해줬기 때문이다). 고대사회는 제사라는 것이 지금의 우리 생각과는 비교도 할 수 없을만큼 중대한 일이었다.

노자老子

《좌씨 춘추전》에 보면 '국가의 대사는 제사와 전쟁이다'라고 되어 있을 정도이다. 제사란 조상신들에 대한 신성한 의무인 동시에 자기 존재에 대한 영광스런 확인이다. 그러므로 제사를 지내지 못하는 후손이란 자기 존재의 근거를 상실한 자임을 의미하는 것이며, 그것은 일생일대의 큰 치욕이고 슬픔이다.

노자가 뜬금없이 제사 이야기를 하는 것은 이런 맥락에서 이해해야 한다. '정치하는 자들이 나라를 잘 다스려야 한다, 그래야 제사가 끊기는 일이 없다'는 것을 노자는 말하고 있는 것이다.

잘 세운 것은 뽑히지 아니하고
잘 껴안은 것은 떨어져 나가지 아니하니
자자손손 제사가 끊기지 않을 것이다.

참으로 굳건하게 확립된 도는 뽑혀 나가는 일이 없고, 참으로 깊숙이 체득된 도는 떨어져 나가는 일이 없다. 그리하여 자손들은 이 굳건한 도에 의해 자자손손 대를 이어 조상들에게 계속 제사를 지낼 수가 있다. 무위자연의 도를 몸에 체득하고, 이것을 세상에 베풀어야만 왕조와 나라가 영원할 수 있다.

이천하 관천하(以天下 觀天下)

도로써
몸을 다스리면(修之於身) 그 덕이 참되고

집안을 다스리면(修之於家) 그 덕이 여유가 있고

마을을 다스리면(修之於鄕) 그 덕이 오래가고

나라를 다스리면(修之於邦) 그 덕이 풍성하며

천하를 다스리면(修之於天下) 그 덕이 온누리에 두루 퍼진다.

그 도로 우선 내 몸을 닦아야 한다. 그래야 그 덕이 참되고 진실한 것이 된다. 그다음 점점 범위를 넓혀 집안을 다스리고, 마을을 다스리며, 나라를 다스리고, 마침내 천하를 다스리는 데에 이르지만 이 모든 행위의 시작과 끝은 도 안에서 이루어져야 한다. 그래야 온 세상에 평화가 찾아든다. 이 장은 무위자연의 도가 가진 위대한 효능을 보여주고 있다. 오직 확고부동하게 체득된 도라야 그것으로써 개인을 참된 인격체로써 완성시키고, 가정의 평화를 유지하며, 향촌의 질서를 잡을 수 있고, 나아가 나라를 통치하고, 천하를 다스릴 수 있는 것이다. 이것이 도의 위대한 힘이다.

그런데, 재미있는 것은 이 단락의 구절들은 행위의 점진적 확장을 논하는 방식이 마치 유가의 '수신 제가 치국 평천하(修身 齊家 治國 平天下)'와 비슷하다는 점이다. 누가 먼저 이런 방식의 사유를 선보였을까? 누구라고 딱 잘라 말하기는 어렵겠지만, 서로 이런 식으로 생각을 주고받으며 제자백가들은 각자의 사유를 진척시켰던 것 같다.

그러므로 몸으로써 몸을 살피고

집안으로써 집안을 살피고

마을로써 마을을 살피고

노자老子

나라로써 나라를 살피고

천하로써 천하를 살펴라.

내가 무엇으로 천하의 그러함을 알 수 있겠는가.

이런 이치로써이다.

나라를 다스리는 이는 나라로써 나라를 살펴야 한다. 나라를 다스리는 이가 자기 향촌으로써 나라를 살피면 안 된다. 그러면 욕먹는다. 또 나라를 다스리는 이가 자기 집안으로써 나라를 살펴도 안 된다. 그것도 욕먹는 짓이다. 하나 더 추가하면, 나라를 다스리는 이가 '자기 교회'로써 나라를 살피면 정말 안 된다. 그런 짓 하면 더 욕먹어 마땅하다. 그런 짓은 하느님도 원치 않는다. 내가 무엇으로 천하가 그러함을 알 수 있겠는가. 그것은 무위자연의 도가 지닌 본성이 그러하기 때문이지 다른 것이 아니다.

한 가지 의문이 드는 것은, 이조시대에 선비들이 노자의 《도덕경》을 보았더라면 당파싸움 같은 것을 그렇게 드러내놓고 하지는 못하지 않았을까 하는 생각이 든다. 유교 경전인 《대학》에는 '수신 · 제가 · 치국 · 평천하'만을 말했지 평천하를 어떤 방식으로 하라는 말이 없다. 그래서 그들은 제멋대로 '당파로써' 천하를 살핀 게 아닐까? 누군가 노자처럼 '천하로써' 천하를 살피라(以天下 觀天下)고 매뉴얼을 써서 그들 손에 쥐어 줬어야 했는데……

제55장 ;
만물은 억세지면 곧 노쇠해지나니

덕을 두터이 지닌 사람은

갓난아이와 같나니,

독충이 쏘지 않고

맹수도 덮치지 않으며

독수리도 할퀴지 않는다.

그 뼈도 약하고

그 힘줄도 부드러우나

그 손아귀의 힘은 강하다.

아직 남녀의 교합을 알지 못하나

음경도 성나 일어서니

이것은 정기가 완전하기 때문이요,

하루종일 울어도

목이 쉬지 않으니

이것은 음양의 조화가 완전하기 때문이다.

노자老子

조화를 아는 것, 그것이 영원이며

영원을 아는 것, 그것이 참된 지혜이다.

수명을 더하려 하는 것은 요망한 일이요,

마음으로 기를 부리려 하는 것은 강포한 짓이다.

만물은 억세지면 곧 노쇠해지나니,

이는 도가 아닌 까닭이다.

도가 아닌 것은 얼마 안 가 막힌다.

含德之厚 比於赤子 毒蟲不螫 猛獸不據 攫鳥不搏

함덕지후 비어적자 독충불석 맹수불거 확조불박

骨弱筋柔而握固 未知牝牡之合而全作 精之至也

골약근유이악고 미지빈모지합이전작 정지지야

終日號而不嗄 和之至也 知和曰常 知常曰明

종일호이불애 화지지야 지화왈상 지상왈명

益生曰祥 心使氣曰强 物壯則老 謂之不道 不道早已

익생왈상 심사기왈강 물장즉노 위지부도 부도조이

어린아이

노자의 노老 자는 늙을 노 자이다. 그런데 나이 든 현인 노자는 누구
보다 어린아이를 좋아한다. 그는 《도덕경》여기 저기에서 어린아이의
덕을 칭송하는 글을 남겼다. 노자는 힘세고, 건장하며, 견고하고, 딱딱

한 것을 별로 안 좋아한다. 그는 유연하고, 부드러우며, 무심하고, 순수한 것을 사랑한다. 노자가 말하는 '어린아이(赤子)'란 도를 체득한 사람을 가리키는 하나의 비유이다.

이런 개념의 어린아이에 대해서는 예수도 복음서에서 말한 적이 있다.

> 너희가 어린아이와 같이 되지 아니하면
> 결단코 천국에 들어가지 못하리라.
>
> – 《마태복음》 제18장

어린아이가 천국에 들어갈 수 있는 이유는 무엇일까? 그것은 어린아이는 마음에 때가 묻지 않았기 때문일 것이다. 어린아이는 마음이 순수하여 남과 나를 구분하는 분리의식이 없고, 에고가 없기 때문에 사리사욕이 없으며, 작위 하는 마음이 없기 때문에 언제나 자연스런 무위 속에서 산다. 이것만으로도 이미 어린아이는 천국에 있는 것인지도 모른다. 노자가 말하는 어린아이의 특징을 들어보자.

> 덕을 두터이 지닌 사람은
> 갓난아이와 같나니,
> 독충이 쏘지 않고
> 맹수도 덮치지 않으며
> 독수리도 할퀴지 않는다.

노자老子

노자는 예수처럼 천국이야기는 없지만, 이 현실 속에서도 어린아이는 천국에서와 같이 두텁게 보호받고 있음을 보여주고 있다.

그 뼈도 약하고
그 힘줄도 부드러우나
그 손아귀의 힘은 강하다.

어린아이의 손아귀의 힘이 어찌나 강한지 주먹을 꼭 쥐고 있으면 어른도 그것을 펴기 어렵고, 무언가를 단단히 쥐고 있으면 그것을 손에서 빼내기도 무척 어렵다.

아직 남녀의 교합을 알지 못하나
음경도 성나 일어서니
이것은 정기가 완전하기 때문이요,
하루 종일 울어도
목이 쉬지 않으니
이것은 음양의 조화가 완전하기 때문이다.

이 장은 어린아이의 특징을 소박·간결하게 시적으로 잘 표현한 문장이라 해서 예로부터 유명하다. 특히, 노자의 예리한 관찰력이 돋보인다. 정말 어린아이들은 하루 종일 울어도 목이 쉬지 않는다. 그런데 어른은 한 시간만 소리를 질러도 그냥 목이 쉬고 만다. 그러면 어느 시점에 쉬지 않던 목이 쉬는 목으로 변할까? 그때가 몇 살 때 쯤일까? 그 나이를 정확히 알 수는 없지만, 분명한 것은 목이 쉴 연령대가 되면 어린아이가 더는 목 놓아 울지 않는다는 것이다. 이 또한 자연의 오묘한 이치라 하지 않을 수 없다.

물장즉노(物壯則老)

남녀노소를 불문하고 중국인들이 이른 아침에 공원 같은 데 모여서 하는 태극권太極拳이란 운동은 단단하고 강해지려고 하는 운동이 아니다. 반대로 유연하고 부드러워지기 위해서 하는 운동이다. 태극권이 추구하는 바는 결코 '강장強壯'이 아니다. 그것은 '유연柔軟'이다. 사람들은 강하고 견고한 것을 추구하지만 실은 그것은 좋은 것이 아니다. 고무줄처럼 말랑말랑하고 부드러운 것, 그것이 좋은 것이다. 왜 사람도 살아 있을 때는 유연하지만 죽으면 뻣뻣해지지 않는가! 그렇듯이 강하고 견고한 것은 죽음의 형제이지 결코 삶의 형제가 아니다. 태극권은 부드러움으로 강함을 이기고, 고요함으로 움직임을 제압하는 무예이다. 이 태극권을 창시한 자가 중국 송宋나라때 무당산武當山에 살았던 장삼봉이란 인물이다.

중국 무당산이란 어떤 곳인가? 무당산은 원래부터 도교道敎의 성지로 유명한 곳이다. 다시 말해, 태극권은 도교의 총본산인 무당산에서 나온 것이며, 도가사상의 영향 하에서 생겨난 무예인 것이다(이점, 소림무술이 불교의 영향 하에서 생겨난 무예라는 점과 대비된다).

태극권은 강함을 추구하는 운동이 아니다. 그것은 유연함을 추구한다. 태극권의 느릿느릿한 동작들은 마치 물 흘러가는 것을 연상시

노자老子

킨다. 물과 같이 되라는 것이 노자의 말이었는데, 태극권은 노자의 이 말을 무예에서 실현하고 있는 셈이다. 태극권 수련의 최종 목표는 노자의 '전기치유(專氣致柔, 기를 다스려 부드러움에 이르는 것)' 한 마디에 있다. 노자가 제10장에서 말하지 않았던가.

기를 다스려 더없이 부드럽게 하여 (專氣致柔)
진실로 어린아이와 같이 될 수 있겠는가 (能嬰兒乎)

지금 노자가 이 장에서 말하는 것도 이러한 생각의 연장선상에 있는 것들이다.

조화를 아는 것, 그것이 영원이며
영원을 아는 것, 그것이 참된 지혜이다.
수명을 더하려 하는 것은 요망한 일이요,
마음으로 기氣를 부리려 하는 것은 강포한 짓이다.
만물은 억세지면 곧 노쇠해지나니,
이는 도가 아닌 까닭이다.
도가 아닌 것은 얼마 안 가 막힌다.

억지로 장수하려 하는 것은 별로 좋은 것이 아니다. 억지로 장수하려고 이런 저런 비방과 비법들을 찾아다니는 자들이 그 옛날에도 있었던 모양인데, 노자는 이것을 '요망한 일'이라고 말한다. 또 노자는 '마음으로 기를 부리려 하는 것(心使氣)'을 가리켜 '강포한 짓'이라고 경계하고 있다. 이것은 아마도 노자의 시대에 이미 술사術士나 기공사氣功士들이 있어서 이들이 인위적으로 기氣를 돌린다느니, 멈춘다느니, 또 소주천小周天을 한다느니, 대주천大周天을 한다느니 하면서 돌아다녔던 모양인데 노자가 그런 것들은 결코 좋은 것이 아님을 분명히 하고 있다.

물장즉노物壯則老. 만물은 억세지면 곧 노쇠해진다! 노자철학의 핵심을 잘 드러내고 있는 구절이다. 인간세상 모든 것은 강대하고, 장성하고, 억세지면 조만간 노쇠의 단계에 진입하게 된다. 강하고 견고해지려 하지 마라. 거기에 함정이 있다. 그것은 도가 아니다. 도가 아닌 것은 얼마 못간다. 부드럽고 유연해져라. 어린아이처럼 되라. 강하고 견고한 것은 죽음의 무리요, 부드럽고 유연한 것은 삶의 무리이다.

노자老子

제56장 ;
아는 자 말하지 않고

아는 자 말하지 않고,
말하는 자 알지 못한다.

그 입구를 막고,
그 문을 닫고,
그 날카로움을 꺾고,
그 엉킴을 풀고,
그 광채를 누그러뜨리고,
그 티끌과 하나가 되니,
이를 일러 현묘한 합일이라 한다.

그러므로 도의 체득자는
가까이 할 수도 없고,
멀리 할 수도 없으며,
이롭게 할 수도 없고,

해롭게 할 수도 없으며,

귀하게 할 수도 없고,

천하게 할 수도 없다.

그러기에 천하의 가장 귀한 것이 된다.

知者不言 言者不知 塞其兌 閉其門 挫其銳 解其紛

지자불언 언자부지 색기태 폐기문 좌기예 해기분

和其光 同其塵 是謂玄同 화기광 동기진 시위현동

故不可得而親 不可得而疎 不可得而利 不可得而害

고불가득이친 불가득이소 불가득이리 불가득이해

不可得而貴 不可得而賤 故爲天下貴 불가득이귀 불가득이천 고위천하귀

노자의 입장

아는 자 말하지 않고 (知者不言)

말하는 자 알지 못한다. (言者不知)

이 문장은 노자의 글 중에서도 예부터 잘 알려진 유명한 문장이다. 노자는 무언가 심오한 것을 이야기하려 할 때면 역설과 반어법을 구사하는 취향이 있는데, 특히 이 문장은 역설적 표현의 전형典型이라 할 만하다. 이 말을 듣고 머리를 갸우뚱 하지 않는 사람은 없을 것이다. 뭔가 얕은 지식으로는 알 수 없는 신비로운 물건을 슬쩍 보여주는

듯한 묘한 말투와 제스처……. 노자의 이 문장은 동서양 철학사 전체를 통틀어도 다시 보기 어려운 절묘한 역설이라 하지 않을 수 없다! 이 한 문장으로 노자는 타의 추종을 불허하는 역설의 대가로서 위치를 굳혔다. 노자의 이 심오한 역설에 비하면 고대 그리스 철학자 제논의 역설(Paradox of Zenon)이니, 또 근세 영국철학자 러셀의 역설(Paradox of Russell)이니 하는 것들이 얼마나 경박한 말장난에 불과한 것인지 새삼스럽게 느껴진다.

그러면 노자는 대체 흉 중에 어떤 앎(知)을 품었기에 이런 말을 남겼을까? 우선 한 가지 잊지 말아야 할 점은, 노자의 이 역설이 노자철학 전체를 놓고 볼 때는 별로 특별한 언급이 아니라는 점이다. 특별한 언급이기는 고사하고 오히려 이 구절은 노자철학 본연의 입장을 드러내고 있는 표현이라고 보아야 한다. 노자는 《도덕경》 전체를 통해 이와 유사한 표현을 줄곧 사용해왔다. 특히 이 문장은 제1장 '도가 도 비상도 명가명 비상명'이라는 저 유명한 구절과 직접적으로 연관되어 있다. 노자는 왜 '아는 자는 말하지 않는다(知者不言)'고 하는가? 그것은, '도라고 할 수 있는 도는 참다운 도가 아니기(道可道 非常道)' 때문이다. 노자가 말하는 천지자연의 도, 즉 절대적이며 영원한 도는 말로 설명될 수 있는 것이 아니다. 그것은 언어를 떠나 있고 문자를 떠나 있다. 노자는 지금 언어에 대한 잘못된 이해를 기초로 도에 접근하는 사람들에게 따끔한 일침을 놓고 있는 것이다. 언어를 내려놔라. 언어는 껍데기다.

그 입구를 막고 (塞其兌)

그 문을 닫고 (閉其門)

그 날카로움을 꺾고 (挫其銳)

그 엉킴을 풀고 (解其紛)

그 광채를 누그러뜨리고 (和其光)

그 티끌과 하나가 되니 (同其塵)

이를 일러 현묘한 합일이라 한다 (是謂玄同)

색기태塞其兌, 즉 그 감각의 입구를 막고, 폐기문閉其門, 즉 그 욕망의 문을 닫아라(이 문장은 제52장에 나왔던 그대로이다). 좌기예挫其銳, 그 엉킴을 풀고, 화기광和其光, 그 광채를 누그러뜨리고, 동기진同其塵, 즉 그 티끌과 하나가 되라(이 문장은 제4장에 나왔던 그대로이다). 세 글자씩 묶여 있는 여섯 단락의 글들이 버릴 것이 하나도 없는 명문장들이다. 아마 노자도 자기 글이지만 애착이 갔던 구절들이었기에 여기에 다시 반복한 듯하다.

그러므로 도의 체득자는

가까이 할 수도 없고, 멀리 할 수도 없으며,

이롭게 할 수도 없고, 해롭게 할 수도 없으며,

귀하게 할 수도 없고, 천하게 할 수도 없다.

그러기에 천하의 가장 귀한 것이 된다.

이미 자기의 광채를 누그러뜨려 세상의 티끌과 하나가 된 사람, 그리하여 오묘한 현동玄同의 경지에 몸을 두고 있는 도의 체득자를 우리

노자老子

가 어떻게 가까이 할 수 있을 것이며, 또한 멀리 할 수 있겠는가? 그는 말도 잊어버렸고, 분별도 잊어 버렸으며, 세상도 잊어버렸고, 이해득실도 잊어버렸다. 그런 사람을 우리가 어떻게 이롭게 할 수 있을 것이며, 또 해롭게 할 수 있겠는가? 그는 이미 하늘처럼 귀하면서도 자신의 귀함을 잊고 온 세상 티끌과 하나가 되어 살아가고 있다. 그런 그를 누가 더 귀하게 할 수 있을 것이며, 또 천하게 할 수 있겠는가? 그러기에 도의 체득자야말로 이 세상에서 가장 귀하고 가장 위대한 존재인 것이다.

그러면 여기서 하나의 의문이 생긴다. '아는 자는 말하지 않고, 말하는 자는 알지 못한다'면 대체 책은 누가 쓰는가? 아는 자가 쓰는가, 알지 못하는 자가 쓰는가? 둘 다 쓴다. 그래서 책에는 예로부터 두 종류가 있다. 뭘 제대로 알고 쓴 책과 알지 못하면서 쓴 책. 노자는 자기 입으로는 '아는 자는 말하지 않는다'고 해놓고선 책을 썼다. 이건 약속 위반이다. 그러나 우리는 노자의 이 약속 위반에 대해 오히려 고맙게 생각해야 한다. 만약에 그가 괜히 결벽증을 보여 끝까지 자신이 한 말을 지키겠다고 버텼다면 우리는 인류 역사의 위대한 보물인 저 《도덕경》을 만져보지도 못했을 테니까 말이다. 또 하나, 만약에 노자가 정말로 함구하고 말을 하지 않았더라면 어떻게 우리가 '아는 자는 말하지 않고, 말하는 자는 알지 못한다'는 사실을 알 수 있었겠는가!

이렇게 노자처럼 알고 쓴 책은 사람들에게 등불이 되고 나침판이 되어 고마운데, 문제는 저 알지 못하고 쓴 책들이다. 세상에는 의외로 이런 책들이 많다. 이런 책들의 특징은 일단 목소리가 크고 제스처가 요란하다는 것이다. 그렇기 때문에 평범한 대중들은 이런 책에 쉽게 딸려간다. 대중이란 항상 정신적으로 허기져 있고, 사기꾼들은 이 상황을 잘 이해한다. 사기꾼들은 재주가 다양하다. 그자들은 내용과는 무관하게 책에다 잔뜩 설탕을 발라놓는 바람에 사람들이 그 달콤한 맛에 달라붙어 떨어질 줄 모른다. 열악한 시대일수록, 그리고 우울한 시대일수록 설탕 바른 책에 대한 수요가 크다. 그러나 그 끝에는 정신의 당뇨 같은 달갑지 않은 것들이 기다린다.

문사철(文史哲)

책들에 대해 조금 더 논해보자. 원래 우리 동양의 3대 인문학은 전통적으로 문文·사史·철哲이다. 문학·역사·철학 없이 어떻게 우리가 인생과 우주를 논하겠는가. 인간이라면 우선 현실에 대한 명확한 이해(역사)가 없어서는 안 될 것이오, 그 다음은 현실에만 머무는 것이 아니라 현실과 초현실을 넘나들 수 있는 꿈과 상상력(문학)을 갖춰야 할 것이오, 마지막에 현실과 초현실 사이에서 길을 잃으면 안 되니까 그 양자 사이에서 균형을 잡는 일(철학)이 또한 필요할 것이다. 이것이 문·사·철이다.

그림과 도안

그런데 아무리 아는 자(知者)가 잘 표현하려 해도 글에는 본래적인 한계가 있어서 뜻을 다 전달할 수가 없다. '지자불언 언자부지知者不言 言者不知'란 말은 원래 이런 의미이다. 지자知者가 아무리 뜻을 말 속에

노자老子

다 담아 전달하고 싶어도 그게 원천적으로 안 되기 때문에 지자는 그것을 포기하고 함구하고 마는 것이다. 그것이 지자가 불언不言인 이유이다.

그러나 일단 노자처럼 말을 하기로 마음먹더라도 결코 책을 통해 뜻을 다 전달할 수는 없다. 이 상황을 표현한 것이《주역》〈계사전〉에 나오는 다음과 같은 유명한 구절이다.

글은 말을 다 할 수 없고 (書不盡言)
말은 뜻을 다 할 수 없다 (言不盡意)

뜻(意)이 100이면, 말(言)은 50이고, 글(書)은 10쯤 된다고나 할까. 그리고 이것은 전달하려고 하는 것이 평범한 사물일 때는 어려움이 덜하지만, 비범한 사물일 때는 더 어려워진다.《주역》의 표현대로 말이란 것은 뜻을 다할 수 없는 것인데, 그렇다면 전달되지 않고 남아 있는 뜻(意)은 어디로 가는가? 그 뜻은 행간에서 소실되어 영영 사라져 버리는 것은 아닐까? 혹시 그러면 우리가 읽는 위대한 책들,《도덕경》·《역경》·《불경》등은 영원히 우리가 이해 못하는 것이 아닐까? 책을 남긴 옛날의 성인과 현자들, 가령 노자든 장자든 붓다든 예수든 그들이 말하려는 참뜻은 무엇이었을까? 우리는 그 '숨겨진 뜻'을 영원히 이해할 수 없는 것일까?

아니다. 있다. 다만, 그것은 말과 글을 떠난 방식이다. 그것은 무엇인가? 그것은 바로 '그림과 도안圖案'이다. 그림과 도안에는 언어로 표현되기 이전의 근원적 표상이 들어 있다. 그래서 옛사람들은 심오한 것을 표현할 때 말이나 문자보다 이러한 도안을 활용했다. 이중에 가장 유명한 것이 중국의 '괘卦'와 티벳의 '만다라(mandala, 曼荼羅)'이다. 이것들은 문자 이전의 문자요, 언어 이전의 언어이다. 이것들은 알 수 없는 어떤 기운들을 머금고서, 우리에게 무언가 의미를 전달하려 한다.

괘卦와 만다라는 그럼에도 다른 면이 많다. 만다라는 본사람들은 알겠지만 우선 상당히 복잡하다. 반면에 괘는 이와 정반대로 매우 심플하다. 만다라는 말하자면 우주 삼라만상의 전체상全体象을 표현하는 것이다. 천지 만물 모든 것이 우주의 모태母胎 안에 갖추어져 있듯이 만다라 안에는 일체의 것이 들어있으며, 따라서 밝은 눈으로 잘 보면 그 안에서 진리의 표식들을 감지할 수도 있다. 원래, 만다라는 본질(manda)을 소유(la)한 것이라는 의미였으나, 티벳 밀교에서는 깨달음의 경지를 도형화한 것이라고 보고 있다(참고로, 한국의 탱화는 이 티벳의 만다라를 원형으로 발전된 초현실주의 화풍의 종교화라고 할 수 있다).

이에 반해 괘는 우주 삼라만상의 전체상을 표현한 것이 아니고, 그중의 한 국면을 딱 집어서 그 부분상部分象을 그린 것이다. 괘의 기본은 잘 알다시피 천天·택澤·화火·뢰雷·풍風·수水·산山·지地의 여덟 가지 사물, 이른바 팔괘八卦이다. 이것들은 인간이 생기기 훨씬 이전부터 있던 근원적인 것들이다. 이것들이 발산하는 힘이 인간을 포함한 모든 생명에게 영향을 미친다. 그러나 팔괘만으로는 무궁무진한 변화의 세계를 다 표현할 수가 없다. 그래서 이를 다시 겹쳐서 64괘로 만든 것이다. 말하자면 《주역》은 우리가 인생에서 부딪치게 되는 국면을 크게 보아 64개 국면이 있다고 보는 것이다. 그리고 한 괘마다 6효爻가 있으니까 세부적으로는 도합 384국면이 되는 것이

노자老子

다. 음양이기(二氣)에서 팔괘가 나오고, 팔괘에서 64괘가 나오고, 다시 64괘에서 384국면으로 확산되는 것, 이것이 《주역》이 움직이는 방식이다. 그 괘와 효 사이사이에는 말과 글로 전달할 수 없는 인생의 오묘한 징조와 시그널들이 흘러 다닌다.

만트라와 주문

이상 살펴본 것은 소리 없는 '문자와 도형'에 관련된 것들이다. 그렇다면 소리의 세계는 어떤가? 우주의 비밀은 반드시 문자나 그림 · 도형 안에만 들어 있는 것은 아니다. 그것은 소리의 세계 안에도 있다. 그러므로 우리는 잘만 하면 소리(音)를 통해서도 진리의 영역에 접촉할 수 있다. 이러한 생각이 구체화된 것이 바로 만트라(mantra, 진언)와 주문呪文이다. 이것들은 기본적으로 소리이다. 고대사회에서 소리는 흔히 무섭고도 알 수 없는 것이며 그렇기 때문에 신성한 것으로 여겨졌다. 고대 기록들을 보면 새와 짐승의 소리를 듣고 점을 치고 길흉을 판단하려 했다는 이야기들이 종종 등장한다. 갑골문 연구의 세계적 권위자인 일본의 시라가와(白川)는 '음音'이란 글자는 신의 뜻이 표출된 것으로써, 그것은 신의 소리이며 신의 계시라고 풀이하고 있다 (《한자의 세계》, 시라가와). 그는 사람의 말(言)과 신의 소리(音)를 대비시키면서 '언言'은 신에 대한 인간의 기도나 맹세를 뜻하는 문자인데 반해, 그에 대응하여 신이 저절로 내는 소리가 '음'이라고 말하고 있다. 나는 이 지적이 매우 탁월하다고 본다. 고대인에게 있어서 음이란 무언가 알 수 없는 것이며 신의 계시처럼 여겨졌을 것이다.

우리는 앞에서 《주역》〈계사전〉을 언급하면서 글(書)과 말(言)과 뜻 (意)의 3단계 구조를 논한 바 있다.

글은 말을 다 할 수 없고 (書不盡言)
말은 뜻을 다 할 수 없다 (言不盡意)

어떤 뜻(意)이 있는데, 이것을 허공 중에 흩어 놓은 것이 말(言)이고, 이것을 종이에 붙들어 놓은 것이 글(書)이다. 발생 순서를 따지자면 당연히 맨 처음이 '뜻(意)'이다. 정리해보면 이렇다.

최초에 뜻(意)이 있었고
그 다음 말(言)이 있었고
마지막에 글(書)이 있었다.

그렇다면 여기서 매우 흥미로운 의문이 생긴다. 앞서 '음音'자에 대해서 살펴봤었는데, 과연 '뜻(意)'과 '음音' 중에서는 어느 것이 더 먼저의 것인가? 뜻이 먼저인가 음이 먼저인가? 당연히 음이 먼저이다. 글자를 보라. 뜻 의意자란 소리 음音 자에다가 마음 심心 자를 더한 것 아닌가(갑골문을 보면 이 점을 더욱 뚜렷이 알 수 있다)! 즉, 뜻이 있기 전에 소리가 먼저 있었다. 신의 계시, 신의 소리(音)가 먼저 있었고 그것을 누군가가 포착하여 마음(心)속에 담고 있는 것, 그것이 바로 '뜻(意)'이다. 다시 말해 뜻 의(意) 자의 원래 의미는 신의 계시(音)가 마음(心)이라는 안테나에 잡혔음을 말하는 것이다.

노자老子

최초에 소리(音)가 있었고

그 다음 뜻(意)이 있었고

그 다음 말(言)이 있었고

마지막에 글(書)이 있다.

《주역》〈계사전〉의 서열이 한 단계씩 뒤로 밀렸다. 그런데 문명권에 따라 이 점에 다소 혼선이 있는 것 같다. 기독교《성경》은 이상하게도 '태초에 말씀(言)이 있었다'고 돼 있는데, 이는 확실히 문제이다. 말(言)은 우리의 결론에 따르면 넘버 투도 아니고 넘버 쓰리가 아닌가! 이것은 뭔가 심오한 것에 대한 이해 부족의 소치이다. 번역이 잘못돼도 한참 잘못된 것이고, 오해를 해도 한참 오해한 것이다. '글(書)'이 맨 꼴찌라는 것에 대해서는 다들 이의가 없는 것 같으니까 논외로 치고, 그럼 남는 것은 세 가지, 소리(音)와 뜻(意)과 말(言)이다. 이 중에 무엇이 과연 태초에 있었을까? 태초에 '말씀'이 있었다는 것은 기독교《성경》이고, 태초에 '뜻'이 있었다는 것은《주역》이고, 태초에 '소리'가 있었다는 것은 갑골문이다. 어느 것이 맞는가? 각자 깊이 생각해보기 바란다.

이야기가 잠시 딴 데로 흘렀는데, 내 이야기의 요점은 '소리'의 세계라는 것이 말이나 문자의 세계보다 더 근원적이며 신비롭다는 것이다. 소리의 세계는 고대로부터 신과 교류하는 장소였다. 신은 인간에게 어떤 소리를 내려주고, 우리 인간은 또 신과 교류하기 위해 어떤 특별한 소리를 고안해서 사용했다. 그리고 그 흔적들이 남아 있는데, 그것이 바로 만트라와 주문이다. 이것들은 인류학적으로 볼 때 언어와 문자보다 오래된 것이고, 괘와 만다라 등의 도형보다도 오래된 것이다. 이것들은 인류의 시작과 더불어 생겨난 것이며, 그만큼 생명력이 긴 것이다. 원래, 만트라와 주문은 샤먼(Shaman)의 세계에 속한 것들이다. 샤먼은 요령을 흔들고 기이한 주문을 외우면서 접신接神의 상태에 빠져든다.

얼핏 괴상망측해 보이는 샤먼의 말과 행동은 미신스럽고 비문명화되어 보인다. 그래서 문명화된 종교는 샤먼을 억압한다. 무속巫俗과 마법이 혼재한듯한 이 샤먼의 도구들(즉, 만트라와 주문)을 문명화된 종교들이 말살하고 없애려 했지만, 그러나 이것들은 매번 그 질긴 생명력으로 죽지 않고 살아남는다. 오히려 이것들은 변신의 재주를 부려 고등 종교 속으로 파고든다. 예를 들면 불교의 염불종, 힌두교의 진언종 같은 것이 그것이다. 통상 종교는 문명화되면서 창백한 교리와 이론의 틀로 인생을 짜맞추려 하지만, 혜안이 있는 종교적 스승들은 샤먼 안에서 취할 것과 버릴 것을 가려 잘 활용할 줄 안다. 염불종·진언종의 위력을 무시하면 안 된다. 거기에는 오랜 인간의 경험과 지혜가 녹아들어 있다. 그래서 고대 한국의 가장 뛰어난 철학적 두뇌였던 원효도 만년에는 정토종으로 기울었고, 염불의 중요성을 이야기했다.

북과 춤

샤먼의 도구 중에 또 빼놓을 수 없는 것이 있다. 샤먼이 신과 합일할 때 썼던 다이내믹한 도구들인데, 바로 북(鼓)과 춤(舞)이 그것이다. 북을 두드리고 춤을 추면서 분위기가 한껏 고조되는 상황, 이것을 뭐라고 부르는가? 바로 '고무鼓舞'적이라고 부르지 않는가. 요컨대, '고

노자老子

무적'이란 말은 그 옛날 샤먼의 몸동작에서 온 말이다. 지금도 우리가 즐겨 쓰는 '고무적'이란 용어 안에는 이렇게 수천 년 인간의 역사가 응축되어 있는 것이다. 인간이 북과 춤으로써 접신을 시도했던 사실은 문명의 초기에 동서양 모두에서 발견된다. 우리도 고대사를 보면 이러한 정황이 다소 드러난다. 그 대표적인 것이 부여의 '영고迎鼓' 같은 것이다. 영고는 말 그대로 북(鼓)을 치면서 신을 맞이하는(迎) 종교의식이었다. 지금은 다소 변질되기는 했지만 이 북치고 노래하며 춤추는 행위, 이것은 한민족의 DNA 안에 남아 오늘도 나도 고무되고 남도 고무시키면서 지극히 세속적인 방법으로나마 우리 한국인들은 접신을 시도하며 신명나게 살아가고 있다. 그곳이 집이든, 노래방이든, 버스 안이든.

명상과 참선

논의를 정리해보자. 우리는 처음 '천지자연의 도'는 어떻게 전달되는가에 대해 논의를 시작했다. 그래서 ①역사시대에는 언어와 문자(文·史·哲)로, ②역사시대와 선사시대의 중간단계에는 그림과 도형(괘·만다라)으로, ③선사시대에는 소리와 음성(만트라·주문 등)으로, ④그보다 더 태고 적에는 북과 춤으로 우리 인류는 신적인 존재와 교류해왔음을 살펴보았다. 인류 정신사의 여러 측면을 다양하게 포괄해본다는 관점에서 내 나름대로 4단계로 정리해본 것이다.

그러나 처음 우리가 논의의 출발점으로 삼았던 것처럼, 궁극의 도는 언어와 문자를 초월해 있는 것이며, 그림과 도형, 소리와 음성, 북과 춤 그 모든 것을 다 초월해 있다. 그런데 일체를 초월한 그 무언의 경지 속에 서 있는 사람들이 있다. 그들은 누구인가? 바로 붓다와 달마, 노자와 장자 같은 이들이다. 이들은 예비단계·중간단계를 건너 뛰고 절대적 차원에서 도를 설파한다. 그리하여 위에서 제시된 4단계 등 여러 방법론들을 뒤로 하고 인류 역사에 최종적으로 나타난 것이 있으니, 그것이 바로 '명상冥想'이다. 명상, 이것은 무엇인가? 이것의 출현은 인류 정신사에서 어떤 의의를 갖는 것인가? 종교철학사적 입장에서 평가할 때 이것은 인간 정신의 가장 신적神的인 부분에 대한 획기적인 발견이 누군가에 의해 이루어졌음을 말해주는 것이다. 그렇지 않고서는 지구상에 이런 것은 출현할 수 없다. 그 어떤 외적인 것의 도움도 필요 없이 바로 자신의 내면에 침잠함으로써 천지자연의 도에 이를 수 있다는 것, 이것이 명상이 우리에게 가르쳐 주는 것이다. 다시 말해 '명상'이란 인류 역사상 가장 뛰어난 종교적 천재들이 발견해낸 궁극적인 접신의 기술이다. 명상을 통해 우리는 비언어적인 순수 공간으로 들어가는 것이며, 거기에서 신과 만나는 것이며, 천지의 정신과 왕래하는 것이다.

그런데 철학자들이 이것을 알지 못한다. 그렇기 때문에 그들은 언어와 문자에 얽매이고 의지한다. 그러나 언어와 문자는 실재의 그림자요 존재의 껍데기일 뿐이다. 우리는 언어를 통해서는 도를 알 수 없다. 이것이 노자가 '아는 자 말하지 않고, 말하는 자 알지 못한다'고 말했던 이유이다.

명상과 참선, 여기에는 어떤 군더더기도 없다. 이것들은 언어와 문자, 소리와 음성, 그림과 도안 그 모든 것을 뒤로하고 곧바로 인간의

노자老子

내면으로 들어가는 것이다. 이것이 바로 불교에서 말하는 '직지인심直指人心'이다. 우주의 궁극적 실재, 천지자연의 도, 법신여래는 다름 아닌 내 안에 있다. 내가 지금 바로 내면으로 들어갈 수만 있다면, 우주의 본체와 하나가 될 수 있고 천지자연의 도와 하나가 될 수 있다. 범아일여梵我一如이고, 견성성불見性成佛이며, 인내천人乃天이고 심즉불心則佛이다. 요컨대, 내가 그것이다(I am That).

그러나 오늘날 많은 사람들이 '직지인심' 단계에 들어가지 못하고 밖에서 맴돌고 있다. '직지(直指)'하여 바로 표층의식을 뚫고 내면의 심층의식에까지 들어가서 자기 본성의 무한성을 깨달아야 하는데, 심층의식은 고사하고 표층의식도 넘어서지 못하고 그 앞에 멈춰서 있는 것이다. 그러나 그렇다고 너무 실망할 필요는 없다. 노자도 장자도 다 한 걸음부터 시작했다. 노자 스스로도 '천리지행 시어족하(千里之行 始於足下, 천리길도 한걸음부터)'라고 하지 않았던가. 명상이 안 될때 무리하게 '명상' 수련을 할 필요가 없다. '직지'가 안 되는 것은 거기에 안 될 수밖에 없는 어떤 이유가 있는 것이다. 그러므로 그럴 때는 잠시 명상에서 물러나 앞서 우리가 논의했던 단계, 즉 그림과 도형·소리와 음성·북과 춤 등을 잘 활용하여 심신을 릴렉스(relax)할 필요가 있다. 오늘날은 스트레스가 심하고 우울증과 분노가 심한 사회이다. 그러므로 명상의 기술(art of meditation) 못지않게 이완의 기술(art of relaxation)이 필요하다.

'아는 자 말하지 않고, 말하는 자 알지 못한다'는 게 노자의 말이지만, 진정으로 아는 사람은 말 외에도 쓸 수 있는 수단이 많은 법이다. 어쩌면 이것이 노자의 말의 참뜻인지도 모른다.

제57장 ;
천하를 취함에 있어서는

나라를 다스림에 있어서는 정도로써 하고,

군사를 움직임에 있어서는 임기응변으로써 하지만,

천하를 취함에 있어서는 무사로써 해야한다.

내가 어떻게 그러함을 아는가?

다음과 같은 사실 때문이다.

무릇 천하에 금기가 많으면

백성들은 더욱 가난해지고,

사람들 사이에 문명의 이기가 많아지면

나라는 더욱 혼란스러워지고,

백성들에게 기교가 많아지면

괴이한 물건이 더욱 많이 제작되고,

법령이 복잡해지면

도둑이 더욱 많아진다.

그러므로 성인이 말하기를,

노자老子

내가 무위를 행하니 백성이 저절로 교화되고

내가 고요함을 좋아하니 백성이 저절로 바르게 되고

내가 일을 꾸미지 않으니 백성이 저절로 부유하게 되고

내가 욕심을 부리지 않으니 백성이 저절로 소박해진다 하였다.

以正治國 以奇用兵 以無事取天下 이정치국 이기용병 이무사취천하

吾何以知其然哉 以此 天下多忌諱 而民彌貧 民多利器 國家滋昏

오하이지기연재 이차 천하다기휘 이민미빈 민다리기 국가자혼

人多伎巧 奇物滋起 法令滋彰 盜賊多有

인다기교 기물자기 법령자창 도적다유

故聖人云 我無爲而民自化 我好靜而民自正

고성인운 아무위이민자화 아호정이민자정

我無事而民自富 我無欲而民自樸 아무사이민자부 아무욕이민자박

정(正)·기(奇)

노자는 정正과 기奇를 구분한다. '정'이란 올바르고 공명정대한 것, 즉 노멀(normal)한 것을 말하는 것이며 '기'란 기이하며 예측불허인 것, 즉 노멀하지 않은 것(abnormal)을 말한다. 다시 말해 정이란 인생의 정도正道이며 정공법이며 정정당당함인데 반해 기란 임기응변이며 권모술수이고 술책과 계략이다.

나라를 다스리는 자가 자꾸 국민을 속이고 시시때때로 말을 바꾸

며 이런저런 술책을 쓰면 그 자는 곧 임금 자리에서 쫓겨난다. 나라를 다스림에는 올바름(正)이 필요하다. 그러나 전쟁에 임할 때는 상황이 다르다. 전쟁은 비상상황이고 비상한 상황에서는 비상한 행동이 요구된다. 군대를 움직이면서 자기는 끝까지 올바르고 공명정대한 정도 만을 가겠다고 고집하는 자는 자기 부하들을 모두 죽음의 구렁텅이로 몰아넣을 수도 있다. 전쟁에 임할 때는 기, 즉 임기응변이 필요하다. 이처럼 나라를 다스리는 일과 군사를 움직이는 일에는 각각의 필요한 방식이 있는 것이다. 그러나 일국의 일을 떠나 천하 전체를 놓고 보면 이런 방식으로 해서는 안 된다. 천하를 얻고자 하는 자는 그에 상응하는 위대한 행동거지를 보여야 한다. 그것이 무엇인가? 그것이 바로 무위이며 무사無事이다.

나라를 다스림에 있어서는 정도(正)로써 하고,
군사를 움직임에 있어서는 임기응변(奇)으로써 하지만,
천하를 취함에 있어서는 무사無事로써 해야한다.
내가 어떻게 그러함을 아는가?
다음과 같은 사실 때문이다.

정공법(正)도, 기습전략(奇)도 모두 유위이고 작위이다. 그것들은 각각의 영역에서 각각의 효과를 발휘하겠지만, 그러나 유위와 작위는 오래가지 못한다. 천하를 얻고자 하는 자는 어떤 형태의 것이든 유위와 작위를 뒤로 하고 무위를 실천해야 한다.

노자老子

노블레스 오블리주

　　무릇 천하에 금기가 많으면
　　백성들은 더욱 가난해지고,
　　사람들 사이에 문명의 이기가 많아지면
　　나라는 더욱 혼란스러워지고,

　인간은 자연에서 와서 자연으로 돌아가는 것인데, 그 사이에 우리 인간은 천지자연에 위배되는 일들을 너무 많이 하고 산다. 자연의 흐름을 따라 자연스럽게 살면 되는데 공연히 나서서 금기를 정하고 윤리규범을 만들어 백성들을 옥죄고 괴롭혀 정신적으로 가난하게 만든다. 또, 문명의 이기라는 것도 생각해보면 세상을 편리하게 살려고 만든 것인데, 오히려 문명의 이기가 많은 나라일수록 더 시끄럽고 혼란스럽다. 그런 나라일수록 범죄율도 높고, 정신병자도 많다.

　　백성들에게 기교가 많아지면
　　괴이한 물건이 더욱 많이 제작되고,
　　법령이 복잡해지면
　　도둑이 더욱 많아진다.

　노자의 말은 기발한 착상이니 아이디어니 영감이니 해가며 이런 저런 신기한 물건을 만들어 내는 것이 마냥 좋은 것만은 아니라는 점을 생각해 보라는 뜻이다. 또, 절도와 강도, 사기와 횡령이 횡행하는 사회에서 엄격한 법령만 자꾸 만들어 낸다고 해서 문제가 해결되는 것은 아니라는 점도 생각해 보라는 뜻이다.

그러므로 성인이 말하기를,
내가 무위를 행하니 백성이 저절로 교화되고
내가 고요함을 좋아하니 백성이 저절로 바르게 되고
내가 일을 꾸미지 않으니 백성이 저절로 부유하게 되고
내가 욕심을 부리지 않으니 백성이 저절로 소박해진다 하였다.

여기서 '나'는 누구인가? 위정자이며, 사회권력층이다. 그들의 행동 양식이 백성들의 복지에 직접적인 영향을 끼친다. '내'가 복리증진을 위한다면 말로만 뭐라고 할 게 아니고 직접 행동으로 보여야 한다. 여기 마지막 단락에서 노자는 요즘 우리가 흔히 말하는 '노블레스 오블리주(Noblesse oblige)'의 가장 고차원적 형태를 보여준다. 그런데 노자의 '노블레스 오블리주'는 단순히 도의적이라기 보다는 거의 철학적 성격을 띄고 있다. 임금·대통령·도지사 등이 사리사욕을 채우며 유위와 작위를 행하면 어떻게 백성들이 교화될 것인가! 또, 임금·대통령·도지사 등이 요란한 행사 따위를 좋아하며 고요함을 좋아하지 않으면 어떻게 백성들이 바르게 될 것인가! 또, 그들이 터무니없는 일을 꾸미며 자기 호주머니를 채우려 든다면 어떻게 백성들이 부유해질 수 있겠는가! 또, 그들이 매사에 국정이니 도정이니 하면서 자기 몫을 챙기려 욕심을 부리면 어떻게 백성들이 소박해질 수 있겠는가!

노자老子

제58장 ;
화 속에 복이 깃들어 있고

다스림이 어리숙하면 그 백성이 순박해지고
다스림이 깐깐하면 그 백성이 교활해진다.

화 속에 복이 깃들어 있고
복 속에 화가 숨어있나니,
누가 그 끝을 알 것인가.

절대적으로 올바른 것은 없다.
올바른 것이 변하여 요상한 것이 되고
선한 것이 변하여 사악한 것이 되나니,
인류가 이 진리를 잃어버림이 실로 오래되었구나.

그러므로 성인은
반듯하되 남을 해치지 아니하고
청렴하되 남을 깎아내리지 아니하며

곧지만 교만치 아니하고

빛나지만 번쩍거리지 않는다.

其政悶悶 其民淳淳 其政察察 其民缺缺

기정민민 기민순순 기정찰찰 기민결결

禍兮福之所倚 福兮禍之所伏 孰知其極

화혜복지소의 복혜화지소복 숙지기극

其無正 正復爲奇 善復爲妖 人之迷 其日固久

기무정 정부위기 선부위요 인지미 기일고구

是以聖人方而不割 廉而不劌 直而不肆 光而不耀

시이성인방이불할 염이불귀 직이불사 광이불요

새옹지마

노자는 어떤 왕, 어떤 군주, 어떤 대통령도 시행하려 하지 않는 자신의 저 영원한 이상적 통치형태인 무위의 정치를 지칠 줄 모르고 토로한다. 혹시 아는가? 개중에 혹 어디선가 철인왕이 태어나서 노자의 말에 귀 기울여 줄지?

다스림이 어리숙하면 그 백성이 순박해지고

다스림이 깐깐하면 그 백성이 교활해진다.

왕들이여, 군주들이여, 노자의 말을 한번 믿어보라. 가혹한 법을 전면에 내세워 다스림을 가장 깐깐하게 했던 진시황은 불과 15년 만에 나라가 망하지 않았던가! CEO들이여, 사장들이여, 당신들도 노자의 말을 한번 믿어보라. 당신들이 직원들에게 진실로 대하고 배려해주면, 나중에는 직원들도 당신에게 더 잘하고 더 충실하지 않던가! 매사에 무위를 행하라. 세상 일에 너무 작위적으로 행하지 마라.

> 화(禍) 속에 복이 깃들어 있고
> 복(福) 속에 화가 숨어 있나니,
> 누가 그 끝을 알 것인가.

무엇이 화가 되고 무엇이 복이 될지 너무 단정적으로 생각하지 마라. 진시황도 깐깐하고 엄격한 통치가 복이 될 줄 알고 한 것이지, 그것이 화가 될 줄 알았으면 시행했겠는가! 바보처럼 어리숙하게 구는 것이 손해날 것처럼 보이지만 장사해서 큰 부자되는 사람은 다 그런 사람들이다. 깐깐하게 굴고 남보다 잘난 체하며 사는 사람들에게는 웬지 복이 잘 찾아가지 않는다. 당신이 화라고 지금 생각하는 것이 나중에 복이 될 수도 있고, 당신이 지금 복이라고 생각하는 것이 나중에 큰 화를 가져올 수도 있다.

《회남자淮南子》에 보면 '새옹지마塞翁之馬' 이야기가 나오는데, 이 이야기가 아주 재미있다. 변방에 사는 한 노인 (이분이 새옹塞翁이다) 이 말을 한 필 가지고 있었다. 하루는 그 말이 국경을 넘어 오랑캐 나라로 가버렸다. 동네 사람들이 위로하고 동정하자 노인은 '이것이 또 무슨 복이 되는지 누가 알겠소?' 하며 조금도 낙심하지 않았다. 몇 달 후 뜻밖에도 도망갔던 말이 오랑캐의 좋은 말을 한 필 끌고 돌아왔다. 동네 사람들이 축하하자 노인은 이번에는 '이것이 또 무슨 화가 되는지 누가 알겠소?' 하고 조금도 기뻐하지 않았다. 그런데 집에 좋은 말이 생기자 말타기를 좋아하던 노인의 아들이 그 말을 타고 마구 달리다가 낙마하여 다리가 부러져 병신이 되었다. 동네 사람들이 이를 위로하자 노인은 '이것이 또 혹시 복이 되는지 누가 알겠소' 하고 태연한 표정이었다. 그런 지 1년 쯤 지나 오랑캐들이 대거 침입하여 큰 전쟁이 났다. 동네 청년들은 모두 징집되어 전쟁터에 나가 모조리 전사하였는데, 노인의 아들만은 다리병신이어서 징집에서 면제되어 무사할수 있었다. 인생은 모르는 것이다. 화 속에 복이 기대어 있고, 복 속에화가 잠복해 있다. 우리는 일희일비 하지만, 지혜로운 새옹께서는 이이치를 꿰뚫고 계신다.

흑백논리

절대적으로 올바른 것은 없다.
올바른 것이 변하여 요상한 것이 되고
선한 것이 변하여 사악한 것이 되나니,
인류가 이 진리를 잃어버림이 실로 오래되었구나.

기무정(其無正, 절대적으로 올바른 것은 없다)! 이것이 대현인 노자의 말이다. 이 말에는 새옹도 전적으로 동의할 것이다. 인생에서 올바르고 정

노자老子

상이라고 생각되던 것도 변하여 기이하고 이상하게 된다. 인생에서 선하고 좋은 것이라고 여겨졌던 것도 변하여 나쁘고 요상한 것이 될 수 있다. 이것은 새옹의 인생스토리가 말해주는 그대로이다.

그러한즉 인생에서 어느 한 가지를 절대화하지 마라. 노자가 이미 말하지 않았던가. '반자도지동反者道之動', 즉 반대로 되돌아오는 것이 도의 움직임이다라고. 인생에는 양면성이 있다. 사람이 어느 한가지를 절대화하면 흑백논리에 빠지게 된다. 흑백논리에 빠지면 인간이 경직된다. 그는 그리하여 자기가 믿는 것만이 절대적이라는 확신의 함정에 빠져 독선적이 되고 눈먼 사람이 되어 마침내 '근본주의자(fundamentalist)'가 되고 마는 것이다. 노자는 탄식하고 있다.

'아, 인류가 이 상대성의 진리를 잃어버린 지가 너무 오래되었구나!'

상대성의 진리

그러므로 성인은
반듯하되 남을 해치지 아니하고 (方而不割)
청렴하되 남을 깎아 내리지 아니하며 (廉而不劌)
곧지만 교만치 아니하고 (直而不肆)
빛나지만 번쩍거리지 않는다. (光而不耀)

인생에 절대적으로 올바른 것은 없다. 우리는 자기가 옳다고 믿는 어느 한 가지 방향이 영원히 지속되는 것을 도라고 생각하는 경향이 있지만, 노자에 의하면 그것은 도가 아니라 도의 죽음이다. 도는 그렇게 움직이지 않는다. 도는 결코 한 방향으로 쭉 가는 것이 아니라, 어느 정도 갔으면 다시 반대로 되돌아오는 성질이 있다. 이것이 도의 상대성이다. 이 상대성을 이해하라. 세상을 넓게 보라. 한 가지를 절대화하지 마라. 무언가를 절대화하기 시작하면 위험해진다. 그러면 인간이 옹졸해지고 날카로워진다. 남의 절에 가서 소위 '땅밟기'를 하는 넋빠진 자들이나, 자기 아버지의 뺨을 때린 중국의 홍위병들도 다 절대적 신념 때문에 그짓을 한 것이다. 모택동은 노자철학에 조예가 깊다고 일반에 알려져 있지만, 그것은 피상적인 소리일 뿐이다. 노자철학을 아는 사람은 결코 홍위병처럼 행동하지도, 근본주의자처럼 행동하지도 않는다.

노자철학은 지구상 모든 근본주의 사상의 강력한 해독제이다. 노자철학을 아는 사람은 자기가 반듯하다고 해서 남을 해치지 않으며(方而不割), 자기가 청렴하다고 해서 남을 깎아내리지 않고(廉而不劌), 자기가 곧다고 해서 방자하게 행동하지 않으며(直而不肆), 자기 안에 빛을 품고 있다고 해서 아무 데서나 번쩍거리지 않는다(光而不耀). 노자가 툭툭 내뱉는 몇 개의 사자성어가 어떤 선지자니 예언자니 하는 자들이 받았다는 하늘의 계시보다 더 심오하고 원숙하다. 무엇보다 노자의 관점이 좋은 것은 자기 입장만을 강요하는 것이 아니라, 자기와 남의 입장을 함께 고려한다는 점이다. 그렇기 때문에 그의 말들은 어디를 찾아봐도 결코 가시가 돋친 말들이 없으며 언제나 어머니 품처럼 넉넉하고 관대하다.

요즘 세상에는 노자와 같은 사람이 정말로 필요하다. 이 세상이 오

노자老子

늘날 이렇게 시끄럽고 소란스러운 것은 어쩌면 하늘의 계시를 받았다는 자들이 너무 많기 때문인지도 모른다. 하늘의 계시를 잘못 받은 그들을 모두 데려와 노자의 문하에서 3년만 공부하게 하면 세상이 참 조용해질텐데……. 그들이 받았다는 소위 '절대적 계시'를 노자의 '상대성의 진리'라는 체로 걸러내면 위험스럽고 설익은 것들은 빠지고 부드럽고 순한 것만 남아 인체에 무해하게 될텐데…….

제59장 ;
검약보다 좋은 것은 없다

사람을 다스리고 하늘을 섬기는 데

검약보다 좋은 것이 없다.

검약하는 것은 일찌기 도에 복종하는 것이다.

일찌기 도에 복종하는 것,

이것을 거듭하여 덕을 쌓는 것이라 한다.

거듭하여 덕을 쌓으면 극복하지 못할 것이 없고

극복하지 못할 것이 없으면 그 끝을 알 수가 없나니,

그 끝을 알 수 없는 정도가 되야 나라를 보유할 수 있다.

나라의 어머니가 있어야 나라가 장구할 수 있으니,

이를 일러 뿌리가 깊고 튼튼하여

장생불사하는 도라고 한다.

治人事天 莫若嗇 夫唯嗇 是以早服 치인사천 막약색 부유색 시이조복

노자老子

早服 謂之重積德 重積德 則無不克 조복 위지중적덕 중적덕 즉무불극

無不克 則莫知其極 莫知其極 可以有國

무불극 즉막지기극 막지기극 가이유국

有國之母 可以長久 是謂深根固柢 長生久視之道

유국지모 가이장구 시위심근고저 장생구시지도

색(嗇)

　노자의 무위자연의 도는 세상 일에 별 간섭을 하지 않는 것이다. 세상만사 흘러가는 대로 두고, 나도 물처럼 흘러가면서 서로 자유롭게 사는 것, 이것이 도가가 지향하는 기본적인 삶의 방식이다. 그러므로 이것은 개인적 행동양식에서는 '렛잇비'이고, 국가적 통치방식에서는 '레쎄 페어(laissez-faire)'이다. '렛잇비'를 잘 번역하면 '내비도'가 되고, '레쎄 페어'를 잘 번역하면 '자유방임주의'가 된다. 그렇다면 노자의 무위자연이란 말에서는 어딘지 무언가를 제멋대로 해도 되는 '방임' 내지는 '방종'의 뉘앙스가 느껴지지 않는가? 얼핏 들으면 확실히 '방종'의 느낌이 나는 것 같다. 특히, 영어나 불어가 주는 어감은 분명 그런 느낌이다. 그러나 이것은 잘못된 생각이다. 노자의 무위자연의 개념은 그런 것이 아니다. 오히려 노자가 말하는 무위자연의 도라는 것은 인간이 함부로 제멋대로 해서는 안 되는 그 무엇이 있다는 의미이다. 그것을 여실히 보여주는 글자 하나가 바로 여기 나오는 '색嗇'이라는 글자이다.

심(甚)·사(奢)·태(泰)

> 사람을 다스리고 하늘을 섬기는 데
>
> 검약보다 좋은 것이 없다.
>
> 검약하는 것은 일찌기 도에 복종하는 것이다.

위 문장의 원문을 한번 보자. 그것은 '치인사천 막약색(治人事天 莫若嗇)'이다. '검약'이라고 번역한 한자 원문은 다름 아닌 '색嗇'이다. 그런데, 저 글자는 인색하다는 뜻 아니었던가? 그렇다. 인색할 색 자 맞다. 인색하고, 아끼고, 절약한다는 뜻이다. 노자 제59장의 핵심은 바로 '색'이다. 한없이 느슨한 줄 알았던 노자 무위자연의 철학 한가운데서 우리는 뜻하지 않게 인색할 '색' 자에 부딪친 것이다.

우주를 넘나드는 대도인 노자의 무위자연이라고 하는 것이 자유방임이나 유쾌한 방종같은 것이 아니라 인색과 절약이라구? 그렇다. 노자의 무위의 철학은 방종이 아니라 검약이다. 이 점, 번역을 할 때 신경써야 할 부분이다. '무위'를 그저 편한 맛에 '렛잇비'라고 번역한다거나 '레쎄 페어'라고 번역하는 것은 옳은 번역이 아니다. 원래, 색이라는 글자는 농업과 관련 있는 글자이다. 이 글자는 곡식을 거둬서 통에다 저장하는 모양을 나타내고 있다. 즉, 농부가 이삭을 주워서 알뜰하게 저장한다는 것이 원뜻인데, 거기에서 파생되어 '낭비를 적게 하다', '검소하다'는 뜻을 지니게 됐고 '지나치게 아끼다', '인색하다'라는 뜻을 갖게도 되었다. 노자는 이 말을 검약과 간소의 뜻으로 쓰고 있다.

노자의 무위는 무엇보다 지나치고 과도한 것을 경계하는 사상이다. 무언가 허세를 부리고, 무언가 번쩍거리려 하고, 무언가 거창한 것처럼 잔뜩 어깨에 힘이 들어가 있는 것과는 가장 거리가 먼 것, 그것이 무위이다. 무위는 어딘지 소박하고, 진솔하며, 꾸밈이 없고, 자연스러운 것이다. 그러므로 무위의 사상은 생래적으로 사치와 낭비, 탐닉과 과잉, 방종과 극단 따위를 멀리한다. 그것들은 모두 작위이고 유위이기 때문이다. 독자들은 기억하고 있는지 모르지만, 노자는 이미 제29장에서 심甚·사奢·태泰에 대해 이야기한 바 있다. 심·사·태란 무엇인가? 그것은 과도함(甚)·탐닉(奢)·교만(泰)이다. 성인은 이 세 가지를 피한다. 노자가 말한 심·사·태 삼악덕三惡德과 가장 반대 지점에 서있는 것이 바로 저 '색'이다. 색은 과도함과도 반대되고, 탐닉과도 반대되며, 교만과도 반대되는 무엇이다. 노자에게 있어서 '색'이란 무위의 다른 이름이다. '색'이란 물질적으로는 검약한다는 뜻이지만, 정신적으로는 양심의 긴장을 의미하는 것이다. 그래서 노자는 색, 즉 검약하는 것을 일찌기 도에 복종하는 것이라고 말하고 있다.

거품을 빼라

일찍이 도에 복종하는 것,
이것을 거듭하여 덕을 쌓는 것이라 한다.
거듭하여 덕을 쌓으면 극복하지 못할 것이 없고
극복하지 못할 것이 없으면 그 끝을 알 수가 없나니,

그 끝을 알 수 없는 정도가 돼야 나라를 보유할 수 있다.

만일, 검약의 정신을 결한 자에게 나라의 곳간을 맡기면 그것은 고양이에게 생선을 맡기는 것과 똑같다. 그들은 얼마 안 가서 나라의 곳간을 거덜낸다. 그 고양이들이 얼마나 머리 좋고 세련 되었는지는 이루 말할 수 없다. 그 고양이들은 좋은 대학 나오고, 말 잘하며, 똑똑하다. 그런데 이 고양이들이 방종과 탐닉에 쩔어 있었던 것이다. 왜냐하면 그 고양이들은 이를테면 하바드와 스탠포드에서 온갖 학문과 지식을 다 배웠는데, 불행히도 그 대학들에는 노자가 없어서 색, 즉 검약의 철학에 대해서는 들은 바가 없었기 때문이다. 하긴, 듣기는 했겠지. 다만, 실천하기 싫었을 뿐이겠지. 몇년 전에 있었던 미국의 서브프라임 모기지 사태, 세계를 뒤흔든 월스트리트의 금융위기 등은 멍청이들이 만들어낸 것이 아니다. 그것은 세계에서 가장 머리 좋은 자들이 한 짓이다. 그들은 거의 고양이처럼 세련됐다. 발걸음은 사뿐사뿐하고 눈은 쉼없이 반짝인다. 그들은 먹잇감을 포착해내고, 뜯어 발기며, 피로 목욕을 하며, 웃어젖히면서, 샴페인을 터트린다. 그자들이 지금 여전히 세계의 곳간을 맡아가지고 있다.

검약

나라의 어머니가 있어야 나라가 장구할 수 있으니
이를 일러 뿌리가 깊고 튼튼하여
장생불사하는 도라고 한다.

노자老子

나라의 어머니, 즉 나라를 지켜주고 나라를 지탱시켜주는 존재는 무엇인가? 노자는 그것을 '색'이라고 하며, 검약이라고 하며, 간소함이라고 한다. 이 길이 뿌리가 가장 든든하고 깊은 것이며, 모두가 살 수 있는 장생불사의 길이라고 노자는 말한다. 노자는 2,500년 전에 이미 자본주의의 병폐를 이리 다 꿰뚫어보고 그 치유책까지 다 내놓았단 말인가? 그것은 인간은 똑같기 때문이다. 인간은 2,500년 전에도 똑같이 탐욕스러웠고, 2,500년이 지난 후에도 여전히 탐욕스러울 것이다. 세계는 탐욕과 탐욕이 서로 부딪치는 곳이며 작위와 작위가 서로 충돌하는 곳이다. 그 충돌과 격돌이 가장 적나라하게 이를 드러내는 것, 그것이 전쟁이다. 노자가 태평성대에 살면서 무위를 이야기했다고 생각치 마라. 노자는 춘추전국시대라고 하는 전쟁의 한복판에 서서 모든 인간이 길이길이 오래 사는 방법이 무엇인지 홀로 고민하다가 마침내 색과 무위의 철학에 도달하게 되었던 것이다.

제60장 ;
작은 생선을 굽는 것과 같다

큰 나라를 다스리는 것은
작은 생선을 굽는 것과 같다.

도로써 천하에 임하면
귀신도 힘을 쓰지 못하게 된다.
귀신이 힘이 없기 때문이 아니라
힘이 있어도 사람을 해치지 않는 것이다.
그 힘이 사람을 해치지 않을 뿐만 아니라
성인도 또한 사람을 해치지 않는다.
무릇 이 둘이 서로 해치지 않으니
그 덕이 모두 백성에게 돌아간다.

治大國 若烹小鮮 以道莅天下 其鬼不神
치대국 약팽소선 이도리천하 기귀불신

非其鬼不神 其神不傷人 비기귀불신 기신불상인

非其神不傷人 聖人亦不傷人 夫兩不相傷 故德交歸焉

비기신불상인 성인역불상인 부양불상상 고덕교귀언

작은 생선

큰 나라를 다스리는 것은

작은 생선을 굽는 것과 같다.

治大國 若烹小鮮

'치대국 약팽소선'이란 구절은《도덕경》에서 유명한 구절 중의 하
나이다. 여기의 '팽烹'이란 토사구팽兎死狗烹이라고 할 때의 그 '팽烹'이
다. 즉, '삶는다', 혹은 '굽는다'의 뜻이다. 큰 나라를 다스리는 것은 작
은 생선을 굽는 것과 같다는 것은 무슨 의미인가? 그것은 작은 생선
을 굽듯이 젓가락으로 여기 저기 들쑤시지 말고, 이리 저리 뒤집지도
말며, 가만히 조심스럽게 잘 지켜보라는 뜻이다.

중국의 시인 모전毛箋은 이를 "생선을 구울 때 번잡하게 하면 생선
이 부서지고, 백성을 다스릴 때 번잡하게 하면 백성이 흩어지니, 생선
을 굽는 것이 곧 백성을 다스리는 것임을 알 수 있다."고 했다.

또,《도덕경》의 해설가로 유명한 하상공河上公은 "작은 생선을 구울
때는 장을 빼지도 않고, 비늘을 벗기지도 않으며, 휘젓지도 않으니 모
두 부서질까 두려워 그러는 것이다. 나라를 다스리는 것이 번잡하면
반란이 일어나고, 몸을 다스리는 것이 번잡하면 정기가 흩어진다."고

하였다. 요컨대, 나라를 다스린다면서 자꾸 그 백성을 뒤흔들어서는 안 된다. 자꾸 뒤흔들면 작은 생선은 망가져버린다. 아마 이런 경험은 독자들 대부분도 한 번쯤 해보았을 것이다. 우리는 그냥 지나치는 이런 사소한 일들 속에서 노자는 큰 나라를 다스리는 이치를 깨닫는다. 말하자면, 노자는 사소한 일상생활의 경험을 통해 영감을 얻고, 명문장을 만들어내는 것이다.

상인(傷人)

> 도로써 천하에 임하면
> 귀신도 힘을 쓰지 못하게 된다.
> 귀신이 힘이 없기 때문이 아니라
> 힘이 있어도 사람을 해치지 않는 것이다.

이 장의 주제는 '사람을 해치는 것(傷人)'이 대체 무엇인가 하는 점이다. 고대인들은 현대인들보다 훨씬 더 귀신을 두려워했다. 그때는 지금처럼 과학이 발달했던 시대가 아니었기 때문에 자연현상, 가령 벼락이 치거나 천둥번개가 요란하게 울리면 그것을 귀신이 어떻게 하는 것으로 생각했다. 중국은 땅덩어리가 크고 자연재해도 많았던 나라였기 때문에 사람들은 그런 문제에 굉장히 민감했었고, 그에 대응하기 위해 여러 미신이 횡행하기도 했다. 여기 나오는 노자의 언급들은 고대인들의 그러한 생활상을 반영하는 것이기도 하다. 고대인들은 만사를 귀신 때문이라고 생각하는 일이 많았고, 노자는 귀신이 별게 아니

노자老子

라는 취지의 말을 하고 있다. 노자에 의하면 귀신보다 더 영험하고 힘센 것이 있다. 그것이 무엇인가? 바로 천지자연의 도이다. 천지자연의 도 앞에서는 신(혹은 귀신) 따위가 감히 어쩌지 못한다. 그래서 사람은 도로써 천하에 임해야한다. 그러면 귀신도 사람을 해치지 못한다.

노자의 국가관

> 그 힘이 사람을 해치지 않을 뿐만 아니라
> 성인도 또한 사람을 해치지 않는다.
> 무릇 이 둘이 해치지 않으니
> 그 덕이 모두 백성에게 돌아간다.

노자가 '상인(傷人, 사람을 해치는 것)'에 관한 이야기를 하는 것은 노자의 자비심의 한 표현일 뿐만 아니라 노자의 국가관國家觀을 보여주는 표현이기도 하다. 노자에 의하면 위정자들은 마치 작은 생선을 굽듯 조심조심 나라를 다스려서 사람을 해치는 일(傷人)이 없어야 하는데, 현실은 그렇지 못하다는 것이다. 위정자란 자들이 탐욕과 교만에 물들어서 저희들에게 유리한 방향으로 제멋대로 작은 생선을 이리 저리 뒤집고 마구 찔러대는 바람에 생선이 다 부서져 버렸다는 것이다. 다시 말해 노자의 말은 위정자들이 '사람을 해치고 있다(傷人)'는 것이다. 노자는 힘없는 백성을 보호하고 지켜주는 것을 국가의 기본 책무로 보는 사람인데, 위정자라는 자들이 국가의 본뜻을 왜곡시켜서 자기들 몇몇이 원하는 것을 마치 국가의 명령인 것처럼 둔갑시켜 백성들을 괴롭히고 해롭게 하고 있다고 질타하고 있는 것이다. 즉, '치대국 약팽소선'이란 말은 그저 멋있는 시적 표현이 아니라 위정자들에 대한 강력한 경고와 비판의 메시지가 들어있는 말이다. 요컨대, 국가는 '상인'을 해서는 안 된다. 이것이 이 장의 테마이다.

몇 년 전에 우리 사회를 뒤흔들었던 '용산참사'와 같은 일은 노자의 관점에서 봤을 때 국가의 존재의의를 의심케 하는 일이다. 그날 대한민국은 국가가 '상인'을 한 것이다. 국가는 백성을 해쳐서는 안 되고, 백성을 보호해야 한다. 이것이 국가의 책무이다. 그리고 현실적으로 이것을 수행하는 자도 위정자이고 어기는 자도 위정자이다. 그러므로 위정자가 중요하다. 위정자가 독선과 교만에 빠지면 사회가 위험에 처한다. 위정자가 독선과 교만을 버리고 무위의 참뜻을 이해하고 받아들이면 그때 그는 단순한 위정자에서 벗어나 성인聖人이 될 수 있다. 노자가 갑자기 말미에 성인을 이야기하는 것은 이런 취지이다. 위정자(철인왕) 성인, 노자는 마지막까지 철인왕에 대한 기대를 버리지 못하고 있다.

제61장

큰 나라는 강의 하류

큰 나라는 강의 하류,

천하 만물이 모두 모이는 곳이요

온 세상이 사모하는 위대한 여성.

여성은 언제나 고요함으로써 남성을 이기나니,

고요하여 스스로를 낮춘다.

그러므로 대국이 소국에 겸손하면

곧 소국을 취하고,

소국이 대국에 겸손하면

곧 대국을 취한다.

그러므로 어떤 경우는 겸손하여 취할 수 있고

어떤 경우는 겸손하여 용납될 수 있다.

대국이 원하는 것은

만백성을 끌어안아 기르는 것에 지나지 않고,

소국이 원하는 것은

큰 데 들어가 그를 섬기는 것에 지나지 않는다.

그러므로 양편이 모두 원하는 바를 얻으려면

대국이 마땅히 겸손해야 한다.

大國者下流 天下之交 天下之牝 牝常以靜勝牡 以靜爲下

대국자하류 천하지교 천하지빈 빈상이정승모 이정위하

故大國以下小國 則取小國 小國以下大國 則取大國

고대국이하소국 즉취소국 소국이하대국 즉취대국

故或下以取 或下而取 大國不過欲兼畜人 小國不過欲入事人

고혹하이취 혹하이취 대국불과욕겸축인 소국불과욕입사인

夫兩者各得其所欲 大者宜爲下

부양자각득기소욕 대자의위하

군자의 의미

큰 나라는 강의 상류인가 하류인가? 모든 사람들이 강의 상류라고
말할 때 오직 노자만은 강의 하류라고 말한다. 그렇다면 하류는 좋은
곳인가 나쁜 곳인가? 모든 사람들이 나쁜 곳, 기피해야할 곳이라고 말
할 때 오직 노자만은 좋은 곳, 위대한 곳이라고 말한다. 특히, '하류'에
대해 노자는 유가儒家들과 정반대의 생각을 갖고 있다. 유가는 강의
상류에 있으려 한다. 그들은 강의 하류에 있기를 꺼려한다.《논어》에

노자老子

이런 말이 있다.

군자는 하류에 처하여 있기를 싫어한다.
천하의 모든 악이 그리로 돌아가기 때문이다.
君子 惡居下流 天下之惡 皆歸焉

-《논어》〈자장〉

유가에 따르면 하류란 천하의 모든 악이 모이는 곳이므로 자기들은 그곳이 싫다는 것이다. 이른바 '군자 오거하류'(君子 惡居下流, 군자는 하류에 처하기를 싫어한다)이다. 그러나 노자가 볼 때 군자의 덕이라고 하는 것이 이래가지고서는 썩 훌륭한 것이라고 할 수가 없다. 그런 것은 최상의 덕과 거리가 한참 멀다. 제9장에서 노자가 물을 칭송하면서 이미 말하지 않았던가.

최상의 덕은 물과 같나니,
물은 만물을 이롭게 하면서도 다투지 않고
뭇사람들이 싫어하는 곳에 머문다.
그러므로 도에 가깝다.
上善若水 水善利萬物而不爭
處衆人之所惡 故幾於道

최상의 덕은 물과 같다. 물은 유연하며 고집을 내세우지 않으며, 높은 곳을 싫어하고 낮은 곳에 처한다. 물은 상류를 고집하지 않는다.

오히려 물은 기꺼이 저 하류를 향해 흘러 내려간다. '뭇사람들이 싫어하는 곳'(衆人之所惡)이란 어떤 곳인가? 바로 낮고 저습한 땅, 하류이다. 물은 그런 곳에 기꺼이 머문다. 그렇기 때문에 물은 도에 가깝다고 노자는 말한다. 유가의 덕은 이러한 물로부터 한참 멀다.

오바마와 트럼프

> 큰 나라는 강의 하류,
> 천하 만물이 모두 모이는 곳이요
> 온 세상이 사모하는 위대한 여성.
> 여성은 언제나 고요함으로써 남성을 이기나니
> 고요하여 스스로를 낮춘다.

큰 나라는 자기가 강의 상류라고 거들먹거리면 안 된다. 큰 나라, 대기업은 덩치가 크면 클수록 겸손하게 강의 하류를 자처해야 한다. 그렇게 큰 포용성과 관대함을 보여야 천하 만물이 그 품을 찾아 모여들고, 온 세상이 그를 우러러보고 사모한다. 옹졸하게 자주 삐지고, 힘좀 있다고 자꾸 인상 쓰고 다니면 세상 사람들이 비웃는다. 그 앞에서는 박수치는 척할지 몰라도 뒤돌아서면 욕한다. 아마 미국대통령 트럼프 같은 인물은 노자 《도덕경》을 이해하지 못할 것이다. 그는 왜 큰 나라가 강의 상류이지 하류냐고 되물을 위인이다. 사실 이런 인물들 때문에 미국은 세계에서 욕을 먹는다. 그들 나라는 덩치는 크면서 자주 삐진다. 그러니 세상 사람들이 손가락질을 안 하겠는가! 이 점

을 좀 알아차린 인물이 오바마이다. 오바마는 이론상으로는 큰 나라
가 강의 하류여야 한다는 점을 받아들이는 것 같다. 뭔가 뚜렷한 가시
적인 효과는 아직 없지만 그는 뭔가 조금 다른 생각을 하며 사는 것
같다. 혹시 오바마가 독서광이라고 하는데,《도덕경》을 한두 줄 읽어
본 것일까?

대국과 소국

> 그러므로 대국이 소국에 겸손하면
> 곧 소국을 취하고,
> 소국이 대국에 겸손하면
> 곧 대국을 취한다.
> 그러므로 어떤 경우는 겸손하여 취할 수 있고
> 어떤 경우는 겸손하여 용납될 수 있다.

노자는 계속해서 대국과 소국의 관계에 대해 이야기한다. 대국이라
고 거들먹거리면 결국 소국의 신뢰를 얻지 못할 것이다. 지금 한국 같
으면, 대기업이 너무 거들먹거려 중소기업의 신뢰를 얻지 못하고 있
는 상황이다. 그러나 세상의 큰 거래에서는 상대가 잘 돼야 나도 잘
되는 것이다. 눈앞의 이익에 급급하여 상대를 해치면 잠시 동안은 이
득이 될지 몰라도 결국 자기도 죽는다. 세상에 영원한 독식獨食은 없
다. 세상은 한번 가면 한번 오는 것이고, 한번 밝았던 것은 한번 어두
워지는 것이다. 세상에 영원한 것은 없다. 요컨대, 노자의 말 그대로

'반자도지동'(反者道之動, 되돌아가는 것이 도의 움직임)이요, 《주역》의 가르침 그대로 '일음일양지위도'(一陰一陽之謂道, 한번 음이 되고 한번 양이 되는 것, 그것이 도이다)인 것이다.

물론 그렇다고 소국이 제멋대로 행동해서는 안 된다. 만약 소국이 분수를 모르고 방자하게 행동하면 자멸할 뿐이다. 소국 역시 룰을 지키고 겸손해야 한다. 그래야 대국의 신뢰를 얻을 수 있다. 서로 취하는 것은 각기 신뢰고, 서로 보여야 할 것은 겸허함이다. 그리하여 대국과 소국, 대기업과 중소기업이 서로의 신뢰를 구축하고 서로의 존재를 용납하게 되는 것이다.

전쟁과 평화

> 대국이 원하는 것은
> 만백성을 끌어안아 기르는 것에 지나지 않고,
> 소국이 원하는 것은
> 큰 데 들어가 그를 섬기는 것에 지나지 않는다.
> 그러므로 양편이 모두 원하는 바를 얻으려면
> 대국이 마땅히 겸손해야 한다.

노자 이야기의 기본전제는 평화의 원리로 세계를 지배하는 것이다. 평화의 원리가 무너지고 전쟁 상황으로 넘어간다면 노자가 무엇 때문에 이런 이야기들을 하겠는가. 노자는 춘추전국시대를 관통하면서 말도 안 되는 여러 전쟁을 수없이 많이 지켜보았다. 그 결과 노자

노자老子

는 평화의 사도가 되었고 무저항주의의 선구자가 되었던 것이다. 이 장을 가득 메우고 있는 겸양과 겸허는 다름 아닌 평화를 위한 것이다. 가장 좋은 전쟁도 가장 나쁜 평화보다 훨씬 더 나쁜 것이다. 그리고 좋은 전쟁이라는 게 어디 있는가? 전쟁이란 다만 인간의 광기요 탐욕이요 교만일 뿐이다.

대국이 원하는 것은 침략과 병합이어서는 안 된다. 대국은 다만 큰 형님으로써 만백성을 끌어안아 기르는 것에 그쳐야 한다. 여기서 더 바라면 전쟁이 난다. 소국도 다만 지긋지긋한 전쟁을 피해 협상하는 것이고, 형님이라고 불러주며 그 우산 아래로 들어가는 것뿐이다. 만백성을 살리는 이 커다란 협상의 자리에서 크게 한턱 써야할 자는 누구인가? 누가 양보를 해야 하는가? 누구긴 누구겠는가. 마땅히 대국이고 대기업이지! 그런데 대기업이란 자들이 마치 구멍가게처럼 행동하니까 그게 문제지! 노자의 마지막 당부를 새겨들어라.

대국이 마땅히 겸손해야 한다.

大者宜爲下

제62장 ;
도는 만물의 가장 깊은 곳

도는 만물의 가장 깊은 곳,
선한 사람의 보배요
선하지 않은 사람도 보배로 삼는 바이다.

착한 말은 널리 팔릴 수 있고
착한 행실은 널리 보탬이 될 수 있지만,
사람의 착하지 못한 점이라 해서
어찌 버릴 수 있겠는가.

그러므로 천자를 세우고 삼공을 둘 때
큰 수레를 앞세우고 커다란 보배를 바치지만,
가만히 앉아서 이 도를 올리는 것만 못하다.

옛사람이 이 도를 귀하게 여긴 까닭은 무엇인가.
구하면 얻을 수 있고,

노자老子

죄 있어도 면할 수 있기 때문이 아니던가!
그러기에 천하의 귀한 물건이라 하는 것이다.

道者 萬物之奧 善人之寶 不善人之所保

도자 만물지오 선인지보 불선인지소보

美言可以市 尊行可以加人 人之不善 何棄之有

미언가이시 존행가이가인 인지불선 하기지유

故立天子 置三公 雖有拱璧以先駟馬 不如坐進此道

고립천자 치삼공 수유공벽이선사마 불여좌진차도

古之所以貴此道者何 不曰以求得 有罪以免邪 故爲天下貴

고지소이귀차도자하 불왈이구득 유죄이면사 고위천하귀

구원(救)과 버림(棄)

노자에게는 심판과 징벌의 개념이 없고, 천당과 지옥의 개념이 없다. 노자의 도는 광대무변하여 악한 인간도 거부하지 않고, 죄 있는 인간도 버리는 일이 없다. 이것이 노자의 도가 지니고 있는 크고 위대한 면모이다. 일찍이 지상의 어떤 종교도 이런 면모를 보인 종교는 없다. 노자의 도 아래서는 우리 인간을 포함한 천지 만물 모든 것이 한 알의 티끌이 되어 그 광활한 품 안에 고이 안긴다. 어느 것도 배척당하지 않으며, 어느 것도 거부당하지 않는다.

노자가 싫어하고 꺼려하는 것이 있다면 누군가를 '버리는 것(棄)'이다. '성인은 항상 사람을 잘 구원하며(救), 아무도 버리지(棄) 않는다.(제 27장)' 그렇기 때문에 노자는 천당과 지옥의 개념을 만들지 않았으며, 심판과 징벌의 개념 따위를 안출해내지 않았던 것이다. 노자의 도 안에서는 천지 만물 어느 것 하나도 결코 버려지는 일이 없다. 이것이 노자의 이른바 '무기(無棄)의 사상'이다. 이 개념은 앞서 제27장에도 잠깐 나왔지만, 노자의 가장 중요한 사상 중의 하나이다. 노자의 도를 이야기하면서 '무기의 사상'을 모르면 노자를 제대로 안 것이 아니다. 이것은 지구상 어떤 다른 종교에서도 찾아볼 수 없는 노자만의 독특한 사상이다. 누구는 구원해주고 누구는 내치는 것은 도가 아니다. 요컨대, 도는 모두를 구원하며 모두를 품에 안는다. 이 지구상에서 인간 구원의 문제를 이렇게 말한 사람은 여지껏 아무도 없었다. 붓다, 짜라투스트라, 예수, 마호멧 그 어떤 종교의 창시자도 이렇게 말하지 못했다. 오히려 지구상의 많은 종교가 선악이원론 내지는 교묘한 흑백논리를 전개하면서 자신의 신도들을 훈육시켜왔다.

특히, 짜라투스트라는 극단적인 선악이원론을 종교에 도입했던 인류 최초의 인물이며, 그가 창시한 조로아스터교로부터 선악이원론의 개념 · 심판의 개념 · 천당과 지옥의 개념 · 세계 종말의 개념 등이 나왔고, 이것이 유대교로 흘러들고, 다시 기독교로 흘러들었으며, 그후 이슬람교에까지 그대로 흘러들어가지 않았던가. 오늘날 유대교, 기독교, 이슬람교는 서로 유혈이 낭자한 싸움을 하고 있지만 이 세 종교는 모두 위에서 언급한 개념들을 똑같이 공통분모로 갖고 있지 않은가. 사람들은 노자가 간혹 음양론陰陽論을 구사하니까 이를 이원론으로 잘못 보고 짜라투스트라의 사상과 유사한 것이 아닌가 하는 의구

심들을 표명하기도 했는데, 이것은 전적으로 오해이다. 노자의 정신과 짜라투스트라의 정신은 정반대의 정신이다. 그들은 극과 극이며, 영원한 대척점이다. 노자는 결코 짜라투스트라와 같은 유형의 사고를 진행시켜본 적도, 드러내본 적도 없는 사람이다. 노자가 가장 꺼리고 싫어했던 사고의 유형이 바로 짜라투스트라식의 극단적 이원론이다.

짜라투스트라처럼 세상을 밝음과 어둠, 선과 악 둘로 딱 갈라 벼랑 끝까지 몰고 가서 대립시키면 세상만사는 얼마나 명쾌하고 편리하겠는가. 이런 저런 고민을 할 필요도 없이 내 편을 위해 이른바 성전(聖戰, Holly war)에 기꺼이 뛰어들어 한 목숨 장렬히 불사르면, 그럼 나는 온갖 보석으로 반짝이는 천당으로 곧바로 인도되지 않겠는가!

그런데 여기에 문제가 있다. 당신의 편은 선의 세력인가 악의 세력인가? 당연히 선의 세력이다. 어느 누구도 자기 편을 악의 세력이라고 하는 멍청이는 없다. 이 지구상 모든 인간에게는 자기 편이 선이다. 요컨대, 이 지구상 모든 인간에게 악이란 남의 편을 뜻하는 것이다. 그렇다면 똑같은 한 사람이 이쪽에서 보면 선인이고 저쪽에서 보면 악인이다. 그러면 이 사람이 진짜 선인인지 악인인지는 누가 판단하는가? 또, 남을 판단하고 심판하는 자는 그 특권을 누구에게서 부여받았는가? 선하다고 널리 알려져 있는 자가 알고 보면 악인일 수 있고, 악하다고 평이 나 있는 자가 알고 보면 선인일 수도 얼마든지 있다. 이것이 선악이원론의 위험한 점이다.

짜라투스트라는 밝음이 어둠에 대립하고, 선이 악에 대립한다고 생각한다. 그는 밝음은 영원히 밝고, 어둠은 영원히 어두우며, 선은 영원히 선하며, 악은 영원히 악하다고 생각한다. 그러나 노자는 그렇게 생각하지 않는다. 노자에 의하면 한번 밝았던 것은 어두워지고, 한번 어두웠던 것은 밝아진다. 올바른 것은 다시 기이한 것이 되고, 선한 것은 다시 사악한 것이 된다(제58장). 인생의 전체성을 보라. 어느 한 가지를 섣불리 절대화하지 마라. 어느 한 가지를 절대화하면 자기도 모르게 이분법적 사고방식에 빠지게 되어 극단론으로 치닫게 된다.《도덕경》을 관통하는 노자의 모든 말은 극단론을 피하라는 것이다. 극단론 중에서도 가장 위험한 것이 선악이원론이다. 만약 선악이원론이 세상을 한번 훑고 지나가면 그 나라는 두 쪽으로 갈라지고 만다. 선악이원론이 사람들 머릿속에 바이러스처럼 파고들면 그 사회는 추해지고, 불결해지며, 위험해진다. 노자는 선악이원론을 싫어한다. 노자는 선한 자만 구원받고, 선하지 않은 자는 버려지는 심판과 징벌의 관념도 싫어한다. 노자의 도는 천지 만물 모든 것을 감싸고 구원한다. 그것은 어느 것도 버리지 않는다. 심지어 과거에 죄를 지었던 사람이라 하더라도 도에 의해 구원받을 수 있다. 이것이 노자의 '무기의 사상'이다.

구하면 얻을 수 있고

도는 만물의 가장 깊은 곳,
선한 사람의 보배요
선하지 않은 사람도 보배로 삼는 바이다.

도는 선한 사람, 선하지 않은 사람을 가리지 않는다. 왜냐하면 도는 만물의 가장 깊은 곳이요, 가장 근본 되는 것이요, 뿌리 되는 것이기 때문이다. 한나무에서 자란 가지들도 개중에 착하게 잘 자란 가지가 있는가 하면 또 썩은 가지도 있다. 그러나 착한 가지든 썩은 가지든 모두 한뿌리에서 자라난 것이다. 착한 가지도 그 뿌리를 의지처로 삼고, 썩은 가지도 그 뿌리를 의지처로 삼는다. 뿌리는 착한 가지, 썩은 가지를 가리지 않는다. 뿌리는 착한 가지도 구원하고 썩은 가지도 구원한다. 누가 아는가? 다음 해 봄에 썩은 가지가 다시 살아나고, 착한 가지는 벌레먹어 썩게 될지.

세상에는 남들은 다 지옥가도 자기만은 꼭 구원받아야 된다고 생각하는 사람들이 많은데, 노자는 지금 그런 사람들에게 전혀 다른 차원의 이야기를 들려주고 있다.

착한 말은 널리 팔릴 수 있고
착한 행실은 널리 보탬이 될 수 있겠지만,
사람의 착하지 못한 점이라고 해서
어찌 버릴 수 있겠는가.

착한 말, 훌륭한 말이란 좋은 것이다. 그것은 세상에 널리 전파될 것이다. 또 착한 행실, 훌륭한 행실 역시 좋은 것이다. 그것은 다른 사람에게까지 혜택을 줄 수 있을 것이다. 그러나 설령 훌륭하지 못한 사람이나 착하지 않은 사람이라 할지라도 그 역시 근원을 도에 두고 있는데 어찌 함부로 '버릴 수(棄)' 있겠는가. 천지 만물 어느 것도 버려져서는 안 된다. 그것이 도이다. 천지 만물을 함부로 버리는 것, 그것은 도가 아니다.

그러므로 천자天子를 세우고 삼공三公을 둘 때

큰 수레를 앞세우고 그득한 보배를 바치지만

가만히 앉아서 이 도를 올리는 것만 못하다.

임금이 즉위하고 대신들이 취임할 때 온갖 치장을 한 사두마차를 앞세우고 휘황찬란한 금과 옥을 갖다 바치는 게 상례인데, 이런 것도 좋지만 이보다 더 좋은 것은 선한 사람·선하지 않은 사람, 가난한 사람·부자, 대학 나온 사람·대학 안 나온 사람 차별하지 않고 똑같이 대해주며 그 중 어느 것 하나 버리지 않는 저 천지자연의 도를 본받으려는 조촐한 예식 같은 것이 아니겠느냐고 노자가 묻고 있다.

옛사람이 이 도를 귀하게 여긴 까닭은 무엇인가

구하면 얻을 수 있고,

죄 있어도 면할 수 있기 때문이 아니던가!

그러기에 천하의 귀한 물건이라 하는 것이다.

노자 이전의 사람들도 도를 알았고, 도를 귀하게 여겼다. 옛사람들이 도를 귀하게 여긴 이유는 무엇인가? 그것은 첫째, 도를 가지고 있으면 구하는 것이 다 이루어지기 때문이다. 도로써 행해야 한다. 그러면 모든 구하는 것이 다 이루어진다. 둘째는, 도가 있으면 죄가 있어도 모두 면할 수 있기 때문이다. 이른바 '도에 의한 면죄免罪'이다. 오로지 천지자연의 도만이 우리의 죄를 씻어줄 수 있다. 어떤 인간도 이것을 대신할 수 없고, 어떤 물건도 이것을 대신할 수 없다. 그런데 사람들

노자老子

은 이런 노자의 말을 들으려 하지 않는다. 그들은 '도'로써 죄를 씻으려 하는 것이 아니라 '돈(錢)'으로써 죄를 씻으려 한다. 그것이 바로 면죄부이다. 면죄부는 중세 유럽에서만 팔렸던 것이 아니다. 지금도 도처에서 팔리고 있다. 아마, 노자의 도가 아무리 후하고 관대하다 하더라도 이런 자들만큼은 노자도 분명 용서치 않을 것이다.

제63장 ;
큰 것을 작게 생각하고

무위를 행하고
무사를 일삼고
무미를 맛보라.

큰 것을 작게 생각하고
많은 것을 적은 것으로 여기며
원한을 덕으로 갚아라.

어려운 일은 쉬운 데서 도모하고
큰 일은 사소한 데서부터 행해야 한다.
천하의 어려운 일은 반드시 쉬운 데서 일어나고
천하의 큰 일은 반드시 사소한 데서 일어난다.
그러므로 성인은 끝에 가서 큰 일을 하지 않나니,
그러기에 능히 큰 일을 이루는 것이다.
무릇 가볍게 한 승낙은 필시 믿기 어렵고

쉽다는 것이 많으면 필시 어려움이 많아진다.
그러므로 성인은 오히려 그것을 어렵게 여기니
그러기에 마침내 어려움이 없는 것이다.

爲無爲 事無事 味無味 大小多少 報怨以德

위무위 사무사 미무미 대소다소 보원이덕

圖難於其易 爲大於其細

도난어기이 위대어기세

天下難事 必作於易 天下大事 必作於細

천하난사 필작어이 천하대사 필작어세

是以聖人 終不爲大 故能成其大

시이성인 종불위대 고능성기대

夫輕諾必寡信 多易必多難 是以聖人猶難之 故終無難矣

부경낙필과신 다이필다난 시이성인유난지 고종무난의

무위

무위를 행하고, (爲無爲)

무사를 일삼고 (事無事)

무미를 맛보라 (味無味)

물은 흘러갈 때 자기 앞에 바위덩어리가 나타났다고 거기에 격하게 반응하지 않는다. 그는 거기에 욕도 하지 않고, 삿대질도 하지 않는다. 앞에 바위가 있다고 해서 물이 갑자기 씩씩대면서 끓어오르던가? 물은 그렇지 않다. 물은 우리들처럼 이성을 잃지도, 씩씩대지도, 격하게 반응하지도 않는다. 현자도 이와 같다. 그는 자기를 버리고 도를 따른다. 그렇기 때문에 그의 행동에는 항상 여유가 있고 침착함이 있으며 고요함이 있다. 이것이 노자가 말하는 무위이다. 무위는 심오한 존재의 예술이며, 위대한 행위의 완성이다. 온갖 작위를 버리고 무위를 행하라. 쓸데없이 일을 만들지 말고 무사無事를 실천하라. 세상의 자극적인 맛들을 피하고 무미無味를 맛보라.

원한을 덕으로 갚아라

> 큰 것을 작게 생각하고
> 많은 것을 적은 것으로 여기며
> 원한을 덕으로 갚아라.

인생의 모든 불행은 작은 것을 크게 생각하는 데서 온다. 정신병자들에게는 작은 것이 없다. 그들에게는 모든 것이 크고 두렵다. 아무리 사소한 물건이라도 어떤 연유로 한 번 마음에 누累가 되면 우리 인간은 그 사물에 집착하여 이상한 태도를 보인다. 이것이 편집증이다. 편집증 환자란 작은 것을 크게 생각하는 사람이다. 이에 반해 일반인은 남들과 같이 남들과 비슷한 기준으로 생각하는 사람이다. 그들은 별생각 없이 사회에서 통용되는 관습과 통념에 따라 살아간다. 일반인

노자老子

은 누가 크다고 하면 자기도 크다고 생각하고, 누가 작다고 하면 자기도 작다고 생각한다. 그는 별로 확고부동한 자기 기준이 없이 살아가는 사람이다.

그러나 현자는 아무리 큰 것도 크다고 생각하지 않는다. 그는 큰 것을 작게 축소시키는 힘을 갖고 있다. 그에게는 권력도 큰 것이 아니며, 명예도 큰 것이 아니고, 부도 큰 것이 아니다. 그의 손이 미치면 모든 것이 작아지고 작아진다. 그리하여 마침내 한 줌 티끌이 되어 무로 화한다. 요컨대, 현자란 큰 것을 작게 생각할 줄 아는 사람이다. 인간세계에 큰 것이 있으면 뭐가 그리 클 것이며, 많다고 한들 뭐가 그리 많겠는가. 저 무한한 천지자연에 비하면 한 줌 티끌보다 나을 게 무어 있겠는가! 그러니 원한 같은 것도 품지 말고 다 잊어버려라. 만약 그대가 원한을 잊어버릴 수 있으면 그때는 원한을 덕으로 갚을 수 있을 것이다. 그러나 끝까지 원한을 잊어버리지 못한다면 그때는 결코 원한을 덕으로 갚을 수는 없을 것이다.

성인은 끝에 가서 큰 일을 하지 않는다

어려운 일은 쉬운 데서 도모하고
큰 일은 사소한 데서부터 행해야 한다.
천하의 어려운 일은 반드시 쉬운 데서 일어나고
천하의 큰 일은 반드시 사소한 데서 일어난다.
그러므로 성인은 끝에 가서 큰 일을 하지 않나니,
그러기에 능히 큰 일을 이루는 것이다.

한 마디 한 마디가 정곡을 찌르는 이야기들인지라 여기에 대해 아무도 토를 달 사람이 없지만, 또한 동시에 아무도 완벽하게 이를 실천할 수 있는 사람도 없는 듯 싶다. 너무도 맞는 말임과 동시에 너무도 어려운 말이다. 우리가 일찍이 노자가 한 말 중에서 다만 한 구절, 가령 '천하난사 필작어이'(天下難事 必作於易, 천하의 어려운 일은 반드시 쉬운 데서 일어난다)라든가 아니면 '천하대사 필작어세'(天下大事 必作於細, 천하의 큰일은 반드시 사소한 데서 일어난다) 같은 명구절들을 가슴에 품고 한 번이라도 제대로 실행했더라면 오늘날 이처럼 바보 멍텅구리로 살지는 않을텐데!

그러나 너무 기죽을 필요는 없다. '천하의 큰 일(天下大事)'은 하루아침에 이루어지거나 완성되는 것이 아니기 때문에 지금부터 하면 된다. 그리고 노자의 말을 유심히 들어보면 별로 돈 드는 일도 아니다. 쉬운 데(易)서 일어나고, 사소한 데(細)서 일어난다고 하니 정신만 번쩍 차리면 된다.

가볍게 한 승낙은 믿기 어렵다

무릇 가볍게 한 승낙은 필시 믿기 어렵고
쉽다는 것이 많으면 필시 어려움이 많아진다.
그러므로 성인은 오히려 그것을 어렵게 여기니
그러기에 마침내 어려움이 없는 것이다.

인생을 살면서 함부로 해서는 안되는 것이 '승낙'이다. 승낙을 가볍

노자老子

게 한 자치고 성공한 자 없다. 승낙을 쉽게 하는 심리 상태는 매우 무책임한 상태이다. 승낙을 쉽게 하는 자들의 공통된 특징은 가진 것이 아무것도 없다는 점이다. 그들은 아무것도 없는 빈 깡통이기 때문에 차용증서에 도장 잘 찍고 서명 잘 한다. 그러나 가진 것이 많은 자는 좀처럼 어디에 도장 찍고 서명 안 한다.

만사를 쉽게 생각하는 자는 반드시 어려움에 봉착하게 되어있다. 지나친 낙관주의의 끝은 절망이요 환멸이다. 신중하라. 쉽다는 것이 많으면 필시 어려움이 많아진다(多易必多難). 성인이 인생의 초반 출세를 꺼려하는 것도 같은 이유이다. 너무 일찍 초반 출세를 하게 되면 인생이 쉽게만 느껴진 나머지 경거망동하여 나중에 어려움에 부닥친다.

중요한 것은 인생의 초반부가 아니라 후반부다. 누가 유종의 미를 거둘 것인가? 인생의 초반부에 고생하는 것, 그것은 나쁜 것이 아니다. 그것은 오히려 여러모로 좋은 것이다. 그런 과정을 겪으면서 사람은 더 커지며, 더 깊어지고, 더 신중해진다. 성인도 그 길을 갔다. 성인도 어려움을 통해서 완성에 이른 것이다.

제64장 ;
천 리 길도 한 걸음부터

안정되어 있을 때 유지하기 쉽고
조짐이 나타나기 전에 도모하기 쉬우며,
취약할 때 부서뜨리기 쉽고
미세할 때 흩어버리기 쉽다.
일은 생기기 전에 처리해야 하고
나라는 혼란해지기 전에 다스려야 한다.

아름드리나무도 털끝 같은 싹에서 생겨나고
구층누각도 한 줌 흙이 쌓여 일어나고
천 리 길도 한 걸음부터 시작된다.

억지로 하는 자는 실패하고
잡으려는 자는 놓치게 된다.
그러므로 성인은 억지로 하지 않으니 실패가 없고
잡으려 하지 않으니 놓치는 일이 없다.

노자老子

사람들이 일을 하면

항상 거의 성공할 즈음에 실패하고 만다.

마지막을 조심하기를 처음과 같이 한다면

실패하는 일이 없다.

그러므로 성인은 무욕을 원하고

귀하다고 하는 것을 귀히 여기지 않고

배우지 아니함(無學)을 배워서

뭇사람들이 지나쳐버린 곳으로 되돌아간다.

그리하여 만물의 자연스러움을 도울 뿐

감히 작위하지 않는다.

其安易持 其未兆易謀 其脆易泮 其微易散

기안이지 기미조이모 기취이반 기미이산

爲之於未有 治之於未亂 合抱之木 生於毫末

위지어미유 치지어미란 합포지목 생어호말

九層之臺 起於累土 天里之行 始於足下

구층지대 기어누토 천리지행 시어족하

爲者敗之 執者失之 是以聖人 無爲故無敗

위자패지 집자실지 시이성인 무위고무패

無執故無失 民之從事 常於幾成而敗之 愼終如始則無敗事

무집고무실 민지종사 상어기성이패지 신종여시즉무패사

是以聖人 欲不欲 不貴難得之貨 學不學 시이성인 욕불욕 불귀난득지화 학불학

復衆人之所過 以輔萬物之自然而不敢爲

복중인지소과 이보만물지자연이불감위

인생의 때(時)

노자는 확실히 젊은 천재는 아니다. 그는 나이를 먹을 만큼 먹었고, 경험을 할 만큼 했으며, 인간에 대한 성찰도 할 만큼 다했다. 노자가 '늙은 노老' 자를 쓰는 것은 전혀 우연이 아니다. 아무도 노자처럼 신중할 수 없고, 아무도 노자처럼 원숙할 수 없다. 전설에 의하면 그는 이미 태어날 때부터 머리가 백발이었다고 하지 않는가. 그는 이 세상에 완전히 노성자老成者의 모습으로 와서 수천 년의 오래된 지혜를 담담한 어조로 말해주고 갔다.

그의 말은 한 문장 한 문장이 보석처럼 빛나고 또한 심오하지만, 그렇다고 그가 어떤 어려운 이론을 제시한 것은 결코 아니다. 그는 아무것도 만들어내지 않았고, 어떤 이론체계도 수립하지 않았다. 요컨대 그는 아무것도 발명하지 않았다. 그는 다만 발견하였다. 무엇을 발견하였는가? 바로 우리 곁에 있지만 우리가 간과하고 지나치는 인생의 여러 진리들을 그는 발견하였다. 노자는 저 먼 데 있는 이상야릇하고 기이한 이야기를 해주는 것이 아니라, 늘 우리 곁에 있지만 우리 눈이 보지 못하고 우리 귀가 듣지 못하는 삶의 진실들을 문득 우리에게 들려준다. 노자의 많은 지혜는 머리가 아니라 눈에서 왔다. 그의 지혜는 주로 관찰의 산물이다. 노자의 말에 자연스러운 설득력이

노자老子

있는 것은 이 때문이다. 노자는 결코 이론가도 아니고, 체계수립자도 아니며, 관념철학자도 아니다. 그는 단지 이 우주의 참모습을 보았던 견자(見者, seer)이다.

천리지행 시어족하(千里之行 始於足下)

> 안정되어 있을 때 유지하기 쉽고
> 조짐이 나타나기 전에 도모하기 쉬우며,
> 취약할 때 부서뜨리기 쉽고
> 미세할 때 흩어버리기 쉽다.
> 일은 생기기 전에 처리해야 하고
> 나라는 혼란해지기 전에 다스려야 한다.

가정을 편안히 지키고 싶은가? 그러면 안정되어 있을 때 지켜라. 건강하게 오래 살고 싶은가? 그러면 건강할 때 조심해라. 무언가 조짐이 나타나기 시작했을 때는 벌써 늦은 거다. 그때 손을 쓰면 시간과 노력이 열 배는 더 든다.

반대로 무언가를 와해시키려면 약할 때 무너뜨려야 하고, 무언가를 해체시키려면 미세할 때 흩어버려야 한다. 한 번 굳어진 것은 녹이기 어렵다. 그러므로 가장 좋은 것은, 일이 생기기 전에 처리하는 것이며 혼란스러워지기 전에 다스리는 것이다.

> 아름드리나무도 털끝 같은 싹에서 생겨나고 (合抱之木 生於毫末)

구층누각도 한 줌 흙이 쌓여 일어나고 (九層之臺 起於累土)

천 리 길도 한 걸음부터 시작된다. (千里之行 始於足下)

위의 문장 3개는 다 유명한 문장들이다. 이것들은 하나의 격언이 되어 통용되고 있는데, 우리 한국인에게도 많이 알려진 구절들이다. 특히, '천리지행 시어족하千里之行 始於足下'는 바로 우리의 속담 '천 리길도 한 걸음부터'의 한자 원문이다. 유명한 우리 한국 속담으로만 알고있던 것이 실은 노자《도덕경》의 한 구절이었다니! 도가 사상은 성리학이 지배하던 이조시대 500년 내내 핍박받고 금지됐던 사상인데, 어떻게 그 삼엄한 포위망을 뚫고《도덕경》의 저 구절이 사람들 사이에떠돌게 되고, 마침내는 속담이 되기에까지 이르렀을까? 자못 신기한일이 아닐 수 없다. 워낙 다방면으로 쓰임새가 좋은 글귀인지라 유자儒者들도 모른 체하고 그냥 쓴 것일까? 어찌됐건《도덕경》5,000자중에서 한국에서 가장 널리 알려진 구절 중 하나가 바로 이 '천 리 길도 한 걸음부터'라는 구절이다. 이것은 제1장 '도가도 비상도'보다 더유명하고, 제37장 '무위이 무불위'보다 더 유명하다. 아무래도 사람들에게는 어려운 철학적 내용보다는 쉽고 간편한 일상생활 속의 진실이더 친근하게 느껴졌던 모양이다.

실패와 성공

억지로 하는 자는 실패하고

잡으려 하는 자는 놓치게 된다.

노자老子

그러므로 성인은 억지로 하지 않으니 실패가 없고
잡으려 하지 않으니 놓치는 일이 없다.
사람들이 일을 하면
항상 거의 성공할 즈음에 실패하고 만다.
마지막을 조심하기를 처음과 같이 한다면
실패하는 일이 없다.

노자가 볼 때 모든 유위와 작위는 실패로 끝난다. 오직 무위만이 일을 성공으로 이끈다. 성인이란 모든 인위와 작위, 억지와 집착을 내려놓고 무위를 행하는 사람이다. 그렇기 때문에 성인은 일에 실패가 없다. 그러나 우리 범인들은 무슨 일이 조금만 성공하면 초심을 잃어버리고 경거망동한다. 그런 연유로 우리 범인들은 항상 거의 성공할 즈음에 실패하고 만다는 것이 노자의 진단이다. 성공하면 할수록 무위로 돌아가야 한다. 무위에서 벗어나면 실패한다. 노자의 무위철학의 밑바탕에는 인생의 실패에 대한 날카로운 통찰이 깔려 있다. 무위란 그저 빈둥빈둥 놀고먹는 태평한 삶의 양식이 아니다. 그것은 무위도식이지 무위자연이 아니다. 무위는 오히려 그런 것과는 정반대되는 무엇이다. 무위는 자기 억제이며 자기 극복이다. 그것은 일체의 허영과 경망에서 멀리 벗어난 순수한 마음의 상태이며, 고도로 절제된 삶의 양식이다. 머리에 바람이 든 자가 어떻게 사업에서 성공할 수 있겠는가. 머리에서 바람을 빼고, 태도에서 거품을 빼라. 그것이 무위이다. 무위의 마음을 마지막까지 잃지 않는 것, 노자는 그것이 실패를 막는 길이라고 말하고 있다.

그러므로 성인은 무욕을 원하고
귀하다는 것을 귀히 여기지 않고
배우지 아니함(無學)을 배워서
뭇사람들이 지나쳐버린 곳으로 되돌아간다.
그리하여 만물의 자연스러움을 도울 뿐
감히 작위하지 않는다.

성인은 우리와는 어딘가 좀 다른 사람이다. 그는 좀더 높은 차원의 세계에 산다. 아무도 그를 명예롭게 할 수 없고, 아무도 그를 욕되게 할 수 없다. 세상의 칭찬과 비난, 그 어떤 것도 그에게 다다르지 못한다. 그는 남들이 원하는 것을 원하지 않고, 남들이 귀하다고 하는 것을 귀히 여기지 않으며, 잡다한 지식의 쓰레기더미를 멀리 하고 뭇사람들이 바로 자기들 곁에 있지만 보지 못하고 지나치는 인생의 여러 진실들로 되돌아간다. 이것이 그의 삶의 방식이다. 그러나 그렇다고 그가 소리 높여 자신을 따르라고 외치지는 않는다. 그는 어디까지나 만물의 자연스러움(萬物之自然)을 돕는 것일 뿐, 만물에 억지를 가하지 않는다.

노자老子

제65장 ;
그런 연후에 대순(大順)에 이른다

옛날에 도를 잘 행했던 이는
백성을 총명하게 만들지 않고
오히려 우직하게 만들었다.
아는 것이 많아지면 다스리기 어려워지기 때문이다.

그러므로 지모로써 나라를 다스리는 것은 나라의 해악이요,
지모를 버리고 나라를 다스리는 것은 나라의 복이다.
이 두 가지를 알아야 곧 하늘의 법도에 맞는 것이니,
늘 그 법도를 깨닫고 있음을 일러
현묘한 덕이라 한다.

현묘한 덕은 깊고도 아득하여
세속과는 반대로 보이는데,
그런 연후에 결국 대순에 이른다.

古之善爲道者 非以明民 將以愚之 民之難治 以其智多

고지선위도자 비이명민 장이우지 민지난치 이기지다

故以智治國 國之賊 不以智治國 國之福

고이지치국 국지적 불이지치국 국지복

知此兩者亦稽式 常知稽式 是謂玄德

지차양자역계식 상지계식 시위현덕

玄德深矣遠矣 與物反矣 然後乃至大順

현덕심의원의 여물반의 연후내지대순

총명보다는 우직함

옛날에 도를 잘 행했던 이는

백성을 총명하게 만들지 않고

오히려 우직하게 만들었다.

아는 것이 많아지면 다스리기 어려워지기 때문이다.

소피스트(Sophist)와 성인은 다르다. 소피스트는 자기도 총명하지만 백성들에게도 그 총명을 팔아 온 세상을 지모와 술수가 판치도록 하는 자이다. 그러나 성인은 총명을 위하지 않는다. 그는 오히려 총명을 내몰고 도에 합치하려 한다. 그는 사람들에게도 총명을 가르치는 것이 아니라 인생의 단순성을 가르치고, 세상이 고요하고 평화로운 곳이 되도록 마음 쓴다.

노자老子

그러므로 지모로써 나라를 다스리는 것은 나라의 해악이요,

지모를 버리고 나라를 다스리는 것은 나라의 복이다.

이 두 가지를 알아야 곧 하늘의 법도에 맞는 것이니,

늘 그 법도를 깨닫고 있음을 일러

현묘한 덕(玄德)이라 한다.

우리 생각에는 지모智謀로써 나라를 다스리는 것이 나라의 복일 것 같은데, 노자는 그것은 나라의 해악이라고 잘라 말한다. 반대로 지모를 버리고 나라를 다스리면 그것은 나라의 해악이 될 것 같은데, 노자는 그것이야말로 나라의 복이라고 말한다. 늘 그렇지만 노자의 말은 오묘하고 깊다. 그것은 쉽게 받아들이기 어렵다. 노자의 이 오묘한 통찰을 그대가 만약 받아들이게 된다면, 그대는 도가적道家的 삶의 양식을 받아들이는 것이다. 도가의 기본적 삶의 태도는 인지人知와 천도天道를 혼동하지 않는 것이다. '인지 다하는 곳에 천도 있다', 이것이 도가의 모토이다. 도가는 지모로써 하는 일과 지모를 버리고 하는 일, 이 두 가지에 대해 유가儒家나 병가兵家들과는 다른 생각을 갖고 있다. 노자는 이 두 가지를 알아야 하늘의 법도, 즉 천도天道에 합치되는 것이라고 말한다. 그리고 이러한 삶의 태도를 늘 견지하고 사는 것, 그것을 현묘한 덕이라 부른다.

대순(大順)

현묘한 덕은 깊고도 아득하여

세속과는 반대로 보이는데,

그런 연후에 결국 대순大順에 이른다.

현묘한 덕(玄德)은 왜 깊고 아득한가? 그것은, 현묘한 덕이 인지를 대변하는 것이 아니라 천도를 대변하는 것이기 때문이다. 그래서 일반인들에게는 얼른 알기 어렵고 이해하기 어렵다. 통념과 상식만으로는 현묘한 덕은 잘 포착되지 않는다. 그것은 세속의 가치기준과는 다른 모습을 하고 있으며, 일반적인 사물의 이치와는 다른 모습을 하고 있으며, 일반적인 사물의 이치와는 반대되어 보인다. 그렇기 때문에 현묘한 덕은 뭇사람들로부터 인기가 없고, 거부당하며, 웃음거리가 된다. 노자가 말하지 않았던가. '웃음거리가 되지 않으면 도라고 하기에 부족하다!' 현묘한 덕은 이런 과정을 거친다. 그런 연후에 그것은 결국 천도에 크게 합치되는 대순에 이르는 것이다. 대순에 이른다는 것은 이 우주에 대해 어떤 거스름도 없는 것이며, 모든 것을 다 받아들이는 것이며, 모든 것을 다 내어 맡기는 것이다. 대순이란 결국 궁극의 수동성을 말함이다.

노자老子

제66장 ;
바다는 모든 골짜기의 왕

강과 바다가 모든 골짜기의 왕이 될 수 있는 이유는
자신을 잘 낮추기 때문이니,
그 때문에 모든 골짜기의 왕이 될 수 있다.

백성들 위에 서려는 자는
반드시 자기를 낮추고,
백성들 앞에 서려는 자는
반드시 자신을 뒤에 두어야 한다.

그러므로 위에 있더라도 백성들은 무겁다고 여기지 않으며
앞에 있더라도 백성들은 해롭다고 여기지 않는다.
따라서 천하가 그를 즐겨 추대하며 싫어할 줄 모르니,
다투지 않기에 천하가 그와 더불어 다투지 못한다.

江海所以能爲百谷王者 以其善下之 故能爲百谷王

강해소이능위백곡왕자 이기선하지 고능위백곡왕

是以欲上民 必以言下之 欲先民 必以身後之

시이욕상민 필이언하지 욕선민 필이신후지

是以聖人處上而民不重 處前而民不害

시이성인처상이민부중 처전이민불해

是以天下樂推而不厭 以其不爭 故天下莫能與之爭

시이천하낙추이불염 이기부쟁 고천하막능여지쟁

낮춤

개천과 계곡의 물은 강이나 바다로 흘러든다. 이처럼 개천과 계곡의 물이 강이나 바다로 흘러드는 까닭은 무엇인가? 강과 바다가 걔네들을 오라고 불렀는가? 아니면 강과 바다가 걔네들에게 오지 않으면 혼난다고 겁을 줬는가? 아니다. 강과 바다는 걔네들을 부른 적도 없고, 오라고 겁을 준 적도 없고, 또 무슨 강제력을 행사한 적도 없다. 그런데도 개천과 계곡의 물들이 앞다투어 강과 바다로 흘러든 것이다. 왜 그런 것일까? 강과 바다가 낮은 곳에 있기 때문이다.

강과 바다가 모든 골짜기의 왕이 될 수 있는 이유는
자신을 잘 낮추기 때문이니,
그 때문에 모든 골짜기의 왕이 될 수 있다.

노자老子

교만하고, 방자하며, 자기도취에 빠져 있는 상태, 대체로 권력자의 심리상태는 이와 비슷하다. 그런 권력자들을 향해 노자가 비움과 낮춤의 태도를 주문하고 있다. 인간은 누구나 권력을 잡으면 목에는 힘이 들어가고 머리에는 바람이 들어가게 되어있다. 그러나 그런 자들일수록 쉬 무너진다. 자아도취에 빠져 스스로를 산의 정상으로 착각하지 마라. 스스로를 낮춰 골짜기의 왕을 자처하라.

무거움(重)과 해로움(害)

백성들 위에 서려는 자는
반드시 자기를 낮추고,
백성들 앞에 서려는 자는
반드시 자신을 뒤에 두어야 한다.

권력자란 이미 백성들 위에 서 있는 자이다. 그는 자신을 낮춰야 할 이유가 없다. 또한 권력자란 이미 백성들 앞에 서 있는 자이다. 그는 자신을 뒤에 둘 생각이 조금도 없다. 노자는 지금 전혀 남의 말을 들을 준비가 안 되어 있는 어떤 사람에게 말을 건넨다. 중국 역사에서 노자의 말을 들은 왕이 몇이나 되겠는가. 아마 거의 없을 것이다. 그럼에도 노자는 계속해서 자신의 말을 한다. '목에서 힘을 빼고, 머리에서 바람을 빼라. 그것이 오래가는 비결이다.' 큰 힘을 지니고도 자신을 낮출 수 있는 자, 백성들은 그런 인물을 원한다.

그러므로 위에 있더라도 백성들은 무겁다(重)고 여기지 않으며
앞에 있더라도 백성들은 해롭다(害)고 여기지 않는다.
따라서 천하가 그를 즐겨 추대하며 싫어할 줄 모르니,
다투지 않기에 천하가 그와 더불어 다투지 못한다.

노자는 지금 인류 역사상 한 번도 존재한 적이 없는 가상의 왕을 노래하고 있다. 어떻게 위에 있는데 무겁지 않다고 여길 왕이 있을 수 있겠는가. 어떻게 앞에 있는데 백성들이 해롭지 않다고 여길 권력자가 있겠는가. 그런 왕, 그런 권력자는 인류 역사상 존재한 적이 없었다. 왕이나 권력자란 존재는 언제나 무겁고, 해로운 존재이다. 무겁고 해로운 존재이지만, 백성들은 기꺼이 참아낸다. 언제까지 참아내는가. 그보다 더 무겁고(重), 해로운(害) 적들을 그가 물리쳐줄 때까지. 만약 그 옆의 다른 권력자가 그보다 덜 무겁고, 덜 해롭다면 백성들은 당장에 그를 교체하려 들 것이다.

천하가 즐겨 추대하고, 즐겨 받들 만한 왕을 노자는 과연 보고 죽었을까? 누구와 다투거나 싸우지 않는 왕, 그리하여 천하가 그와 더불어 감히 다투지 못할 그런 왕을 노자는 과연 보고 죽었을까?

노자老子

제67장

세 가지 보물

천하가 모두 이르기를

나의 도는 광대하지만 어리석은 것 같다고 한다.

허나, 오직 광대하기 때문에 어리석어 보이는 것이다.

만약 똑똑하다면 오래 전에 자잘하게 되고 말았으리라.

나에게는 세 가지 보물이 있어

이를 잘 간직하고 있나니,

첫째는 자비요,

둘째는 검소함이요,

셋째는 천하의 앞에 서지 않는 것이다.

자비로 인해 용감해지고

검소함으로 인해 널리 베풀 수 있고

천하의 앞에 서지 않음으로 인해 온 세상의 지도자가 될 수 있다.

지금 사람들은 자비를 버리고도 또한 용감하려 하고

검소함을 버리고도 널리 베풀려고 하고
뒤에 서는 태도를 버린 채 앞서려고만 하니,
그러면 죽을 것이다.

무릇 자비란
그것으로 싸우면 곧 이기게 되고
그것으로 지키면 곧 견고하게 되는 것이다.
하늘이 나라를 세우게 하면
너는 자비로 그 담을 세우라.

天下皆謂我道大 似不肖 夫唯大 故似不肖 若肖久矣 其細也夫

천하개위아도대 사불초 부유대 고사불초 약초구의 기세야부

我有三寶 持而保之 一曰慈 二曰儉 三曰不敢爲天下先

아유삼보 지이보지 일왈자 이왈검 삼왈불감위천하선

慈故能勇 儉故能廣 不敢爲天下先 故能成器長

자고능용 검고능광 불감위천하선 고능성기장

今舍慈且勇 舍儉且廣 舍後且先 死矣

금사자차용 사검차광 사후차선 사의

夫慈以戰則勝 以守則固 天將建之 汝以慈垣之

부자이전즉승 이수즉고 천장건지 여이자원지

큰 것과 자잘한 것

천하가 모두 이르기를

나의 도는 광대하지만 어리석은 것 같다고 한다.

허나, 오직 광대하기 때문에 어리석어 보이는 것이다.

만약 똑똑하다면 오래 전에 자잘하게 되고 말았으리라.

진실로 위대한 것은 도리어 위대하게 보이지 않는다는 역설은《도덕경》전편에 걸쳐 나타나는 노자의 탄식이다. 세상 사람들은 당장에 써먹을 수 있는 것을 원하지 너무 거창하고 심오한 도 같은 것을 원치 않는다. 그렇지 않은가. 당장 하루 하루 먹고 살기도 힘든데, 누가 한가하게 진리니 도니 하는 것에 관심을 보이겠는가. 더군다나 노자는 실용주의자와 현실주의자가 득실대는 중국 땅에 태어나 그들 사이에서 인류 역사상 가장 비실용적이며 가장 초월적인 도를 설파하였으니, 누가 그의 말에 귀를 기울일 것인가!

노자의 도에는 사탕발림이 없어도 너무 없다. 쓰디쓴 도를 민중의 입에 넣으려면 거기에 두툼하게 설탕을 한꺼풀 입혀야 하는데, 노자는 그런 일에는 눈꼽만큼도 관심이 없다. 노자는 누가 알아듣던 말던 오직 절대적 차원에서 도를 설파할 뿐이다. 그 대표적인 것 중의 하나가 제5장에서 말했던 '천지불인'(天地不仁, 천지는 아무도 편애하지 않는다) 사상 같은 것이다. 민중들은 오늘도 도탄에 빠져 허덕이며, 하늘이 자기들의 염원을 들어주기를 바라면서 새벽기도를 하고, 철야기도를 하고, 금식기도를 하는데 그런 사람들에게 '하늘님은 당신을 사랑합니다' 그래줘야지, '하늘은 아무도 편애하지 않습니다' 이래가지고야 무슨 장사가 되겠는가! 이런 점을 보면 확실히 노자는 어리석은 게 맞다. 그의 도는 광대하지만 어리석은 것이 확실하다.

그런데, 노자는 그 말 끝에 이상한 반론을 제기한다. '허나, 오직 광대하기 때문에 어리석은 것이다'라고. 이것은 무슨 소리인가? 진실로 위대한 것은 어리석은 인간의 눈에 결코 위대하게 보이지 않는다는 소리이다. 우리 인간은 자기 욕구, 자기 필요에 맞는 걸 찾아다니는 것이며, 그걸 성취한 자가 똑똑한 것이지 다른 것이 없다. 순간의 관점에서 자기 몫을 잘 챙기는 똑똑함·현명함이 필요한 것이지 영원의 관점에서 천지 만물을 다 헤아리는 저 광대함·심원함 따위에 세상 사람들이 무슨 관심이 있겠는가! 그러므로 노자가 어리석어 보이는 것은 당연하다. 노자는 너무도 광대하기 때문에 그런 사람들 눈에는 어리석어 보일 수밖에 없다. 마치 장자식으로 표현하자면, 자그마한 덤불 속을 날아다니는 메추라기나 뱁새에게는 구만리 창천을 날아오르는 대붕大鵬의 비상이 어리석어 보이는 것처럼. 그런 연유에서 노자는 자신의 어리석음을 극구 옹호한다. 그는 전혀 그 어리석음을 버릴 생각이 없다. 왜냐? '만약 똑똑하다면 이미 오래 전에 자잘하게 되고 말았을 것'이기 때문이다.

삼보(三寶)

나에게는 세 가지 보물이 있어
이를 잘 간직하고 있나니,

첫째는 자비(慈)요,

둘째는 검소함(儉)이요,

셋째는 천하의 앞에 서지 않는 것(不敢爲天下先)이다.

이른바 노자의 유명한 '삼보三寶 설법'이다. 노자는 자신의 보물 세 가지 중에서 첫 번째 것으로 '자비'를 꼽았다. 나는 여기서 노자가 '인仁'이라고 하지 않고 '자慈'라고 했다는 점을 강조하고 싶다. 노자는 '인'이라는 말을 별로 좋아하지 않았다. '인'이라는 말에서는 아무래도 인간중심적인 냄새가 나며, 문명의 냄새가 난다. '인'이라는 개념은 유가에서 사용하는 용례에서 보는 것처럼 항상 '인의예지仁義禮智'라는 세트 개념으로 등장하는데, 이것들은 전형적으로 문명을 유지하기 위한 인위적 요소들이지 문명 이전의 원초적이며 순수한 상태를 지칭하는 것들이 아니다. 어질 '인' 자 자체가 사람 인人 자와 두 이二 자로 이루어진 글자 아닌가. 즉, 어질 '인' 자는 인간사회 안에서만 통용되는 개념일 뿐, 그 테두리를 넘어서지 못한다.

왠일인지 '어질다'는 말은 사람들 사이에서만 맴돈다. 우리는 다만 사람에게 어질게 행동하지, 개나 고양이에게 한 행동을 어질다고 하지 않는다. 또 파리나 모기에게도 어질게 행동했다는 표현은 쓰지 않으며, 꽃이나 풀에게도 어질게 대한다는 말도 쓰지 않는다. 왠지 모르지만 '인'이라는 말 안에는 보이지 않는 벽이 있어 보이고, 경계가 있어 보인다. 반면 '자비(慈)'라는 말에는 아무런 경계나 테두리 같은 것이 없다. '자비'라는 말은 인간사회를 벗어나 동물계나 식물계에까지 자연스럽게 쓰인다. 우리는 사람에게만 자비롭게 행동하는 것이 아니라, 개나 고양이에게도 자비롭게 행동하며, 파리나 모기에게도 자비를 베풀 수 있으며, 연약한 꽃이나 풀에게도 자비로움으로 대할 수 있다. 그러므로 노자가 말하는 '자'는 유가의 '인'보다 훨씬 포용력이 큰 글자이다.

둘째는 검소함(儉)인데, 검소함에 대해서는 앞에서 이미 유사한 개념이 여러 차례 등장했다. 이것은 넓게 보면 제29장에서 노자가 말한, 인간이 피해야할 심(甚, 과도함)·사(奢, 탐닉)·태(泰, 교만) 삼악덕에 대비되는 개념이다. 즉, 노자의 '검(儉)'이란 것은 굉장히 폭넓은 개념이다. 이것을 좁게 해석하면 경제적으로 사치하지 않는 것이지만, 넓게 해석하면 마음과 행동과 태도 등 인생의 전 영역에서 거품을 빼는 것을 의미한다.

셋째는 천하의 앞에 서지 않는 것(不敢爲天下先)인데, 이것은 좀 오해의 소지가 있는 표현이다. 노자는 결코 이 말을 겁쟁이나 소심한 자들을 두둔해서 하는 말이 아니다. 마차를 예로 들어 설명하자면, 이것은 뒤에 처진 힘없는 마차를 뜻하는 것이 아니고, 오히려 강력한 힘을 마차가 지니고 있지만, 앞으로 튀어나가지 않도록 뒤에서 잘 제어해주는 최고도의 인내심 같은 것을 뜻하는 말이다. 힘을 지녔으면서도 경거망동하지 않는 것, 이것이 진짜 겸손이고 겸허함이다. 노자는 이런 것을 말하는 것이지, 아무 힘도 없이 뒤에 쳐져 있는 것을 칭찬하는 것이 아니다.

노자老子

자비로 그 담을 세우라

자비로 인해 용감해지고
검소함으로 인해 널리 베풀 수 있고
천하의 앞에 서지 않음으로 인해 온 세상의 지도자가 될 수 있다.

지금 사람들은 자비를 버리고도 또한 용감하려 하고
검소함을 버리고도 널리 베풀려고 하고
뒤에 서는 태도를 버린 채 앞서려고만 하니,
그러면 죽을 것이다.

자비를 가진 자는 그 자비 때문에 용감해질 수밖에 없다. 그러나 용감한 자라고 해서 다 자비로운 것은 아니다. 자비를 결한 채 마구 용감해지기 시작하면 그것은 잔인함이 되기 쉽다. 이라크에 파견됐던 미군병사들이 결코 용감함이 부족했던 것은 아니다. 자비를 버리고 마냥 용감해지다 보면 인간이 이상해지고 만다.

어떤 사람이 모순적인 행동을 할 때가 있다. 어떨 때 보면 후하고 관대한데, 또 어떨 때 보면 굉장히 짠돌이에 구두쇠인 사람들의 행동양식은 주변 사람들을 간혹 혼란케 할 수가 있다. 그러나 그것은 피상적으로 봤을 때만 모순적이지, 깊숙이 보면 그 사람의 행동은 내적으로 일치되어 있다. 그는 무의미한 데는 10원짜리 하나 쓰려 하지 않는다. 만약 운없이 그때 당신이 그 사람 옆에 있었더라면 구두쇠 같은 행동에 화가 날 수도 있다. 그러나 그 사람은 엄한 데다 쓰지 않고 잘 모았기 때문에 다른 곳에 널리 베풀 수 있는 것이다. 사치는 사치대로 부리면서 또 주변에 널리 베풀고 싶어 하는 부류의 사람들이 간혹 있는데, 이것은 위선의 극치이다.

> 무릇 자비란
> 그것으로 싸우면 곧 이기게 되고
> 그것으로 지키면 곧 견고하게 되는 것이다.
> 하늘이 나라를 세우게 하면
> 너는 자비로 그 담을 세우라.

무위자연의 도를 체득한 성인은 위의 세 가지 것을 보배로 삼아 몸에 잘 간직하고 보존한다. 그 중에서도 노자는 '자비'를 가장 으뜸으로 쳤다. 이 단락은 '자비무적慈悲無敵'이라는 불가의 용어를 떠올리게 한다. 어떤 누구도 적으로 대하지 않는 사람을 어떻게 이길 수 있겠는가! 그는 이미 모든 것에 대하여 다 이긴 상태에 있는 사람이다. 우리는 결코 그런 사람들을 이길 수 없다! 그는 저 높은 초연한 곳에 있다. 그는 진정한 승리자이다. 자기의 영역, 자기의 나라, 자기의 집을 '철조망'으로 담을 세우고 사는 이 시대에, '자비'로 담을 세우라는 노자의 말이 참 새삼스럽다.

노자老子

제68장

훌륭한 무사는 무용을 내보이지 않고

훌륭한 무사는 무용을 내보이지 않고,

훌륭한 전사는 성내지 않으며,

적을 잘 이기는 자는 남과 대적하지 않고,

사람을 잘 쓰는 자는 자기가 먼저 낮춘다.

이를 일러 '다투지 않는 덕'이라 하고,

이를 일러 '남의 힘을 쓰는 것'이라 하며,

이를 일러 '하늘에 짝함'이라 하노니,

옛날의 지극한 도이다.

善爲士者不武 善戰者不怒 善勝敵者不與 善用人者爲之下

선위사자불무 선전자불노 선승적자불여 선용인자위지하

是謂不爭之德 是謂用人之力 是謂配天古之極

시위부쟁지덕 시위용인지력 시위배천고지극

최상의 덕은 물과 같다

빨간 띠

아무데서나 무공을 내보이는 자는 하수다. 고수는 자신의 무공을 깊이 감추고 잘 드러내지 않는다. 어디서나 초짜가 앞에 나서 설치는 법이다. 빈 수레가 요란하고, 하룻강아지 범 무서운 줄 모르며, 익은 벼가 고개를 숙인다. 노자식으로 이야기하자면 '아는 자는 말하지 않고, 말하는 자는 알지 못한다(知者不言 言者不知).

태권도도 빨간 띠가 제일 무섭다. 빨간 띠는 자기의 무공을 드러내 보이고 싶어서 안달이다. 눈에는 살기가 등등하고, 아무데서나 발차기를 하며, 사방을 날아다닌다. 그러다가 초단을 따고 2단 3단이 되면 어딘지 점잖아지고, 5단 6단이 되면 묵직해지고, 7단 8단이 되면 마침내 눈빛이 고요해진다.

검사도 초임검사가 제일 무섭다. 그는 국가가 자기에게 부여한 신성한 사명을 완수하기 위해 아침부터 저녁까지 매우 분주하다. 초임검사한테 걸리면 뼈도 못추린다. 그는 온 세상의 악을 뿌리 뽑으려 내려온 정의의 사도이다. 초임검사에게는 안 걸리는 게 제일이다.

하수와 고수

훌륭한 무사는 무용을 내보이지 않고,
훌륭한 전사는 성내지 않으며,
적을 잘 이기는 자는 남과 대적하지 않고,
사람을 잘 쓰는 자는 자기가 먼저 낮춘다.

노자老子

노자는 《도덕경》 곳곳에서 인생을 어떻게 살아야 하는지에 대해 이야기한다. 그런데 그것을 직설적으로 남들처럼 '이러이러하게 살아라'라고 말하는 것이 아니라, 높은 경지에 도달한 어떤 달인들을 보여주면서 간접적으로 이야기한다. 이 장에서는 노자가 무사와 전사의 덕에 대해 집중적으로 이야기하고 있다.

노자가 볼 때 인생에는 하수와 고수가 있다. 하수는 목소리만 크고 시끄러울 뿐 정곡을 찌르지 못한다. 반면, 고수는 있는 듯 없는 듯 고요하지만 필요한 곳에서 바로 정곡을 찌른다. 노자는 우리에게 고수의 길을 보여준다. 하수란 무엇인가? 그것은 고비용 저효율 구조를 말한다. 그것은 남의 눈을 의식하고, 거품이 끼어 있으며, 부자연스럽다. 그렇기 때문에 그것은 결국 주변과 조화를 이루지 못하고 삐걱댄다. 반면, 고수란 무엇인가? 그것은 저비용 고효율 구조이다. 그것은, 자기가 다 하려 하지 않고 많은 부분을 하늘에 맡긴다. 그는 남의 눈을 의식하지 않고 담백하고 자연스럽게 행동한다. 그러므로 그는 주변과도 잘 조화를 이루며 물처럼 살아간다. 그런 까닭에 그는 남과 다투지 않는다. 요컨대, 노자에 의하면 하수와 고수의 가장 큰 차이는, 하수는 남과 다투지만 고수는 남과 다투지 않는다는 점이다. 이것이 바로 노자가 말하는 '부쟁지덕(不爭之德, 다투지 않는 덕)'이다.

이를 일러 '다투지 않는 덕(不爭之德)'이라 하고
이를 일러 '남의 힘을 쓰는 것'이라 하며,
이를 일러 '하늘에 짝함'이라 하노니,
옛날의 지극한 도이다.

도를 체득한 사람은 어떻게 살아가는가? 남과 다투지 않고 살아간다. 그렇게 때문에 그는 '남의 힘을 쓸 수 있는'것이며, 그렇기 때문에 이를 하늘을 거스르지 않고 '하늘에 짝하는(配天)' 삶의 방식이라 하는 것이다(문득 이 대목을 번역하다가 매일 다투며 살아가야 하는 변호사라는 내 직업이 옛날의 지극한 도와는 멀어도 한참 멀구나 하는 것을 새삼 절감하는 바이다).

노자老子

제69장 ;
주(主)가 되지 말고 객(客)이 되라

병법에 다음과 같은 말이 있다.
"내가 감히 주가 되지 말고 객이 되며,
감히 한 치 전진하지 말고 한 자 후퇴하라."

이를 일러 나아감 없이 나아가고,
없는 팔뚝을 걷어 붙이고,
없는 무기를 붙들고,
없는 적에게 다가간다고 하는 것이다.

모든 화 중에
적을 가볍게 여기는 것보다 더 큰 화는 없나니,
적을 가볍게 여기다가는 나의 보물을 다 잃고 만다.

그러므로 군사를 일으켜 서로 칠 때에는
슬퍼하는 마음으로 싸우는 쪽이 승리한다.

用兵有言 吾不敢爲主而爲客 不敢進寸而退尺

용병유언 오불감위주이위객 불감진촌이퇴척

是謂行無行 攘無臂 扔無敵 執無兵

시위행무행 양무비 잉무적 집무병

禍莫大於輕敵 輕敵幾喪吾寶 故抗兵相加 哀者勝矣

화막대어경적 경적기상오보 고항병상가 애자승의

노자와 전쟁

여기서 잠시 우리는 책을 덮어놓고 노자가 처한 입장을 한번 생각해보자. 노자의 도는 원래 무위자연의 도이다. 무위자연이란 인간의 온갖 인위와 작위를 멀리하고, 또 지략이니 지모니 하는 각종 잔재주를 부리지 않으며, 마음을 텅 비워 우주의 흐름에 따르려는 사상이다. 즉, 노자의 무위자연은 가급적 세상과의 충돌을 피하고, 가급적 내가 양보하며, 가급적 만물을 이롭게 하면서도 다투지 않으려는 삶의 태도이다. 그런데 이런 한없이 선량한 무위의 철학이 안 통하는 곳이 하나 있다. 그것이 무엇인가? 바로 전쟁이다.

전쟁이란 단적으로 내가 살기 위해서 남을 죽이는 행위이다. 전쟁은 온갖 지략과 지모가 대결하는 곳이며, 또한 그것은 가능한 모든 물자와 폭력이 동원되는 극단적인 유위이다. 이 극단적인 유위 앞에서 무위자연의 철학자 노자는 자기 입장을 어떻게 정리해야 할 것인가? 요컨대, 전쟁이란 모든 사람에게도 그렇지만, 노자에게는 특히 하나

노자老子

의 딜레마인 것이다. 전쟁이란 노자에게는 자기 철학과 완전히 상반된 것이다. 이 상황에서 노자의 입장은 무엇인가? 전쟁이든 말든 자기는 철학자이니까 끝까지 저 선량한 무위의 철학을 부르짖다가 깨끗이 순교할 것인가, 아니면 철학자도 우선 사람이니까 그동안의 무위의 철학은 없던 걸로 내팽개치고 잠시 생존을 위한 다른 방식을 강구할 것인가?

소극전쟁과 적극전쟁

바로 앞의 제68장의 결론이 다름 아닌 '부쟁지덕不爭之德'이었다. 그러므로 여기까지는 괜찮다. 아직 전쟁이 안 터졌으니까. 그러나 이제 전쟁이 터졌다. 이 상황에서 어찌할 것인가?

병법에 따르면 다음과 같은 말이 있다.
"내가 감히 주主가 되지 말고 객客이 되며,
감히 한 치 전진하지 말고 한 자 후퇴하라."

병가兵家의 말이라면서 노자가 몇 마디를 인용하고 있는데, 그것이 진짜 병가의 말인지 도가의 말인지는 별로 중요한 것이 아니다. 중요한 것은 그 내용이다. 노자는 전쟁에서 주가 되지 말고 객이 되라고 말하고 있다. 이것은 무슨 뜻인가? 주란 먼저 거병하여 전쟁을 일으킨 쪽을 가리키며, 객이란 나중에 부득이하게 응전하는 쪽을 가리킨다. 즉, 먼저 전쟁을 일으키지 말고, 상대방이 쳐들어오면 그때 가서 방어

전에 임하라는 의미이다. 이것이 이 문장의 일차적인 의미이다. 그러나 이 말에는 좀더 깊은 뜻이 있다. 즉, 자기가 전쟁의 주인으로 나서 모든 것을 쥐락펴락 하는 적극 전쟁을 펼치지 말고, 남의 집의 손님처럼 그때그때 상황에 따라 최소한으로만 대처하는 소극전쟁을 하라는 것이다. 요컨대, 노자는 전쟁에서도 그 빈틈을 보고 무위의 원리에 따라 소극전쟁을 권하고 있다.

전자의 형태인 적극전쟁을 극단적인 형태로 발달시킨 것이 바로 19세기 프로이센의 전략가 클라우제비츠(Clausewitz)이며, 후자의 형태인 소극전쟁을 가장 잘 발달시킨 것이 《손자병법孫子兵法》으로 우리에게 잘 알려진 손자孫子다. 같은 전쟁에 임하면서도 이들의 태도는 매우 다르다. 먼저 클라우제비츠를 보자. 클라우제비츠는 눈 먼 야수와도 같다. 그는 전쟁의 불확실성 때문에 아무것도 믿지 않는다. 그는 가능한 모든 폭력을 동원하여 모든 것을 공격하고 모든 것을 부순다. 이것이 그가 제시한 '절대전쟁(absolute war)'의 개념이다. 그에 따르면 적을 격파하는 수단은 오직 전투뿐이다. 오직 모든 군사행위를 무자비하게 사용하는 대규모의 전투만이 최대한의 효과를 가져 온다고 그는 생각한다. '혈전 없이 정복했다는 이야기들은 경청하지 말자'고 그는 말한다.

허나, 손자는 그렇게 생각하지 않는다. 그는 전쟁의 불확실성 속에서도 신중하며 주의 깊게 행동한다. 그는 전쟁에서조차 무모한 행동보다는 정확한 인식을 중요시하여 끝까지 적을 알고자 한다. 그리하여 '적을 알고 나를 알면 백 번을 싸워도 위태롭지 않다(知彼知己 百戰不殆)'고 말한다. 준비 없는 무모한 대규모 전투를 줄이고자 하는 이 신

노자老子

중한 전쟁 개념을 우리는 '최소전쟁'이라 부를 수 있을 것이다.

《손자병법》을 읽다보면 우리는 간결하면서도 은미隱微한 그의 문장들에서 가끔 노자를 연상케 된다. 손자는 노자와는 전혀 다른 것을 이야기했지만, 노자에게서 가장 중요한 통찰 몇 가지를 차용해서 갖다 썼다고 할 수 있다. 내용은 사뭇 다르지만 그 방식이 매우 흡사하다고나 할까.

역사상 나폴레옹이 처음 선보였던 무제한적인 대규모형태의 전쟁이 클라우제비츠에게서 '절대전쟁'의 개념으로 이론화됐다는 것은 널리 알려진 사실이다. 그 후 이 무모하고 미친 전쟁개념은 전 유럽을 휩쓸었다. 과거 로마의 지혜로운 장군 파비우스(Fabius, 지연전의 대가) 같은 인물이 근대 유럽에 있었더라면 아마 클라우제비츠의 절대전쟁 보다는 손자의 최소전쟁을 분명 선호했겠지만, 유럽의 근대 역사는 그렇게 진행되지 못했다. '절대전쟁'의 개념은 프로이센의 군사학교를 중심으로 독버섯처럼 전 유럽으로 번져나갔고, 그 후 제1차 세계대전과 제2차 세계대전은 모두 이 절대전쟁 이론 위에서 행해졌다 해도 과언이 아니다. 현대의 '총력전'의 개념은 인공위성의 등장과 신무기의 개발로 많이 달라졌지만, 그 개념 역시 클라우제비츠의 '절대전쟁'에서 그리 멀리 있는 것이 아니다. 이 사악하고 무모한 전쟁개념을 바꾸지 않는다면 우리 인류는 언제까지 존속할 수 있을까? 아마 우리 인류는 돌이킬 수 없을 정도로 모두 공멸해가면서 그때야 노자《도덕경》을 꺼내들고 서로 멀뚱멀뚱 얼굴을 쳐다보지 않을까?

노자의 무위는 태평성대에서 나온 것이 아니다. 노자의 무위는 아무 할 일 없는 고요한 산중에서 나온 것이 아니고 삶이 위태위태한 전쟁통 속에서 나온 개념이다. 그러므로 우리는 노자를 오해하면 안 된다. 노자의 무위는 결코 무위도식이 아니다. 그것은 생명의 원리이며, 삶의 예술이고, 공존의 기술이다. 전쟁을 일으키는 자들은 누구인가? 전쟁이 일어났을 때 그 득을 보는 자들은 누구인가? 막상 전쟁이 일어나면 전 인류적으로 피해를 최소화하는 길은 무엇인가? 삶과 죽음이 한순간에 갈리는 전쟁터에서 어떻게 해야 내 군사도 살리고 전쟁도 이길 것인가? 노자는 말한다. '감히 주가 되지 말고, 객이 되라. 한 치 전진하려 하지 말고 한 자 후퇴해라.' 깊이 생각해볼 문장이다.

적을 가벼이 여기지 마라

이를 일러 나아감이 없이 나아가고,
없는 팔뚝을 걷어붙이고,
없는 무기를 붙들고
없는 적에게 다가간다고 하는 것이다.

나아감이 없이 나아간다는 것은 요란을 떨며 진군하지 않는다는 뜻이며, 없는 팔뚝을 걷어붙인다는 것은 괜히 흥분하지 않는다는 뜻이고, 없는 무기를 붙든다는 것은 무기를 함부로 잡지 않는다는 뜻이며, 없는 적에게 다가간다고 하는 것은 맞서 함부로 경솔하게 진격하지 않는다는 뜻이다. 이 구절들은 다소 비유적으로 쓰여 있어서 다양하게 해석될 수 있지만, 전체적인 취지는 전쟁에 임해서도 무위의 도를 잃지 말라는 것이다.

550

모든 화 중에

적을 가볍게 여기는 것보다 더 큰 화는 없나니,

적을 가볍게 여기다가는 나의 보물을 다 잃고 만다.

그러므로 군사를 일으켜 서로 칠 때에는

슬퍼하는 마음으로 싸우는 쪽이 승리한다.

상대편 군대를 궤멸시키겠다느니, 상대편 영토를 초토화시키겠다느니, 상대편의 모든 것을 초전박살 내겠다느니 하는 낭만적이고 무모한 생각들을 버려라. 이 세상의 어떤 적도 그렇게 호락호락하지 않다. 적을 절대 가볍게 여기지 마라. 적을 가볍게 여기는 것은 인생에서 망하는 지름길이다. 자신감에 차 있는 것은 좋다. 그러나 과도한 자신감, 그것은 자만심이며 적을 가볍게 여기는 것이다. 적을 가볍게 여기는 자는 반드시 판단을 그르치며, 한순간에 자기의 보물을 다 잃고 만다. 화막대어경적(禍莫大於輕敵, 적을 가볍게 여기는 것보다 더 큰 화는 없다). 이 한마디를 가슴에 새겨라. 몸을 낮추고 신중하라. 이것이 현자의 삶의 방식이다.

또 인류가 미쳐 날뛰는 전쟁이라고 하는 것은 이기고 지는 것을 떠나 비참하고 슬픈 것이다. 그러니 군사를 일으켜 서로 전쟁하게 되더라도 거들먹거리지 말고 슬퍼하는 마음으로 전쟁에 임하라. 슬퍼하는 마음으로 싸우는 쪽이 이길 승산이 크다. 기고만장하면 진다.

제70장 ;
베옷을 걸치고 구슬을 감춰라

내 말은 심히 알기 쉽고 심히 행하기 쉬운데
사람들은 알지 못하고 행하지 못한다.

말에는 근원이 있고
일에는 중심이 있거늘,
저들이 이를 알지 못하는 까닭에
나를 이해하지 못하는 것이다.

나를 이해하는 자 드물고
나를 따르는 자 귀하니,
그러므로 성인은 겉에는 베옷을 걸치고
안으로 구슬을 품고 있다.

吾言甚易知 甚易行 天下莫能知 莫能行
오언심이지 심이행 천하막능지 막능행

言有宗 事有君 夫唯無知 是以不我知

언유종 사유군 부유무지 시이불아지

知我者希 則我者貴 是以聖人被褐懷玉

지아자희 즉아자귀 시이성인피갈회옥

노자의 고독

그대가 인생에서 위대한 도를 얻으면 온 세상이 그대를 따르며 칭
송할 것 같은가? 그대가 오랜 노력 끝에 심오한 진리를 깨우치면 온
천하가 같이 기뻐하며 즐거워할 것 같은가? 천만의 말씀이다. 만에 하
나 그대가 그러기를 바래서 도를 구하고 진리를 추구한 것이라면 차
라리 지금 당장 그대의 추구를 멈추는 것이 좋을 것이다. 세상은 결코
'진리'를 좋아하지 않는다. 그러기는커녕, 그대가 만약 도를 얻으면 그
때부터 세상은 그대를 멀리하고, 배척하며, 핍박하려 든다.

예수는 '진리가 너희를 자유케 하리라'고 말했지만, 정작 그 자신
은 진리의 희생양이 되어 십자가 위에서 처형당하지 않았던가! 스피
노자(Spinoza)는 파문당했으며, 조르다노 부르노(Giordano Bruno)는 화형
에 처해졌으며, 윤휴와 박세당은 사문난적으로 몰려 사약 먹고 죽지
않았던가! 노자는 무사히 살아남아 불후의 저서를 남겼지만, 그 역시
우수와 고독을 맛보지 않을 수 없었다. 그대가 낮고 고만고만한 도에
머물러 있으면 그대 옆에는 같이 놀자는 친구와 동료가 많을 것이다.
그러나 그대의 도가 높으면 높을수록, 위대하면 위대할수록 그대의

고독은 깊어간다.

노자는 어느 장에서는 '웃음거리가 되지 않으면 도라고 하기에 부족하다(제41장)'고 탄식하는가 하면, 또 어느 장에서는 '뭇사람들은 모두 쓸모가 있는데, 나 홀로 어리석고 촌스럽구나(제20장)'하며 쓸쓸히 읊조리고, 또 어느 장에서도 '천하가 모두 이르기를 나의 도는 광대하지만, 어리석은 것 같다고 한다(제67장)'며 한숨짓고 있다. 이 장도 마찬가지이다. 이 장도 역시 한 위대한 인물이 느낄 수 밖에 없었던 실존론적인 고독을 절절히 보여준다.

> 내 말은 심히 알기 쉽고 심히 행하기 쉬운데
> 사람들은 알지 못하고 행하지 못한다.

이것이 '진리'와 '세상'과의 관계이다. 세상은 진리 같은 것을 별로 좋아하지 않는다. 왜냐하면 진리는 사람들을 꾸짖으며, 잠 못 들게 하고, 각성시키며, 불편하게 하기 때문이다.

노자의 탄식

> 말에는 근원이 있고 (言有宗)
> 일에는 중심이 있거늘 (事有君)
> 저들이 이를 알지 못하는 까닭에
> 나를 이해하지 못하는 것이다.

노자老子

노자는 자기의 말에는 근원(宗)이 있다고 한다. 그것이 무엇인가? 바로 도이다. 노자의 모든 설법은 도에서 나온다. 또 노자는 자기의 일에는 중심(君)이 있다고 한다. 그것이 무엇인가? 그 역시 도이다. 노자는 도에서 벗어난 일에는 별 관심이 없다. 천지 만물과 인간의 행위 모두를 관통하는 도가 우주에는 있다. 노자는 이것을 사람들에게 말하고자 한다. 그런데 세상 사람들은 눈앞의 사물에 사로잡혀 하루하루 살아갈 뿐, 사물의 배후에 있는 어떤 근원적인 원리에 대해서는 알려고 하지 않는다. 그래서 그들과 노자 사이에는 거대한 괴리가 있는 것이다.

피갈회옥(被褐懷玉)

나를 이해하는 자 드물고
나를 따르는 자 귀하니,
그러므로 성인은 겉에는 베옷을 걸치고
안으로 구슬을 품고 있다.

우리 인간은 아는 것이 상식과 통념뿐이며, 또 그런 이유에서 오로지 상식과 통념에 의존하여 우주의 비밀을 인식하려 하지만, 그렇게 알게된 우주의 모습은 왜곡된 것이며 조작된 것이지 결코 우주의 참모습이 아니다. 그러므로 궁극의 진리를 깨우치려면 어느 순간에 상식과 통념을 완전히 뒤집어엎고, 인간중심적인 사유방식으로부터 과감히 탈피해야 한다.

누구든 상식과 통념(이것을 중시하는 부류는 유가이다)을 꽉 움켜쥔 채로는 우주의 도를 깨우칠 수 없다. 노자는 근원의 도를 말하려 하나, 세상 사람들은 자기들에게 편리한 인간중심적 사유를 벗어나지 않으려 하니 어찌 그들이 노자를 이해할 수 있겠는가! 세상이 이해하고 따르는 것은 자기들이 원하는 것과 비슷하게 생긴 작고 고만고만한 도이지, 인간 이해의 한도를 넘어서는 광대무변한 도가 결코 아니다. 그러나 생각해보라. 도가 인간 이해의 한계 아래 놓여 있는 것이라면 그것이 무슨 도일 수 있겠는가! 그런 것은 도가 아니라 인간의 머리로 구축한 개념이나 논리일 뿐이다. 도는 인간이 만들어낼 수 있는 것이 아니다. 도는 인위적인 형식 이전에 존재하는 자연의 질서이다.

그러나 이렇게 크고 심원한 것을 말하는 노자 같은 이는 인류 역사에서 언제나 이해하는 자 드물고, 따르는 자 귀하다. 그러니 어찌하겠는가. 보물을 알아보는 이가 없으니 그 보물을 깊이 감춰야 하지 않겠는가! 시대가 하수상하여 어지러울 때는 조용히 초야에 묻혀 겉에는 거친 베옷을 두르고 안으로 구슬을 품어 가려야 하지 않겠는가! 이것이 이른바 '피갈회옥被褐懷玉'이다. 소크라테스는 돼지들에게 너의 진주를 던져주지 마라고 했지만, 노자는 '돼지들'이라고 까지는 말하지 않는다. 다만, 함부로 너의 구슬을 내보이지 마라고 말할 뿐이다.

노자老子

제71장 ;
병을 병인 줄 알면 병이 사라진다

알지 못함을 아는 것이 가장 좋고,
알지 못하면서도 안다고 생각하는 것은 병이다.

오직 병을 병인 줄 알면
병이 사라진다.

성인에게는 병이 없나니,
병을 병으로 아는 까닭에
병이 없는 것이다.

知 不知 上 不知 知 病 夫唯病病 是以不病

지 부지 상 부지 지 병 부유병병 시이불병

聖人不病 以其病病 是以不病

성인불병 이기병병 시이불병

불능지(不能知)

가령, 여기에 풀이 있다고 하자. 처음에 우리는 이것이 무엇인지 몰랐다. 즉, 미지未知이다. 그러다가 우리는 여기에 풀이라는 이름을 붙히고, 여러 종류로 분류도 하고, 계통화·범주화 시켜서 식물도감을 만들어낸다. 이로써 우리는 풀에 대해 알게된 것이다. 즉, 기지既知이다. 그러나 냉정히 생각하면 우리가 저 풀에 대해서 도대체 무엇을 알아낸 것인가? 거기에 '풀'이라는 이름을 붙인 것 외에 특별히 한 게 무어 있는가? 고작 그 풀이 옆에 있는 풀하고 닮았네 안 닮았네 하는 거, 그리고 그 풀이 쓰네 다네 하는 정도 외에 우리가 정말로 그 풀에 대해 아는 게 무엇이 있는가? 여전히 그 풀의 본질은 우리에게 알려지지 않은 채 하나의 신비로 남아있지 않은가?

미국의 시인 월트 휘트먼(Walt Whitman)의 《풀잎》이란 시집에 이런 시가 있다.

한 아이가 두 손에 가득 풀을 들고
"풀은 무엇입니까"하고 내게 묻는다.
내가 어떻게 그 아이에게 대답할 수 있겠는가.
나도 그 아이처럼 그것이 무엇인지 모른다.

나는 그것이 필연 희망의 푸른 천으로 짜여진
나의 천성의 깃발일 것이라고 추측한다.
아니면 그것은 주님의 손수건이거나,

노자老子

신이 일부러 떨어뜨린 향기로운 기념품일 것이고,

소유주의 이름이 구석 어딘가에 들어 있어

우리가 보고서 "누구의 것"이라 말할 수 있는 것이다.

또한 나는 추측한다.

풀은 그 자체가 어린아이,

식물에서 나온 어린아이일 것이라고.

혹은 그것은 모양이 한결같은 상형문자일 것이라고.

(후략)

그렇다. 휘트먼의 말처럼 우리는 주변에서 매일 보고 만지는 풀조차도 그것이 무엇인지 명확하게 아이에게 대답해주지 못한다. 우리는 풀이라고 부를 뿐, 여전히 그것이 무엇인지 모른다. 풀만이 아니라 이 우주의 천지 만물에 대해서도 우리는 사실 그것들이 무엇인지 전혀 알 수가 없다. 세상의 모든 삼라만상은 늘 우리 주변에 있지만, 그것들은 휘트먼의 말처럼 여전히 하나의 '상형문자'로 존재하는 것이다.

휘트먼이 노자의 《도덕경》을 보았는지는 알 수 없지만, 지금 휘트먼은 노자가 하고자 하는 말을 가장 정확히 해석하고 있다.

알지 못함을 아는 것이 가장 좋고

알지 못하면서도 안다고 생각하는 것은 병이다.

우리는 풀에 대해 그것이 무엇인지 모른다. 그러나 우리 중 많은 사람들은 이름을 안다는 이유로 자신이 풀에 대해 안다고 생각한다. 노자는 말한다. 알지 못하면서도 안다고 생각하는 것은 병이라고.

오류를 오류로 아는 것

오직 병을 병인 줄 알면
병이 사라진다.

정신과 의사들의 말을 들어보면 정신병자와 정신병자 아닌 사람을 구별하는 쉬운 방법이 있다고 한다. 만약 어떤 사람이 '아무래도 내가 정신이 이상해진 것 같은데'라고 말하면 그 사람은 정신병자가 아니고, '나는 정신병자가 아니라니까. 이 자식들아'라고 외치는 사람은 대개 정신병자라는 것이다.

《장자》〈천지〉 편에 보면 또 이런 말이 있다. '자신의 어리석음을 아는 자는 크게 어리석은 것이 아니며(知其愚者 非大愚), 자신의 미혹을 아는 자는 크게 미혹된 것이 아니다(知其惑者 非大惑).'

불가佛家에 이런 말이 있다. '환幻을 환으로 보면 환이 사라진다.'

우리의 정신이 오류로부터 구제되는 것은 남의 힘으로 되는 것이 아니다. 오로지 스스로 자신의 오류가 오류인줄 알 때만 오류가 사라진다.

노자老子

투사와 왜곡

성인에게는 병이 없나니,
병을 병으로 아는 까닭에
병이 없는 것이다.

인도의 위대한 각자覺者 니사가다타 마하라지(Nisargadatta Maharaj)는 '진리가 무엇입니까'라고 묻는 제자들에게 항상 이렇게 말했다. '거짓을 거짓으로 아는 것, 그것이 진리이다(To see the false as false is Truth).' 진리는 객관적인 물건처럼 제3의 장소에 존재하는 것이 아니다. 진리는 존재와 밀접하게 결부되어있다. 마음속에 오류를 한 보따리 지니고 있으면서, 그것과는 별도로 또 다른 진리를 구한다는 것은 한없이 어리석은 이야기이다. 인식의 오류와 착오, 투사와 왜곡이 사라진 것 그것이 진리이고 도이지, 진리와 도가 어디 다른 데에 있는 것이 아니다. 성인에게는 투사와 왜곡이 없다. 그는 투사와 왜곡을 투사와 왜곡인 줄 아는 까닭에 투사와 왜곡이 사라지고 없는 것이다. 그런데 범인凡人들은 이와는 반대로 투사와 왜곡을 잘못된 믿음으로 강화시키려 든다. 그러다 보니 문제가 복잡해지는 것이다.

제72장 ;
백성들이 권위를 두려워하지 않으면

백성들이 권위를 두려워하지 않으면
결국 극단의 권위에 이르게 될 것이니,
백성들이 사는 곳을 억누르지 말고
그들의 삶을 핍박하지 말라.

그들을 핍박하지 않으니
그들도 싫어하지 않는다.

그러므로 성인은
스스로를 잘 알면서도 자신을 드러내지 않고,
스스로를 사랑하면서도 자신을 존귀하다 하지 않는다.
그리하여 저것을 버리고 이것을 취한다.

民不畏威 則大威至

민불외위 즉대위지

無狹其所居 無厭其所生 夫唯不厭 是以不厭

무협기소거 무염기소생 부유불염 시이불염

是以聖人自知不自見 自愛不自貴 故去彼取此

시이성인자지불자현 자애불자귀 고거피취차

공포 정치

이 장은 나라를 다스리는 위정자에 대한 경고를 담고 있는데, 그 내용은 한마디로 법가적인 위威의 정치를 버리고 무위자연의 정치로 돌아가라는 뜻이다. 춘추전국시대에는 세상이 혼란했던 때였던 만큼 힘을 앞세운 법가적인 유위의 정치가 대세를 이루었고, 이러한 폭압적인 정치 아래서 백성들은 매우 힘들고 고달픈 삶을 영위하고 있었다. 《도덕경》 여기 저기에 통치자에 대한 충고나 경고가 자주 등장하는 것은 이런 사회상을 반영하는 것이다.

백성들이 권위를 두려워하지 않으면
결국 극단의 권위에 이르게 될 것이니

누가 결국 극단의 권위에 이르게 되는가? 왕인가? 백성인가? 당연히 왕이다. 공포정치를 휘두르는 왕은 백성들이 자신을 두려워하기 때문에 그나마 권력을 유지하고 있는 것인데, 백성들이 어느날 왕의 권위를 더 이상 두려워하지 않게 되면 문제가 심각해진다. 이른바

위威를 위威로 여기지 않는 상황이다. 이렇게 되면 독재자에게는 별다른 선택이랄 것이 없고, 결국 백성을 극형으로 다스리는 등의 극단의 권위로 나아갈 수밖에 없다. 이것이 독재자들이 밟아가는 수순이다. 한 번 힘의 정치에 발을 디디면 나중에 발을 빼고 싶어도 뺄 수가 없다. 그는 오로지 처음 시작한 위압과 권위를 점점 강화하는 방식으로 나아갈 수밖에 없다. 그리하여 극단의 권위에 이르게 되면, 그 다음은 어찌 되는가? 그 다음에 그를 기다리는 것은 급격한 파국이다. 이것은 온 세계 역사가 보여주는 바이다.

> 백성들이 사는 곳을 억누르지 말고
> 그들의 삶을 핍박하지 마라.
> 그들을 핍박하지 않으니
> 그들도 싫어하지 않는다.

첫 단락에서는 노자가 정치의 악순환에 대해 이야기했다면 여기서는 지금 정치의 선순환에 대해 이야기하고 있다. 지나친 유위와 작위, 지나친 위압과 형벌을 거둬라. 백성을 자유롭게 살게 해주고 그들을 핍박하지 않는다면 그들이 왜 왕을 싫어하겠는가.

존귀해지는 병

> 그러므로 성인은
> 스스로를 잘 알면서도 자신을 드러내지 않고

노자老子

스스로를 사랑하면서도 자신을 존귀하다 하지 않는다.

그리하여 저것을 버리고 이것을 취한다.

스스로를 잘 안다는 것은 무슨 뜻인가? 자신에게 백성을 통치할 권위나 권력이 있음을 잘 안다는 뜻이다. 그럼에도 불구하고 그 힘을 드러내거나 과시하지 않는다는 것은 매우 어려운 일일 것이다. 우리는 조그만 건물의 수위만 되도 그 권력을 휘두르고 싶고, 동네에서 통반장만 되도 목에 힘이 들어가는데, 한 나라의 임금이 되었는데 어찌 자신의 힘을 드러내보고 싶지 않겠는가. 노자는 또 스스로를 사랑하면서도 자신을 존귀하게 여기지 말라고 충고하고 있다. 자신을 존귀하게 여기는 병은 쉽게 고칠 수 있는 병이 아니다. 자신을 사랑하는 자는 누구나 조금씩 이 병이 있으며, 자신을 지나치게 사랑하다 보면 그 병이 깊어져 문제를 일으킨다. 그러나 자신을 존귀한 존재로 여기기 시작하면, 그때부터 자기 자신이 인생에서 짐이 되기 시작한다. 그의 태도는 경직되고, 그의 행동거지는 부자연스러워진다. 그렇게 되면 그는 인생에서 요구하는 것이 많아지고, 유위와 작위를 일삼게 되며, 아부하는 자들이 옆에 있어줘야 하며, 자신에게 반대하는 자들은 가혹한 형벌로써 짓누르려 한다. 이렇게 해서 전제정치를 행하는 독재자 왕이 탄생하는 것이며, 형벌정치가 대두되는 것이다. 이런 것을 멀리 가서 찾을 필요도 없다. 우리 대한민국의 역사에도 이런 것은 흔하게 나타났다. 그러므로 성인은 이런 길을 가지 않는다. 그는 저것(법가적 전제정치)을 버리고 이것(무위자연의 정치)을 취한다.

제73장 ;
하늘의 그물은 성긴 듯하나

감행하는 데 용감하면 곧 죽이게 되고
감행하지 않는 데 용감하면 곧 살리게 된다.
이 두 가지는 혹은 이롭고 혹은 해롭다 하나,
하늘이 진실로 무엇을 싫어하는지
누가 그 까닭을 알겠는가?
성인마저도 그것을 어려워한다.

하늘의 도는
싸우지 않고서도 잘 이기고
말하지 않아도 잘 응하며
부르지 않아도 스스로 찾아오고
느슨하면서도 잘 도모한다.

하늘의 그물은 넓고 커
성긴 듯 하나 어느 것 하나 놓치는 일이 없다.

노자老子

勇於敢則殺 勇於不敢則活 此兩者或利或害

용어감즉살 용어불감즉활 차양자혹이혹해

天之所惡 孰知其故 是以聖人猶難之 천지소오 숙지기고 시이성인유난지

天之道 不爭而善勝 不言而善應 不召而自來 天然而善謀

천지도 불쟁이선승 불언이선응 불소이자래 천연이선모

天網恢恢 疏而不失 천망회회 소이불실

용감한 사람

감행하는 데 용감하면 곧 죽이게 되고

감행하지 않는 데 용감하면 곧 살리게 된다.

이 두 가지는 혹은 이롭고 혹은 해롭다 하나,

하늘이 진실로 무엇을 싫어하는지

누가 그 까닭을 알겠는가?

성인마저도 그것을 어려워한다.

지나치게 용감하면 사람을 죽이게 되고, 신중하면 사람을 살릴 수 있다. 특히, 국가의 형벌제도와 관련하여 고찰하면 용감함의 문제는 그 위험성이 백일하에 드러난다. 국가가 죄인을 다스릴 때 지나치게 용감하면 경직된 엄벌주의로 흘러 백성을 죽이게 되고, 신중을 기하면 백성을 살리게 된다. 그러니 형벌권을 집행함에 있어서 지나친 유위나 작위를 멀리하고 무연자연을 따라야 한다.

사람들은 이 두 가지에 대해 어느 경우에는 이롭다 하고 어느 경우에는 해롭다 하지만, 그것은 모두 자기네들의 세속적 이해관계에 따라 달라지는 것일 뿐, 정말로 그들이 죽을 짓을 했는지 어땠는지는 아무도 모른다. 그들은 다만 하늘의 이름을 빙자하여 형벌권을 제멋대로 행사하고 있지만, 그것은 국가권력을 거머쥔 자들이 하는 소리일 뿐 하늘이 진실로 무엇을 싫어하고, 누구를 벌하고 싶어 하는지 누가 알 것인가? 그 일은 너무도 어려운 일이라서 성인마저도 어려워한다. 그런데 국가권력을 쥐고 있다고 해서 함부로 잔인한 형벌을 만들어 백성들을 괴롭히고 억압해서야 되겠는가?

이 장에서 노자는 가혹한 형벌정치를 내세웠던 법가法家를 비판하고 있다. 춘추전국시대 왕들은 국가의 기강을 잡기 위하여 법가를 많이 등용시켰다. 대표적인 것이 이사李斯, 한비자韓非子, 상앙商鞅 등인데, 이들은 진나라·한나라 등에서 법술을 펼쳤다. 노자는 이들 법가들의 힘의 정치를 비판하고 있다. '감행하는 데 용감하면 곧 죽이게 되고, 감행하지 않는 데 용감하면 곧 살리게 된다. 요컨대, 국가권력이 지나치게 교만해져 법을 함부로 농단하면 백성을 죽이는 일이 발생하게 된다. 그리고 이 점은 지금도 역시 마찬가지이다. 우리 시대에도 이사가 있고, 한비자가 있고, 상앙이 있다. 그들은 하늘의 뜻을 마치 자기들이 다 아는 것처럼 제멋대로 법을 집행하지만, 진실로 하늘의 뜻이 무엇인지 누가 그것을 알겠는가! 우리 시대의 이사들이여, 한비자들이여, 상앙들이여, 너무 용감무쌍해지지 마라. 신중해지고, 겸허해져라. 지나치게 용감해지면 사람을 죽이게 된다. 부디 노자의 충고에 귀 기울여라.

노자老子

과잉행동장애

하늘의 도는
싸우지 않고서도 잘 이기고
말하지 않아도 잘 응하며
부르지 않아도 스스로 찾아오고
느슨하면서도 잘 도모한다.

하늘을 보라. 하늘은 우주라는 저 거대한 천체를 아무런 잡음 없이 운행시키고 있지 않느냐. 우리는 이 작은 고을 하나를 다스리면서도 온갖 잡음을 일으키지만, 하늘은 우리의 상상을 초월할 만큼 크고 광대한 우주를 운행시키면서도 어떤 잡음도 일으키지 않는다. 하늘은 결코 우주를 돌리면서 어떤 유위나 작위도 행하지 않으며, 어떤 우격다짐도 쓰지 않고, 어떤 강제력도 동원하지 않는다.

하늘은 무슨 일을 억지로 행하는 법이 없지만, 모든 일을 완벽하게 해낸다. 그런데 우리 인간들은 왜 이것이 안 될까? 노자는 인간의 여러 영역에 걸쳐 '행위의 과잉'을 꼬집는다. 하늘은 싸우거나 억지 쓰거나 하지 않고도 만사를 잘 해내는데, 우리 인간은 도처에서 남과 싸우며 충돌을 일으킨다. 하늘은 이런 저런 잔소리를 하지 않아도 모든 것이 순조롭게 돌아가는데, 우리 인간은 도처에서 남에게 소리를 지르고 눈을 부라린다. 하늘은 특별히 누구를 부르지 않아도 봄·여름·가을·겨울 계절들이 제때에 알아서 찾아오는데, 우리 인간은 제때 알아서 오는 놈이 하나도 없다. 꼭 목에 핏대를 세워 불러대야 마지 못해 온다. 또, 하늘은 모든 일은 항상 느슨하며 엉성하게 하는 듯하면서도 한 번도 그 운행에 차질이 없지만, 우리 인간은 뭐가 그리도 불안하고 조급한지 도처에서 불안 증세와 강박 증세를 보인다. 우리 인간들의 이러한 모든 '과잉행동장애'(즉 노자가 말하는 유위와 작위)는 결국 우리가 하늘의 도를 본받지 못하는 데서 생기는 병이다.

이런 병이 개인에게는 틱장애나 불안장애·공황장애등 이상한 행동으로 나타나게 되는 것이며, 사회에는 유연한 온건 사상의 퇴조와 동시에 가혹한 형벌 위주의 사상 등으로 나타나는 것이다. 오늘날 세상은 개인도, 사회도, 국가도 병들어 가고 있다. 그리고 병들어 가는 이 상황에서 재능 있는 자들이 앞다투어 가며 이런저런 단기처방들을 내놓고 있다. 그러나 반짝 효과를 노리는 그러한 각종 처방과 테라피·힐링 등은 표면의 증세만을 고칠 뿐 병의 뿌리를 다스리지 못한다. 유위와 작위, 이것이 사실은 모두 다 병의 증세들이며, 병의 징후들이다. 전문가를 자처하는 이들이 내놓는 여러 처방이라는 것도 실은 유위와 작위를 벗어나지 못하고 있다. 노자가 말하는 무위의 참뜻을 이해하지 못하면, 개인이든 사회든 진정으로 건강해지기가 어렵다.

천망회회

하늘의 그물은 넓고 커
성긴 듯 하나 어느 것 하나 놓치는 일이 없다.

노자老子

'천망회회 소이부실天網恢恢 疎而不失'. 《도덕경》 중에서도 유명한 구절이다. 천망이란 하늘의 그물이란 뜻이고, 회회恢恢란 크고 또 크다는 뜻이다. '천망회회'란 도의 모습이다. 천도天道가 급하거나 과격하지 않은 것처럼, 천망天網 역시 촘촘하거나 빡빡하지 않다. 천망은 그물코가 크고 넓다. 그것이 천망의 존재 양식이다. 하늘은 우리처럼 조급하거나 바쁘거나 속이 좁거나 옹졸하지 않다. 그것은 너무 커서 우리 눈에 보이지도 않는다. 천망은 확실히 성긴 듯하다. 허나 어느 것 하나 놓치는 일이 없다(疎而不失).

　그러나 우리 인간들은 천망의 그물코가 너무 커서 우리의 분노와 정의 관념을 충족시켜주지 못한다고 판단하여 법가를 시켜 법이라는 이름의 촘촘한 그물을 만들었다. 그렇다면 그 그물은 공정한가? 앞에서 이미 노자가 지적한 것처럼 그런 일에 너무 지나치게 용감하면 사람을 죽이게 되는 것이다. 그러니 너무 인간의 법을 좋아하지 마라. 만사를 인간의 법으로 하려 하지 말고 하늘의 법에 맡겨라. 천망은 우리 눈에 너무 넓고 커 보이는 것 같지만, 그것은 어느 것 하나 놓치는 일이 없기 때문이다.

제74장 ;
백성들이 죽음을 두려워하지 않으면

백성들이 죽음을 두려워하지 않으면
어떻게 죽음으로 그들을 위협할 수 있겠는가.
비록 백성들이 항상 죽음을 두려워하고
그래서 못된 짓을 하는 자를 내가 잡아다 죽인다 한들
누가 감히 이를 행할 것인가.

죽음을 맡은 이는 따로 있는 것인데
누가 나서서 그를 대신하겠다고 한다면
이를 일러 목수를 대신하여 나무를 베는 것이라 한다.
목수 대신 나무를 베겠다고 나서는 사람치고
그 손을 다치지 않은 이가 드문 법이다.

民不畏死 奈何以死懼之 민불외사 나하이사구지

若使民常畏死而爲奇者 吾得執而殺之 孰敢

약사민상외사이위기자 오득집이살지 숙감

　　　　　　　　　　　　　　　　　　노자老子

常有司殺者殺 夫代司殺者殺 상유사살자살 부대사살자살

是謂代大匠斲 夫代大匠斲者 希有不傷其手矣

시위대대장착 부대대장착자 희유불상기수의

죽음을 맡은 이

제72장부터 여기까지는 하나의 테마로 서로 연결돼 있는 구조로, 노자는 제72장에서 '위威'를 쓰는 폭압정치를 비판하였고, 제73장에서는 인위적인 심판보다는 하늘의 심판에 따라야 한다며 '천망天網'을 이야기했으며, 이 장에서는 죽음을 맡은 이, 즉 '사살자司殺者'는 따로 있다는 사상을 펼쳐보이고 있다.

백성들이 죽음을 두려워하지 않으면

어떻게 죽음으로 그들을 위협할 수 있겠는가.

법가적인 '위威'의 정치가 최악의 상황에 도달한 경우이다. 극단의 권위인 사형조차도 백성들이 두려워하지 않는다면 무엇으로 백성들을 내리누를 수 있겠는가. 없다. 일이 이쯤되면 그 권력은 풍전등화이고 그 나라는 민중봉기에 직면해 있다.

비록 백성들이 항상 죽음을 두려워하고, 그래서 못된 짓을 하는 자를 내가 잡아다 죽인다 한들 누가 감히 이를 행할 것인가.

앞서의 경우보다는 조금 나은 상황으로 최소한 이 나라에서는 백성들이 죽음을 두려워는 하고 있으나, 이 경우에도 여전히 사형제도는 문제이다. 부정을 일삼는 자, 정도에 어긋난 자, 못된 짓을 하는 자를 내게 권력이 있으니 내가 잡아다 죽일 수는 있겠지만 어떻게 백성을 함부로 죽일 수 있을 것인가. 또 인간의 죄를 분명히 가려내기는 성인도 어렵다는 것인데, 우리 범인들끼리 앉아서 백성의 생사여탈을 제멋대로 결정한다는 것이 올바른 일인가. 살인범이라고 잡아서 처형하고 났는데 나중에 진범이 잡히면, 대체 국가는 자신이 한 짓에 대해 무어라고 설명하고 사죄할 것인가.

서투른 목수

죽음을 맡은 이는 따로 있는 것인데
누가 나서서 그를 대신하겠다고 한다면
이를 일러 목수를 대신하여 나무를 베는 것이라 한다.
목수 대신 나무 베겠다고 나서는 사람치고
그 손을 다치지 않은 이가 드문 법이다.

노자의 《도덕경》 중에서 가장 의미심장한 말 중 하나가 '죽음을 맡은 이는 따로 있다'는 말이다. 원문은 '상유사살자살常有司殺者殺'로 되어 있는데, 직역을 하자면 '항상 살殺을 맡아서 하는 이가 따로 있어 그가 죽인다'라는 뜻이다. 말하자면 언제나 사형을 맡은 분은 하늘에 계셔서, 그분이 알아서 하신다는 의미이다. 한 생명을 이 세상에 내기

노자老子

도 하고, 거두어 가기도 하시는 분은 하늘에 계신 그분뿐이다.

그런데 생명을 거두는 일을 우리가 대신하여 함부로 백성을 죽인다는 것이 올바른 일일까? 강력한 형벌정치를 주장하는 법가들은 마치 권력자에게는 하늘로부터 그런 권리가 주어지는 것처럼 말하는데, 정말 우리 인간에게 생명을 거둘 권리가 있는 것일까?

노자는 이 점을 목수에 비유하여 설명하고 있다. 하늘의 사살자(司殺者, 살을 집행하는 자)를 대신하여 백성을 함부로 죽이는 것은 마치 도끼질도 제대로 할 줄 모르는 서투른 목수가 훌륭한 목수를 대신하여 함부로 나무를 찍어내려는 것과 같다. 그러나 우리는 이 문제에 관한 한 얼마나 서투른 목수인가. 우리 인간은 본래 이 일을 잘 할 수가 없다. 우리가 어떻게 인간의 죄를 명확히 가려낼 수 있겠는가. 오로지 생사여탈의 권리는 하늘에 있는 것이고, 오로지 하늘만이 완전무결하게 살殺을 집행할 수 있는 것인데도 마치 우리가 훌륭한 목수를 흉내 내면서 함부로 나무를 찍어내려 하는 것은 한없이 교만하고도 위험천만한 일이다.

제75장 ;
백성이 굶주림은 세금을 많이 걷기 때문

백성이 굶주리는 것은

위에서 세금을 많이 거두기 때문이요,

백성을 다스리기 어려운 것은

위에서 일을 벌이기 때문이며,

백성이 죽음을 가볍게 여기는 것은

위에서 너무 잘 살려고 하기 때문이다.

삶에 집착하지 않는 것,

이것이 삶을 지나치게 귀하게 여기는 것보다 현명하다.

民之飢 以其上食稅之多 是以飢 民之難治 以其上之有爲

是以難治 민지기 이기상식세지다 시이기 민지난치 이기상지유위 시이난치

民之輕死 以其上求生之厚 是以輕死 민지경사 이기상구생지후 시이경사

夫唯無以生爲者 是賢於貴生 부유무이생위자 시현어귀생

노자老子

도가·유가·법가

철학이라는 것은 원래가 제왕의 학문이고, 노자《도덕경》이란 책은 고대로부터 제왕의 필독서로 평가받아온 책이지만, 그렇다고《도덕경》이 제왕의 관점에서 그 통치를 용이하게 하는 술수나 방편을 담고 있어서 그것을 제왕에게 알려주는 책이라는 뜻은 아니다. 오히려《도덕경》은 그 반대의 측면에서 제왕을 깨우쳐주고 가르쳐주는 책이다.《도덕경》을 펼쳤을 때 거기 제왕이 보기에 기분 좋은 말은 거의 없다. 기분 좋기는 고사하고《도덕경》에 쓰여져 있는 말들은 제왕이 듣기에 모두 껄끄럽고, 성가시며, 기분 나쁜 것들 뿐이다. 그렇기 때문에《도덕경》이 제왕의 필독서인 것이다. 이 점에서 도가사상은 법가사상과 정반대된다.

법가의 책들도 어떤 의미에서는 제왕들이 즐겨 읽었던 책이긴 하지만, 그 이유는 법가의 서적들이야말로 제왕을 위해, 제왕의 관점에서 그 통치를 용이하게 하는 술수나 방편을 담고 있기 때문이다. 그렇다면 유가는 어떤가? 유가는 도가와 법가 중간 어디쯤에 자리해 있다. 유가의 서적인《논어》·《중용》·《대학》 등에는 노자《도덕경》에 들어 있는 것과 같은 권력자들에 대한 날카로운 비판과 경고 등이 별로 없다. 유가의 서적들은 민중의 편에서 쓰여진 책이라기보다는, 권력자의 편에서 쓰여진 면이 강하다. 유가의 모토는 결국 충성 '충忠' 자 하나로 귀결되는 것이며, 이것은 본질적으로 권력자들의 이해관계와 일치하는 것이다.

이와 반대로 노자《도덕경》에는 임금을 섬기는데 어찌 한다는 말

따위는 눈을 씻고 찾아봐도 한 글자도 없다. 오히려《도덕경》전체를 관통하며 도도하게 흐르는 말은《논어》와는 거꾸로 임금이 백성을 어떻게 섬겨야 하는지에 관한 것들이다.

수탈·허세·탐욕

백성이 굶주리는 것은
위에서 세금을 많이 거두기 때문이요,
백성을 다스리기 어려운 것은
위에서 일을 벌이기 때문이며,
백성이 죽음을 가볍게 여기는 것은
위에서 너무 잘 살려고 하기 때문이다.

노자는 고대 사회의 수탈체계에 대해서도 권력자들에게 따끔한 충고를 던지고 있다. '세금을 많이 거두기 때문이다'라고 번역한 한문 원본은 '식세食稅'이다. '식'자는 잘 알다시피 먹을 식 자이다. 그러므로 이를 직역하면 '세금을 너무 많이 받아먹기 때문이다'란 의미이다. 표현이 적나라하다. 제왕된 자의 입장에서 이런 문장을 읽게 되면 얼마나 가슴이 뜨끔하겠는가. 세금은 나라를 살리라는 것이지 권력자가 먹으라는 것이 아니다.

그다음 문장도 첫 문장만큼이나 날카롭다. 백성을 다스리기 어려운 이유는 백성이 말을 안 들어서가 아니라, 반대로 지배자들이 쓸데없이 이런저런 일을 벌이기 때문이라고 노자는 말하고 있다. 지배자

노자老子

들이 가만 있어도 될 일을 괜히 왕궁을 건립한다느니, 새로 성벽을 쌓는다느니, 운하를 판다느니, 4대강 사업을 한다느니 하면서 국민을 괴롭히고 또 한편으로는 법령과 제도를 새롭게 정비한다느니, 국가의 기강을 세우고 새정부의 면모를 일신한다느니, 구정부의 잘못된 점을 뜯어고치고 새롭게 개혁한다느니 등등 끊임없이 인위의 정치를 행하다 보니 국민적 저항에 부딪치고 결국 다스리기가 어려워지는 것 아니겠는가.

귀생(貴生)

우리 인간은 누구나 다 자신의 삶을 사랑한다. 우리 모두는 다 그럴 권리가 있다. 그러나 자기애自己愛가 너무 지나치게 되면 그것은 병이 되고 집착이 된다. 사랑하되, 집착을 버리는 것 그것이 지혜롭게 사는 길이다. 노자가 지금 하는 말이 그것이다.

삶에 집착하지 않는 것,
이것이 삶을 지나치게 귀하게 여기는 것보다 현명하다.

우리의 병은 자기의 생生을 지나치게 귀하게 여기며, 자기의 실존實存을 지나치게 중하게 여긴다는 것이다. 노자가 꺼리는 개념 중 하나가 '귀생貴生'이란 개념이다. 귀생이란 자기의 생을 귀하게 여긴 나머지 결국 집착에 이른 상태를 말한다. 인간은 무엇보다 자기의 생을 사랑하고 아껴야 하지만, 그것이 지나쳐 집착에 이르면 안 된다. 집착은 개인적으로는 모든 병의 근원이요, 사회적으로는 모든 악의 근원이다. 우리는 악착같이 살려고 덤벼들지만, 우리 인간이 보다 잘 살기 위해서는 도리어 삶에 대한 집착을 버려야 한다. 집착이 남아 있는 한 우리는 생의 본래적인 기쁨과 평온을 누릴 수 없다. 자기의 생을 사랑해도, 그러나 '귀생'에까지 이르지는 마라. 귀생은 유위이며 작위이다. 그것은 결코 무위가 아니다.

노자老子

제76장 ;
부드럽고 유연한 것이 삶의 무리이다

사람이 살아 있을 때는 유약하지만
죽으면 뻣뻣해진다.
초목도 살아 있을 때는 부드럽지만
죽으면 말라 뻣뻣해진다.
그러므로 단단하고 뻣뻣한 것은 죽음의 무리이고
부드럽고 유연한 것은 삶의 무리이다.

그래서 군대가 강하면 이기지 못하고
나무가 강하면 부러진다.

강대한 것은 밑에 놓이고
유약한 것은 위에 놓이게 된다.

人之生也柔弱 其死也堅强 草木之生也柔脆 其死也枯槁
인지생야유약 기사야견강 초목지생야유취 기사야고고

故堅强者死之徒 柔弱者生之徒

고견강자사지도 유약자생지도

是以兵强則不勝 木强則折 强大處下 柔弱處上

시이병강즉불승 목강즉절 강대처하 유약처상

여러 책들

지금까지 세상에 나온 어떤 책도 '무위'를 이야기한 책은 없다. 책을 쓰는 목적 자체도 유위이며, 책에서 무언가를 주장하는 자체도 유위다. 유위가 아닌 책은 이 지구상에 단 한 권도 없다. 유대교의 《구약》은 유위 그 자체이며, 기독교의 《신약》은 유위와 무위가 반반이고, 불교의 경전들은 무위를 설명하기 위해 너무 많은 유위를 끌어들인 감이 있으며, 유교의 《논어》·《맹자》는 무위가 유위 속에 갇혀 질식당하고 있는 형국이다.

노자는 81개의 장에서 여러 가지 용어와 개념을 구사하며 자신의 사상을 다양하게 전개하고 있지만, 그 모든 논의의 배후에는 오직 '무위' 두 글자가 있을 뿐이다. '무위'가 아닌 것은 노자가 아니며, 노자가 아닌 것은 '무위'가 아니다. 노자는 '무위' 두 글자를 전하기 위해 세상에 온 사람이다.

노자老子

사람과 풀잎

사람이 살아 있을 때는 유약하지만
죽으면 뻣뻣해진다.
초목도 살아 있을 때는 부드럽지만
죽으면 말라 뻣뻣해진다.
그러므로 단단하고 뻣뻣한 것은 죽음의 무리이고
부드럽고 유연한 것은 삶의 무리이다.

노자 《도덕경》은 그대를 강하고 견고하게 만들어주는 책이 아니다. 《도덕경》이 그대를 강하고 견고하게 만들어줄 걸로 혹시 알았다면, 그대는 노자의 '무위'를 잘못 이해한 것이다. 《도덕경》은 오히려 그 반대로 작동한다. 《도덕경》은 그대 어깨에서 긴장을 풀어주고, 목에서 힘을 빼주며, 머리에서 바람을 빼주고, 그대 눈빛을 고요하게 해준다. 노자는 강하고 견고한 것은 칭송하지 않는다. 강하고 견고한 것은 죽음의 무리이기 때문이다. 그것은 한순간에 부러진다. 반면에 부드럽고 유연한 것은 삶의 무리이다. 부드럽고 유연한 것 중에서 가장 으뜸 되는 것이 바로 물이다. 물은 노자철학의 상징과도 같은 것이다. 노자가 여기서는 물 대신 구체적으로 사람과 풀을 예로 들고 있다. 사람을 보라. 살아 있을 때는 유약하지만 죽으면 굳어서 딱딱해지지 않은가. 풀잎을 보라. 풀잎도 살아서는 부드럽지만 죽으면 말라 바삭바삭해지지 않은가. 그러니 너무 단단하고 강한 것을 좋아하지 마라.

강하면 부러진다

그래서 군대가 강하면 이기지 못하고
나무가 강하면 부러진다.

군대가 강하다고 반드시 전쟁에서 이기는 것은 아니며, 완력이 세다고 싸움에서 꼭 이기는 것도 아니다. 유연한 것이 싸움에서도 이긴다. 이러한 노자의 유약柔弱의 원리에 착안하여 만든 것이 태극권이다. 태극권은 '부드러움으로 강함을 이기는' 권법이다. 태극권은 강하고 뻣뻣해짐을 경계한다. 나무도 너무 강하면 꺾인다. 태풍이 지난 후에 들녘에 나가보라. 강한 나무는 다 부러져 넘어졌지만, 여린 풀들은 그대로 살아 있지 않는가.

강대한 것은 밑에 놓이고
유약한 것은 위에 놓이게 된다.

강대한 것은 죽음의 무리이므로 결국은 패하여 아래에 놓이고, 유약한 것은 삶의 무리이므로 결국은 승리하여 위에 서게 된다. 노자가 보기에 인생의 궁극적인 승리자는 유연함을 잃지 않는 자이다.

노자老子

제77장 ;
하늘의 도는 활을 당기는 것과 같구나

하늘의 도는 마치 활을 당기는 것과 같구나.

높은 쪽은 누르고 낮은 쪽은 올리며,

남으면 덜고 부족하면 보태준다.

하늘의 도는

남는 데서 덜어서 부족한 데 보태주나,

사람의 도는 그렇지 않다.

부족한 데서 덜어다가 남는 쪽에 갖다 바치나니,

남도록 가지고 있으면서 천하를 위해 내주는 자는 누구인가.

오직 도 있는 이만이 그렇게 할 수 있다.

그러므로 성인은

일을 하고도 자랑하지 않고,

공을 이루고도 내세우지 않으며,

현명함을 드러내려 하지 않는다.

天之道 其猶張弓與 高者抑之 下者擧之

천지도 기유장궁여 고자억지 하자거지

有餘者損之 不足者補之 天之道損有餘而補不足

유여자손지 부족자보지 천지도손유여이보부족

人之道則不然 損不足以奉有餘 孰能有餘以奉天下 唯有道者

인지도즉불연 손부족이봉유여 숙능유여이봉천하 유유도자

是以聖人爲而不恃 功成而不處 其不欲見賢

시이성인위이불시 공성이불처 기불욕견현

도 앞의 평등

　우리가 우리 인간의 작은 눈으로 세상을 보면 미추가 따로 있고 선악이 따로 있으며, 잘난 자가 따로 있고 못난 자가 따로 있으며, 부자가 따로 있고 가난한 자가 따로 있으며, 현자가 따로 있고 우자가 따로 있지만, 문득 도의 큰 눈으로 세상을 보면 미추도 분별이요 선악도 분별이며 잘 난자 · 못 난자, 부자 · 가난뱅이, 현자 · 우자하는 모든 것도 다 분별임을 알게 된다. 그리고 이 분별의 막을 한 꺼풀 걷어내면, 이 세상 모든 사람이 도 앞에서 평등한 존재이고, 존귀한 존재이며, 순수한 존재이다. 거기에 어떤 우열이 있을 수 없고, 차별이 있을 수 없다. 이것이 노자의 '천지불인'에서 나오는 만물평등사상이다.

　그런데 인간 사회의 현실은 어떠한가. 도처에 불평등이 있고, 차별이 있으며, 반칙이 있고, 편법이 있다. 언제부터인가 인간 사회에는 보이지 않는 금이 그어지게 되었으며, 보이지 않는 장벽이 생겨났으며, 보이지 않는 계급이 생겨났다. 천지 대자연의 평등 원리가 인간 사회에 와서는 변형되고 왜곡되어 버렸다. 인간 사회를 지배하는 것은 평등 원리가 아니라 힘의 논리이고 약탈의 논리이다. 강한 자가 약한 자를 짓누르고, 부자가 가난한 자를 착취하며, 사악한 자가 정직한 자를 괴롭힌다. 인간 사회는 노자가 볼 때 도로부터 너무 멀리 벗어나 있다.

그러나 이 모든 것에도 불구하고 노자는 그대에게 혁명에 나서라고 말하지 않는다. 다만, 노자는 그대가 이 인간 사회의 모순을 모르는 체 해서는 안 된다고 말한다. 천지자연의 도를 흠모하는 자가 불의不義를 보고도 못 본 체하고 그냥 넘어가면 되겠는가! 노자는 도와 무도를, 평등과 불평등을, 무위와 유위를 병치시켜 그대 눈 앞에 보여주면서 그대를 이 상황에서 그냥 못 넘어가게 붙든다. 하늘의 도는 마치 활을 당기는 것처럼 불평등과 불균형을 해소하는 쪽으로 움직이는데, 왜 인간의 도는 이와는 반대로 불평등과 차별을 심화시키는 쪽으로 작동되는가!

《주역》 익괘

하늘의 도는 마치 활을 당기는 것과 같구나.
높은 쪽은 누르고 낮은 쪽은 올리며,
남으면 덜고 부족하면 보태준다.

하늘의 도는

남는 데서 덜어서 부족한 데 보태주나,

사람의 도는 그렇지 않아

부족한 데서 덜어다가 남는 쪽에 갖다 바치나니,

남도록 가지고 있으면서 천하를 위해 내주는 자는 누구인가.

오직 도 있는 이만이 그렇게 할 수 있다.

활이란 것은, 활줄을 당기면 활의 윗부분은 아래로 기울고 아랫부분은 위로 올라가게 된다. 활이 구부러지는 이러한 모습을 보면서 문득 노자는 하늘의 도를 연상했던 것이다. '높은 쪽은 눌러주고 낮은 쪽은 올려주며, 남는 데서 덜어서 부족한데 보태주는 것, 이것이 진정한 도가 아닌가!' 어느 누가 있어 이런 도를 행한다면 만백성이 얼마나 기뻐할 것인가. 높은 쪽을 누르고 낮은 쪽을 올려 세상의 균형을 잡으려는 생각은 노자에게만 있는 것은 아니다. 《주역》에도 이와 같은 관념이 있다. 《주역》 제42괘 익괘를 보면 이런 말이 보인다.

익(益)이란

위쪽을 덜어내어 아래쪽을 더하는 것이니

백성들의 기쁨이 한이 없다.

스스로 위에서 아래로 내려오니

그 도가 크게 빛난다.

익괘 부분만을 따로 떼서 이야기한다면, 《주역》과 《노자》가 거의 구분이 안 될 지경이다. 하늘의 도는 이리도 공평하고 완전무결한 것

노자老子

인데, 인간의 도는 그렇지 못하다. 인간의 도는 반대로 힘없고 가난한 사람들에게서 착취해다가 남는 쪽에다 갖다 바친다. 인류 3천년의 역사가 모두 이것의 반복이다. 노자는 왜 인간 사회의 모순과 부조리를 이렇게 날카롭게 지적하면서도 혁명과 반란을 주문하지 않는가? 노자는 썩은 사회를 뒤집어엎어 새 세상을 한번 만들어보자고 주문하는 대신, 유도자(有道者, 도를 지닌 이)를 찾아내고자 한다. 그는 혁명과 쿠데타에 별로 미련이 없어 보인다. 그는 마지막까지 인간 개개인에 주목하지 세력에 주목하지 않는다. 아무리 세력이 교체되었어도 인간이 변하지 않는 한 이 세상은 결코 변할 수 없다는 것을 그는 깊이 통찰하고 있기 때문이다. 그는 묻는다. '남도록 가지고 있으면서 천하를 위해 내주는 자는 누구인가?' 새로이 권력을 잡은 혁명세력인가? 쿠데타에 성공한 신진세력인가? 아니다. 그들 아무도 그것에 관심이 없다. 그들도 권력을 잡으려고 혁명을 한 것이지 그것을 천하에 내주려고 혁명을 한 것이 아니다. 그들은 그렇게 할 수 없다. '오직 도 있는 이만이 그렇게 할 수 있다.'

성인

> 그러므로 성인은
> 일을 하고도 자랑하지 않고,
> 공을 이루고도 내세우지 않으며,
> 현명함을 드러내려 하지 않는다.

좋은 인간 없이 좋은 세상이 올 수 없다. 좋은 인간 없이 좋은 쿠데타가 올 수도 없다. 혁명 잘 일으켜 놓고도 자기네들끼리 서로 일을 자랑하고 공을 내세우다가 자중지란으로 무너진 혁명세력들이 역사에는 많다. 왕조의 흥망성쇠가 변화무쌍하던 춘추전국시대에 수없이 명멸해가던 정치적 군상들을 바라보며 노자는 결국 세력에 대한 기대를 접고 인간 개개인에게 주목하게 되지 않았을까?

제78장 ;
천하에 물보다 부드러운 것은 없다

천하에 물보다 더 부드러운 것은 없다.
허나, 굳세고 강한 것을 물리치는 데
이보다 나은 것은 없으며
이를 대신할 것도 없다.

약한 것이 강한 것을 이기고
부드러운 것이 굳센 것을 이긴다는 것,
세상 사람들 다 알고 있으나
실천하지는 못한다.

그러므로 성인의 말씀에 이르기를
온 나라의 치욕을 끌어안는 것을
사직의 주인이라 하고,
온 나라의 불행을 끌어안는 것을
천하의 왕이라 하였나니,

바른 말은 마치 진실에 반대되는 것 같구나.

天下莫柔弱於水而攻堅强者 莫之能勝 以其無以易之

천하막유약어수이공견강자 막지능승, 이기무이역지

弱之勝强 柔之勝剛 天下莫不知 莫能行

약지승강 유지승강 천하막부지 막능행

是以聖人云 受國之垢是謂社稷主 受國不祥是謂天下王

正言若反 시이성인운 수국지구시위사직주 수국불상시위천하왕 정언약반

물

천하에 물보다 더 부드러운 것은 없다.

허나, 굳세고 강한 것을 물리치는 데

이보다 나은 것은 없으며

이를 대신할 것도 없다.

노자는 지칠 줄 모르고 물의 덕을 칭송한다. 세상에서 가장 여리고 부드러운 것이 물인데, 이 물이 바위를 뚫고 산을 무너뜨린다. 물은 아무리 강한 적을 만나도 피해갈 뿐 물러서는 법이 없다. 물은 어떤 누구와도 싸우지 않는 것 같은데, 세월이 흘러 뒤돌아보면 물은 결국에 모든 것을 다 쓰러뜨리고 천하를 평정하고 만다.

또한 그럼에도 불구하고 물은 자기 고집을 내세우지 않는다. 물은

노자老子

그릇이 둥그러면 둥그런 데 따르고, 그릇이 네모지면 네모진 데 따른다. 자기는 각이 딱 서 있는 네모진 것을 좋아하는데 왜 둥그런 그릇에 자기를 옮겨 붓느냐고 따지지 않는다. 네모진 그릇 속에 20년 동안 있다가도 둥그런 그릇을 만나면 어떤 불평도 없이 즉시 둥근 것에 따른다. 또, 매끈한 그릇에 담겨 있다가 찌그러진 그릇에 옮겨 부어도 아무 불평 없이 즉시 그 찌그러진 형태에 따른다. 물은 어느 누구와도 싸우지 않으며, 항거하지 않으며, 분노를 폭발시키지 않는다. 물은 자기 앞의 생을 있는 그대로 100퍼센트 받아들인다. 물은 세상이 자기에게 맞지 않다고 거부하지 않는다. 물은 어떤 형태의 그릇이 됐건 그릇을 앞에 두고 고민하거나 갈등을 일으키지 않으며, 어떤 선택이나 조작도 없이 그대로 받아들인다. 요컨대, 물은 무위 그 자체다.

또한 물은 높은 곳을 향해 오르려 하지 않고 낮은 곳을 향해 아래로 흐른다. 약한 듯, 힘이 없는 듯 한없이 아래로 아래로 흐르면서 결국에는 모든 강하고 굳센 것을 기초에서부터 무너뜨린다. 이것이 물의 힘이다. 어떤 것도 이것을 대신할 것은 없다.

입방정

약한 것이 강한 것을 이기고
부드러운 것이 굳센 것을 이긴다는 것,
세상 사람들 다 알고 있으나
실천하지는 못한다.

앞에서 살펴본 것처럼 물처럼 부드러운 것이 결국에는 모든 강한 것을 이긴다는 것을 모르는 사람은 없다. 다 인정한다. 그러나 그럼에도 그것을 실천하는 사람은 없다. 물의 덕을 머리로 이해하기는 쉽지만, 몸으로 체득하기는 어렵다. 긴 안목으로 인생 전체를 내다볼 수 있는 현인이 아니고서야 어떻게 화려하지도 않고 돋보이지도 않는 물의 행동 양식을 삶의 전 영역에서 실천하며 살 수 있겠는가. 이것이 우리 범인들의 한계이다. 우리는 어떤 일을 잘 해놓고도 전체를 통찰하는 힘이 모자라 꼭 끝에 가서 입으로 그 공을 깨고 만다. 그 공이 완벽해지기 위해서는 끝까지 입을 다물어야 되는데, 한순간 자신을 드러내고 싶은 값싼 충동을 못이겨 입방정을 떨고 마는 것이다. 우리는 노자가 말하는 물의 덕을 완벽히 요해하기에는 아직 인생에 대한 시야가 좁고, 마음공부가 안 되어 있다.

정언약반(正言若反)

그러므로 성인의 말씀에 이르기를
온 나라의 치욕을 끌어 안는 것을
사직의 주인이라 하고,
온 나라의 불행을 끌어안는 것을
천하의 왕이라 하였나니,
바른 말은 마치 진실에 반대되는 것 같구나.

한 나라의 리더가 되려고 하는 자들의 머릿속에, 자기들이 장차 대권을 잡으면 온 나라의 영광과 기쁨을 끌어안겠다는 생각이 꽉 차 있으면 그 나라는 끝장 다 본 나라이다. 그 나라가 제대로 되려면 장차 리더가 되려고 하는 자들의 머릿속에 자신들이 몸을 낮춰 온 나라의 치욕과 수치를 끌어안으려는 생각이 들어 있어야 한다. 헌데, 요즘 대한민국 꼴은 어떤가? 청문회에 나온 인사들의 면면을 보면 대체 이들이 나라의 치욕을 온몸으로 끌어안으려는 자들인지 아니면 나라에다 치욕을 안기려는 자들인지 참 알 수가 없다. 그들은 대체로 나라의 어려움과 불상사는 일반 서민의 몫으로 돌리고, 나라의 행운과 복락은 자기들이 취하는 몫으로 오래전부터 생각해오고 행동해온 사람들처럼 보인다. 그런 사람들에게 내가 노자《도덕경》을 권한다고 한들 그들이 읽기나 하겠는가? 설령, 읽은다 한들 그들이 노자의 말을 이해하겠는가? 더구나 노자는 절반만 진실을 말해야 하는데, 너무 진실을 통째로 다 말해버리는 바람에 세상 사람들의 눈에 진실과 반대되는 것처럼 보일 때가 많다. 이른바 '정언약반(正言若反, 바른 말은 진리에 어긋난 것처럼 보임)'이다. 노자의 문장구조가 이러하니 그들은 읽어도 결국 반대로 해석하고 말지 않겠는가!

제79장 ;
깊은 원한은 응어리가 남는다

깊이 맺힌 원한은 뒤에 화해하더라도
반드시 응어리가 남게 되나니,
이것을 어찌 잘된 일이라 할 수 있겠는가.

그러므로 성인은
빚 받을 것이 있어도
사람을 심하게 다그치지 않는다.

속담에 덕이 있는 이는
어음으로 결제하고,
덕이 없는 이는
현물을 징수한다고 했다.

하늘의 도는 사사로이 친함이 없나니,
항상 선한 이와 함께 할 따름이다.

和大怨 必有餘怨 安可以爲善 화대원 필유여원 안가이위선

是以聖人執左契 而不責於人 有德司契 無德司徹

시이성인집좌계 이불책어인 유덕사계 무덕사철

天道無親 常與善人 천도무친 상여선인

원한

위대한 거장의 솜씨로 시 속에 철학을 담고, 철학 속에 시의 향기를
넣어 우리들에게 깊은 지혜를 들려주던 노자가 이제 자신의 이야기
를 슬슬 마감하려 한다. 노자는 '무위'라는 한마디를 중심에 놓고, 그
것을 삶의 여러 영역으로 펼쳐 적다면 적고 많다면 많을 81편의 잠언
을 만들어 우리에게 들려주었다.

노자는 그동안 짧지만 심오한 경구들을 툭툭 던지며, 우리들의 어
리석음을 깨우쳐 주기도 하고 우리가 미처 보지 못한 삶의 아름다움
을 가르쳐 주기도 하면서, 때로는 어떤 것을 권하기도 하고 때로는
어떤 것을 금하기도 했다. 노자가 우리에게 금禁했던 것들은 주로 무
엇이었는가? 노자는 우선 우리에게 가득 채우려 하는 마음의 탐욕을
금했고, 남 앞에서 잘난 체하는 교만을 금했으며, 또 행동에 있어서
극단으로 치닫는 병을 피하라고 일렀다. 그 외에도 노자는 우리가 인
생에서 마주치게 되는 여러 악재들을 미연에 방지할 수 있는 말들을
《도덕경》 여기 저기에 많이 남겨 놓았다. 대체로 그런 말들은 우리에
게 신중을 기하게 하고, 허영과 경망, 부실과 천박 따위를 피할 수 있

도록 하는 말들이었다. 그러나 그런 여러 가지 것들에도 불구하고 노자가 자신의 책을 끝내기 전에 꼭 말하고 싶었던 것이 하나 있었던 모양이다. 그것이 무엇인가? 인생을 살면서 남에게 원한 살 일을 하지 말라는 것이다. 원한, 이것이 노자의 마지막 테마 중의 하나이다.

빚 받을 때 조심

깊이 맺힌 원한은 뒤에 화해하더라도
반드시 응어리가 남게 되나니,
이것을 어찌 잘된 일이라 할 수 있겠는가.

그러므로 성인은
빚 받을 것이 있어도
사람을 심하게 다그치지 않는다.

남에게 원한 살 일을 하지마라. 한 번 원한이 깊이 맺히고 나면 나중에 아무리 화해를 시킨다 해도 마음 한켠에 반드시 응어리가 남게 되는 법이다. 그래가지고서야 어찌 그것을 잘 처리했다고 할 수 있겠는가. 그러니 처음부터 원한을 사는 일이 없도록 해야 한다. 원한 사는 일과 관련하여 노자가 빚 받는 이야기를 하고 있는데, 이 부분이 우습기도 하고 재밌기도 하다. 노자는 빚 받을 것이 있어도 사람을 심하게 다그치지 말아야 한다고 말하고 있는데, 노자는 과연 빚 받을 입장이었을까 빚 갚을 입장이었을까? 나는 자못 그 대목이 궁금해진다.

노자老子

인간 역사는 똑같이 반복되는 모양이다. 2,500년 전에도 빚 받는 문제로 사람을 다그치는 자들이 있었고, 그러다가 원한을 사게 되는 일이 있었다는 것, 이것은 오늘날과 아무 차이가 없다.

다만, 고대사회는 '채무노예'(빚을 못 갚으면 노예로 전락하는 것)라는 것이 있었기 때문에 아마도 빚 때문에 원한 살 일이 지금보다는 더 많았을 것으로 생각된다.

야생의 사고

그러나 전체적으로 우습지 않은가? 고상한 무위자연을 이야기했던 노자가 '원한'에 대해 별도의 장을 할애하여 특별히 이야기하고 있다는 점이. 원한은 무위자연과 무슨 관계가 있길래 한없이 순수한 무위자연을 설하는《도덕경》이 마지막에 인간의 가장 밑바닥 감정인 '원한'을 들고 나오는 걸까 하는 생각이 누구나 일순 들 수 있다. 나 역시 그랬다. 그러나 그렇게 생각하면 안 된다 그렇게 생각하면 노자《도덕경》을 잘못 이해하게 된다.

나는 이 점을 곰곰이 생각한 끝에(나는 앞에서도 이 비슷한 이야기를 한번 한 적이 있지만) 결국 노자의 무위자연이 근본적으로 어떤 것이며, 어디에서 왔고, 무엇과의 투쟁 속에서 그렇게 성숙한 사상으로 익어간 것인지 새삼 뚜렷이 알 수 있었다.《도덕경》은 홀로 고고히 저 높은 구름 위에 떠 있는 책이 아니며, 노자는 결코 고상한 형이상학을 추구했던 관념철학자가 아니다. 노자는 온갖 유위와 작위가 난무하는 현실의 한가운데 서서 그 모든 어리석음을 자기 두 눈으로 직접 보고 마치 기나긴 어둔 밤 끝에 새벽이 오듯이 그 깊은 혼돈의 끝에서 '무위'를 발견해냈던 것이다.

노자의 무위를 잘못 생각하면 아무 슬픔이나 고통이 없는 존재의 무풍지대를 의미하는 것으로 착각할 수 있다. 그러나 그것은 잘못이다. 그런 무풍지대란 화초나 식물을 가꾸는 비닐하우스 같은 것이며, 그런 곳에서는 배부른 무위도식이 생성돼 나올 뿐 무위 같은 위대한 사상이 나올 수가 없다.

무위는 인간의 모든 슬픔과 고통, 분노와 좌절, 고통과 번민이 한 덩어리로 뒤섞여 요동치는 현실 그 자체 속에서 태어난 사상이며, 인간 사회의 여러 모순들과의 투쟁 속에서 원숙해진 사상이다. 요컨대, 무위란 어느 날 하늘에서 뚝 떨어진 것이 아니라, 가장 치열한 현실의 용광로 속에서 제련되어 나온 정신의 순금인 것이다. 그러므로 우리는 무위를 이해함에 있어 그것을 마치 인생의 동력을 상실한 어느 무기력한 철학자의 비행위非行爲 혹은 무행위無行爲에 대한 예찬 정도로 생각해서는 안 된다.

무위는 그런 것과는 거리가 멀다. 오히려 노자의 무위는 바람 부는 벌판에서 탄생한 야생의 사고라 할 수 있다. 거기에는 적나라한 인간 본성에 대한 심오한 성찰이 들어있다. 인간 본질에 대한 깊은 통찰 없이는 '무위'라는 사상은 나올 수 없다. 다시 말해, '무위'는 인간이 행하는 모든 유위와 작위가 어디서 시작되고, 어떻게 펼쳐지며, 어떻게 인간의 삶을 파괴하는지를 깊이 깨달은 사람에게서만 나올 수 있는 위대한 통찰이라 하겠다.

노자老子

어음과 현물

속담에 덕이 있는 이는
어음으로 결제하고,
덕이 없는 이는
현물을 징수한다고 했다.

돈을 꿔주고도 현금을 독촉하지 않고 그냥 어음으로 결제를 받는다
함은 그만큼 너그럽고 온후함을 비유한 말이다.

현물 징수를 한다 함은 인간의 행위가 그만큼 가혹하고 각박함을
비유한 말이다. 경제용어를 철학용어로 둔갑시켜 인간을 품평하는 노
자의 비유법이 인상적이다.

천도무친(天道無親)

하늘의 도는 사사로이 친함이 없나니, (天道無親)
항상 선한 이와 함께 할 따름이다. (常與善人)

노자《도덕경》에는 좋은 말들이 많이 있지만, 81개 장 어디를 펼쳐
보아도 전혀 보이지 않는 말들이 있으니 그것은 다름 아닌 은혜니 은
총이니 은사니 하는 부류의 말들과, 기적이니 이적이니 신비니 하는
부류의 말들이다. 노자는 왜 이렇게 멋지고 환상적이며 오묘한 말들
을 한마디도 하지 않았을까? 노자는 바보 아닐까? 노자는 왜 돈 드는

일도 아닌데 남들이 원하는 말, 남들이 듣고 싶어 하는 말을 하지 않았던 것일까? 적절한 시기에 적절한 장소에서 그런 말만 잘했더라면 노자의 도도 세상 사람들에게 큰 인기가 있었을텐데.

그러나 노자는 그런 것을 말하지 않았다. 그런 것은 사실 노자의 정신의 경향과는 정반대되는 것들이다. 노자에 따르면 그런 말과 용어들이야말로 하늘의 도와 사사로이 친하려 하는 수작이다. 사람들이 광대한 천지자연의 도를 버려두고 자꾸 그런 사사로운 것들을 좋아하기 때문에 세상이 어지럽고 혼탁한 것이다. 《도덕경》 전체를 통해 대현인 노자가 기울이는 모든 노력은 우리 마음 안에서 그러한 이기적 욕구를 제거하려는 것이다. 우주가 자신을 향해 돌고 있다는 어린애 같은 유치한 환상을 버려라. 은혜니 은총이니, 기적이니 이적이니 하는 관념과 가장 반대되는 것은 무엇인가?

그것은 바로 노자의 '무위'이다.

노자의 무위란 이 우주에 대한 최고도의 긍정이요 찬사이다. 노자가 인류역사상 처음으로 저 심오한 '무위자연'의 관념을 이야기했을 때, 정확히 그가 했던 말의 의미는 '이 우주가 어떤 흠결도 없는 완벽한 질서 속에 있음을 찬미'하려던 것이었다. 이 우주는 그 자체로 완전하다. 이 우주는 유위를 필요로 하지 않는다. 이 우주의 완전함에 대한 절대적 신뢰, 그것이 바로 무위이다. 은혜와 은총이 멀리 있다고 생각치 마라. 이 우주는 매순간 은혜와 은총 속에 있다. 봄이 되어 냇물이 졸졸 흐르며 꽃이 피고 새가 노래하는 것, 이것이 은혜이고 은총 아니면 무엇이냐? 여름이 되어 천지 만물이 저절로 무성해지는 것, 이것이 기적이고 이적이 아니면 무엇이냐? 가을이 되어 오곡백과가 저

노자老子

절로 무르익고, 겨울이 되면 모든 생명이 다시금 뿌리로 돌아가 깊이 잠들어 휴식하는 것, 이 모든 것들이 다 천지자연의 도가 말없이 베풀어주는 참된 은혜와 은총이 아닌가!

추운 겨울 코딱지만한 방 하나를 겨우 1℃올리는 데 한 달 연료비가 얼마나 많이 드느냐? 그런데 하늘은 이 커다란 지구덩어리를 따뜻하게 뎁혀주는 데 우리에게 1원 한푼 달라고 하더냐? 하늘이 어느 날 마음을 바꿔 먹고 우리 지구 거주자들에게 한국가스공사가 하는 것처럼 연료비 내놓으라고 하면 어떡할 것이냐?

또, 밤이면 잠깐 쓰는 전등 몇 개는 전기세가 얼마이냐? 자그마한 방 두세 개, 거실 하나, 부엌 하나 해봤자 몇 평 되겠느냐? 그런데도 전기세가 얼마나 비싸더냐? 한데, 태양은 온 누리를 환히 밝혀 주면서도 우리에게 전기세 달라고 고지서 한번 보낸 적 있더냐? 태양이 한전처럼 전기세 안 낸다고 단전조치 한 적이 한 번이라도 있더냐?

고개를 들어 멀리 하늘을 보면 모든 것이 감사하고 고맙다. 빛나는 별이 고맙고, 무한히 펼쳐진 하늘이 고맙고, 산들산들 불어오는 바람이 고맙고, 말없이 흐르는 물이 고맙고, 평평한 땅이 고맙고, 활활 타오르는 겨울밤의 장작불이 고맙다. 지地, 수水, 화火, 풍風 네 가지는 원래 공짜였다. 그러나 문명이 발달하면서 무료였던 지·수·화가 유료가 되었다. 하늘이 무료로 주었던 것을 어떤 자들이 농간을 부려 뺏어간 것이다. 그래도 우리는 그럭저럭 살아간다. 가장 필요한 풍, 즉 공기는 아직까지 무료이기 때문이다. 아무리 머리 좋은 자들도 아직까지 공기를 유료로 전환하지는 못했다. 공기를 유료화하지 않으시는 어떤 분이 이 우주에는 계신다. 우리는 오직 그분의 자비로 1분 1분

살아간다(말 그대로 1분 1분이다). 그분이 만약 어느날 문득 생각을 바꿔 '공기 민영화 방안'을 온 은하계에 공표하시면 우리는 그날로 끝이다. 물이야 하루 몇 통 사먹는다고 하지만 공기를 매 순간 순간 어떻게 사먹겠느냐? 또, 만약 공기를 1리터에 천 원 만 해도 아무리 아껴 먹어도 하루 200리터는 먹을 테니 자그마치 하루 공기 값으로 20만 원을 내야한다. 그러면 우리는 한 달에 600만 원이 있어야 숨 좀 쉴 수 있다. 안 그러면 우리는 말 그대로 숨도 못 쉰다.

요컨대, 우리의 삶 전체가 우주와 연결돼 있다. 우리의 일거수 일투족이 모두 우주의 자비로부터 힘입은 것이고, 우리의 호흡 하나 하나가 모두 은혜와 은총 속에서 이루어지고 있음을 자각할 일이다. 노자의 '무위자연'이라는 한 마디가 포괄하는 정신의 범위는 실로 심원하고 광대하다. 우리가 무위의 참뜻을 깊이 헤아려갈수록 가려져 있는 우주의 참모습이 점점 드러나는 듯하다. 그렇게 우리가 일생을 통해 조금씩 조금씩 무위를 배워가다보면 마침내 어느 날 우리 몸에서 유위와 작위가 뱀 허물 벗듯 스르르 사라지는 날이 오지 않을까?

노자老子

제80장 ;
백성이 적은 작은 나라

백성이 적은 작은 나라,

여러 가지 기계 있으나 사용하지 않고

백성들로 하여금 생명을 중히 여겨

멀리 이사하지 않게 한다.

배와 수레가 있지만 타는 일이 없고,

갑옷과 무기가 있지만 써볼 일이 없다.

백성들로 하여금 다시 새끼줄을 묶어 약속의 표시로 삼게 하고

먹던 음식을 달게 여기고

입던 옷을 좋게 여기며

살던 곳을 편안히 여기고

각자의 풍속을 즐겁게 여기도록 한다.

이웃나라가 서로 바라보이고,

닭 울고 개 짖는 소리 서로 들려도,

백성들 늙어 죽을 때까지 서로 왕래하지 않는다.

小國寡民 使有什佰之器而不用 使民重死而不遠徙

소국과민 사유십백지기이불용 사민중사이불원사

雖有舟輿 無所乘之 雖有甲兵 無所陳之

수유주여 무소승지 수유갑병 무소진지

使人復結繩而用之 甘其食 美其服 安其居 樂其俗

사인부결승이용지 감기식 미기복 안기거 낙기속

鄰國相望 鷄犬之聲相聞 民至老死不相往來

인국상망 계견지성상문 민지노사불상왕래

이백

여기 이백李白의 시 한 수가 있다.

어찌하여 청산에 사느냐고
내게 묻는가?
대답 없이 빙그레 미소짓나니,
내 마음 평온하도다.

복사꽃은 냇물을 따라
아득히 흘러가는데,
여기는 별천지
인간세상 전연 아닐세.

노자老子

問余何事 棲碧山 笑而不答 心自閑

桃花流水 宛然去 別有天地 非人間

유명한 〈산중문답山中問答〉이라는 시이다. 이 시는 이백이 인생의 쓴
맛 단맛 다 보고 쓸쓸히 이곳저곳을 유랑하던 53세 때 쓴 시이다. 천
재들은 이상한 버릇이 있어서 인생이 잘 풀릴 때는 시를 안 쓴다. 그
러다가 시절을 못 만나 불우해지면 남보다 열 배 이상 슬퍼하고 고독
해하다가, 마침내 붓을 들어 세상을 깜짝 놀라게 한다.

이백은 지금 산속의 고요한 초막 같은 데 와 있다. 이 공간은 지리
적으로도 시간적으로도 세상과 멀리 이격되어 있다. 여기에는 세상사
의 골치 아픈 여러 문제들이 없고, 공기는 청량하고 산수는 수려하다.
이곳은 일종의 초월적 공간이다. 이곳에서는 모두가 세속의 온갖 찌
든 때를 벗어버리고 본연의 자신으로 돌아가 아무 근심 걱정 없이 자
연과 하나가 되어 살아갈 수 있는 특별한 공간이다. 이곳은 말하자면
유토피아이고 파라다이스다.

이곳에는 유가의 장악력이 침투하지 못한다. 이곳에는 지식인의 사
회적 책무라든가 민족 중흥의 역사적 사명이라든가 혹은 인의예지라
든가 치국 평천하라든가 하는 거창한 슬로건이 사라지고 없다. 이곳
은 절대 자유의 공간이다. 어떤 것도 인간을 구속시키지 못한다. 유가
도 이곳에 들어오면 유가가 아니다. 그도 유가라는 인위의 껍질을 잠
시 벗고 이 우주 아래서 자유로운 한 인간, 근원적이고 본래적인 한
개인이 된다. 이런 공간에 이백이 잠시 와 있다.

세속의 사람은 이 공간의 의미를 잘 모르는 듯하다. 그래서 그는 나

에게 왜 이런 산속에 와서 사냐고 묻는다. 그러나 나는 그에게 내 심경을 이해시킬 수가 없다. 그렇다고 큰소리로 내 말을 들어보라고 설명하지도 않는다. 다만, '소이부답(笑而不答, 웃을 뿐 답하지 않음)'의 자세로 답 없는 답을 줄 뿐이다. 이러한 이백의 태도는 천지자연의 도를 체득한 한 현인이 마치 '무위지사無爲之事'를 베푸는 듯하다. 이백은 마지막까지 도가의 도사로서 산 것은 아니지만, 인생의 많은 풍파를 겪은 끝에 도의 한자락을 잡았던 것이며, 그로 인한 원숙미가 이 시에 반영된 것이다.

이백의 시는 결코 유가적儒家的인 것이 아니다. 두보杜甫의 시는 확실히 유가적이며 우국충정에 차 있고 구절 구절마다 나라에 충성하고 부모에 효도하는 이야기로 가득 차 있다. 그러나 이백은 그렇지 않다. 그는 도가적道家的이다. 그는 일체의 구속과 속박을 벗어나서 틈나는 대로 초월과 비상을 꿈꾼다. 그는 거침없는 정렬과 에너지를 내뿜으며 저 높은 하늘을 기세 좋게 날아오르려 한다. 그는 기개가 천리를 덮고, 걸음걸이가 자유분방하며 사상이 웅혼·대범하며, 그 정서가 격동적이며 남성적이다. 이것이 그의 성격이며 운명이다. 그러므로 만사가 잘 풀리면 용이 되어 하늘을 날아오르지만, 일이 꼬이면 땅으로 추락하여 피를 흘리는 이무기가 된다.

그러나 여기 〈산중문답〉이란 시에 나타난 장소는 실패도 성공도 없는 제3의 공간이다. 이곳은 차원이 다른 존재의 휴식공간이고 도가적 초월의 공간이다. 이백은 잠시 복잡다단한 이 세상 일을 모두 잊고 복사꽃 가득히 핀 무릉도원에서 휴식하면서, 우리에게도 그 별유천지別有天地로 오라고 유혹한다.

노자老子

복사꽃은 냇물을 따라

아득히 흘러가는데,

여기는 별천지

인간세상 전연 아닐세.

그런데 마지막 연에 나오는 '인간세상을 멀리 떠난 별천지'라는 저 환상적 공간에 대해 대체 이백은 어디에서 그 영감을 얻은 것일까?

도연명

이백 말고, 중국에 도가풍의 시인이 한 사람 더 있는데 그가 도연명이다. 도연명은 진晉나라 때 사람으로 이백보다 약 300년 정도 앞선 사람이다. 도연명은 시적 정취가 맑고 담백하여 질풍노도와 같은 이백과는 많이 다르지만, 그들은 둘 다 도가적 취향을 지녔다는 점에서 공통점이 있는 사람들이다.

도연명이 쓴 글 중에 《도화원기桃花源記》라는 판타지 풍의 기이한 작품이 있다. 그것을 간추려 잠깐 소개해본다.

동진東晉시대에 무릉武陵에 사는 한 어부가 배를 타고 가다가 복숭아꽃이 만발한 도화림桃花林 속에서 길을 잃었다. 어부는 배에서 내려 동굴을 따라 나아갔는데 마침내 어떤 별천지에 이르게 되었다. 그곳에서는 논밭과 연못이 모두 아름답고, 닭 우는 소리와 개 짖는 소리가 한가로우며, 남녀가 모두 아름다운 옷을 입고 즐겁게 살고 있었다. 그들은 진秦나라의 전란을 피하여 그곳까지 멀리 이사 온 사람들이었는데, 수백 년 동안 바깥세상과의 접촉을 끊고 살았다고 했다. 무릉의 어부는 융숭한 대접을 받고 돌아오게 되었는데, 그곳의 이야기는 입 밖에 내지 말라는 당부를 받았다. 그러나 그 당부를 어기고 돌아오는 도중에 표시를 해두었으나, 다시는 찾을 수가 없었다.

이것이 저 유명한 '무릉도원武陵桃源'에 관한 이야기이다. 도연명은 이글에서 '인간세상과는 다른 별천지'를 그렸다. 도연명이 그린 이 '무릉도원'이라는 유토피아 사상은 그 후 동아시아의 문학과 예술에 큰 영향을 끼치게 되었는데, 앞서 이백의 시에 나타났던 '별유천지 비인간別有天地 非人間'이라는 관념 역시 도연명의 '무릉도원'이 그 모태가 되었음은 물론이다. 그러면 도연명의 무릉도원은 또 어디서 유래하는 것일까? 그것은 다름 아닌 노자의 '소국과민小國寡民'에서 유래한 것이다. 이 점은 학자들 간에 의견이 일치되어 있다. 요컨대, 도연명이 노자《도덕경》의 '소국과민'을 바탕으로 여기에 판타지를 불어넣어 유려하고 격조 높은 문장으로 그려낸 것이 바로 '무릉도원'인 것이다.

노자

백성이 적은 작은 나라(小國寡民),
여러 가지 기계 있으나 사용하지 않고

백성들로 하여금 생명을 중히 여겨

멀리 이사하지 않게 한다.

배와 수레가 있지만 타는 일이 없고

갑옷과 무기가 있지만 써볼 일이 없다.

'소국과민'이란 노자가 꿈에 그리는 이상향이다. 그곳은 세속과는 멀리 떨어진 선계仙界이며, 전설상의 유토피아이다. 그것은 현실에 존재하지 않는 공간이다. 노자도 이곳을 본 적이 없다. 누가 샹그릴라(Shangri-La)를 보았는가? 본 사람은 아무도 없다. 본 사람은 아무도 없지만, '무릉도원'은 모든 이의 마음속에 들어있다. 우리는 도화桃花가 만발한 그곳에서 사랑하는 이와 정답게 거닐며 불로장생을 가져온다는 복숭아도 따먹고 싶고, 속된 인간사회와는 멀리 떨어진 그 순수한 공간에서 영원토록 행복하게 살고 싶다.

그러기 위해서는 무엇보다 먼저 확보되어야 하는 것이 평화이다. 전쟁이 없어야 한다. 우리 대한민국은 전쟁의 참화로부터 벗어난 지 오래되었기 때문에 이 말이 별로 실감이 안 나겠지만, 아프가니스탄이나 팔레스타인 사람들은 이 말의 뜻이 무엇인지 금방 안다. 노자가 살던 춘추전국시대란 요즘으로 치면 아프가니스탄이나 팔레스타인 같은 곳이다. 온 세상이 참혹한 전쟁에 휩싸여 있었고, 사람 목숨이 파리 목숨처럼 하찮게 여겨졌으며, 민중들은 살기 위해 짐보따리를 싸들고 멀리 이주해야 했다. 도연명의 '무릉도원'에 사는 사람들도 전란을 피해 그곳까지 멀리 이사온 사람들이라고 하지 않았던가.

노자가 말하는 이상향 '소국과민'은 벽마다 에메럴드가 박히고, 난간에서는 기화요초가 자라며, 천정에는 화려한 샹들리에가 흔들리는 그런 곳을 말하는 것이 아니다. 그런 곳이 아니고 전쟁이 없는 곳이다! 노자가 왜 굳이 그 이상향을 표현하기를 '소국과민'이라 하였겠는가? '소국과민'이란 문자 그대로 나라의 영토가 작고 인구수가 적은 사회이다. 노자는 별 볼일 없는 조그마한 시골 촌락 같은 이 나라에 왜 이렇게 집착하는 걸까? 대체 노자는 이 '소국과민'이란 말을 누구 들으라고 하는 것일까? 다름 아닌 춘추전국시대의 왕과 군주들 들으라고 하는 소리이다. 왜냐하면 그들이 전쟁을 일으키는 장본인들이기 때문이다. 춘추전국시대의 왕이란 자들은 지금으로 치면 모두 전범재판에 회부되어야 할 전쟁미치광이들이며 그들의 목표라는 것은 오직 대국大國이 되는 것이고, 결국 그것은 영토 확장과 인구 증가 두 가지로 귀결되는 것이다.

노자가 '소국과민'을 말하는 것을 우리는 이 관점에서 이해해야 한다. '왕들이여, 책사들이여, 전쟁을 일으키지 마라. 영토를 확장하려 하지 말고, 인구 수를 늘리려 하지 마라.' 이것이 바로 노자가 '소국과민'을 이야기했던 본래의 참뜻이다. 그대는 노자의 '소국과민'에서 반전反戰 사상과 평화주의 사상을 읽어내지 못하면 노자의 의도를 놓치는 것이다. 노자는 그저 한가한 전원마을에 대한 향수가 있어서 '소국과민'을 말하고 있는 것이 아니다. '소국과민'이란 나라의 영토가 좁고 인구 수가 적은 사회다. 그곳은 전쟁의 참화를 피해 먼 데서 이주해온 사람들이 합심해서 일군 평화롭고 복된 땅이다. 그러기에 그 백성들은 생명을 중하게 여기고, 또 다른 곳으로 쫓기듯 이사하지 않기를 바라며, 특히 배와 수레를 타고 머나먼 곳으로 정처 없이 떠돌아다

노자老子

니지 않기를 원하며, 갑옷과 무기 따위는 창고 저켠 어디에 넣어두고 쓸 일이 없기를 바라며 산다.

안분지족(安分知足)

> 백성들로 하여금
> 다시 새끼줄을 묶어 약속의 표시로 삼게 하고
> 먹던 음식을 달게 여기고, 입던 옷을 좋게 여기며
> 살던 곳을 편안히 여기고, 각자의 풍속을 즐겁게 여기도록 한다.

이 '무릉도원'에 살면 핸드폰도 필요 없고, 인터넷도 필요 없다. 만약 인생에 한 번 그대가 '샹그릴라'에 초대되어 간다면, 제발 거기에는 그런 물건 등을 가져가지 마라. 당신도 거기 가서 그들과 같이 글도 문자도 잊어버리고 태고 때처럼 새끼줄을 묶어 의사표시를 해보라. 무릉도원 사람들은 우리가 보기에 돈도 없고 가난해 보이지만 자신들 삶에 자족하며 행복하게 살아간다. 세계 10대 경제대국이라는 한국 사회는 OECD국가 중 자살률 1위, 우울증 1위, 고독사 1위이지만 저 무릉도원 사람들은 분명 세계 행복지수 1위를 하고도 남을 것이다. 그들은 남과 비교하지 않는다. 그들은 안분지족安分知足하며 살아간다. 그들은 자기들 음식을 달게 여기고, 자기들 옷을 아름답게 여기며, 자기들 거처를 편안하게 여긴다. 그리고 자기들의 오래된 풍속을 즐거워한다.

이웃 나라가 서로 바라보이고,

닭 울고 개 짖는 소리 서로 들려도,

백성들 늙어 죽을 때까지 서로 왕래하지 않는다.

백성들이 늙어 죽을 때까지 서로 왕래하지 않는다고 해서 서로 간에 무슨 감정이 있는 것은 아니다. 이것은 한 공동체가 도달할 수 있는 완전한 정신의 자족自足 태를 이르는 말이다. 그들은 무위자연의 대도大道 속에서 살아가기 때문에 항상 마음에 한가로움과 여유가 있다. 그들은 남의 나라에 아무리 신기한 물건이 많다고 해도 그런 것에 별 관심이 없고, 또 남의 나라에 여러 가지 기묘한 구경거리가 있다 해도 별로 보러 가지도 않는다. 그들은 자신들의 영토 안에서 소박하고 천진난만하게 살아간다.

소국과민이라는 이 나라는 전체적으로 보아 있는 것보다 없는 것이 많다. 주로 어떤 것이 없는가? 살인, 강도, 납치, 성폭행 등이 없다. 그러므로 그곳에는 판사, 검사, 변호사 같은 것이 없다. 변호사는 그곳에 가면 굶어 죽는다. 그곳에 가면 굶어 죽는 직업군이 몇 가지 더 있다. 의사들이다. 왜냐면 그곳에는 병원이 없기 때문이다. 특히 성형외과 의사는 절대 가면 안 된다. 고객이 한 명도 없다. 또, 거기에 없는 것이 은행과 사채업자이다. 그러니까 거기에는 자기 집에 가압류나 가처분 당하는 사람들도 없다. 어떤가? 이정도 되면 소국과민이란 곳은 꽤 괜찮은 곳 아닌가?

노자老子

제81장

진실한 말은 아름답지 않고

진실한 말은 아름답지 않고
아름다운 말은 진실하지 않다.
선한 자는 달변이 아니고
달변인 자는 선하지 않다.
참 아는 자는 박식하지 않고
박식한 자는 참 알지 못한다.

성인은 자신을 위해 쌓아두지 않나니,
남을 위해 내놓지만
그럴수록 더 풍족해지고,
남을 위해 베풀지만
그럴수록 더 많아진다.

하늘의 도는
이롭게만 할 뿐 해치지 않으며,

성인의 도는

남을 위할 뿐 다투지 않는다.

信言不美 美言不信 善者不辯 辯者不善

신언불미 미언불신 선자불변 변자불선

知者不博 博者不知 聖人不積 旣以爲人

지자부박 박자부지 성인부적 기이위인

己愈有 旣以與人 己愈多 기유유 기이여인 기유다

天之道 利而不害 聖人之道 爲而不爭 천지도 이이불해 성인지도 위이부쟁

무위의 왕국

  도를 찾아 떠났던 우리의 짧은 여행도 이제 저물어가고 있고, 조용
조용 우리 귓전에 들려오던 노자의 아름다운 시 구절들도 이제 끝나
가고 있다. 2,500년 전에 태어나, 모든 사람들이 유위와 작위의 진흙
탕 속에서 구르고 있을 때 홀로 '무위자연'의 도를 이야기 했던 대현
인 노자, 그의 말을 사람들이 얼마나 이해했는지는 모르지만 세상은
점점 그의 말로부터 멀어져가고 우리 인간은 문명의 이름 아래 점점
더 유위와 작위의 혼미 속으로 빠져들어 가고 있다.

  언제나 그랬듯이 앞으로도 세상이 점점 혼탁해질수록 사람들은 노
자를 찾을 것이고, 세상이 점점 어지러워질수록 노자의 말에 귀 기울
이게 될 것이다. 왜 그런가? 노자의 말에는 사람의 마음을 맑게 해주

노자老子

는 청량제 같은 것이 들어있기 때문이다. 그 청량제의 이름이 무엇인가? 그것이 다름 아닌 '무위'이다. 그러나 또 한편 사람들은 노자 곁에 왔다가 오래 있지 못하고 되돌아가고 말 것이다. 왜냐하면 노자는 사람들에게 '단 것'을 주지 않기 때문이다. 무위에는 단맛이 없다. 무위는 무미無味이다. 무위는 순수하고 투명하다. 이것이 노자철학의 어려움이다. 사람들은 단 것에 중독되어 있어서 노자에게 와서도 단 것을 달라고 하지만, 노자에게는 애석하게도 사람들에게 줄 단 것이 없다.

노자는 '사탕'을 주지 않는다. 노자의 무위사상은 인류의 모든 종교와 철학 중에서 가장 단물이 빠진 '무가당'이다. 인류가 지금까지 개발해낸 어떤 종교나 철학도 노자의 무위 옆에 갖다 대면 유가당이고, 설탕덩어리이다. 노자는 결코 사람들에게 위로나 위안을 주는 것이 아니다. 위안과 위로, 그것이야말로 단맛이요, 수면제요, 진정제이다. 노자의 무위는 그런 모든 중독으로부터 벗어나서 하늘 아래 성숙한 한 사람의 인간이 되라는 것이며, 깨어 있는 인격체가 되라는 것이다. 모든 진정한 스승이 그러는 것처럼, 노자는 그대에게 결코 수면제나 진정제 따위를 주지 않는다. 오히려 노자는 그대에게서 수면제를 빼앗는다. 노자는 반대로 그대에게 각성제를 준다. 그 각성제의 이름이 또한 '무위'이다. 노자는 그대를 깨어나게 하고 각성시킨다. 이것이 노자이다.

노자의 총평

진실한 말은 아름답지 않고
아름다운 말은 진실하지 않다.

선한 자는 달변이 아니고

달변인 자는 선하지 않다.

참 아는 자는 박식하지 않고

박식한 자는 참 알지 못한다.

노자가 자신의 《도덕경》을 마무리 하면서 세상에 던지는 마지막 결론이요, 고별사이다. 노자는 그동안 81개의 장에 걸쳐 무위자연의 도에 대해 다방면으로 설명해왔다. 그리고 이제 그 모든 것이 끝나가는 자리에서 그동안 자신이 행해왔던 설법에 대해 총평을 내리고 있다. 지금껏 자기가 말해왔던 것들에는 몇 가지 특징이 있다. 즉, 그 말들은 아름답지도 않고, 달변이나 능변도 되지 못하고, 박학다식과도 거리가 멀다는 것이다. 그러면서 노자는 아름다운 말을 추구하고, 청산유수 같은 달변을 추구하고, 박학다식을 추구하는 것은 무위자연으로부터 벗어나는 것임을 넌지시 암시하고 있다.

노자에 의하면 진실한 말은 아름답지 않다. 양약이 입에 쓴 것처럼, 진실한 말은 귀에 거슬리는 법이다. 그러나 우리 인간은 아름다운 말, 달콤한 말, 설탕이 듬뿍 발라진 말들이 어디 없나하고 찾아다닌다. 그러다가 자기 입맛에 맞는 달짝지근한 말을 만나게 되면 그 순간 그것을 진리의 말로 덥석 받아들인다. 이 과정은 무의식에서 워낙 순식간에 이루어지기 때문에 누가 옆에서 어떻게 할 수도 없다. 인간의 허약한 본성이 그런 말들을 좋아하는 것이며, 거기에 의존하려 하는 것이며, 덮어놓고 그런 말들을 믿음으로써 한세상 편히 좀 살아보려는 것이다. 그러나 그런 것들은 결국 중독이며 플라시보일 뿐이다.

노자老子

아름다운 말, 달콤한 말, 설탕이 듬뿍 발라진 말들을 가까이 하면 그 순간에는 위안과 위로가 될테지만, 시간이 흐르면서 우리는 점점 우주의 참 모습으로부터 멀어져간다. 우리 인간은 이미 잘못된 인간 중심주의적 사고에 의해 충분히 중독되어 있고 세뇌되어 있다. 잘못된 철학과 종교들이 2,000년 가까이 사람들 머릿속에 유위와 작위를 집어넣어왔기 때문에 사람들은 거기 세뇌되어 사물의 참 모습을 보지 못한 채 천지자연의 도로부터 멀리 떨어져 살아가고 있다. 아름다운 말, 달콤한 말을 조심하라. 그대에게 가장 위안과 위로를 주는 듯한 말을 조심하라. 거기에 중독되면 정신의 당뇨가 온다.

또, 노자에 의하면 선한 자는 달변이나 능변이 아니다. 진실로 훌륭한 사람은 말을 잘 못하고, 말을 청산유수로 잘하는 자는 대체로 위험 인물이다. 사기꾼치고 말 못하는 자 없다. 이것은 나날의 삶에서 우리가 목격하는 일이다. 사기꾼의 '사詐' 자가 벌써 말씀 '언言' 변 아닌가. 히틀러가 얼마나 달변이었으며, 이 시대의 선지자란 자들이 또 얼마나 달변인가. 달변가와 능변가들을 조심하라. 정치와 종교가 그런 자들에 의해 절단난다.

또, 노자는 참 아는 자는 박식하지 않다고 말한다. 원래 박학다식을 추구하는 자 치고 깊이 있는 자 없다. 도를 체득한다는 것과 관념적인 지식에 종사한다는 것은 전혀 다른 길이다. 노자는 그래서 도道와 학學을 엄격히 구별한다. 학은 하루 하루 쌓아가는 것이지만, 도는 하루하루 덜어내는 것이다. 도를 체득한 자는 지엽말단적인 지식을 이것 저것 자꾸 쌓아올리지 않는다. 오히려 그는 잡다한 지식의 쓰레기들을 몸에서 덜어내는 사람이다. 그리하여 덜어내고 덜어내서 더 이상 덜어낼 것이 없는 경지, 그것이 진정한 '무위'이다.

독점하지 마라

성인은 자신을 위해 쌓아두지 않나니,

남을 위해 내놓지만

그럴수록 더 풍족해지고,

남을 위해 베풀지만

그럴수록 더 많아진다.

무위자연의 도를 체득한 성인은 물질이든 비물질이든 자기를 위해 쌓아두거나 독점하지 않는다. 있는 것은 무엇이 됐든 다 남을 위해 내놓는다. 그런데도 자기 것이 날로 늘어난다. 있는 것은 무엇이 됐든 모두 다 다른 사람을 위해 베푼다. 그런데도 자기 것이 날로 더 풍부해진다. 재물도 마찬가지이지만, 특히 정신적인 것들을 끝까지 혼자 독점하고 내놓지 않으려는 사람들이 있다. 노자는 그런 사람들과는 다르다. 노자는 자기가 체득한 진리의 내용을 숨김없이 모두 다 털어 놓았다. 천지자연의 도는 골방에서 혼자 손에 쥐고 있으면 점점 쪼그라들지만, 넓은 하늘 아래 남을 위해 내놓으면 더욱 풍족해지고 커진다. 그렇게 되면 어떤 누군가가 그것을 들어 또 깨우치게 되고, 깨우친 그 사람이 또 내놓으면 더욱 더 커지면서 세상은 점점 어두운 데서 밝은 곳으로, 혼란에서부터 질서로, 미망에서부터 깨달음으로 나아갈 수 있게 되는 것이다.

노자老子

불해(不害)와 부쟁(不爭)

하늘의 도는 (天之道)

이롭게만 할 뿐 해치지 않으며, (利而不害)

성인의 도는 (聖人之道)

남을 위할 뿐 다투지 않는다. (爲而不爭)

노자《도덕경》최후의 결론이다. 노자는 자기가 깨달은 천지자연의 도 전부를 다 털어놓았다. 이 진리는 세상에 이익을 줄 뿐 결코 해를 끼치는 일이 없다. 요컨대, '불해不害'이다. 또, 이 진리는 남을 위하고 도와줄 뿐 결코 다투거나 싸우지 않는다. 요컨대, '부쟁不爭'이다. 왜 노자는 '불해'와 '부쟁' 두 가지를 자신의 저서 최후의 결론으로 삼았던 것일까? 그것은 노자의 시대에도 우리의 시대와 마찬가지로 진리라는 이름으로 세상에 해를 끼치고 남들과 다투기 좋아하는 이상한 무리들이 있었기 때문이다. 이 마지막 문장은 노자가 우리에게도 하는 말이지만 동시에 그런 무리들에게도 하는 말이다. '불해'와 '부쟁' 이 두 가지는 노자 '무위자연'의 도가 갖는 가장 위대한 두 가지 특징이다. 세상에 해를 끼치고 남들과 다투기 좋아하는 것은 결코 '무위' 가 아니다. 그것은 이미 천지자연의 도에서 한참 멀어진 유위이며 작위이다. 유위와 작위를 행하면서 하늘의 도를 운운하지 마라. 그런 일에 도의 이름을 걸지 말고, 진리의 이름을 걸지 마라.

노자의 말이 부드럽고 온화하지만, 그러나 결코 맹탕이 아니다. 한 없이 유연해 보이는 한 겹 외형을 걷어내면 그 속에서 문득 마주치게 되는 것은 냉철하게 살아 있는 시대에 관한 비판정신이다. 아마 이 점이 통상의 다른 종교 경전들에서 찾아보기 힘든 노자《도덕경》의 특질일 것이며, 2,500년 이상 꾸준히 사람들에 의해 읽히고 변함없이 주목받아 오는 이유일 것이다.

노자《도덕경》의 마지막 문구는 '위이부쟁(爲而不爭, 남을 위할 뿐 다투지 않음)'이다. 그런데 우리는 어디선가 '부쟁'에 마주친 적이 있다. 바로 제8장 물水에 대한 언급을 통해서이다. 즉, 노자는 저서 마지막 문장에서 '부쟁'을 이야기함으로써 자신이 가장 사랑했던 사물인 물을 다시 한번 우리에게 환기시키고 있다. 노자는 정녕 싸우지 않는 물의 덕을 사모했던 사람임을 알겠다.

마지막으로 제8장으로 돌아가 물의 덕을 다시 한번 음미해보며 노자《도덕경》 전81장의 해석을 여기서 마칠까 한다.

최상의 덕은 물과 같나니,
물은 만물을 이롭게 하면서도 다투지 않고
뭇 사람들이 싫어하는 곳에 머문다.
그러므로 도에 가깝다.
(…)
저 오직 다투지 않으니
그러므로 허물이 없다.

노자老子

《도덕경》은 시이며, 철학이다!

우리 21세기를 숨가쁘게 살아가는 현대인들은 시도 읽지 않지만, 철학은 더더욱 읽지 않는 듯하다. 읽기에 시들은 너무 난삽하고, 공부하기에 철학은 너무 어렵다고 느끼기 때문일 것이다. 그런데도 사람들은 노자의 도덕경은 꾸준히 읽는다. 도덕경은 다름 아닌 시와 철학의 결합인데도 말이다.

그렇다. 《도덕경》은 시이며, 철학이다. 《도덕경》 안에는 인간이 도달할 수 있는 가장 위대한 철학이 가장 부드러운 시적 운율 속에 녹아들어 있다. 말하자면 시와 철학이 최정상에서 만나고 있는 것이다. 그것을 사람들은 본능적으로 아는 것일까? 그래서 사람들은 2,500년동안이나 사람들은 계속해서 도덕경을 찾았던 것일까?

노자의 시 81편을 해설하고 나니 600쪽이 넘는 방대한 책이 되어버렸다. 나는 이 책임이 한없이 열악한 우리 시대에도 있지만, 책임의 나머지 반은 너무도 심오한 노자 자체에도 있다고 본다. 그럼, 내가 한 일은 무엇인가? 나는 그 둘 사이를 맺어준 죄(?) 밖에 없다. 그 죄로 인해 내가 앞으로 우리 동시대인들에게 칭찬을 받을지 비난을 받을지는 아직 모르지만, 나는 이 어울리지 않는 조합이야 말로 어떤면에서는 가장 뜻깊은 조합이 아닌가 생각해본다. 요설과 잡담이 난무하는 이 시대에 사상과 철학을 이야기 한다는 것은 외롭고 고독한 작업인지도 모른다. 하지만 그렇기 때문에 오히려 의미 깊은 일이 아닐까 스스로 위로해본다.

노자의 도는 크고 광대하지만, 노자의 《도덕경》은 작고 간결하다. 크고 광대한 도가 작고 간결한 것 속에 들어 있다. 어떤 형태로 들어 있는가? 노자의 말 그대로 '불언지교不言之敎'의 형태로 들어있다. 그러므로 노자를 공부할 때는 언어에 얽매여선 안 된다. 노자의 언어는 광대무변한 도를 가리키는 손가락과 같은 것이다. 그러니 손가락을 붙들면 안 된다. 노자가 진정으로 말하고자 하는 것은 손가락이 아니라 손가락 너머에 있다. 이것이 '불언지교'다. 요컨대, 진리는 말하여질 수 없다.

아는 자 말하지 않고
말하는 자 알지 못한다.
知者不言 言者不知

2018년 2월
경기도 청평에서

노자老子